Der Weg zum erfolgreichen AUSBILDER

CIP-Kurztitelaufnahme der Deutschen Bibliothek

Birkholz, Waldemar
Der Weg zum erfolgreichen Ausbilder / von
Waldemar Birkholz und Günter Dobler. Mit Ill.
von Ralf Schnelle. Mit einem Geleitw. von R. Rossi.
- 5., völlig neubearb. Aufl. -
Edewecht: Stumpf & Kossendey, 1995
ISBN 3-923124-62-7

NE: Dobler, Günter

Druck: Gorenjski Tisk, Kranj, Slowenien
ISBN 3-923 124-62-7

Der Weg zum erfolgreichen
AUSBILDER

von
Waldemar Birkholz und Günter Dobler

Mit 50 Illustrationen von Ralf Schnelle

Mit einem Geleitwort von
Dr. med. R. Rossi

5. völlig neu bearbeitete Auflage

Verlagsgesellschaft Stumpf & Kossendey

Geleitwort

Jeder, der schon einmal vor einer Gruppe gestanden hat, um einen Unterricht zu halten, kennt das Gefühl der Nervosität und Unsicherheit darüber, wie er das vorgesehene Wissensspektrum am besten vermitteln kann. Einzelne werden sich auf ihr Improvisationsvermögen verlassen und auf diese Weise die Situation mehr oder weniger gut und souverän bewältigen. Bei systematischer Betrachtung lassen sich aber eine Reihe von Regeln für eine gute Rede- und Lehrtätigkeit ableiten. Der erfolgreiche Vortrag beginnt bereits mit der geeigneten Termin- und Zeitplangestaltung. Optimale Hilfsmittel müssen gut vorbereitet zum richtigen Zeitpunkt eingesetzt werden. Die Redetechnik, unabhängig davon, ob der Text einem Manuskript entnommen oder frei vorgetragen wird, muß in Wortwahl, Satzbau und Tonführung den Inhalten entsprechend gestaltet werden. Stilmittel wie Körperhaltung, Motorik und Gestik sind weitere Möglichkeiten, einen Unterricht kurzweilig und effektiv für den Zuhörer zu gestalten. So wird der Vortragende die Last einer Lehrverpflichtung nicht mehr als solche empfinden, sondern die Freude verspüren, sein Wissen an Interessierte weiterzugeben. Das Buch wendet sich an Neulinge und Unterrichtserfahrene. Sie alle werden eine Vielzahl von Anregungen und Hinweisen zur Verbesserung ihrer Vortrags- und Unterrichtstechnik vorfinden. Es liefert umfassend und systematisch gegliedert alle notwendigen Voraussetzungen zur optimalen Gestaltung theoretischer und praktischer Unterrichtsveranstaltungen wie z. B. Erste-Hilfe- und Sanitätskursen, Notfallmedizinfortbildungen und sonstigen Weiterbildungen im beruflichen und privaten Bereich. Im Interesse der verstärkten und intensivierten Weiterbildung ist dem Buch eine weite Verbreitung zu wünschen.

Dr. med. R. Rossi
Arzt für Anästhesie

Vorwort zur 5. Auflage

Durch die fortschreitenden drucktechnischen Möglichkeiten haben wir in der 5. Auflage den Farbeinsatz auf unsere Grafiken und Bilder umgesetzt. Dabei mussten alle Grafiken neu erstellt und farbspezifisch aufeinander angepaßt werden. Die ursprüngliche Gliederungsform der 5 Grundpfeiler einer erfolgreichen Wissensvermittlung wurde übernommen, jetzt allerdings auch unter methodisch-farblicher Komponente noch besser herausgearbeitet. Außerdem nutzten wir die Neuauflage wiederum dazu, inhaltliche Ergänzungen umzusetzen, die uns über Anregungen seitens der Leser erreichten oder die infolge unserer Ausbildungstätigkeit in der Rhetorik praktisch getestet und von den Teilnehmern positive Bewertung erfuhren. Ältere inhaltliche Aussagen wurden teilweise angepaßt, aber nicht wesentlich verändert. Wir sind der Meinung, daß trotz der Zunahme an Erkenntnissen im pädagogischen Bereich auch die »alten Lehren« weiterhin in der Gesamtbetrachtung nicht fehlen dürfen. Damit ist der inhaltliche Wert weiter angestiegen. Für zukünftige kritische Anregungen aus dem Leserkreis sind wir immer offen. Sie wissen ja, das dies kein Lippenbekenntnis ist, sondern das Ausbilderhandbuch zu dem gemacht hat, was es heute ist: die fünfte Auflage, im 10. Veröffentlichungsjahr. Dafür recht herzlichen Dank an alle, die uns dabei unterstützt haben.

Ulm, Dezember 1995 Die Autoren

Vorwort zur 1. Auflage

Während der Erarbeitung dieses Buches durften wir vielfältige Unterstützung erfahren. So haben uns Frau Ulrike Beer, Herr Erwin Denner und Herr Rüscher durch ihre sorgfältigen und mühevollen Korrekturen das Schreiben dieses Werkes erleichtert. Auch ein Personalcomputer hat dazu beigetragen, daß der Buchinhalt so rationell wie möglich entstehen konnte. Für diese Unterstützung möchten wir uns auf diesem Wege nochmals recht herzlich bei allen Mitwirkenden bedanken.

Dank der Illustrationen von Herrn Ralf Schnelle ist es gelungen, dieses Buch nicht nur mit Worten, sondern auch mit Humor zu füllen.

Wir danken auch dem Verlag für die gute Zusammenarbeit, die eine zeitgerechte Veröffentlichung ermöglichte.

Für kritische Anmerkungen, Hinweise und Anregungen sind wir dem interessierten Leser jederzeit dankbar. Das soll kein Lippenbekenntnis sein, sondern für die Zukunft praktizierte Wirklichkeit.

Ulm, Juni 1986 Die Autoren

Inhaltsverzeichnis

1 2 3 4 5 6

1
2
3
4
5
6

1
2
3
4
5
6

Einleitung

Um eine konkrete und detaillierte Einführung in die Problematik der Ausbildungslehre geben zu können, möchten wir unsere eigenen Erfahrungen im Ausbildungswesen darstellen und nachfolgend auch auf die vielen Probleme hinweisen, die sich mit dem ganzen Themenkomplex verbinden lassen.

Nachdem wir unsere aktive Ausbildungstätigkeit im Bereich der Ersten Hilfe aufgenommen hatten, wollten wir voller Tatendrang die Vermittlung von Erste-Hilfe-Kenntnissen an die Frau bzw. den Mann bringen. Natürlich bekamen wir während unserer Ausbildung zum Ausbilder theoretische und praktische Unterweisungen in der Ausbildungsmethodik. Der erste Lehrgang war jedoch für uns wie ein Sprung ins kalte Wasser. Er führte zur Ernüchterung und zur Bestätigung, daß das bisher erworbene Wissen über die Ausbildungslehre nicht ausreichend war, um eine effektive Wissensvermittlung durchführen zu können. Da wir jedoch sehr interessiert im Ausbildungswesen tätig waren, blieb uns nichts anderes übrig, als uns erweiterte Kenntnisse in der theoretischen Ausbildungslehre anzueignen und diese in die Praxis umzusetzen. So haben wir über viele Jahre hin versucht, die wissenschaftlich fundierten Kenntnisse in der Praxis auszuprobieren. Dabei sind uns erhebliche Mängel im erlernten Ausbildungsstil aufgefallen. Wir mußten feststellen, daß der Weg vom Theoretiker zum Praktiker schwer ist und nur durch lange Übung, Einsatzwillen und kreative Selbstkritik zu überwinden war. Da wir auch eine große Anzahl von Fort- und Weiterbildungsveranstaltungen, anderweitigen Ausbildungen und Studienvorlesungen besucht hatten, bemerkten wir auch dort, daß speziell im Bereich der Ausbildungslehre erhebliche Mängel vorherrschten. Ganz egal, wie sich diese Personengruppe nun nennt: Ausbilder, Dozenten, Fachreferenten, Ärzte, Doktoranden oder Professoren; ein Großteil war davon überzeugt, daß die vorhandenen Fachkenntnisse (Fachautorität) ausreichten, um eine effektive Wissensvermittlung durchzuführen. Dabei waren jedoch häufig die Aus- und Weiterbildungsveranstaltungen in der organisatorischen, didaktischen, methodischen oder rhetorischen Vortragsweise so schlecht, daß von dem Begriff »effektive Wissensvermittlung« nicht mehr gesprochen werden konnte. Wir erkannten im Laufe der Zeit diese Schwächen der Vortragenden und kamen zu zwei wichtigen Erkenntnissen:

> Ein guter theoretischer Fachmann (Fachautorität) ist noch lange kein guter praktischer Wissensvermittler.
>
> Ein guter Ausbilder ist jederzeit in der Lage, einen Lehrstoff dem breiten Publikum gut zu vermitteln, wenn er sich die erforderlichen Fachkenntnisse angeeignet hat.

Das Problem im Ausbildungsbereich läßt sich folgendermaßen darstellen:

1. Was nützt dem Teilnehmer die beste Erinnerung und die Fähigkeit, gut wiedergeben zu können, wenn vorgetragene Informationen gar nicht oder nur zu einem Bruchteil verstanden werden?

2. Welchen Nutzen hat der Zuhörer aus einem Vortrag, wenn er außer der körperlichen Anwesenheit keine langandauernden geistigen Lernvorteile mitnimmt?

3. Was bringt dem Hörer eine Veranstaltung, in der er mit verbalen Argumenten und Wissensfortschritten konfrontiert und überschüttet wird, so daß er diese vielleicht nach 10 Tagen nicht mehr selbständig wiedergeben kann?

4. Was nützen dem Teilnehmer die interessantesten Informationen, wenn er diese gedanklich nicht aufnehmen kann, weil er vorher schon »abgeschaltet« hat?

5. Welchen Vorteil hat der Teilnehmer vom besten fachlichen Dozenten, Fachreferenten, Professor oder Doktoranden, wenn dieser nicht über die grundlegenden Informationen, Kenntnisse und Fähigkeiten der effektiven Wissensvermittlung verfügt, um das zu Vermittelnde so

   ➡ informativ
   ➡ interessant
   ➡ motivierend und
   ➡ emotionalisierend

   wie möglich vortragen bzw. referieren zu können?

Wir dürfen Ihnen versichern, daß wir schon viele Veranstaltungen erlebt haben, bei denen die Teilnehmer am Ende genauso viel wußten wie am Anfang. Hier dürfen wir Ihnen ein persönliches Erlebnis nicht vorenthalten: Ein promovierter Fachreferent sprach ca. 30 Minuten ohne eine definitive Aussage zum Thema.

Es ließen sich bestimmt noch viele andere Beispiele anführen. Unser Anliegen ist aber nicht die Kritik, unser Anliegen ist es einfach, Ihnen die notwendigen theoretischen, fachlichen und praktischen Kenntnisse mitzuteilen, die wir im Verlauf unserer Ausbildungstätigkeit »am eigenen Leibe« erfahren mußten und die mit den neueren wissenschaftlichen Methoden und Modellen in Einklang zu bringen sind. Bei unserer weiteren Erörterung werden wir Ihnen Negativ- und Positivbeispiele demonstrieren, damit Ihnen die theoretischen Erläuterungen in der Praxis voll bewußt werden und Sie später in der Lage sind, eine Ausbildungsveranstaltung erfolgreich organisieren und durchführen zu können.

Mehrfach wurde der Begriff »effektive Wissensvermittlung« genannt. Sie werden sich fragen, wie dieser Begriff umschrieben ist bzw. was er eigentlich aussagen soll. Unter »effektiver« oder »erfolgreicher Wissensvermittlung« verstehen wir die Aufgabe und Fähigkeit eines Ausbilders, dem Teilnehmer einen bestimmten Lehrstoff so zu vermitteln, daß dieser ihn sicher aufnehmen, verarbeiten und bei Bedarf wiedergeben bzw. anwenden kann.

Die fünf Grundpfeiler einer erfolgreichen Wissensvermittlung sind:

Dem Dozenten müssen diese Themenschwerpunkte in ihrer jeweiligen Gewichtung bekannt sein, und er muß die Fähigkeit besitzen, sie bei Bedarf auch anwenden zu können. In der heutigen Ausbildungs- und Fortbildungspraxis wird zu sehr der Schwerpunkt auf den fachlichen Stoffumfang und damit auf die fachliche Qualifikation des Dozenten gelegt. Ausbildungstheoretische und pädagogische Gesichtspunkte finden kaum oder unzureichend im Lehr- und Lernprozeß einer Veranstaltung Beachtung. Dabei können folgende Fragen die Bedeutung dieser Punkte hervorheben:

1. Wie soll man eine effektive Wissensvermittlung durchführen, wenn man die grundlegenden wissenschaftlichen Vorgänge über den Lernprozeß im Körper nicht kennt und damit auch nicht beachten kann? Ein Dozent wird nur dann eine gesteigerte Informationsaufnahme in der Lerngruppe erreichen, wenn er selbst über den Ablauf des Lernprozesses im Körper informiert ist und dieses

Wissen mit seiner Vortragstechnik und den darin enthaltenen Teilelementen kombinieren kann. Mit dieser Fragestellung werden wir uns im Teil 1 »Lernverhalten« beschäftigen.

2. Was soll überhaupt dem Lernenden vermittelt werden? Man könnte annehmen, daß ein Fachmann diese Frage ohne weiteres beantworten kann. Werden jedoch psychologische Elemente mit berücksichtigt, so ist es notwendig, eine objektive Eingrenzung des Lehrstoffes durchzuführen. Außerdem müssen Unterrichtszeit, -länge und Pausengestaltung aufeinander abgestimmt und die körperlichen und geistigen Faktoren des Lernenden mit berücksichtigt werden. Diese Problematik wird im Teil 2 »Didaktik« erörtert.

3. Wie soll dem Lernenden der Lehrstoff vermittelt werden? Welche Medien müssen eingesetzt werden, um das gesprochene Wort optimal zu verstärken und zu unterstützen? Gut vorgetragene Reden, Vorträge, Lehrgespräche (also das gesprochene Wort) bedürfen des visuellen Medieneinsatzes. Der menschliche Geist nimmt Informationen nicht nur akustisch, sondern auch durch eine Vielzahl anderer Sinnesorgane auf. Teil 3 wird sich mit der »Methodik« eingehend beschäftigen.

4. Jedes gesprochene Wort kann sich von einem anderen gesprochenen Wort durch Klang, Mimik, Gestik, Artikulation und Dynamik unterscheiden. Erst die optimale Kombination dieser Kriterien baut das gesprochene Wort zu einer anspruchsvollen, interessanten und Aufmerksamkeit weckenden Rede auf. Ein methodisch und didaktisch schlecht aufgebauter Lehrgang kann zum Teil durch eine gute Redetechnik »verschönert« werden. Ein methodisch und didaktisch gut aufgebautes Seminar wird durch eine schlechte Redetechnik des Vortragenden erheblich verschlechtert. Teil 4 befaßt sich mit der Redekunst, der »Rhetorik«.

5. Nicht nur die soeben geschilderten Themenkomplexe müssen im Lernprozeß berücksichtigt werden. Auch Randbereiche wie z.B.

   - ➡ Körpersprache,
   - ➡ Anwendung der Biorhythmik,
   - ➡ Entspannungstechnik,
   - ➡ gesundheitsbewußte Ernährung und
   - ➡ andere esoterische Bereiche (wissenschaftliche Randgebiete)

   spielen im Verarbeitungsprozeß einer effektiven, erfolgreichen Wissensvermittlung eine wesentliche Rolle. Im Teil 5 »Aura« dieses Buches werden Sie mehr über diese Randgebiete erfahren.

Da wir stark von der Praxis der Ausbildungstätigkeit geprägt sind, erachten wir es als sehr wichtig, die geschilderten theoretischen Informationen und praktischen Erfahrungen anhand von beispielhaften Vorgaben darzustellen. Deshalb soll der Praxisbezug auch einen besonderen Stellenwert in diesem Buch erhalten. Dabei werden wir sechs Schwerpunktthemen aus dem großen Katalog der Informationsdatenbank herausnehmen und Ihnen diese als Musterlösungen darstellen. Folgende Themen werden behandelt:

- ➡ Erste Hilfe
- ➡ Sanitäts- und Rettungssanitäterausbildung
- ➡ gesunde Lebensweise
- ➡ Sprachunterricht
- ➡ Technik
- ➡ Wirtschaft.

Wir meinen, daß wir mit diesem Verfahren, einer Kombination zwischen notwendigen theoretisch/wissenschaftlichen Grundkenntnissen und umfassendem Praxisbezug, eine neue Art von Fachbuch entwickelt haben, das verständlich (und nicht verwissenschaftlicht) geschrieben wurde und trotzdem alle Aspekte einer modernen Wissensvermittlung beinhaltet. Natürlich gibt es auf dem Buchmarkt viele Veröffentlichungen auf dem Gebiet der Ausbildungslehre. Nach unseren Kenntnissen erfüllt aber keines dieser Bücher den Anspruch auf

- ➡ Vollständigkeit
- ➡ Klarheit
- ➡ Übersichtlichkeit
- ➡ Einfachheit
- ➡ Aussagefähigkeit.

Wir würden es begrüßen, wenn es uns mit der 5. Auflage dieses Werkes gelingt, die mit den Vorauflagen unseres Buches geschlossene Lücke in dem unübersichtlichen »Dschungel« der Ausbildungslehre noch besser auszufüllen. Wir möchten dabei nochmals betonen, daß dies ein Ausbildungshandbuch von Praktikern für Praktiker ist. Wir wollten bewußt nicht die große Fülle wissenschaftlicher Forschungen alter und neuer Generationen in ein Ausbildungshandbuch hineinzwängen, um den Praxisbezug stärker hervorheben zu können. Natürlich erheben wir mit diesem Werk nicht den Anspruch auf Vollständigkeit. Täglich werden neue Erkenntnisse in ausbildungstheoretischer Sicht gewonnen. Dies ist gut so. Es gewährleistet den kontinuierlichen Drang zu einer ständig sich verbessernden Erkenntnis über das Lernverhalten unserer heutigen Generation. Jedoch muß in jedem Werk ein Schwerpunkt gesetzt werden, damit das betreffende Buch nicht einen Umfang von vielen hundert Seiten annimmt. Unser Schwerpunkt liegt hier hauptsächlich auf der Praxis.

Die erfolgreiche praktische Ausbildungstätigkeit beginnt und endet beim Teilnehmer eines Seminars, einer Vorlesung und eines Vortrags.

Teil 1: Lernverhalten

Mit den einleitenden Bemerkungen haben wir bereits auf die Bedeutung der fünf Grundpfeiler einer erfolgreichen, effektiven Wissensvermittlung hingewiesen. Wir werden nun mit der Thematik der Ausbildungslehre beginnen und uns als erstes dem Themenkomplex des Lernverhaltens zuwenden.

Wer anderen etwas vermitteln will, muß selbst die Grundkenntnisse des Lernverhaltens eines Menschen kennen und in der Lage sein, diese Kenntnisse auf jede spezielle Situation anwenden zu können. Bei der Erörterung dieses Themenbereichs muß von der Frage ausgegangen werden, ob der Lernprozeß beim Erwachsenen in der Erwachsenenbildung von anderen Gegebenheiten abhängig ist als der Lernprozeß der Kinder und Jugendlichen in der Schule. Viele Menschen bringen diesen Sachverhalt mit dem Sprichwort in Verbindung: »Was Hänschen nicht lernt, lernt Hans nimmermehr«. Aufgrund dieses Sprichworts werden dann Schlußfolgerungen auf das Lernverhalten Erwachsener gezogen. Die Interpretation dieses Sprichworts ergibt, daß nur Hänschen etwas lernen kann, aber Hans nicht mehr. Zumindest läßt es den Schluß zu, daß ein Kind erheblich besser lernt als ein Erwachsener. Wie jedoch Beispiele aus dem Leben und lernpsychologische Untersuchungen zeigen, gibt es viele Bereiche im alltäglichen Leben, die nur von Erwachsenen ausgeführt werden und damit auch nur von Erwachsenen gelernt werden können. Nur sie bringen die notwendigen Erfahrungen und das erforderliche Grundwissen mit, um diesen Umweltsituationen gerecht zu werden. Beispiele lassen sich aus dem alltäglichen Bereich vielfältig aufzählen, z. B. bei Berufsausbildung und Studium, Führerschein, Flugschein, praktischer Berufsausübung etc. Aber auch grundlegende Fähigkeiten wie z. B. das Lesen, Schreiben und Rechnen kann man nicht nur in der Jugend, sondern auch im Erwachsenenalter erlernen, teilweise sogar besser und schneller, wie dies viele Beispiele aus dem täglichen Leben eindrucksvoll bestätigen (Abendkurse, Abendschulen, das Lesen- und Schreibenlernen in den Entwicklungsländern etc.). Zwar ist das Gehirn bei Kindern und Jugendlichen aus physiologischen Gründen leistungsfähiger als bei Erwachsenen, dies bezieht sich jedoch nur auf bessere Leistungen im Auswendiglernen. Erwachsene sind dagegen den Kindern und Jugendlichen beim Lernvorgang dann überlegen, wenn das Lernen vom herkömmlichen Auswendiglernen zum Verständnislernen übergeht. Außerdem können Erwachsene die äußeren Lernumstände individuellller planen (Wann und wie wird gelernt?) und ihre Lerngründe (Weshalb wird gelernt?) in viel stärkerem Maße beeinflussen. In experimentellen Untersuchungen wurde nachgewiesen, daß Erwachsene den Lernstoff gut gliedern und ihn sich durch Erkennen sinnvoller Zusammenhänge besser einprägen können als Kinder und Jugendliche.

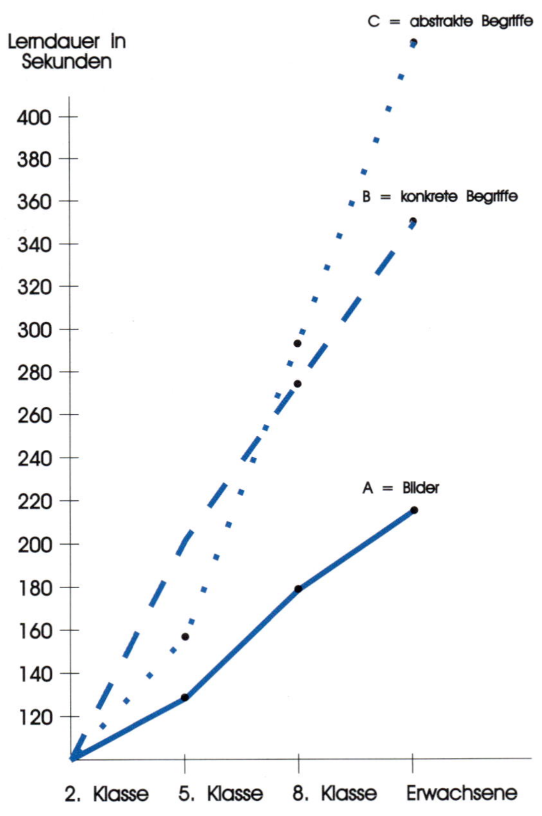

Tempo des Einprägens von bildhaften und verbalen Stoffen bei Kindern, Jugendlichen und Erwachsenen (nach Farapanowa und Smirnow)

Die Ergebnisse der Untersuchungen dokumentieren die Überlegenheit Erwachsener gegenüber Kindern verschiedener Altersstufen beim Einprägen von abstrakten bzw. konkreten Begriffen und Bildern. Es bestehen aber nicht nur Unterschiede zwischen Erwachsenen, Jugendlichen und Kindern, sondern auch bei den Erwachsenen untereinander sind Lern- und Merkleistungen zum Teil sehr verschieden. So nimmt zum Beispiel mit steigender fachlicher Qualifikation bzw. höherer Schulbildung des Erwachsenen das Interesse an einer weiteren Qualifikation bzw. Weiterbildung zu. Eine geringe Schulbildung steht oft im Zusammenhang mit dem fehlenden Bedürfnis nach fortschreitender Qualifikation. Daneben ist auch die geistige Leistungsfähigkeit im Erwachsenenalter viel stärker durch die unterschiedlichen Berufe bedingt als durch die sogenannten Altersbesonderheiten. Es wurden deutliche Unterschiede im geistigen Leistungsvermögen von Personen verschiedener Berufsgruppen festgestellt, wobei der Leistungsabfall im Alter besonders bei den Berufsgruppen sehr hoch war, bei denen keine besondere geistige Tätigkeit verlangt wird. Umgekehrt bleibt die Leistungsfähigkeit bei den Gruppen von Berufstätigen relativ gut erhalten, deren beruflicher Bereich mit hoher Intelligenzbeanspruchung ausgestattet ist. Die Leistungsfähigkeit im Alter kann bei dieser Personengruppe sogar noch ansteigen. Deshalb wird heute den berufstätigen Menschen empfohlen, nach dem täglichen Arbeitsende eine entgegengesetzte Ausgleichstätigkeit auszuüben. Wer im beruflichen Bereich vorwiegend körperlicher Tätigkeit ausgesetzt ist, sollte sich als Ausgleich nach Feierabend und an den Wochenenden geistiger Entspannungslektüre oder anderen geistig beanspruchenden Tätigkeiten widmen. Achten Sie bei der Lektüre auf deren Qualität. Anspruchsvolle Literatur sollte »Groschenromanen« vorgezogen werden, seriöse Zeitungen sollten Vorrang vor Boulevardblättern haben. Bei vorwiegend im Sitzen ausgeführter Betätigung sollte ein Ausgleich in Form von körperlichen Entspannungsübungen (Sport, autogenes Training etc.) gesucht werden. Der Ausgleich zwischen körperlichen und geistigen Anspannungsphasen muß im Interesse eines gesunden und vitalen Körpers unbedingt beachtet werden. Geist, Körper und Seele arbeiten eng zusammen. Der Geist kann nicht den ganzen Tag voll beansprucht werden. Bei der Darstellung der geistigen Leistungsfähigkeit im Erwachsenenalter müssen

- die Schulbildung,
- die spezielle berufsbezogene Ausbildung,
- die Teilnahme an Weiterbildungsveranstaltungen,
- die effektive Nutzung der Freizeit für die Entwicklung geistiger Fähigkeiten
- und die Frage des geistigen Trainings usw.

unbedingt mit einbezogen werden.

Die Lernfähigkeit bleibt grundsätzlich erhalten. Die Lerngrenze kann im Alter nur durch krankhafte Defekte im Lernzentrum (Gehirn) eingeschränkt werden. Lernleistungen können jedoch bis ins hohe Alter erbracht werden.

Der ältere Mensch kompensiert eine Abnahme der Lernschnelligkeit durch verstärkte Gründlichkeit (in der Produktion, Technik, Verwaltung etc.). Zwischen dem 20. und 40. Lebensjahr hat der Erwachsene den Höhepunkt seiner geistigen Leistungs-

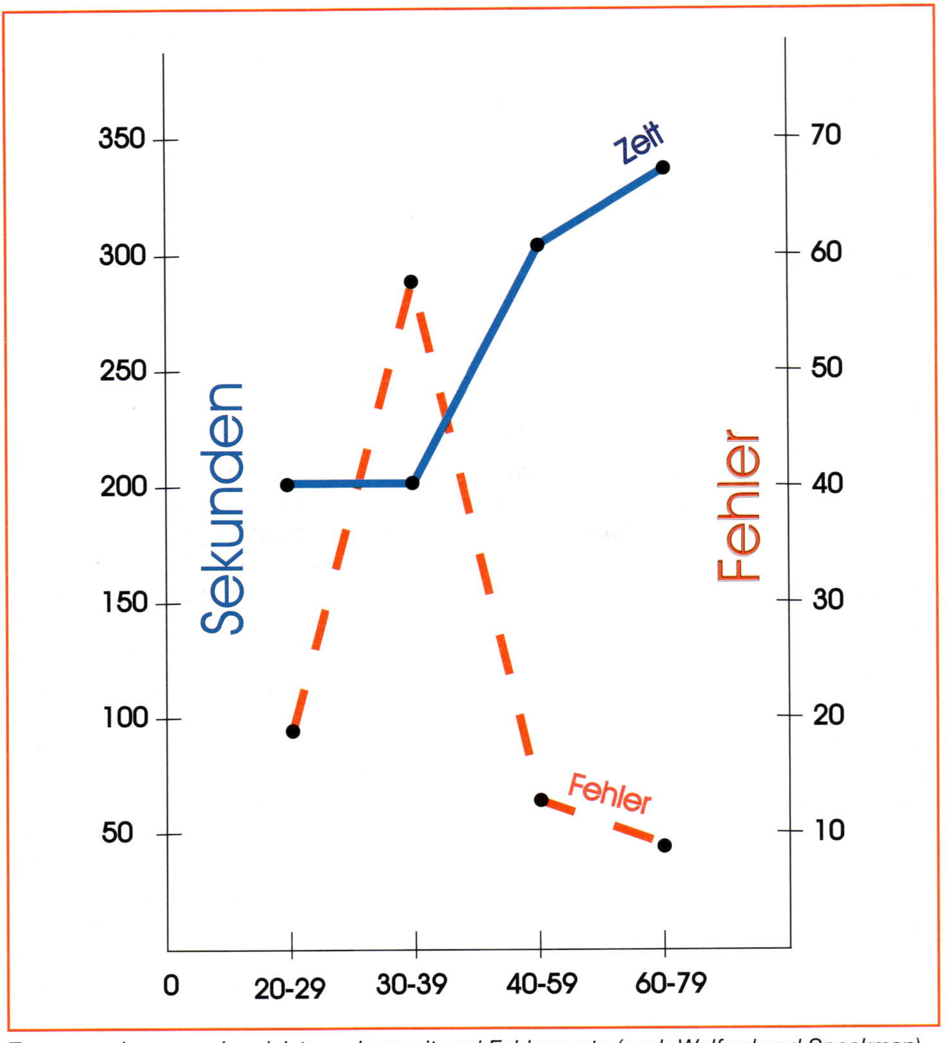

Zusammenhang von Lernleistung, Lernzeit und Fehlerquote (nach Welford und Speakman)

fähigkeit erreicht. Danach sinkt sie ab, kann aber durch eine gesunde Lebensweise, durch richtige Lerntechniken und durch ein Training der Gedächtnisleistung auf einem hohen Leistungsstand gehalten werden. Der individuelle Verlauf der Kurve der Lern- und Merkleistung wird durch diese Faktoren wesentlich beeinflußt.

Ein Versuch mit 20 bis 24jährigen Studenten und 60 bis 65jährigen Wissenschaftlern demonstriert in anschaulicher Art und Weise die altersbezogenen Unterschiede der Lern- und Merkleistungen abhängig von der Komplexität des Lernmaterials. Den beiden Gruppen wurden einfache Wörter und kleinere bzw. größere Sinnzusammenhänge dargeboten. Danach wurde die jeweilige Lernleistung ermittelt (nach Istomina). Hier ist das Ergebnis:

	Studenten	Wissenschaftler
Lernleistung bei Wörtern	31,5 %	19,9 %
Lernleistung bei kleineren Sinnzusammenhängen	36,9 %	31,2 %
Lernleistung bei größeren Sinnzusammenhängen	52,9 %	56,5 %

Werden also dem Älteren größere Sinnzusammenhänge zum Lernen vorgelegt, ist der Student (der Jüngere) diesem unterlegen. Unsere geistige Hochphase bei der Verarbeitung von Informationen in größeren Sinnzusammenhängen beginnt sich also mit zunehmendem Alter zu entwickeln, wie z. B. der Wein, der auch erst durch lange Lagerdauer zu einem köstlichen Gaumengenuß wird. Diese Reifungsphase während des zunehmenden Alters ist auch hier vom Stoffgebiet, von einer gesunden Lebensweise und dem Training der Gedächtnisleistung abhängig. Somit kann der Schluß gezogen werden, daß auch im Alter noch ein sinnvoller und aussichtsreicher Lernvorgang ablaufen kann. Häufig hört man jedoch Klagen von älteren Menschen, die ihre Passivität im geistigen Bereich mit dem Argument entschuldigen, daß sie nicht mehr die Geduld, Konzentrationsleistung und Merkfähigkeit besitzen wie in der Schulzeit. Sie entschuldigen damit Ihre Inaktivität und ändern nicht ihre bisherige, eingefahrene Lebensweise. Sie gehen lieber den bequemeren Weg (bewußt oder unbewußt?) und ihre Gedächtnisleistungen nehmen durch die mangelnde Beanspruchung des Gedächtnisses noch weiter ab. Alles, was im Körper optimal arbeiten soll, muß in Bewegung gehalten werden. Es muß ein dauernder Trainingszustand (natürlich mit den notwendigen Erholungspausen) gegeben sein. Denken Sie nur an einen Boxer, der sich vor einem Wettkampf schonen will und deshalb sein Training ruhen läßt. Seine körperliche Leistungsfähigkeit wird aufgrund des fehlenden Trainings sinken.

Der Erwachsene lernt in vielen Lebenssituationen, bewußt oder unbewußt, so z. B. durch Aufnehmen von Nachrichten, Informationen und Daten aus Rundfunk, Film, Fernsehen und Zeitungen oder aus dem alltäglichen Lebensablauf. Der Mensch macht Erfahrungen, aus denen er Schlüsse zieht, die ihm dann wiederum zur Bewältigung neuer Situationen behilflich sind. Lernen ist jedoch immer mit Veränderungen des Verhaltens eines Menschen verbunden, z. B. mit Veränderungen im Bereich des Denkens, Fühlens, der Wertvorstellungen, mit Veränderungen im Handeln, im Erkennen und im Urteilen. Oft werden aber neue Informationen aufgenommen, die nicht zu einer Änderung der bisherigen Verhaltensweisen führen. Hier haben besonders Punkte wie Vorurteile, Einstellungen, persönliche Verhältnisse etc. eine zentrale Bedeutung. Aber es können auch Informationen angeboten werden, die überhaupt nicht aufgenommen werden. Mit diesen Bereichen werden wir uns später noch beschäftigen. Das bewußte Lernen setzt dagegen eine klare Entscheidung des Lernenden voraus, lernen zu wollen. Beim bewußten Lernen spielt die Frage der Lernwilligkeit (Lernbereitschaft) des Erwachsenen neben der Lernfähigkeit eine besondere Rolle.

• Die Lernbereitschaft

Der Begriff der »Lernwilligkeit« oder »Lernbereitschaft« bezeichnet die Frage, ob der Erwachsene bis ins hohe Alter bereit ist, eine Lernentscheidung zu treffen, sich also bewußt zu entschließen, Altes und Überkommenes in Frage zu stellen, durch Neues seinen Denkhorizont, sich im Alter mit der Umwelt zu beschäftigen, wieder Fragen zu stellen und eingefahrene Verhaltensweisen aufgrund der neuen Informationen zu verändern. Weshalb hat aber die Lernbereitschaft einen so großen Stellenwert für das Lernverhalten? Dafür gibt es im wesentlichen zwei Gründe:

1. Durch das Lernen an sich erreichen wir, daß unser Gehirn trainiert wird und die Fähigkeiten des Lernens, Behaltens und Wiedergebens verbessert bzw. auf einem hohen Stand gehalten werden.

2. Kein Mensch darf heute behaupten, daß er ausgelernt hat. Alle Berufe sind durch die schnelle Entwicklung in Forschung, Wissenschaft und Technik, durch das Wachstum des Wissens der Menschheit in relativ kurzem Zeitraum starken Veränderungen unterworfen. Obgleich die meisten Menschen durch die ohnehin lange Ausbildungszeit erst mit 18 Jahren - viele erst mit dem 20. bis 25. Lebensjahr - im Berufsleben voll einsetzbar sind, können sie heute kaum länger als 7 bis 10 Jahre aus ihrem Wissensreservoir schöpfen. Dem ständig wachsenden Umfang des Wissens steht jedoch eine begrenzte Zeit für dessen Aneignung gegenüber. Täglich werden neue, interessante Dinge entdeckt, die viel-

leicht unser künftiges Leben stark verändern werden. Denken wir doch nur an die Entwicklung der elektronischen Datenverarbeitung, die unser heutiges Leben, aber in viel größerem Umfang auch unsere zukünftige Lebensentwicklung entscheidend bestimmen wird. Neue Berufe entstehen (Datentypist, Operator, Systemprogrammierer, Anwendungsprogrammierer, Systemanalytiker etc.) und alte Berufe (Setzer bei der Zeitung, Sachbearbeiter in der Rechnungsabteilung etc.) sterben aus. Ständig werden die neuen Berufe noch weiter untergliedert, da der Drang zum Spezialistentum immer mehr fortschreitet. Man muß immer mehr von immer weniger wissen. Wichtig ist in einem sich so schnell entwikkelnden Zeitalter, daß man nicht nur der gesuchte Spezialist ist, sondern daß man nach wie vor den Gesamtüberblick besitzt und die Allgemeinbildung entsprechend verbessert.

Diese bedeutsamen Gründe wurden von vielen Erwachsenen bisher noch nicht erkannt. Es ist deshalb wichtig, die Lernbereitschaft der Erwachsenen durch geeignete Maßnahmen zu erhöhen. Wovon hängt aber die Lernbereitschaft eines Menschen ab?

1. Sie hängt von der Nähe des Lernstoffes zur Wirklichkeit ab. Je konkreter Themen behandelt werden und je mehr der Erwachsene überzeugt ist, »etwas damit anfangen zu können«, umso engagierter arbeitet er mit.

2. Die Einsicht in die Notwendigkeit des Lernens für sich persönlich und für die Gesellschaft beeinflußt die Lernbereitschaft eines jeden Menschen. Auf die Erste-Hilfe-Ausbildung bezogen bedeutet dies, daß jeder Kursteilnehmer darauf hingewiesen werden muß, daß eine moralische Pflicht besteht, anderen in der Not zu helfen. Denn jeder Kursteilnehmer erwartet ja bestimmt auch, daß man ihm selbst sofort hilft, wenn er einmal in eine Notsituation kommt.

3. Je deutlicher der Erwachsene erfährt, daß er fähig zum Lernen ist, desto eher wird er bereit sein, gegenwärtigen und zukünftigen Lernangeboten nachzukommen. Er muß erkennen, daß er etwas bewegen kann, daß durch das Einbringen seiner Erfahrungen, Erlebnisse, Meinungen und Kenntnisse der Lernprozeß bereichert wird. Das Erlebnis, daß der eigene Beitrag, die eigene Frage von den anderen als wertvoll anerkannt wird und zur Lösung des Problems beigetragen hat, verstärkt sein Selbstwertgefühl hinsichtlich des Lernens. Deshalb ist es auch für die Praxis wichtig, einen Unterricht nicht nur in Form eines Vortrags zu organisieren, sondern auch durch ein angeregtes Lehrgespräch sämtliche Erfahrungen, Meinungen und Vermutungen der Kursteilnehmer mit in den Unterricht einfließen zu lassen.

Die Lernbereitschaft zu erhöhen, das ist eine besondere Aufgabe der Motivation. Diese werden wir in einem späteren Abschnitt ausführlich besprechen.

• Die Lernfähigkeit

Die Lernfähigkeit ist kein konstanter Faktor, sondern eine sich im Verlauf des Lebens ändernde Beeinflussungsgröße. Sie bezieht sich speziell auf die Geschwindigkeit des Lernens, auf die Lernmenge und auf die Lernqualität. Die Lernfähigkeit ist abhängig von:

- ➡ beruflichen Aktivitäten
- ➡ außerberuflichen Aktivitäten
- ➡ Lerntraining
- ➡ bisherigen Lernerfahrungen
- ➡ geistiger Mobilität und Flexibilität

Berufliche und außerberufliche Aktivitäten

Wer in einem interessierten und geistig offenen Verhältnis zu seiner Umwelt lebt, das Nachlassen der Lernbereitschaft bewußt erkennt und die Konsequenzen zieht, für den spielt das Lebensalter hinsichtlich seiner Lernfähigkeit keine übermäßige Rolle. So können sich zwei Gleichaltrige schon durch einen unterschiedlichen Grad der Lernfähigkeit erheblich unterscheiden. Der eine ist aufgrund eines fehlenden geistigen und körperlichen Trainings nur bedingt lernfähig; beim anderen bleibt die Fähigkeit des Sinnerfassens, des logischen Denkens, der Urteilsfähigkeit etc. konstant, weil er geistige Arbeit und Interessen während seiner Lebensphasen gepflegt hat. Die Umwelt des Menschen spielt dabei eine wichtige Rolle, besonders der Bereich des Berufes und der außerberuflichen Aktivitäten. Gehen von der Berufs- und Arbeitswelt eines Menschen Anregungen aus, die den Arbeitnehmer zum Lernen, zur Weiterbildung, zum Sich-Auseinandersetzen anregen, dann ist seine Chance gegenüber dem Arbeitnehmer, dessen Tätigkeit ihn in eine geistig anspruchslose und dem Lernen nicht förderliche Situation führt, wesentlich günstiger. Da der Mensch durch die Arbeits- und Berufswelt mitgeprägt wird, ist seine Möglichkeit, in der Freizeit das beruflich bedingte Defizit durch Lernbereitschaft und eigene freiwillige Lerneinsätze aufzuholen, relativ begrenzt. Er muß in diesem Fall schon bewußt den Gedanken fassen, die berufliche Einbahnstraße durch außerberufliche Aktivitäten auszugleichen. Dies setzt jedoch voraus, daß er sich seiner beruflichen »Minderbeanspruchung« bewußt ist und die Gefahr eines größeren geistigen Leistungsabfalls durch diesen Faktor erkannt hat. Als Beispiel für eine berufliche »Höchstbeanspruchung« braucht man nur an die vielen Politiker und Geschäftsleute zu denken, die noch bis ins hohe Alter verantwortungsvolle Positionen ausüben und ständig neuen Situationen gegenüberstehen, die eine qualitativ hohe geistige Aktivität erfordern. Die Lernfähigkeit ist also stark vom Beruf und von außerberuflichen Aktivitäten abhängig. Deshalb müssen die außerberuflichen Aktivitäten so gestaltet werden, daß die beruflich bedingten geistigen und körperlichen Mangelerscheinungen kompensiert werden.

Lerntraining/bisherige Lernerfahrungen

Von einiger Bedeutung für die Lernfähigkeit und Lernbereitschaft ist, welche Erfahrungen in früheren Lernsituationen gemacht wurden. Dabei wird meistens auf die Lernerfahrungen der Schule zurückgeblickt, wobei die Pflicht zum Schulbesuch, ständiger Lerndruck, Prüfungssituationen, Zeugnisnoten und Hausaufgaben das Lernen in der Erinnerung mit einem Zwang in Verbindung gesetzt wird. Dies stellt für den weiteren Lernfortschritt einen negativen Beeinflussungsfaktor dar. Aber auch in der Erwachsenenbildung werden von den Dozenten häufig noch Methoden der »alten« Schulausbildung übernommen und in ihren jeweiligen Unterricht einbezogen. Weshalb soll man es ihnen aber verdenken, wenn sie die »am eigenen Leibe« erfahrenen Unterrichtsmethoden im guten Glauben für ihre eigenen Lehrveranstaltungen übernehmen? Nur selten erlebt man in der Erwachsenenbildung, daß Lernsituationen lebendig oder auch »unbewußt« eingearbeitet werden, um so das negative »Flair« der Schulausbildung vergessen zu lassen. Interessant gestaltete Fortbildungen führen zu verstärkter Lernbereitschaft in späteren Lebensphasen.

Entscheidend für bisherige Lernerfahrungen ist also auch die Tatsache, wie etwas gelernt wurde, ob der Lernvorgang mit dem subjektiven »Erfolg« gekoppelt worden ist. Erfolgreiches Lernen regt zum Weiterlernen an, Mißerfolgslernen bewirkt eine weitere, verstärkte Abneigung gegen das Lernen überhaupt. Erfolgs- oder Mißerfolgserlebnisse besitzen eine große gefühlsmäßige Bindung und beeinflussen so mehr unbewußt als bewußt die Bereitschaft, im späteren Alter zu lernen.

Wie die bisherigen Ausführungen gezeigt haben, spielt die Unterscheidung von Altersstufen beim Lernprozeß keine wesentliche Rolle. Nachdem wir auf die grundsätzlichen Unterschiede der Erwachsenenbildung eingegangen und zu der Erkenntnis gekommen sind, daß im Erwachsenenalter der Lernprozeß nicht aufhören muß und nicht aufhören darf, gehen wir im folgenden auf die verschiedenen Möglichkeiten des Lernprozesses ein. So wurden im Laufe der Zeit (beginnend mit dem Ende des 19. Jahrhunderts) diverse Theorien über das Lernen aufgestellt und durch verschiedene Versuchsanordnungen belegt. Kein Lernstoff gleicht einem anderen. Jeder Stoff unterscheidet sich von einem anderen in Aussage, Struktur, Umfang, Stoffbeziehung etc. Damit gibt es auch verschiedene Arten des Lernens. Je nach Situation bietet sich eine der folgenden Lerntheorien am ehesten zur Erklärung an.

Lernen nach Signalen (Klassische Konditionierung)

Hauptvertreter dieser Lerntheorie ist der russische Physiologe I. P. Pawlow (1849 – 1936). Seine berühmt gewordenen Experimente beschäftigen sich mit dem Speichelfluß von Tieren. Seine Versuche führte er an Hunden (und Mäusen) durch.

Er fand heraus, daß nicht erst bei der Aufnahme des Futters die Speichelflüssigkeit im Maul vermehrt erzeugt wurde, sondern daß dies schon beim Vorsetzen des Fressens erfolgte. Das Futtervorsetzen bezeichnete er als unkonditionierten (unbedingten) Reiz, den Speichelfluß als unkonditionierten (unbedingten) Reflex.

Pawlow ließ dann jedesmal mit der Verabreichung des Futters ein Klingelzeichen ertönen. Nach einigen Kopplungsversuchen produzierte das Tier bereits beim Ertönen des Glockenzeichens den Speichel. Der ursprünglich neutrale Klingelton (neutraler Reiz) ist zum Auslöser des Reflexes geworden. Dieser Vorgang wurde als Konditionierung bezeichnet. Ein konditionierter, bedingter Reiz (Klingelton) löst den konditionierten, bedingten Reflex (Speichelfluß) aus.

Andere Forscher erzielten ähnliche Erfolge beim Konditionieren weiterer Reflexe. Im Säuglingsalter spielen diese Reflexe und deren Konditionierung eine bedeutende Rolle. Nachstehend zeigen wir Ihnen für die mögliche Konditionierung eines Reflexes Beispiele auf. Die Art des bedingten Reizes kann verschieden variiert werden.

Unbedingter Reiz	Unbedingter Reflex
Nahrung	Speichelfluß, Öffnen des Mundes, Schluckbewegung (z.B. beim Säugling)
Berührung der Wange	Saugbewegung beim Säugling
Helligkeitsveränderungen	Pupillenreaktion
Temperaturveränderungen	Gefäßverengung oder -erweiterung
Schlag gegen die Kniescheibensehne	Streckung des Beines
Körperdrehung	Augenbewegung
Luftstoß gegen das Auge, Schreckreiz, Zufliegen eines Gegenstandes auf das Auge	Lidschlußreflex
Schreckreiz, Schmerzreiz	Veränderung der Atmung und der Pulsfrequenz
Elektrischer Schlag auf Arm/Bein	Bewegung des Armes/Beines, Veränderung des Hautwiderstandes

Die wichtigsten Reize und ihre Reflexergebnisse

Mögliche Anwendungsgebiete können z.B. die Stimme des Ausbilders sein, der ständig einen trockenen Stoff vorträgt oder einen demotivierenden Unterrichtsstil besitzt. Damit kann der Teilnehmer schon zur Ablehnung des Ausbilders kommen, wenn er dessen Stimme wahrnimmt. Er zieht damit automatisch Rückschluß auf den Unterrichtsstil des Lehrers oder auf den zu vermittelnden Lehrstoff. Dies kann sich aber auch im positiven Sinne bemerkbar machen, wenn die Teilnehmer die Stimme des Ausbilders mit einem angenehmen Unterricht verbinden.

Neben der Stimme können auch andere Merkmale wie z. B. Kleidung, besondere Angewohnheiten etc. eine Konditionierung erreichen. Das Phänomen der Konditionierung macht man sich auch bei der Gestaltung des Arbeits- und Unterrichtsplatzes zunutze. Eine bestimmte Anordnung von Gegenständen und eine angenehme Raumfarbe können beim Eintritt in den Arbeits- bzw. Unterrichtsraum bewirken, daß die Lernstimmung beim Teilnehmer aktiviert wird. Diese Aktivierung wird aber erst nach einer längeren Gewöhnungsdauer erfolgen. Da in der Erwachsenenbildung der Lernstoff verbal, bildlich und akustisch dargeboten wird und zu Veränderungen im Bereich des Verhaltens führen soll, haben die Erkenntnisse der Konditionierung hier keine direkte praktische Bedeutung für den Lernprozeß. Indirekt können sie über die Schaffung einer negativen oder positiven Lernumgebung bzw. durch Aktivierung oder Nichtaktivierung des Lerneifers der Teilnehmer von Bedeutung sein.

Lernen durch Verstärkung (Operante Konditionierung)

Die operante Konditionierung widmet sich im Gegensatz zur klassischen Konditionierung nicht der Reizkomponente, sondern mehr der Verhaltensseite, die durch den äußeren Reiz erzeugt wurde. Hauptvertreter dieser Richtung sind der Psychologe E. L. Thorndike (1874 - 1949) und der Verhaltensforscher B. F. Skinner (1904 - 1990), beide Amerikaner. Ein Versuchstier lernt eine bestimmte Handlung, um so ein angenehmes Ziel (Futtergabe) zu erreichen oder ein unangenehmes Geschehen (Elektroschock) zu vermeiden. Ein speziell dafür entwickelter Käfig (die sogenannte Skinnerbox) läßt folgende Versuchsanordnung zu:

1. Vollbringt ein Tier eine gewünschte Handlung (Drücken eines Hebels), so wird diese Handlung durch eine Futtergabe belohnt. Man spricht dann von der positiven Verstärkung (Futter) bei gewünschter, erwarteter Reaktion.

2. Führt das Tier eine gewünschte Verhaltensweise durch, um einen unangenehmen Reiz (kleiner elektrischer Schlag) zu vermeiden, dann handelt es sich um eine negative Verstärkung.

3. Keine Verstärkung führt zur Abschwächung bis hin zum Verschwinden des erlernten Verhaltens.

Je mehr Wiederholungen zum selben »Lernergebnis« führen, desto besser wird das Einprägen der Verhaltensweise. Diese Untersuchungsergebnisse lassen sich in Verbindung bringen mit dem Belohnen oder Bestrafen einer erwünschten oder unerwünschten Verhaltensweise. Lernprozesse bei Kindern im Entwicklungsalter laufen oft in dieser Richtung von Belohnung und Strafe ab. Untersuchungen zeigen, daß positive Verstärkungen intensiver auf die Lernsituation wirken als negative Verstärkungen und somit den Lernerfolg erhöhen. Lernerfolge müssen somit in der Ausbildung durch verbale, gestische und handelnde Belohnungen (Lob, Anerkennung, Hervorhebung etc.) unterstützt werden. Der Lernprozeß darf nicht als etwas Selbstverständliches beim Erwachsenen angesehen werden. Lob ist dort angebracht, wo etwas Sinnvolles geleistet wurde. Aber Vorsicht: Nicht jede Lernleistung loben! Was oft gehört wird, verliert mit der Zeit an Attraktivität. Beachten Sie bitte auch, daß Sie vom herkömmlichen Loben wegkommen müssen. Erarbeiten Sie sich verschiedene Möglichkeiten und wenden Sie diese bei unterschiedlichen Gelegenheiten an.

Beispiele:

1. *»Diese Aufgabe haben Sie gut gelöst.«*
2. *»Man merkt, daß Sie von diesem Sachverhalt viel verstehen.«*
3. *»Recht herzlichen Dank für Ihren interessanten Beitrag.«*
4. *»Genau so wie Sie es gezeigt haben, muß es in der Praxis durchgeführt werden.«*

Lernen am Modell

Diese Theorie beschäftigt sich mit dem Nachahmungstrieb von Personen, also mit dem imitativen Lernen. Die Übernahme einer Verhaltensänderung (die bei einer anderen Person, einem Modell etc. gesehen wurde) kann sich durch bloßes Beobachten vollziehen. Die Verhaltensänderung braucht nicht sofort einzutreten. Sie kann auch erst nachträglich imitiert und vollzogen werden. Diese Lerntheorie wird vielfach in der Werbung eingesetzt, wo bekannte Persönlichkeiten aus Politik, Wirtschaft, Unterhaltung und Sport als Vorbild für andere dargestellt werden. Auch der Ausbilder kann ein imitatorisches Lernen beim Teilnehmer erreichen. Gestaltet er seine Handlungen und Aussagen attraktiv und trägt sie langsam und verständlich vor, so wird der Teilnehmer bestrebt sein, diese zu übernehmen. Eine gute Grundlage zum imitativen Lernen ist dann geschaffen, wenn der Ausbilder auf den Teilnehmer einen positiven Eindruck macht. Er muß vom Teilnehmer fachlich und persönlich akzeptiert werden (»Was der kann, muß ich auch können«). Wie ein positiver Eindruck beim Teilnehmer erzeugt werden kann, wird später noch intensiv behandelt. Mit einem negativen Eindruck kann aber auch das Gegenteil erreicht werden.

Lernen durch Verknüpfung

Unter dieser Methode versteht man das Lernen durch »Einpauken«, Einprägen und wiederholtes Üben. Dabei werden einfache Paarbeziehungen durch Assoziationsbildung eingeprägt. Wir treffen es häufig an beim Vokabel-, Geschichtszahlen-, Verkehrsregelnlernen und bei vielen anderen Möglichkeiten. Zur besseren Veranschaulichung für diese Art des Lernens werden wir einige Beispiele (nach Kugemann) präsentieren. Wenn Sie wollen, lieber Leser, können Sie am eigenen Leib einen Lernfortschritt miterleben und sich in diese Art des Lernens besser hineinversetzen.

Betrachten Sie bitte das nachstehende Lernfeld »Kyrillische Buchstaben« 15 Sekunden und prägen sich dabei so viele Assoziationsbeziehungen wie möglich ein.

З	=	s	Ж	=	j
р	=	r	Г	=	g
л	=	l	Н	=	n
ф	=	f	Ц	=	z

Jetzt decken Sie das Lernfeld wieder zu. Tragen Sie nun die behaltenen, gelernten Buchstaben in das nachstehende Kontrollfeld ein.

nach dem 1. Lerndurchgang

ж =
н =
р =
з =
л =
ф =
ц =
г =

Zahl der im 1. Durchgang behaltenen kyrillischen Buchstaben: ☐

nach dem 2. Lerndurchgang

ж =
н =
р =
з =
л =
ф =
ц =
г =

Zahl der im 2. Durchgang behaltenen kyrillischen Buchstaben: ☐

nach dem 3. Lerndurchgang

ж =
н =
р =
з =
л =
ф =
ц =
г =

Zahl der im 3. Durchgang behaltenen kyrillischen Buchstaben: ☐

nach dem 4. Lerndurchgang

ж =
н =
р =
з =
л =
ф =
ц =
г =

Zahl der im 4. Durchgang behaltenen kyrillischen Buchstaben: ☐

nach dem 5. Lerndurchgang

ж =
н =
р =
з =
л =
ф =
ц =
г =

Zahl der im 5. Durchgang behaltenen kyrillischen Buchstaben: ☐

nach dem 6. Lerndurchgang

ж =
н =
р =
з =
л =
ф =
ц =
г =

Zahl der im 6. Durchgang behaltenen kyrillischen Buchstaben: ☐

Wiederholen Sie diesen Lernvorgang so lange, bis Sie sich alle Buchstaben eingeprägt haben (die Korrektur lassen wir außer acht, da sonst noch das Problem eines zusätzlichen Lernvorgangs bei der Korrektur miteinbezogen werden müßte). Benutzen Sie bitte zur Überprüfung jeweils ein neues Kontrollfeld. Tragen Sie nach Beendigung des ganzen Lernvorgangs die Anzahl der behaltenen Buchstaben pro Lerndurchgang in die nachstehende Lernkurve ein. Sie erhalten damit Ihre individuelle Lernkurve.

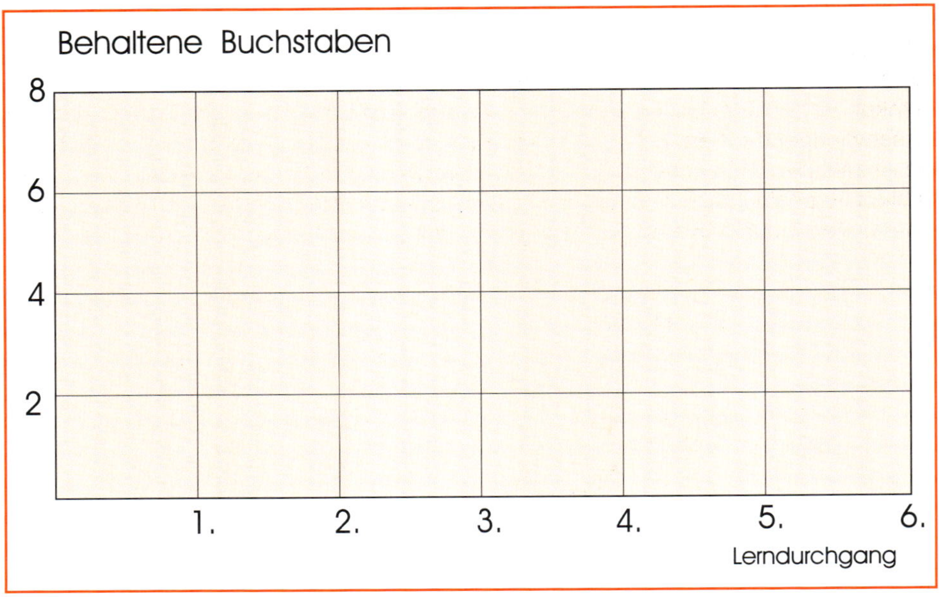

Eine durchschnittlich verlaufende Lernkurve wird folgendes Aussehen haben:

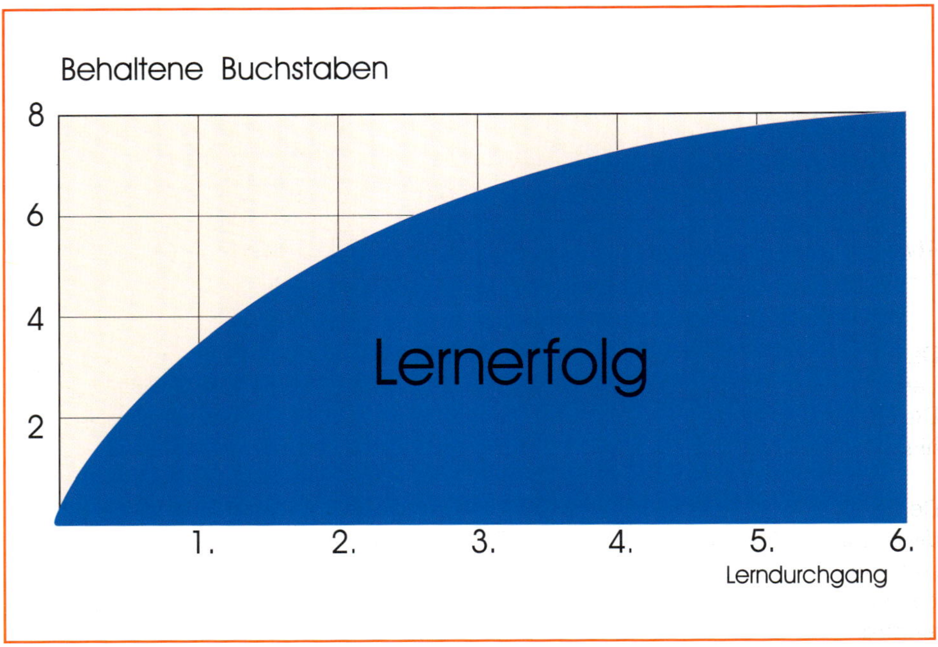

Die Interpretation dieser Lernkurve zeigt, daß am Anfang viel und gegen Schluß wenig Neues hinzugelernt wird. Wenn Sie über dem Durchschnitt liegen, haben Sie bei dieser Lernform wahrscheinlich dadurch einen Vorteil, daß Sie Ihr Gehirn des öfteren mit derartigen Situationen konfrontieren und aktivieren. Liegen Sie im Durchschnitt oder gar darunter, dann machen Sie sich noch keine unnötigen Sorgen. Diese »mechanische« Gedächtnisleistung kann durch Üben fortentwickelt werden. Die Lernkurve sagt also aus, daß, je näher man dem Ziel seiner »Lernträume« kommt um so schwieriger der Lernfortschritt wird. Führt man diese Versuche weiter und erhöht die Anzahl der zu lernenden Buchstaben, würde sich die individuelle Lernkurve erheblich verschlechtern. Das bedeutet, daß eine Vergrößerung des Lernmaterials zu einer unverhältnismäßig großen Steigerung der Lernzeit führen würde.

1

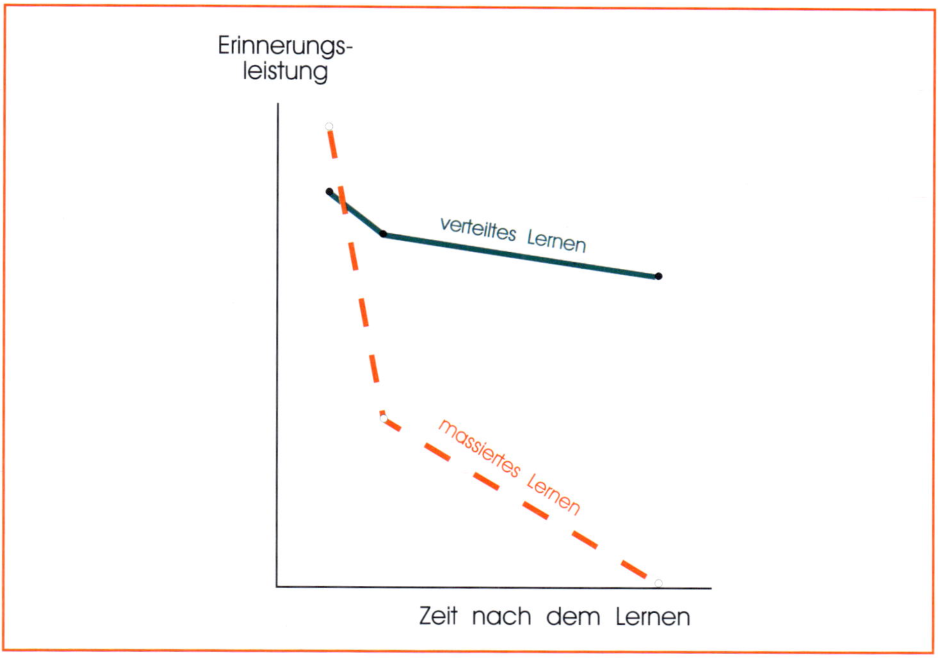

Abhängigkeit der erinnerten Lerneinheiten vom verteilten und massierten Lernen (nach Angermeier)

Daraus läßt sich der Schluß ziehen, daß man mehr Lernstoff lernt, wenn weniger Lernmaterial angeboten wird. Für viele mag das ein bißchen unglaubwürdig klingen. Die Praxis zeigt aber, daß heutzutage viel zu viel Lernstoff in eine Unterrichtseinheit hineingepackt wird.

Der Lernstoff muß also auf ein Minimum reduziert werden, und der Ausbilder muß die besondere Lernanstrengung gegen Ende des Lernfortschritts in seine Unterrichtsplanung mit einbeziehen. Diese Erkenntnisse werden wir im Abschnitt »Didaktik« nochmals aufgreifen, weiterverfolgen und mit in die stoffliche Unterrichtsgestaltung einbeziehen.

Schnell angeeignetes Wissen wird nicht so dauerhaft behalten wie langsam angeeignetes Wissen. Dies wurde in einem Experiment nachgewiesen:

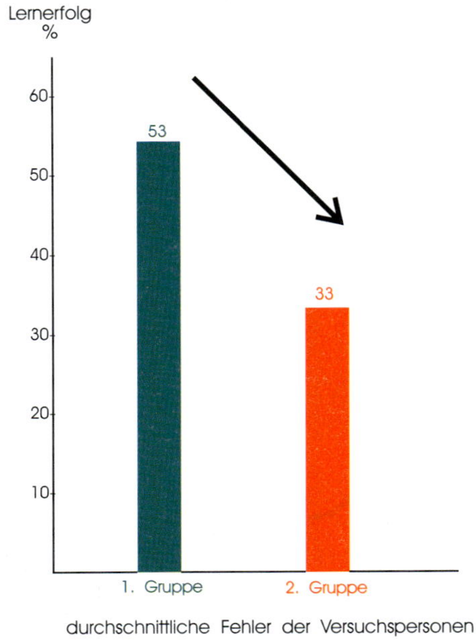

Abhängigkeit des Lernerfolges vom Lerntempo (nach Schardakow)

Die erste Gruppe lernte zeitlich konzentriert, während die zweite Gruppe für den Lernprozeß genügend Zeit hatte. Dabei wird deutlich sichtbar, daß die erste Gruppe wesentlich mehr Fehler bei der Bearbeitung der Aufgaben gemacht hat als die zweite Gruppe. Die Geschwindigkeit des Lernens muß also dem Bekanntheitsgrad des Stoffs angepaßt werden. Der Ausbilder muß die Präsentierung eines neuen Lernstoffs so langsam und deutlich wie möglich durchführen. Erst allmählich kann dann das Lerntempo erhöht werden. Man erreicht durch diese Präsentationsform beim Teilnehmer wesentlich bessere Lernergebnisse, als wenn unter Zeitdruck ein oberflächliches und meist »nervöses« Lernen erfolgt. Ein anfangs rasches Lernen hat keinen vorteilhaften Einfluß auf das dauerhafte Behalten. Auch fehlende und/oder falsche Zeitplanung im Unterricht führt unweigerlich zu Zeitstreß und damit zur verminderten Aufnahme des Lernstoffs. Der Teilnehmer soll nicht durch den Lehrstoff gehetzt werden. Sie können ja auch nur einen langsam fahrenden Zug in allen Einzelheiten betrachten. Je schneller der Zug an Ihnen vorbeifährt, desto weniger Informationen werden Sie über ihn aufnehmen. Versuchen Sie lieber, das Lerntempo zu drosseln, um den Teilnehmern die Möglichkeit zu geben, den Lernstoff zu durchdenken und ihn mit eigenen Worten wiederzugeben. Prägen sich Erwachsene bestimmte Sachverhalte nur mechanisch ein, ist das sehr unvorteilhaft. Das mechanische Lernen (Lernen durch Verknüpfen), bei dem nur die Worte beachtet werden, ist immer nachteiliger als das Lernen, bei dem die Aufmerksamkeit auf den Sinn gerichtet ist. Selbst das vollkommene Auswendigkönnen der Worte eines Textes garantiert keinesfalls, daß auch dessen Sinn erfaßt wurde. Lehrkräfte in der Erwachsenenbildung sollten das sinnvolle Einprägen dadurch fördern, daß sie - vor allem bei Wiederholungen - die Teilnehmer einen theoretischen Sachverhalt mit eigenen Worten und durch aktive Denkarbeit wiedergeben lassen. Dadurch setzt sich der Zuhörer mit dem Lernstoff auseinander und erfährt den Sinn bzw. inneren Zusammenhang des Stoffs. Mit dieser Methode erreichen wir auch, daß ein weiteres Teilgebiet der Lernmöglichkeiten beim Hörer aktiviert wird, nämlich das Lernen durch Denken und Sprechen.

Lernen durch Denken und Sprechen

In einem Experiment mußte die erste Gruppe von Versuchspersonen einen Stoff viermal lesen, während ihn die zweite Gruppe zweimal lesen und zweimal frei wiedergeben sollte. Dabei kamen folgende Ergebnisse zustande:

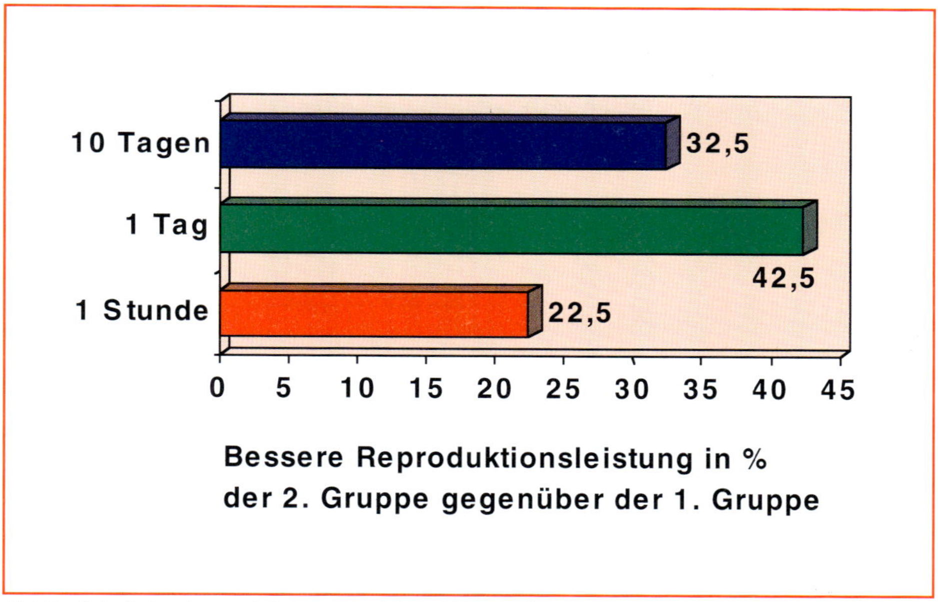

Abhängigkeit des Lernerfolges vom aktiven Wissen (nach Iwanowa)

Das Schaubild zeigt deutlich, daß die zweite Gruppe bessere Reproduktionsleistungen über den Zeitverlauf von einer Stunde bis zu zehn Tagen erbrachte als die erste Gruppe. Teilnehmer, die sich aktives Wissen angeeignet haben, vergessen weniger als solche Teilnehmer, die den Lernstoff nur gehört und ihn nicht aktiv im Gedächtnis verarbeitet haben. Übertragen wir diese Erkenntnis auf den Unterrichtungsprozeß, dann soll der Teilnehmer in kleineren Lernaktionen Referate zu einem bestimmten Stoffgebiet ausarbeiten und vor der Gruppe vortragen. Eine abschließende Diskussion vervollständigt den aktiven Lernprozeß beim Teilnehmer. Eine weitere Möglichkeit besteht darin, den theoretisch vorgetragenen Lernstoff in kleineren Gruppen nochmals nacharbeiten zu lassen und der Gruppe zu diesem Lernstoffbereich kleinere Aufgaben zur Lösung zu geben. Damit erreichen wir, daß sich jeder Teilnehmer durch seinen eigenen Beitrag nochmals aktiv mit dem Lernstoff beschäftigt. Der enge Zusammenhang von Denken und Sprechen und die Rückwirkung des Sprechens auf die Gedankentätigkeit ist eine längst bekannte, jedoch nicht genügend genützte Erfahrung. Die einfachste Möglichkeit zur Anwendung dieser Technik ist die Fragestellung. Dabei soll der Kursteilnehmer die Frage entweder aufgrund seiner eigenen Erfahrungen oder aufgrund des Lernens im Unterricht beantworten können. Arbeiten wir mit diesen Möglichkeiten, dann erreichen wir auch automatisch, daß der Lernprozeß vom mechanischen Einprägen zur Sinnerfassung übergeht.

Lernen durch Strukturieren

Lernen durch Strukturieren befaßt sich mit dem Lernen durch Nachdenken, Ordnen, Überlegen und Aufgliedern eines Lernstoffs. Diese Lernart findet hauptsächlich Anwendung in praktischen Lerntätigkeiten mit geistiger Grundlage wie z. B. Autofahren, Entschlüsseln und Senden von Morsezeichen, Maschinenschreiben, Skifahren etc. Hier erfolgt eine Blockbildung von bestimmten Einzelelementen in einen geordneten Bewegungs- und Gedächtnisablauf. Aber auch bei ungeordnetem Lehrmaterial kann durch Strukturierung eine Verbesserung der Lernkurve erreicht werden (Ordnen als Unterpunkt zum Strukturieren). Die durchschnittliche Lernkurve hat dabei folgendes Aussehen:

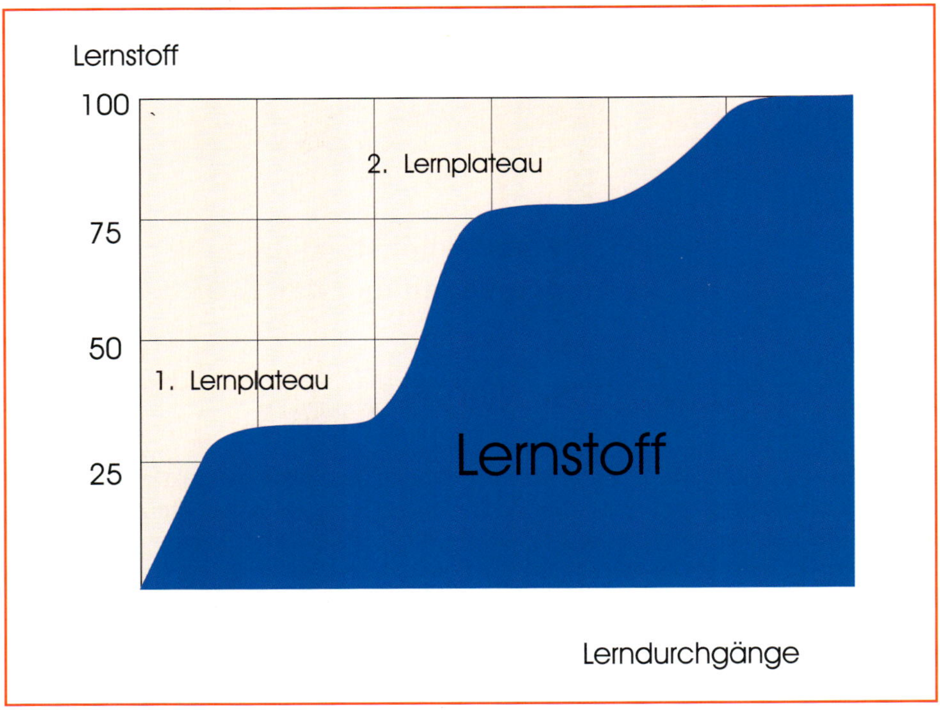

Lernkurve beim Lernen durch Strukturieren (nach Kugemann)

Jeder von uns hat schon bemerkt, daß ab Erreichen eines bestimmten Lernplateaus der Lernfortschritt einfach nicht weitergeht. Aber dann kommt irgendwann der Augenblick, wo das lange Üben plötzlich schnell ein weiteres Lernplateau erklimmen läßt. Hier spielt die Übung der speziellen Bewegungsabläufe in Körper und Gehirn eine wichtige Rolle.

Zum Lernen durch Strukturieren zählt auch das Strukturieren eines ungeordneten Lernmaterials. Beim Vortragen eines Lernstoffs ist es sehr wichtig, die Hauptgedanken, die wesentlichen Fakten klar herauszuarbeiten und zu präsentieren. Ein Lernender, der es nicht versteht, das Wesentliche im Text zu erkennen und hervorzuheben, prägt sich den Stoff ungegliedert ein. Demzufolge sind seine Kenntnisse oft unsystematisch, oberflächlich und wenig dauerhaft. Das konnte durch folgenden Versuch nachgewiesen werden:

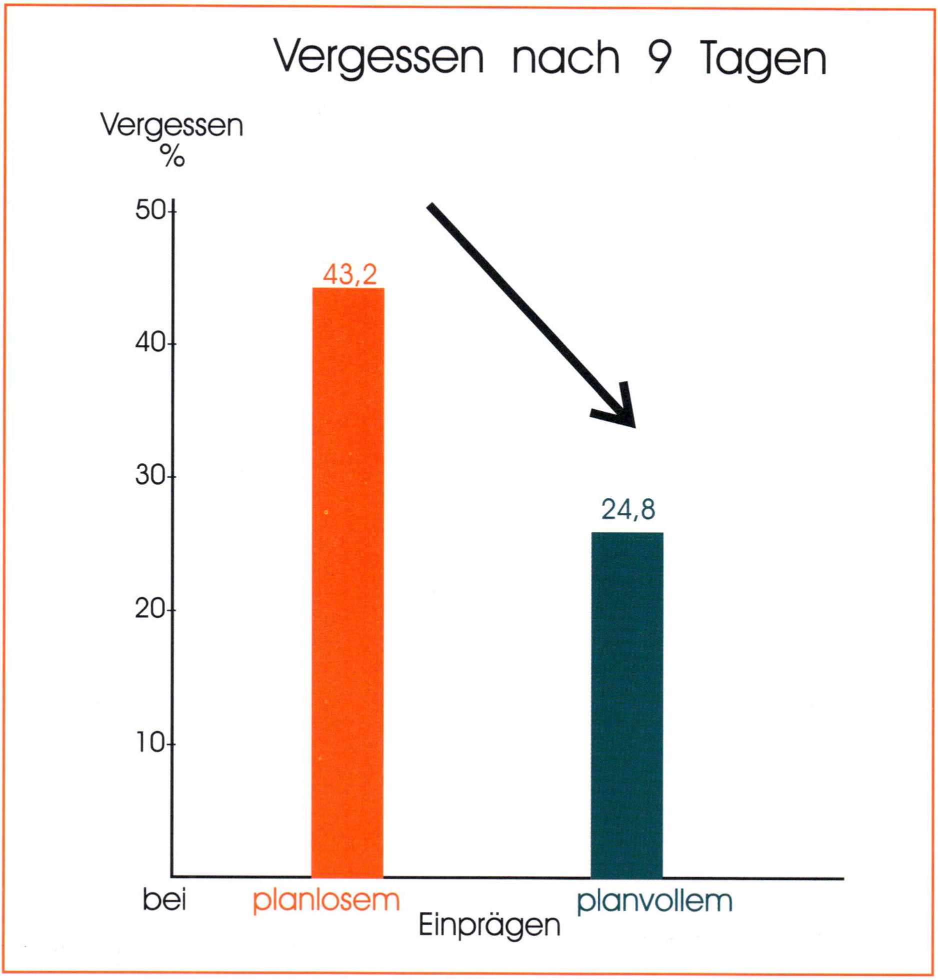

Abhängigkeit des Lernerfolges von der Strukturiertheit des Einprägens (nach Smirnow)

Das Ergebnis bestätigt recht eindrucksvoll, daß beim planvollen Einprägen die Festigung der Kenntnisse fast doppelt so gut gelingt. Deshalb ist es auch zweckmäßig, die wichtigsten Informationen optisch zu unterstützen und in einem Schema festzuhalten. Auch das Präsentieren nach Oberbegriffen führt als geordnetes Lernmaterial zu einem besseren Lernergebnis. Hier einige mögliche Beispiele für die Bildung von Oberbegriffen:

Nicht strukturiert | **Strukturiert**

1.

Hund	Nelke	Pferd
Posaune	Banane	Rose
Apfel	Geige	Katze
Klavier	Birne	Aster

(Tiere:)	Hund	Katze	Pferd
(Musikinstrumente:)	Posaune	Geige	Klavier
(Obst:)	Apfel	Banane	Birne
(Blumen:)	Nelke	Rose	Aster

2.
Mohammed, Koran, Mekka, Hedschra, Allah, Sunniten-Schiiten, Islam.

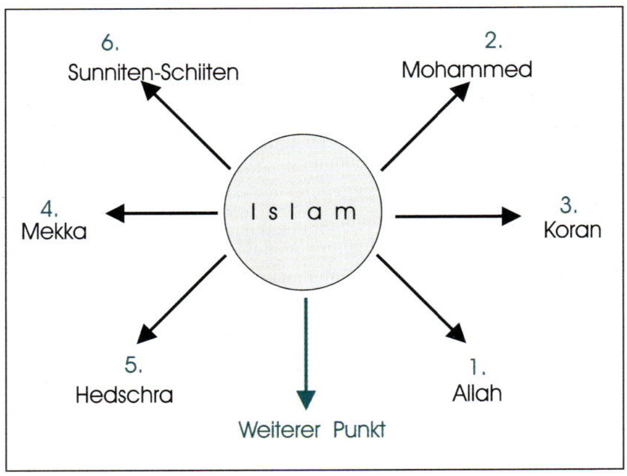

3. Moose, Schachtelhalme, Bedecktsamer, Samenpflanzen, Nacktsamer, Sporenpflanzen, Farne, Sproßpflanzen.

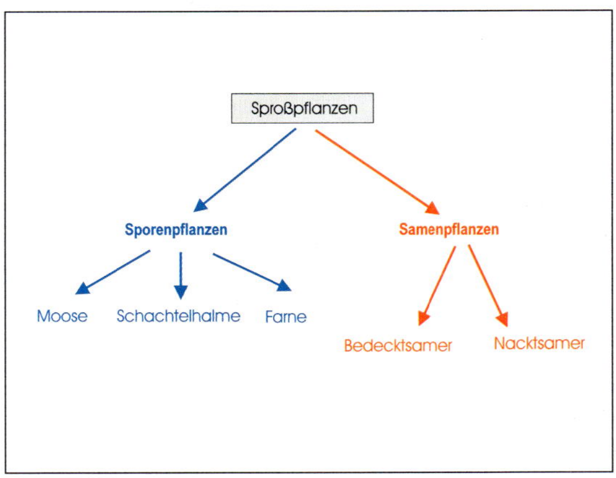

Nicht strukturiert	Strukturiert
4. Heizzweck, Waldraubbau, Hausbau, Verkarstung, Befestigung, Schiffsbau, Abschwemmung des Bodens, Störung des Wasserhaushaltes.	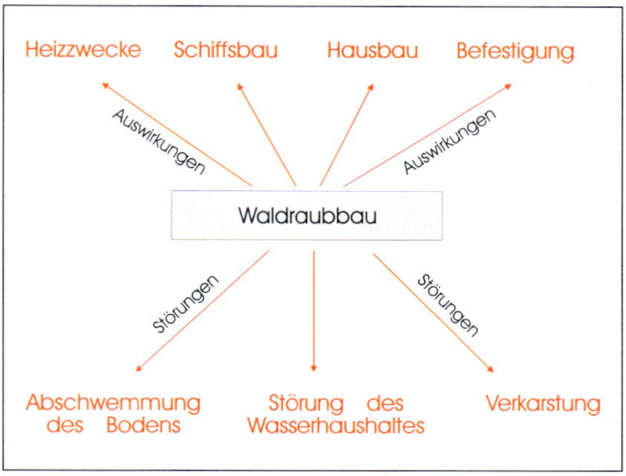

Wir wollen zwar nicht behaupten, daß der Vortrag eines Redners unstrukturiert präsentiert wird, aber häufig befindet sich die Struktur des Vortrags nur im Kopf des Redners, aber nicht optisch dargelegt vor den Augen der Zuhörer. Allein die Ordnung nach Oberbegriffen erleichtert spürbar das Lernen. Es ist deshalb sinnvoll, den Unterrichtsstoff übersichtlich zu gliedern und in der richtigen Reihenfolge dem Teilnehmer zu vermitteln. Es sollte nicht von einem Gebiet in ein anderes gesprungen werden, um dort wieder einige Punkte anzusprechen. Gedankensprünge sind im Ausbildungsprozeß nicht erwünscht. Werden die strukturierten Beispiele jetzt noch mit Medieneinsatz und guten rhetorischen Fertigkeiten unterstützt, dann erfolgt eine optimale fachliche Präsentation des Stoffes.

Lernen durch Einsicht

Unter Lernen durch Einsicht versteht man das plötzliche Erkennen der zur Lösung entscheidenden Gesichtspunkte. Es liegt dann vor, wenn man ein Problem vor sich hat und durch aktive Gehirnarbeit (z. B. Denken, Überlegen, Folgern, Rückschluß) auf einmal einen »zündenden« Gedankenblitz hat. Die Lösung erfolgt also durch den sogenannten »Aha-Effekt«.

Zur Problemlösung wurden zuerst überwiegend Einzelinformationen und Erfahrungswerte gesammelt. Man überdenkt die gefundene mögliche Problemlösung und kommt entweder zu dem Entschluß, daß sie stimmt, oder daß sie nicht stimmt. Ist die Lösung falsch, geht das gedankliche Arbeiten wieder von vorne los. Man spricht auch vom »Alles-oder-Nichts-Prinzip«. Das Lernen durch Einsicht wurde zuerst an Tieren in Versuchen ausprobiert. So wurde z. B. ein Affe in einen geschlossenen Käfig gebracht. Außerhalb des Käfigs hingen Bananen, die der Affe jedoch mit seinen eigenen Armen nicht erreichen konnte. Man legte dem Tier nun zusätzliche Hilfsmittel wie z. B. ein langes Rohr, eine Kiste, zwei verkürzte, ineinanderschiebbare Rohre oder andere nützliche Gegenstände in den Käfig. Nach einigen vergeblichen Bemü-

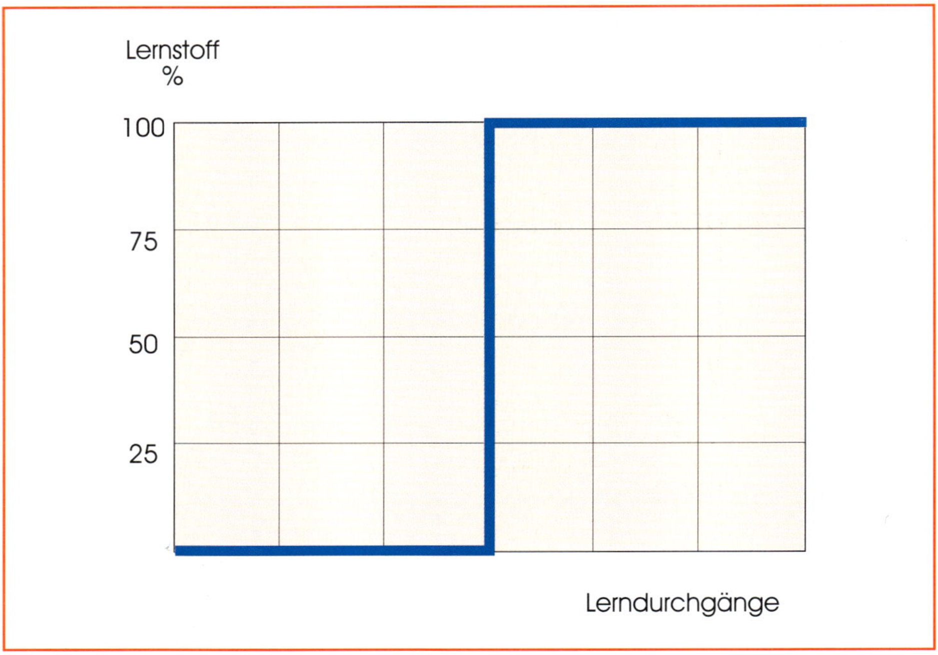

Lernkurve beim Lernen durch Einsicht (nach Kugemann)

hungen kamen viele Versuchstiere auf die »Idee«, sich die begehrte Frucht mit Hilfe des Rohres etc. heranzuholen.

Lernen mit Super-Learning

Diese neuere Methode geht auf den bulgarischen Mediziner und Psychotherapeuten Georgi Lazanow zurück, der im Laufe seiner Untersuchungen feststellte, daß Menschen in der Regel beim Lernen nur einen Bruchteil ihrer geistigen Leistungsfähigkeit beanspruchen. Die so brachliegenden geistigen Reserven können nach Meinung Lazanows genutzt werden, indem man eine Lernatmosphäre schafft, in der sich der Lernende wohl fühlt. Super-Learning ermöglicht es, Wissen schnell und in konzentrierter Form aufzunehmen. Der Lernprozeß wird dabei verbunden mit Entspannung, Anspannung und Muße. Die Wissensvermittlung geht in drei Phasen vor sich (s. Abb. Seite 43).

Diese Methode arbeitet also stark mit der Lernatmosphäre. Dem Teilnehmer wird unbewußt der Wechsel zwischen Anspannung und Entspannung dargeboten. Dies kann auch in den normalen Unterrichtsvorgang eingearbeitet werden, allerdings nicht so ausgeprägt wie beim Super-Learning. Der Ausbilder hat darauf zu achten, daß eine gute und ausgeglichene Lernatmosphäre im Unterrichtsraum entsteht. Dabei muß er die Planung des Lehrraums und dessen Gestaltung sowie andere äußere Umstände mit berücksichtigen. Angenehme Entspannungsmusik im Hintergrund wirkt sich ebenfalls positiv aus. Auf diese Elemente werden wir jedoch noch im einzelnen näher eingehen.

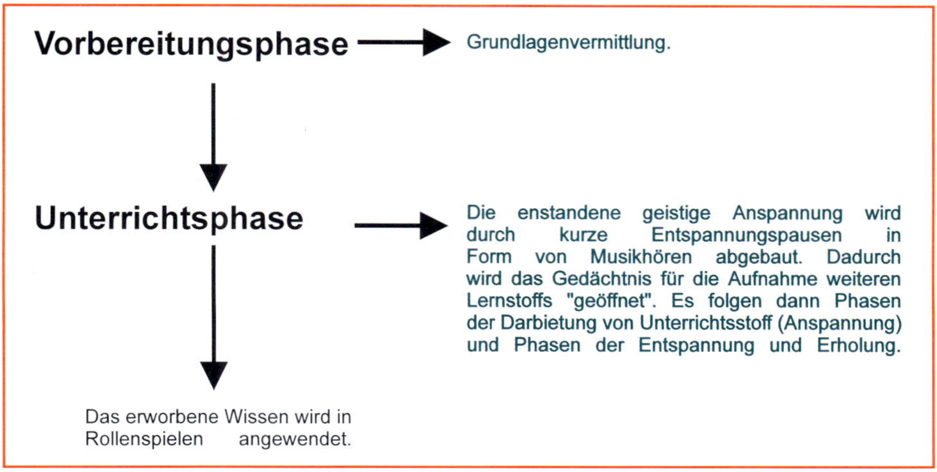

Phasen des Super-Learning

Lernen nach der Theorie des gehirngerechten Denkens

Hier handelt es sich um ein Lernverfahren, das von Vera Birkenbihl über zwei Jahrezehnte hinweg durch praktische Erfahrungen und theoretische Fundierung weiterentwickelt und im Bereich der Ausbildung verbreitet wurde. Dabei wird das Gehirn unter Spezialisierungsaspekten betrachtet und in ein linkes und rechtes Gehirn unterteilt, die miteinander verbunden sind und den gesamten Lernvorgang beeinflussen. Dem linken Gehirn wird eine digitale Lernleistung zugeordnet, dem rechten Gehirn hingegen eine analoge (s. Abb. Seite 44).

Unter Einbeziehung von verstärktem bildhaften Aufnehmen und Verarbeiten lassen sich häufig bessere Lernergebnisse in komplexeren Themenbereichen ermöglichen. Dazu ein Beispiel (nach Birkenbihl). Versuchen Sie den nachfolgenden Text auswendig zu lernen:

> *Ein Zweibein sitzt auf einem Dreibein und ißt ein Einbein. Da kommt ein Vierbein und nimmt dem Zweibein das Einbein weg. Daraufhin schlägt das Zweibein mit dem Dreibein das Vierbein in die Flucht.*

Je nachdem, über welche Gehirnhälfte Sie jetzt versucht haben, den Lernstoff aufzunehmen, haben Sie mehr oder weniger viel Zeit zum Erlernen benötigt. Das linke Gehirn wird nur durch stures Auswendiglernen (mehr als fünf Lernversuche) den Satz erfassen. Das rechte Gehirn kann allein durch die Vorstellung und Verbindung mit Bildern (Zweibein = Mensch, sitzt auf Dreibein = Stuhl und ißt Einbein = Hühnerbein) nach einem Versuch den Satz wiedergeben. Je bildhafter also Vorgänge und Abläufe dem geistigen Auge präsentiert werden, desto mehr wird die rechte Gehirnhälfte zum Lernen angeregt.

Da viele Menschen ihr Gehirn nicht gleichlastig nutzen, entstehen häufig Störungen durch die Verschiebung zu einer Gehirnhemisphäre. In der westlichen Zivilisation

Linke Hirnhälfte:	Rechte Hirnhälfte:
- Lineare Detailwahrnehmung, Schritt für Schritt	- Denken in Synthese, durch Überblick
- "Verbale" Sprache zur Informationsvermittlung	- "Bildhafte" Sprache zur Informationsvermittlung
- Zeitliche Orientierung	- Räumliche Orientierung bei fehlendem Zeitbezug
- Analytisches Denken, im Detail	- Bildhaftes Denken und Erinnern und ganzheitliche Verarbeitung
- Logische, analoge Fähigkeiten	- Künstlerische Fähigkeit und Kreativität, digital
- Vitale Zentren	- Rhythmusgefühl und Körperbewußtsein
- Emotionale Reaktionen	- Emotionsfreie Reaktionen
- Eigenes Selbstbildnis mit Ich-Bezogenheit	- Soziales Gruppenverständnis und Unparteilichkeit

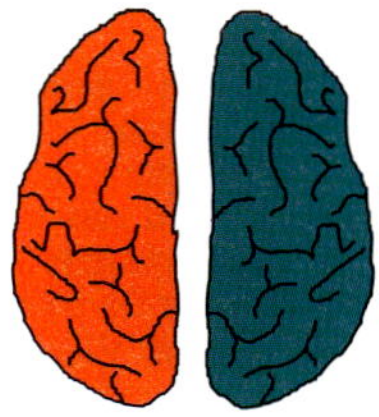

Lernleistung der verschiedenen Gehirnhälften

der Erde überwiegen Personen mit stark links-hemisphärisch ausgeprägten Gehirnaktivitäten.

Damit haben wir die heute gängigen Lerntheorien und Lernmethoden besprochen und wenden uns nun dem Problem der Informationsaufnahme des menschlichen Geistes zu.

• *Die Informationsverarbeitung im weiteren Sinne*

In diesem Unterabschnitt wollen wir uns mit den Möglichkeiten beschäftigen, wie Informationen in das Gehirn gelangen, dort verarbeitet werden und eine Verhaltensänderung bewirken. Der Weg vom äußeren Reiz bis zur endgültigen Speicherung der Information ist lang. Viele Störfaktoren können während des langen Verarbeitungsprozesses auftreten und so erreichen, daß äußerlich vorhandene Informationen nicht genutzt werden können.

Informationsaufnahme

So umfaßt die Informationsaufnahme alle Vorgänge von der Entstehung einer Information bis zu ihrer Übernahme ins Gehirn. Die Wahrnehmung eines Menschen ist damit Teil der Informationsaufnahme. Werden z. B. Umweltreize vom Auge erfaßt, die mit unserer Auffassung oder unserem bisherigen Handeln nicht übereinstimmen, so werden sie entweder gar nicht aufgenommen oder aufgenommen und herausgefiltert. Damit baut der Körper von sich aus schon Aufnahmebarrieren auf, um für ihn wichtige Umweltreize zum Gehirn weiterzuleiten.

Jeder Mensch hat eine Wahrnehmungsschwelle. Wird diese überschritten, so kommt es zur Selektion der Wahrnehmung, d. h. es wird nur noch ein Teil vom Ganzen wahrgenommen. Dies führt zur Verzerrung der Wahrnehmung. Fragt man zehn verschiedene Personen nach einem gleichzeitig erlebten Ereignis, wird man bestimmt zehn verschiedene Aussagen darüber erhalten. Jeder Mensch legt auf eine andere Bedeutungsrichtung besonderen Wert. »Wir sehen nur das, was wir sehen wollen.«

Informationsverarbeitung

Unter der Informationsverarbeitung versteht man die »innere Beschäftigung« mit einem aufgenommenen Reiz. Denken und Problemlösen gehören ebenso zur Informationsverarbeitung wie ein großer Teil der Wahrnehmung. Nehmen wir etwas wahr, das nicht mit unserem Gedankengefüge übereinstimmt, dann wird es als falsch oder mit Vorurteilen beladen abgewertet. Der Mensch möchte seine innere Einstellung nicht durcheinanderbringen. Er ist immer bestrebt, sich mit dem zu identifizieren, was seiner Haltung entspricht.

Informationsspeicherung

Unter Informationsspeicherung verstehen wir das »Ablegen« von aufgenommenen und verarbeiteten Informationen im Gehirn zur jederzeitigen Verfügbarkeit. Lernen und Gedächtnis werden in dieser Einteilung zur Informationsspeicherung gezählt.

Für den Lernprozeß ist es nicht nur wichtig, Kenntnisse über die Informationsspeicherung zu besitzen: Schon von der Informationsaufnahme bis zur Informationsverarbeitung können Störprozesse im Gehirn stattfinden, die es erst gar nicht zur Informationsspeicherung kommen lassen.

• Der Zusammenhang der Informationsverarbeitung mit anderen Reizverarbeitungssystemen

Zur Erklärung eines Lernvorgangs und des anschließend geänderten Verhaltens möchten wir ein Modell vorstellen, das in der neueren informationstheoretischen Wissenschaft für derartige Fragestellungen herangezogen wird.

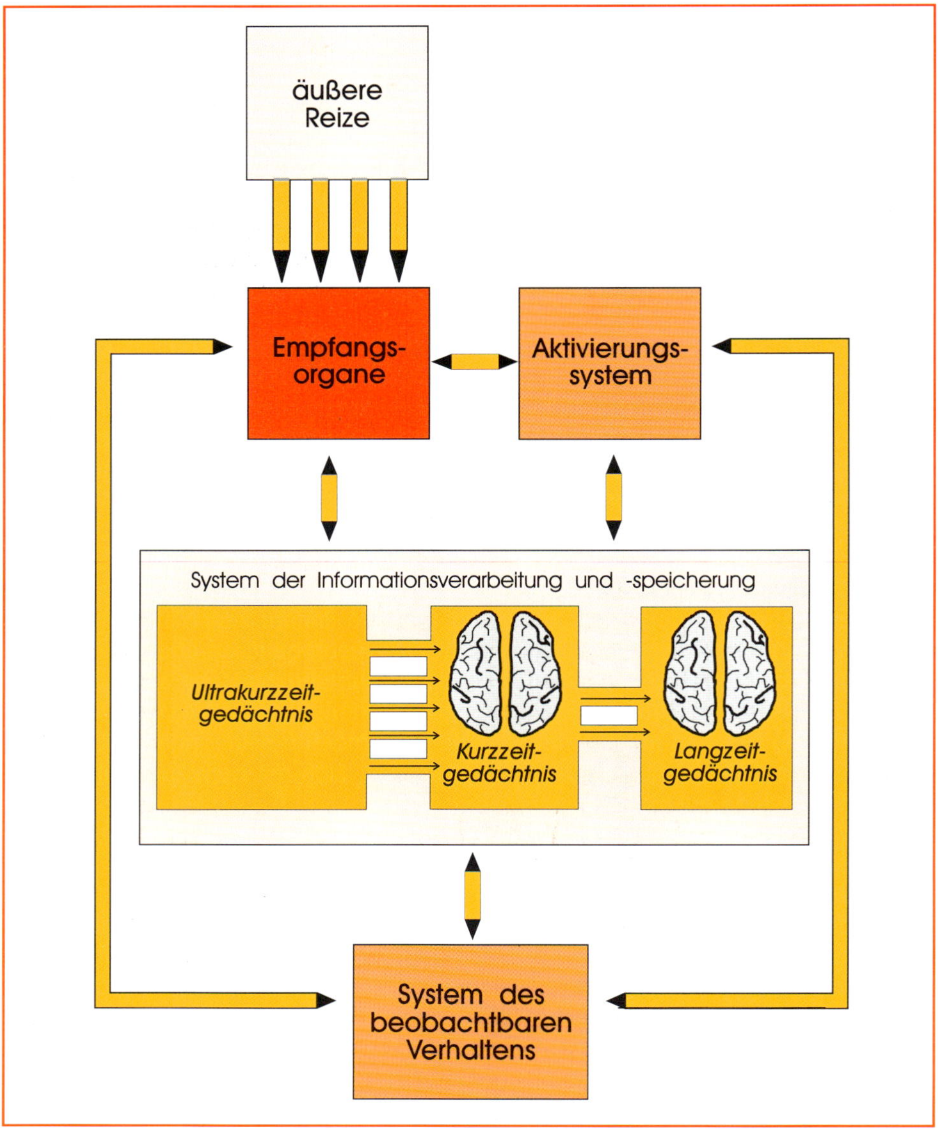

Modellhafter Aufbau des menschlichen Gehirns/Gedächtnisses (nach Kroeber-Riel)

Eine Verhaltensänderung kann nur dann erfolgen, wenn von außen ein Reiz aufgenommen wird, der im Gesamtsystem verarbeitet wird. Dieser Reiz wirkt zunächst auf die Empfangsorgane des Menschen. Diese können sein: Auge (Sehen), Ohr (Hören), Nase (Riechen), Haut (Fühlen) und Zunge (Schmecken). Nicht alle Informationen gelangen zu den Empfangsorganen. Wahrnehmungsbarrieren vermindern den Informationsfluß zum Gehirn. Die wahrgenommenen Reize werden dann in körpereigene Signale umgewandelt und an das Gehirn weitergeleitet. Über Nervenbahnen werden dabei die anderen Systeme stimuliert, die nun ihrerseits zum Lernprozeß beitragen. Das Aktivierungssystem z. B. hat die Aufgabe, den Grad des Aktivitätsniveaus für die anderen Teilsysteme zu bestimmen. Es regelt also das Ausmaß einer Tätigkeit (Denken, Lernen etc.) im Gehirn. Die allgemeine Leistungsfähigkeit bei der Reizaufnahme und -verarbeitung hängt damit entscheidend von der Aktivierung ab. Wie das Schaubild anschaulich zeigt, wird das Aktivitätssystem aber auch von den anderen Systemen, insbesondere vom Informationsverarbeitungssystem, stimuliert und damit beeinflußt. Im System des beobachtbaren Verhaltens ist schließlich als Ergebnis des abgelaufenen geistigen Prozesses die tatsächliche Handlung in Form von Verhaltensänderungen oder Tätigkeiten zu erkennen. Es ist aber auch möglich, daß direkt von den Empfangsorganen Reize zum System des beobachtbaren Verhaltens gelangen und dort zu Aktivitäten führen. Man spricht dann vom sogenannten reflexiven Verhalten.

Kommen wir nun zur Erklärung des wichtigen Systems der Informationsverarbeitung und -speicherung. Dieses System wird nach neueren Erkenntnissen in drei Einzelsysteme unterteilt. Es handelt sich hierbei um ein Mehrspeichermodell, in dem Informationen nicht nur gespeichert (abgelegt), sondern auch verarbeitet werden. Der Informationsfluß zwischen den Einzelspeichern geht dabei folgendermaßen vor sich:

Das Ultrakurzzeitgedächtnis

Das Ultrakurzzeitgedächtnis (kurz UKZG, auch sensorischer Informationsspeicher genannt) speichert die Sinneseindrücke der Empfangsorgane nur für ganz kurze Zeit. So erfolgt diese kurze Speicherung z. B. am Auge durch die Netzhaut. Geistige Verarbeitungsvorgänge finden dabei noch nicht oder nur auf einem sehr niedrigen Niveau statt. Es erfolgt lediglich ein passives Festhalten dieser Sinneseindrücke. Das UKZG arbeitet dabei wie ein Spiegel mit Nachbildungswirkung oder wie ein Echo. Die Kapazität des UKZG (alle Informationen, die von den Empfangsorganen aufgenommen werden) ist sehr groß, die Speicherdauer dagegen sehr kurz. Untersuchungen haben ergeben, daß die Speicherdauer im Bereich von einer Viertelsekunde bis zu einer Sekunde liegt. Die Informationsaufbewahrung über eine längere Zeitperiode ist nicht möglich. Der Vergessensprozeß kann nicht beeinflußt werden. So können die Sinnesorgane pro Sekunde mehr als 500 Millionen bit aufnehmen, wobei einem bit eine Information entspricht. Von diesen 500 Millionen bit werden jedoch höchstens 16 bit bewußt aufgenommen, also vom UKZG ins Kurzzeitgedächtnis übertragen. Dieses Überangebot an Informationen aus der Umwelt führt dazu, daß jeder Mensch unterschiedliche Informationen bewußt aufnimmt. Denken Sie nur an die verschiedenen Augenzeugenberichte mit zum Teil sehr unterschiedlichen Ergebnissen. Die bewußt aufgenommene Informationsmenge ist altersabhängig, kann aber durch ständiges Training verbessert werden. Im Alter nimmt diese Zuflußgeschwindigkeit bei mangelndem Training ab. Im UKZG befinden sich Informationen, die uns nicht bewußt werden. Nur ein Bruchteil davon wird uns durch eine weitere Verarbeitung im Gehirn bewußt. Dieser Vorgang ist abhängig von der Aufmerksamkeit, die die Information in uns auslöst. Informationen, denen wir keine Aufmerksamkeit zuwenden, gehen sofort wieder verloren. Solche, die mit unseren Interessen einhergehen, werden von uns automatisch mit der notwendigen Aufmerksamkeit belegt. Wir können täglich feststellen, daß uns das Lernen im Bereich unserer Hobbys oder unserer Interessen leichter fällt und der Lernvorgang fast automatisch abläuft, während wir uns mit unbekannten Themen gar nicht anfreunden können. Die für den Lernprozeß notwendige Konzentration geht sehr schnell verloren, wenn nicht unsere gesamte Aufmerksamkeit für den Lernprozeß aktiviert werden kann. Ist die notwendige Aufmerksamkeit gewährleistet, wird die Information aus dem UKZG ins Kurzzeitgedächtnis übernommen.

Das Kurzzeitgedächtnis

Vom Kurzzeitgedächtnis (kurz KZG) sprechen wir dann, wenn wir einen Stoff, z. B. eine Telefonnummer, einige Minuten behalten. Das Kurzzeitgedächtnis kann auf eine Vielzahl von Einzelinformationen zurückgreifen. Nur ein Teil dieser Informationen wird aus dem UKZG übernommen. Im KZG werden diese entschlüsselt, in gedanklich verfügbare Informationen umgewandelt, mit anderen Sachverhalten in Beziehung gesetzt und zu größeren Informationsinhalten verknüpft. Das KZG ist ein aktives Gedächtnis, da es zum einen eine Speicherung von einigen Sekunden und zum anderen eine aktive Verarbeitung der eingegangenen Informationen übernehmen kann. Dabei besitzen die beiden Gehirnhälften eine unterschiedliche Informationsaufnahmeintensität. Das Speichern der Informationen geschieht im KZG sehr wahrscheinlich über elektrophysiologische Prozesse (auch bioelektrische Aktivitäten genannt), die keine Spuren hinterlassen. Die Kapazität des KZG ist nicht sehr groß. Sie entspricht bei einem Durchschnittsmenschen ungefähr 7 +/- 2 chunks. »Chunk« ist die Speichereinheit des KZG. Wieviel chunks (Kurzzeitspeicherplätze) eine Information benötigt, hängt davon ab, was bereits als Gesamtelement in einem anderen Speicher bzw. anderen Gehirnhälfte vorliegt. Betrachten Sie z. B. das Wort »Wind« in seinen verschiedenen Ausführungen (nach Metzig, Schuster):

Beim Wort »Wind« hängt die Anzahl der chunks davon ab, ob es als Anzahl von Linien (10 chunks), als Buchstabenkombination (4 chunks) oder als ein Wort (1 chunk) gesehen wird. Es ist also gleichgültig, ob es sich um 7 Zeichen, Buchstaben oder Worte handelt. Unabhängig von der Information werden 7 Elemente (+/- 2) abgespeichert. Die Kapazität des KZG schwankt je nach Vorwissen und Einbeziehung der Information. Die Leistungsfähigkeit des KZG ist davon abhänig, ob ein Sachverhalt zu einem Element zusammengefaßt werden kann. Werden dem KZG neue Informationen zugeführt, verschwinden dafür in gleicher Anzahl alte Speicherinformationen aus dem KZG. Die Informationsaufbewahrung ist durch mehrmaliges Wiederholen möglich. Kommt es zu Störungen in diesem Wiederholungsvorgang, dann erlischt die Information wieder. In Versuchen wurde festgestellt, daß das reine Wiederholen von Informationen keinen längerfristigen Lerneffekt bewirken muß, also zu keiner wirksameren Einprägung führt. Der beste Lerneffekt wird dann erzielt, wenn die Selbstüberprüfung durch aktive Reproduktion und Wiederholung des Lernstoffes im Verhältnis 60:40 durchgeführt wird.

Wir können nur höchstens 5 % von dem behalten, was uns bewußt wird. Somit speichern wir also im KZG nur 0,7 bit pro Sekunde, im Langzeitgedächtnis sogar nur 0,05 bit pro Sekunde. Die aufwendigste Lernphase ist also das Einprägen von Informationen. Der reine Lernstoff muß deshalb so gering wie möglich gehalten werden. Das Merken soll außerdem durch das Denken ersetzt werden. Der Teilnehmer soll sich also durch aktive Denkarbeit den Lernstoff erarbeiten, und der Ausbilder muß die Wissensvermittlung durch aktive Denkarbeit des Teilnehmers erreichen. Bewußtgewordene Informationen bleiben einige Sekunden im KZG erhalten. In dieser Zeit können die Informationen weiterverarbeitet, mit anderen Informationen verknüpft und verglichen werden. Die Zeit der Erhaltung von bewußtgewordenen Informationen wird Gegenwartszeit genannt. Diese ist in der Regel altersabhängig. Beim 20jährigen beträgt sie ca. 6 Sekunden.

Zuflußgeschwindigkeit x Gegenwartsdauer = Bewußtseinskapazität

So wird der 20jährige auf eine maximale Bewußtseinskapazität von 96 bit kommen, der durchschnittliche Erwachsene erreicht immerhin eine Kapazität von 72 bit. Dies läßt also den Schluß zu, daß wichtige Informationen dem Teilnehmer längere Zeit angeboten werden müssen.
Damit Informationen im KZG weiterverarbeitet werden können, muß es auf vorhandene Informationen vom Langzeitgedächtnis (kurz LZG) zurückgreifen. So werden Informationen aus dem KZG und dem LZG zusammengebracht und verarbeitet. Das KZG ist als die Kontaktstelle zwischen gegenwärtiger und vergangener Erfahrung anzusehen. Dabei ist die derzeitige Perspektive des Menschen immer durch die Vergangenheit beeinflußt. Somit ist die Vergangenheit immer als ein Filter der Wahrnehmung einer Person anzusehen. Sie wirkt als »Schleier der Informationsverarbeitung«.

Das Langzeitgedächtnis

Unter dem LZG verstehen wir den Teil der Informationsspeicherung, der zu einem dauerhaften Einprägen der aufgenommenen Informationen führt. Es ist als das »Gedächtnis« des Menschen bekannt. Die verarbeiteten und gedanklich organisierten, zusammengesetzten Informationen werden hier langfristig gespeichert. Das Langzeitgedächtnis gibt das gesamte Wissen und die Erfahrung eines Menschen wieder. Die Speicherung von Informationen im LZG erfolgt über biochemische Prozesse in Eiweißmolekülen. Um eine Information vom KZG ins LZG übertragen zu können, muß die Information entsprechend lange im Bewußtsein festgehalten werden, damit die biochemischen Prozesse ablaufen können. Informationen, die im LZG gespeichert sind, können nach vorherrschender Ansicht nicht mehr vergessen werden (z. B. Muttersprache, eigener Name, Kindheitserinnerungen etc.). Das, was man herkömmlich unter dem Begriff des Vergessens zusammenfaßt, ist das Nicht-Wiederauffinden von gelernten Informationen im Gehirn. Dies geschieht tagtäglich. Wir sehen eine Person, die uns bekannt vorkommt, deren Name uns aber nicht mehr einfällt. Wir denken intensiv darüber nach, kommen aber nicht auf den richtigen Namen. Wir finden die gespeicherte Information nicht mehr wieder. Meistens sagt man dann »Es liegt mir auf der Zunge, aber ...«. Das LZG kann dabei mit einer Bibliothek verglichen werden, in der wir im Moment nicht wissen, in welchem Buch und auf welcher Seite sich die benötigte Information bzw. wo sich das betreffende Buch befindet. Eine Information muß im LZG so eingeordnet sein, daß auf sie jederzeit zurückgegriffen werden kann. Das große Problem in der Lernpsychologie ist nicht so sehr das Speichern von Gedächtnisinhalten, sondern dessen Wiederauffinden bei Bedarf.

Wie wir bereits erörtert haben, muß das Gehirn eine bestimmte Steuerungs- und Verhaltensfunktion besitzen, damit Lernprozesse ablaufen können. Alle Lernprozesse spielen sich im Gehirn des Menschen ab. Das Gehirn und die Nervenbahnen zu den Organen werden als das menschliche Nervensystem bezeichnet. Es besteht aus vielen Milliarden einzelner Nervenzellen (Neuronen). Diese Nervenzellen sind zu Tausenden zusammengefaßt und bilden die Nervenstrukturen im Rückenmark und im Gehirn. Schätzungen zufolge können bis zu 10^{800} Nervenstrukturen auf der Großhirnrinde gebildet werden. Die Kapazität solcher Strukturbildungen ist nahezu unbegrenzt.

Wollen wir uns nun das Gehirn etwas näher betrachen.

Grobaufbau des menschlichen Gehirns mit den spezifischen Funktionsbereichen

Das menschliche Gehirn wiegt im Durchschnitt etwa 1350 Gramm (geschlechtsspezifische Unterschiede sind vorhanden). Die äußere Rinde des Gehirns (Cortex) ist aufgrund ihrer Größe (durch entwicklungsgeschichtliches Wachstum) mehrfach gefaltet, so daß ein großer Teil der äußeren Rinde des Gehirns innerhalb dieser Furchen und Einkerbungen nicht sichtbar ist. Es besteht aus dem Hirnstamm, dem Kleinhirn und den beiden Hirnhälften des Großhirns (Hemisphären). Der Hirnstamm ist der entwicklungsgeschichtlich älteste Teil und beinhaltet die Steuerungszentren lebenswichtiger Funktionen im Körper wie zum Beispiel das Atemzentrum, Kreislaufzentrum, Temperaturregulationszentrum etc. Das Kleinhirn dient überwiegend der Koordination von Muskelbewegungen. Dazwischen befindet sich das Limbische System, welches für die emotionale Situation im Körper zuständig ist. Die beiden Hirnhälften des Großhirns sind wichtig für geistige Vorgänge, insbesondere den Lernvorgang. Rückenmark und Hirnstamm sind gewissermaßen der feste Teil der »Schalttafel« im Gehirn. Die beiden Hirnhälften hingegen sind wie eine Ansammlung nicht festgelegter »Kabelverbindungen«, die für neue Verbindungen benutzt werden können und den Denkprozeß im Gehirn ermöglichen. Dabei erfolgt ein ständiger Informationsfluß von den Sinnesorganen zum Gehirn und vom Gehirn zu den Organen. Die Größe des Gehirns ist zum Erlernen vielfältiger Dinge notwendig. Wenn Sinneswahrnehmungen zur Cortex weitergeleitet werden, kommt es zur Aktivierung der einzelnen Nervenzellen und es werden bestimmte Nervenstrukturen im Körper gebildet, wozu auch der biochemische Gedächtnisstoff zählt.

Nervenzellen sind gegenüber Sauerstoffmangel, Alkohol und Energiemangel besonders empfindlich. Ein »Vollrausch«, ein extremer Zuckermangel oder gar ein länger andauernder Sauerstoffmangel im Körper führt zum Absterben von Nervenzellen im Gehirn und zum Untergang von Gedächtnisinhalten.

Eine länger andauernde Nervenzellenverbindung führt zum Übergang der Information vom KZG ins LZG. Der gebildete Gedächtnisstoff kann dann als »Gedächtnis« bezeichnet werden. Wenn Langzeitgedächtnisinhalte gebildet werden, geschieht dies über biochemische Prozesse.

Bei der hier erfolgten Beschreibung handelt es sich um eine sehr einfache und damit leicht verständliche Erklärung über das Entstehen und Speichern des Gedächtnisstoffes. Es ist nicht unser Bestreben gewesen, Sie mit wissenschaftlichen Funktionsvorgängen zu »überhäufen«, sondern der Vorgang des Lernens sollte auf einfache Weise anschaulich gemacht werden. Die Lernpsychologie steht hier erst am Anfang der Erforschung der theoretischen Lernabläufe im Gehirn.

Wir wollen nun den Nutzen aus den geschilderten Beispielen ziehen und in den Folgeschnitten Schlußfolgerungen für das eigene Ausbildungsverhalten ziehen.

• Behalten und Wiederauffinden von Informationen und das »Vergessen«

Die Aufnahmekapazität des menschlichen Gehirns ist aufgrund seines Aufbaus und seiner Anordnung riesig. Man schätzt, daß das menschliche Gehirn in der Lage ist, das Wissen einer Bibliothek mit einigen tausend Büchern zu speichern. Wenn wir uns aber bei unseren eigenen Lernbemühungen betrachten, kommt uns dies sehr unwahrscheinlich vor. Sobald es uns gelungen ist, eine Information im Langzeitgedächtnis einzuprägen, haben wir nach einer gewissen Zeit Schwierigkeiten, auf diese Information zurückzugreifen. Dieser Vorgang wird umgangssprachlich »Vergessen« genannt. Nach dem heutigen Stand der Lernpsychologie geht man davon aus, daß es sich bei diesem Phänomen nicht um ein wirkliches Vergessen handelt. Die benötigte Information kann im Gedächtnis lediglich nicht aufgefunden werden oder ist durch Störungen überlagert worden. Wie es zu diesem »Mißgriff« kommen kann, werden wir im nachfolgenden Teil zu erklären suchen.

Wollen wir feststellen, welche Informationen nicht auffindbar und welche fehlerfrei vorhanden sind, müssen wir die vier verschiedenen Arten des Erinnerns ansprechen. Unter Erinnern verstehen wir das Wiederauffinden einer einstmals gelernten Information im LZG. Die erste Art des Erinnerns wird als »gewöhnliches Wiedererkennen« betrachtet. Die Erinnerung im Sinne des Wiedererkennens (Bild, Ort, Melodie, Film etc.) ist beim Menschen häufig bemerkenswert gut. Er ist in der Lage, ein Gesicht, eine Handlung, einen Ton oder eine Information nach vielen Jahren wiederzuerkennen, wenn er diese wieder optisch-akustisch dargeboten bekommt, obwohl vielleicht der Mensch mit dem Wiedererkannten in der Zwischenzeit nicht konfrontiert wurde. Fordert man eine Versuchsperson auf, den Lernstoff wiederzuerkennen, den sie zuvor gelernt hat, so wird ihre Wiedererkennensleistung, im Gegensatz zu den anderen Arten des Erinnerns, in der Regel sehr hoch sein. Es läßt sich nämlich gar nicht vermeiden, daß die Versuchsperson schon beim Beginn des Wiedererkennens einen weiteren Lernzyklus beginnt. Es ist gewöhnlich viel leichter, einen alten von einem neuen Reiz zu unterscheiden, als von neuem eine Lernleistung hervorzubringen. Multiple-choice-Prüfungsfragen arbeiten z. B. mit dem Prinzip des Wiedererkennens.

Die zweite Art des Erinnerns ist das »qualitative Wiedererkennen« von sprachlichen Informationen (Wörter, Vokabeln etc.). Dabei handelt es sich um eine qualitative Verfeinerung der ersten Art des Erkennens. Es werden wesentlich mehr gedankliche Prozesse benötigt als bei der ersten Möglichkeit des Erinnerns.

Die dritte Art des Erinnerns ist das »freie Erinnern«. Dabei muß der Teilnehmer nicht nur bloß wiedererkennen, sondern sich aktiv durch Gedächtnisarbeit mit der betreffenden Information auseinandersetzen und diese frei reproduzieren. Diese Art des Erinnerns bringt im Gegensatz zur ersten und zweiten Art wesentlich schlechtere Ergebnisse. Es ist schwieriger, etwas zu reproduzieren als etwas nur wiederzuerkennen, da unter anderem auch der Nachwirkeffekt des wieder aufgenommenen Lernprozesses vermieden wird.

Die vierte und letzte Art der Erinnerung ist das »Erinnern an Fertigkeiten« (Fahrradfahren, Skilaufen, Durchführen praktischer Übungen, Wiederholung bestimmter körperlicher Handlungsabläufe etc.). Was am eigenen Körper erlebt bzw. mit dem Körper gelernt wurde, kann besser wiedererkannt und wiederholt werden, als wenn nur die Augen oder die Ohren den Lernstoff aufgenommen haben.

Die häufigste Art des Erinnerns ist das Erinnern an sprachliche Informationen. Diese können unterschiedlich strukturiert sein. Sprachliche Informationen können dabei vom einzelnen Buchstaben über Wörter, Prosatexte und Gedichte bis hin zu wissenschaftlichen Abhandlungen gehen. Dabei wird ein Lernstoff, der ein Spezialisierungsfeld des Menschen betrifft (Hobby), wesentlich besser aufgenommen und wiedergegeben, als wenn ein unbekanntes Lerngebiet angesprochen wird. Ein Koch wird die gelernten Rezepte besser behalten als ein Ober, ein Zimmermann wird Informationen über Arten und Stärke von Holz leichter aufnehmen und wiedergeben können als ein Maurer etc. Außerhalb seines eigenen Spezialisierungsfeldes erscheint einem das Aufnehmen und Erinnern an umfangreiche Informationen als nicht sehr bedeutsam für die eigenen Lebensziele. Deshalb müssen auch Zuhörer davon überzeugt werden, daß der zu lernende Stoff bedeutsam für sie ist.

Die Phase des Erinnerns gibt uns Auskunft darüber, ob die gelernte Information aufgefunden wird oder nicht. Fällt die Phase des Erinnerns negativ aus, so spricht man üblicherweise vom Vergessen. Schon Ende des letzten Jahrhunderts hat sich der deutsche Wissenschaftler Ebbinghaus intensiv mit dem Phänomen des Vergessens beschäftigt. Er arbeitete hauptsächlich mit den »sinnlosen Silben«, also Silben, die keinen sprachlichen Teilsinn ergeben. Er lernte diese Silben auswendig und stellte nach einem gewissen Zeitablauf fest (20 Minuten, 1 Stunde, 1 Tag etc.), wieviel von den gelernten sinnlosen Silben er noch reproduzieren konnte. Seine Ergebnisse faßte er in der Ebbinghaus-Behaltenskurve (Vergessenskurve) zusammen, die im wesentlichen folgenden Verlauf zeigt:

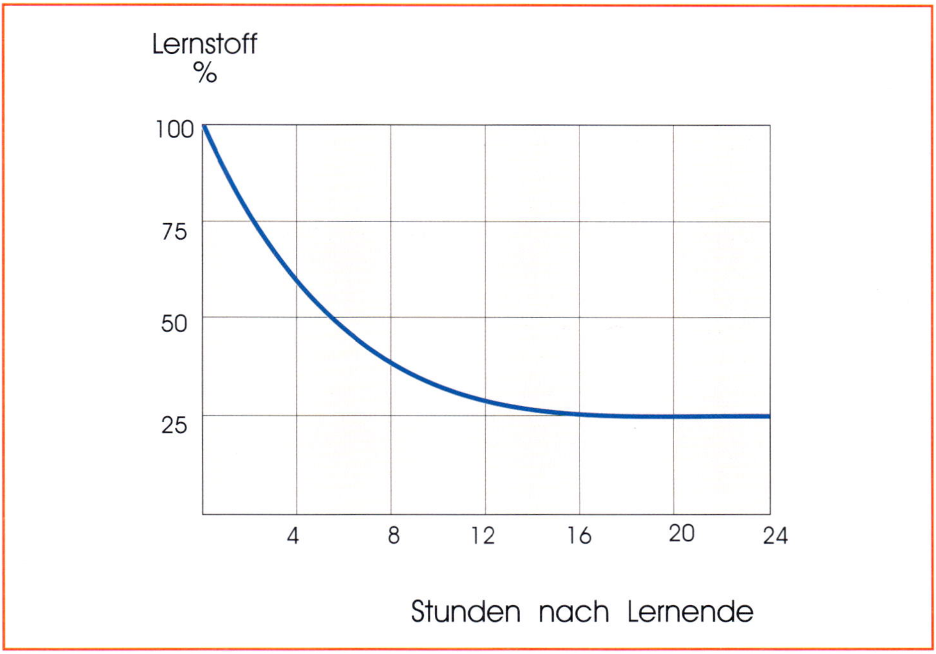

Abhängigkeit der Behaltensleistung vom Zeitverlauf (nach Ebbinghaus)

Die Interpretation der Vergessenskurve ergibt folgendes Bild:

Unmittelbar nachdem der Lernstoff zu 100 % aufgenommen wurde, vergessen wir relativ rasch. Das Vergessen wird dann aber mit zunehmender Zeitdauer immer langsamer. Schließlich bleibt nach einer gewissen Zeitperiode ein kleiner Rest an Lernstoff im Gedächtnis vorhanden. Der Verlauf der Vergessenskurve hängt selbstverständlich auch davon ab, was und unter welchen Bedingungen gelernt wurde. Die Geschwindigkeit des Vergessens wird von vielen Faktoren beeinflußt. Es ergeben sich unterschiedliche Vergessenskurven, je nachdem, ob das zu lernende Material

- sinnvoll oder sinnlos,
- gegliedert oder ungegliedert,
- einfach oder schwierig war,
- mit Motivlernen oder ohne Motivlernen,
- mit Begeisterung oder unter Zwang

geschah.

Nachstehend sehen Sie den Verlauf mehrerer Vergessenskurven, gegliedert nach der Art des Lernmaterials.

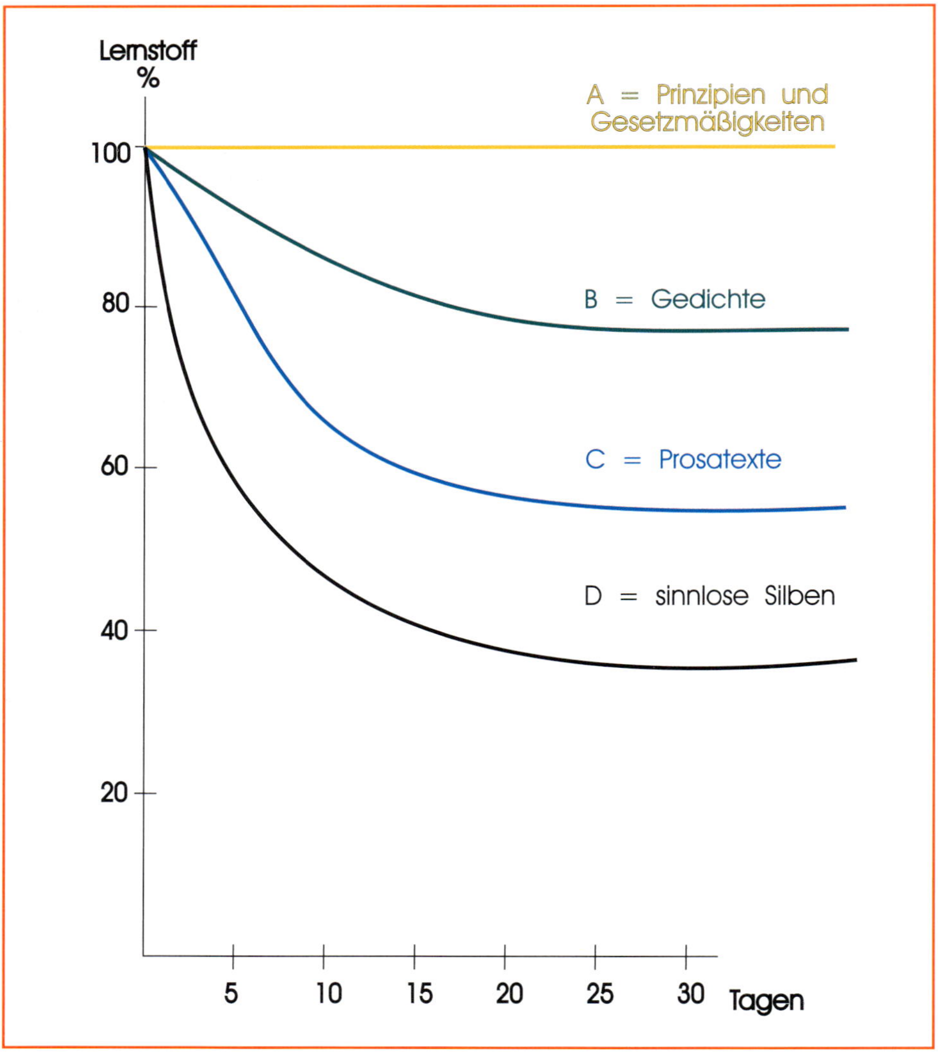

Abhängigkeit der Behaltensleistung von der Art des Lernmaterials (nach Naef)

Sinnvolles Material (Gesetzmäßigkeiten, Regeln, logische Strukturen, Prinzipien) werden wenig bis kaum vergessen. Wer einmal eine Gesetzmäßigkeit verstanden und vielleicht selbst im praktischen Versuch ausprobiert hat, der wird diese Gesetzmäßigkeit lebenslang reproduzieren können. Eine gewisse positive Lernverstärkung muß aber auch hier erfolgen. Je geringer strukturiert das Material wird (Gedichte, Prosatexte, sinnlose Silben), desto weniger wird behalten. Besonders gravierend ist der Vergessensanteil in der ersten Zeit nach dem Lernen. Übrigens, mehr als 100 % können wir nicht lernen. Es hat daher wenig Sinn, wenn wir nach einem Lernvorgang das Etappenziel von annähernd 100 % erreicht haben, noch weiter zu lernen. Damit geht das Vergessen auch nicht langsamer vonstatten. Diese zusätzliche Zeit können wir uns sparen und für nützlichere, wichtigere Vorhaben einsetzen. Außerdem ist der Vergessensprozeß eine sinnvolle Einrichtung unseres Gehirns. Er ermöglicht, daß unser Gehirn nicht mit so vielen Belanglosigkeiten vollgestopft werden kann. Vergessen ist kein passives Verschwinden von Informationen, sondern eine Überlagerung durch neue, andere Eindrücke. Wird gelerntes Wissen über längere Zeit nicht benutzt, tritt es in den Hintergrund. Bei Bedarf wird es nicht mehr aufgefunden, so daß jetzt wieder ein neuer Lernprozeß erfolgen muß. Das benötigte Material wird wieder eingeprägt, jetzt aber mit einem erheblich geringeren Zeitaufwand als beim ersten Lernprozeß. Wir alle haben dieses Phänomen schon beobachtet, wenn wir über einen längeren Zeitraum einen Erholungsurlaub unternommen haben und unser Gedächtnis kaum mit den Problemen und Informationsbedürfnissen des Alltags konfrontiert wurde. Nach dem Erholungsurlaub benötigten wir dann erst einige Tage Eingewöhnungszeit, um wieder voll in den Alltagsprozeß eingreifen zu können. Wiederholungen in Form von Wiedererkennen, Reproduzieren und Wiederdurchführung von Bewegungsabläufen sind daher lediglich ein Signal an unser Gedächtnis, das momentan nicht Wiederauffindbare in den Vordergrund des Gedächtnisses zu holen.

Der Sinn dieser letzten Ausführungen sollte sein, Ihnen bewußt zu machen, daß bereits nach Beendigung des Lernprozesses der Vergessensprozeß beginnt. Was aber der Teilnehmer vergißt, kann er nicht aus dem Unterricht mitnehmen, davon kann er nicht profitieren. Deshalb ist es für den Dozenten wichtig, nach einer kurzen Zeitspanne eine Wiederholung des Lernstoffs und damit auch eine Überprüfung der Kenntnisse der Teilnehmer im Unterrichtsverlauf durchzuführen. Es ist jedoch nicht sinnvoll, zu Beginn jeder neuen Stunde eine Wiederholung anzusetzen. Das Gelernte muß sich ja zuerst einmal festigen, bevor der Versuch des Wiedergebens gemacht wird. Auch zu diesem Bereich sind Versuche durchgeführt worden.

Das Schaubild auf der folgenden Seite demonstriert eindeutig, daß zu viele Wiederholungen innerhalb eines kurzen Zeitverlaufs den Lernerfolg des Teilnehmers nicht optimal beeinflussen. Der Lernerfolg ist aufgrund der unterschiedlich verteilten Wiederholungen verschieden. Auch Ebbinghaus fand heraus, daß man mit viel weniger Wiederholungen auskommen kann – unter der Voraussetzung, daß die Wiederholungen auf einen größeren Zeitraum verteilt werden. Der Lernerfolg ist also nicht mit Gewalt zu erzwingen, sondern die Wiederholungen müssen rationell aufgeteilt werden. Sinnvolle Wiederholungen können so aussehen, daß während eines Lerntags die erste Wiederholung entweder vor der Mittagspause, eine Stunde nach der Mittagspause (unmittelbar nach der Mittagspause für Bewegung sorgen) oder gar am Ende des Unterrichtstages erfolgen kann. Weitere Wiederholungen können jeweils am nächsten Morgen erfolgen. Wichtige Themenbereiche können dabei aber auch während der Stunden durch wiederholtes Ansprechen in das Gedächtnis der Teilnehmer zurückgerufen werden. Beachten Sie bitte, daß die auf einen größeren Zeitraum sinnvoll verteilten Wiederholungen wesentlich effektiver sind. Das gilt nicht nur für die Aneignung von Wissen und Kenntnissen, sondern auch für die Entwicklung von Fertigkeiten.

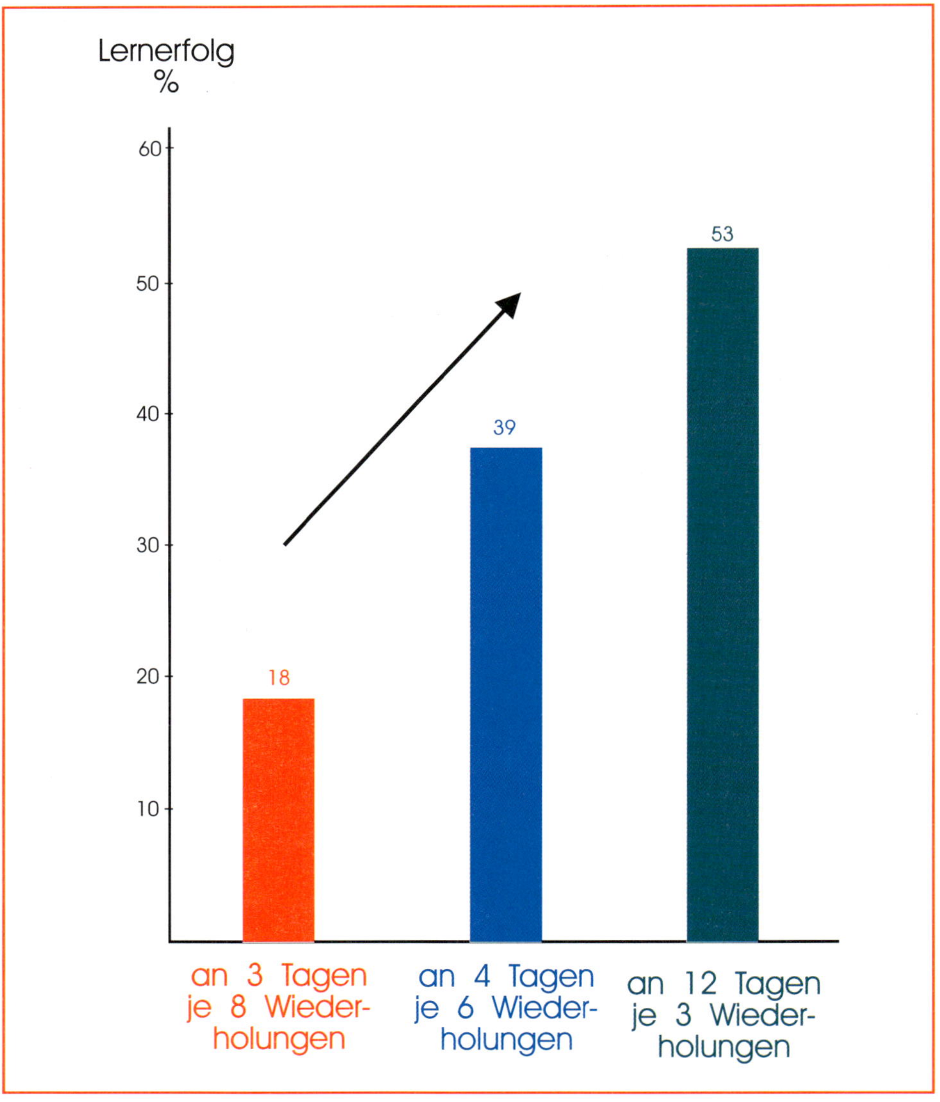

Abhängigkeit des Lernerfolges von der durchgeführten Anzahl der Wiederholungen (nach Engelmayer)

Informationen können auch deshalb im Gedächtnis nicht wieder aufgefunden werden, weil Sie durch Überschneidungen in Form von Lernhemmungen verändert worden sind.

Die inhaltliche Lernhemmung (Ähnlichkeitshemmung)

Der Grad der Ähnlichkeit zweier Lernstoffgruppen kann zu einer inhaltlichen Lernhemmung führen. Werden z. B. zwei sehr ähnliche Sprachen kurze Zeit hintereinander gelernt, so kann man feststellen, daß beim Wiederholen bzw. Wiedergeben der gelernten Wörter eine Verwechslung der Worte eintreten wird. Auch das ungehinderte Einprägen wird gestört. Um zwei ähnliche Lernstoffe hintereinander zu erlernen, wird mehr Zeit und Mühe benötigt, als wenn man hintereinander zwei unterschiedliche Lernstoffe erlernt. Diese Ähnlichkeitshemmung ist umso ausgeprägter, je ähnlicher die beiden Lernstoffe sind. Deshalb muß der Lernstoff so eingeteilt werden, daß möglichst verschiedenartiges Material nacheinander dargeboten wird.

Die zeitliche Lernhemmung

Untersuchungen haben gezeigt, daß der Lernprozeß nicht in dem Augenblick beendet ist, in dem die Wahrnehmung des Lernstoffs abgeschlossen wird. Das Einprägen und Einordnen des Lernstoffs nimmt noch zusätzliche Zeit (ca. 5-10 Minuten) in Anspruch. Dieser Vorgang wird auch als postmentaler Prozeß bezeichnet. Erfolgt z. B. in dieser Phase eine starke gefühlsmäßige Erregung (Angst, Schreck, Freude, Ärger), so kann festgestellt werden, daß der Einprägungsvorgang gestört wird. Man spricht dann von der affektiven Gedächtnishemmung. Starke Erregung bei einem Unfall führt auch zu diesem Erscheinungsbild. Zur selben Lernhemmung kommt es, wenn zwei Lernprozesse zeitlich zu dicht aufeinanderfolgen. Dabei kann der zuerst vermittelte Lernstoff den zweiten Lernstoff beeinträchtigen, oder der zweite Lernstoff führt zur Lernhemmung des ersten Lernstoffs. Man spricht dann von vor- und rückwirkender Hemmung. Je schneller die beiden Lernstoffe aufeinanderfolgen, desto stärker sind die zu erwartenden Lernhemmungen. Eine Wiedergabehemmung tritt dann ein, wenn ein neuer Einprägungsprozeß noch nicht beendet ist und man auf früher Gelerntes zurückgreifen möchte. Deshalb ist es auch nicht ratsam, kurz vor einer Prüfung oder sonstigen Wiedergaben noch Neues dazuzulernen, da dann diese Wiedergabehemmung entsteht. Um diese zeitlichen Lernhemmungen vermeiden zu lernen, werden wir im folgenden die körperlichen Voraussetzungen eines Lernenden ansprechen und unter anderem die Bedeutung von Lernpausen darstellen.

• Die Lernpausen

»Man kann über alles reden, nur nicht über 45 Minuten.«

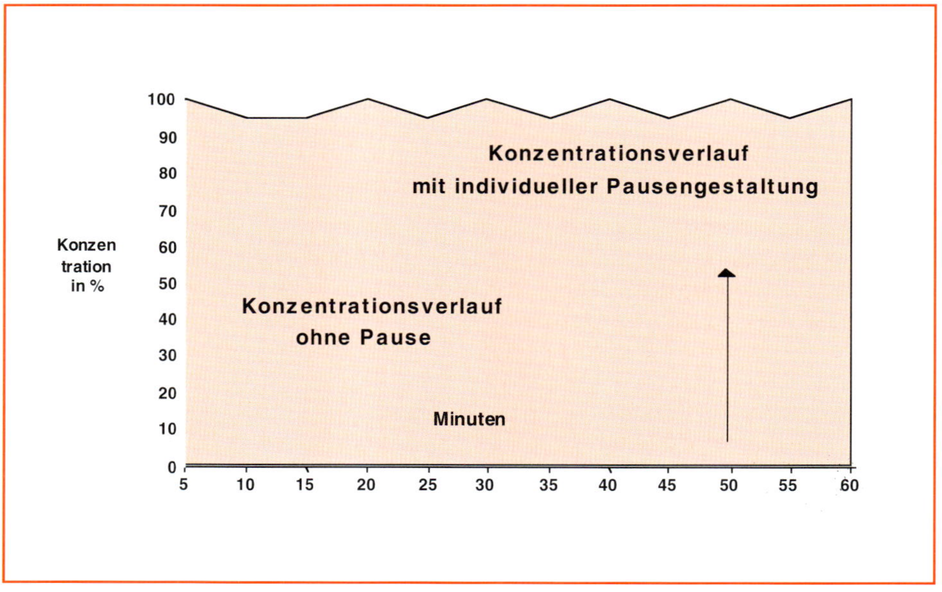

Konzentrationsfähigkeit einer Versuchsperson im Lernprozeß während 60 Minuten (nach Mierke)

Wissenschaftliche Untersuchungen haben gezeigt, daß der Lernprozeß stark vom Konzentrationsniveau des Lernenden abhängt. Er wird besser vonstatten gehen, wenn das Konzentrationsniveau hoch ist.

Deutlich ist auf dem Bild unten links zu sehen, daß nach den ersten 10 bis 20 Minuten ein Konzentrationsabfall zu verzeichnen ist. Nach 45 Minuten ist die Konzentrationsfähigkeit des Teilnehmers stark eingeschränkt. In diesem Zeitraum wird vom Teilnehmer kaum noch der dargebotene Lehrstoff aufgenommen und verarbeitet. Hat jedoch der Teilnehmer die Möglichkeit, individuelle Pausen nach seinem eigenen Empfinden einzulegen, dann verläuft die Konzentrationsfähigkeit des Lernenden über 60 Minuten stets im oberen Niveaubereich (gestrichelter Kurvenverlauf). Wie soll aufgrund dieser Ergebnisse eine optimale Pausengestaltung aussehen? Bevor wir uns dieser Frage zuwenden, müssen wir erst noch einige Anforderungen an eine optimale Pausengestaltung stellen:

1. Pausen dürfen nicht zu lang sein, sonst wird in den Pausenabständen schon wieder ein beträchtlicher Teil des aufgenommenen Lernstoffs vergessen. Außerdem kommt man aus der Lernroutine (dem Lernrhythmus) heraus und benötigt dann wieder eine entsprechend längere Anlaufzeit, um für das Lernen wieder »warm« zu werden (Aufwärmeffekt).

2. Pausen müssen lang genug sein, damit sich der Lernstoff nicht durch die zeitliche Nähe gegenseitig hemmt.

3. Von der gesamten Lernzeit sollen 10 – 30 % für Pausen eingeplant werden.

Dies zu erreichen ist fast unmöglich, da die Forderungen zum Teil entgegengesetzte Wirkungen auslösen. Man muß deshalb versuchen, einen goldenen Mittelweg zu finden. Wie kann dieser nun aussehen? Auf jeden Fall müssen wir von zeitlich verschiedenen Pausengestaltungen ausgehen, die sich während des Unterrichtsverlaufs dynamisch ändern. Gehen wir deshalb von der Überlegung aus, daß die Pausengestaltung in vier Pausentypen unterteilt werden kann:

- ➡ Kurze Unterbrechung
- ➡ Minipause
- ➡ Auffrischungspause
- ➡ Erholungspause/Mittagspause

Die kurze Unterbrechung

Bei der kurzen Unterbrechung verläßt man kurz gedanklich den Unterricht, indem man seine Konzentration auf einen anderen Bereich fixiert oder die Gedanken in die Ferne schweifen läßt. Mögliche Beispiele für eine kurze Unterbrechung sind:

- ➡ kurz aus dem Fenster blicken
- ➡ einige Male tief durchatmen

1

- sich an der Wange, der Nase oder dem Ohr kratzen
- sich kurz und kräftig in der Skelettmuskulatur dehnen
- den Bleistift spitzen
- eine Kugelschreibermine auswechseln
- ein neues Blatt hervorholen
- etwas trinken
- ein anderes Buch aufschlagen usw.

Es gibt unzählige Möglichkeiten, wie eine kurze Unterbrechung entstehen kann. Diese kurze Unterbrechung soll aber nicht länger als eine Minute dauern, wobei der Unterrichtsraum nicht verlassen werden darf. Sie läuft selbständig ab und kann direkt nur vom Lernenden herbeigeführt werden, da sie individuell von Person zu Person zeitlich und sachlich verschieden sind. Solche kurzen gedanklichen Entgleisungen müssen vom Ausbilder erkannt und dürfen nicht mit einem strafenden Blick oder einer rügenden Geste beantwortet werden. Diese kurze Unterbrechung beim einzelnen Teilnehmer soll vom Dozenten als produktive Pause betrachtet werden. Fällt sie jedoch zu lang aus (mehrere Minuten), dann kann der Dozent versuchen, den Teilnehmer durch direkte Ansprache (in Form einer Wiederholungsfrage, Verständnisfrage, Denkfrage etc.) oder durch Ausführung einer praktischen Tätigkeit wieder in den gedanklichen Lernprozeß mit einzugliedern. Aber auch der Dozent kann durch einen häufigeren Methoden- und Medienwechsel (siehe Abschnitt »Methodik«) eine kurze Unterbrechung für den Zuhörer erzielen, welcher danach wieder mit erhöhter Aufmerksamkeit dem Unterrichtsprozeß folgen wird.

Die Minipause

Die Minipause beträgt ungefähr fünf Minuten. Der Lernende verläßt dabei seinen Unterrichtsplatz und widmet sich kurz einem anderen Geschehen. Mögliche Beispiele sind:

- an das Fenster gehen, öffnen und hinausblicken
- eine praktische Übung ausführen
- sich mit anderen Teilnehmern unterhalten
- sich etwas zum Trinken holen
- sich ein Getränk zubereiten.
- Es sind auch einfache Entspannungsspiele (z. B. kleinere Kugel unter dem Fußballen rollen und jeden Hautbereich die Oberfläche der Kugel erleben lassen) oder kurze gemeinsame Lockerungs- und/oder Dehnübungen möglich, die vom Ausbilder angeregt werden können.

Je schwieriger, gleichförmiger und anstrengender der Lernstoff ist, desto mehr Minipausen müssen durchgeführt werden. Dabei wird von der Grundregel ausgegangen, daß von der gesamten Lernzeit 5 - 15 % für Minipausen und kurze Unterbrechungen verwendet werden sollen. Eine Minipause erfolgt nach 20 - 30 Minuten. Handelt es sich bei dem vorzutragenden Lernstoff um eine interessante Ausführung, die von den Teilnehmern aufmerksam und interessiert verfolgt wird, oder befindet man sich in einer lebhaften Diskussionsrunde oder Fragestunde, dann kann eine Minipause auch erst nach 45 Minuten erfolgen. Es muß jedoch beachtet werden, daß die Minipausen gleichmäßig über die gesamte Lernzeit verteilt werden. Auch bei interessant vorgetragenen Themen sinkt zwar die Konzentrationsleistung aufgrund geistiger Beanspruchung ab, sie kann dafür aber durch die erzeugte Aufmerksamkeit, Interessantheit des Themas etc. zum Teil wieder ausgeglichen werden. Eine besondere Bedeutung der Minipause liegt in der Unterrichtszeit am Nachmittag oder in der Unterrichtung während des Abends. Hierauf werden wir jedoch zum Ende des Themenkomplexes »Pausengestaltung« noch genauer eingehen.

Die Auffrischungspause

Nach einer Unterrichtszeit von 90 - 120 Minuten muß eine längere Auffrischungspause eingelegt werden. Sie beträgt mindestens 15 und höchstens 20 Minuten. Dabei muß beachtet werden, daß die vorgegebene Lernatmosphäre (Unterrichtsraum) verlassen wird, damit auch die äußeren Umstände zu einer geistigen und körperlichen Entspannung führen. Mögliche Ausführungen sind:

- eine Frühstückspause mit Erfrischungsgetränken und belegten Vollkornbrötchen
- ein kurzer Spaziergang in der freien Natur etc.

Die Erholungspause/Mittagspause

Wie wir alle wissen, muß der Körper über bestimmte Zeiträume Nahrung aufnehmen, damit der Unterrichtsprozeß nicht durch körperliche Mißempfindungen gestört wird. Bei einer reinen Lernzeit von mehr als drei Stunden muß deshalb eine Erholungspause eingelegt werden, in der sich Körper und Geist entspannen können. Die Dauer der Erholungspause soll sich zwischen eineinhalb und zweieinhalb Stunden bewegen. Legen Sie dem Teilnehmer dabei ans Herz, bei längeren Pausen diese auch durch körperliche Betätigung in Form von Schwimmen und Laufen sinnvoll auszufüllen. Meistens wird die Entspannungspause am Mittag zur Tischmahlzeit benutzt.

Beachten Sie bitte, wenn Sie einen Unterricht über den ganzen Tag anbieten, daß eine reine Lehrzeit von 2 x 3 Stunden nicht überschritten werden soll. Was nützt es dem Teilnehmer und Ihnen, wenn er nur körperlich, aber nicht geistig anwesend ist. Lieber etwas weniger Unterrichtszeit ansetzen und die gewonnene Zeit zur Pausenzeit hinzurechnen. Wichtig ist doch am Ende des Lehrgangs nur, wieviel von dem vermittelten Lehrstoff vom Teilnehmer überhaupt aufgenommen worden ist. Vermeiden Sie den Lernstreß. Ein ständiger Lernstreß wirkt nach längerer Zeit abschrekkend auf den Unterrichtsverlauf. Der Teilnehmer soll doch Spaß am Lernen haben. Vermeiden Sie auch den eigenen Lehrstreß. Wenn Sie in jeder Unterrichtseinheit Ihr Bestes geben, dann haben Sie ebenfalls dringend eine sehr große Erholungspause nötig. Auch Sie selbst können nicht über einen längeren Zeitraum in der Didaktik, Methodik und Rhetorik Höchstleistungen erbringen. Irgendwann muß auch Ihre Stimme, Ihr Körper und Ihr Geist auf Sparflamme geschaltet werden und eine Ruhepause einlegen. Außerdem schadet es auch Ihrem Ruf als Ausbilder, wenn Sie bei star-

1

ker Beanspruchung erhebliche Mängel zeigen. Beachten Sie bitte auch am Anfang einer größeren Unterrichtseinheit, besonders nach der Erholungspause, daß Sie nicht gleich voll in den Lehr- und Lernprozeß einsteigen, sondern den entstehenden Aufwärmprozeß bei sich und bei den Teilnehmern berücksichtigen. Unter dem Aufwärmprozeß versteht man das subjektive Einstellen einer Person auf die Lernaktion. Der Teilnehmer muß erst »warm« werden, um in die gesamte Lernsituation hineinzukommen und die richtige Lernstimmung aufzubauen.

Für die kurze Unterbrechung und die Minipause können auch kleine Pausenfüller zum Einsatz kommen, die vom Dozenten in Form kleiner Denkaufgaben präsentiert werden.

Die Schatzkiste »Pausenfüller/heitere Denkspiele«

a) Die Teilnehmer sollen die abgebildeten neun Punkte mit vier aufeinanderfolgenden Strichen verbinden.

Dazu gibt es 2 richtige Lösungen:

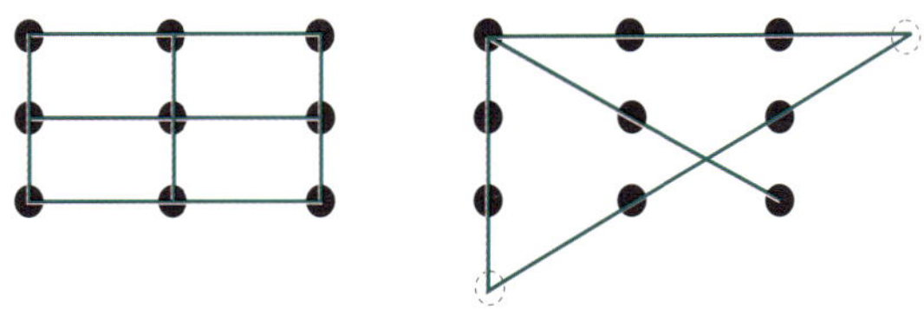

b) Die Teilnehmer sollen in den abgebildeten rechten oberen Kreissektor ein Quadrat mit drei geraden Linien einzeichnen.

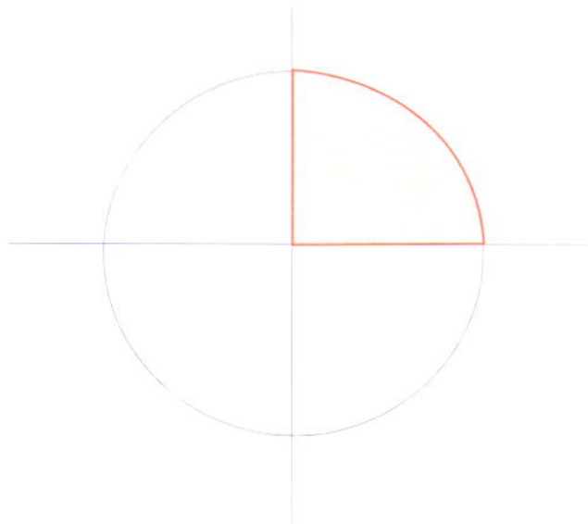

Dazu gibt es 2 richtige Lösungen:

c) Die Teilnehmer sollen bestimmen, wieviel Quadrate sie abgebildet sehen.

Ein Quadrat

Dazu gibt es 2 richtige Lösungen:

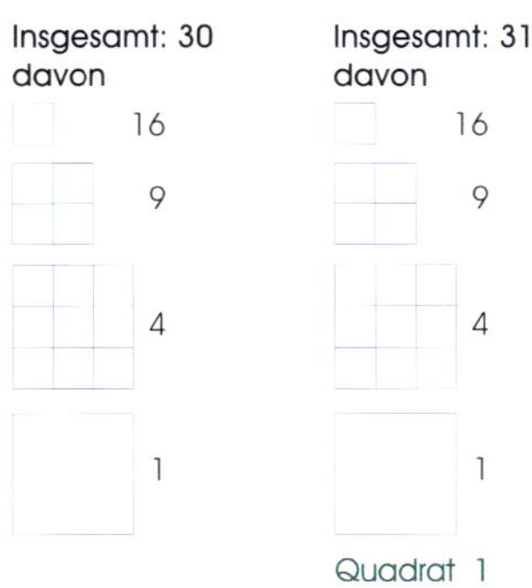

d) Die Teilnehmer sollen die folgende Aufgabe lösen:

»Ein Besuch hat sich angesagt. Sie haben dafür einen Kuchen gekauft, der ursprünglich für sechs Personen ausreichen sollte. Gekommen sind jetzt aber 7 Personen, so daß mit Ihnen zusammen 8 Personen vorhanden sind. Teilen Sie den Kuchen mit nur drei Schnitten in 8 Stücke auf!«

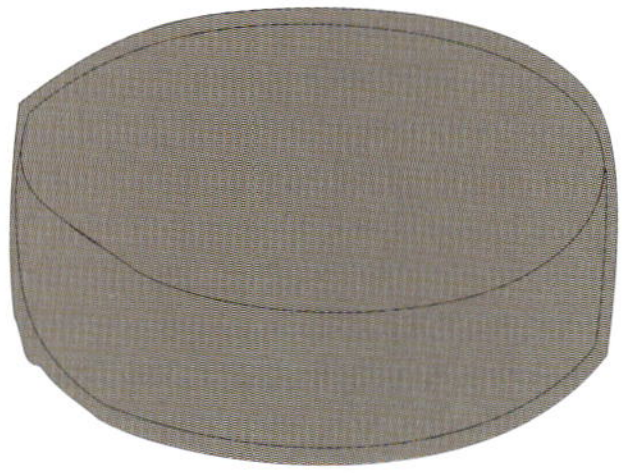

Dazu gibt es 2 richtige Lösungen:

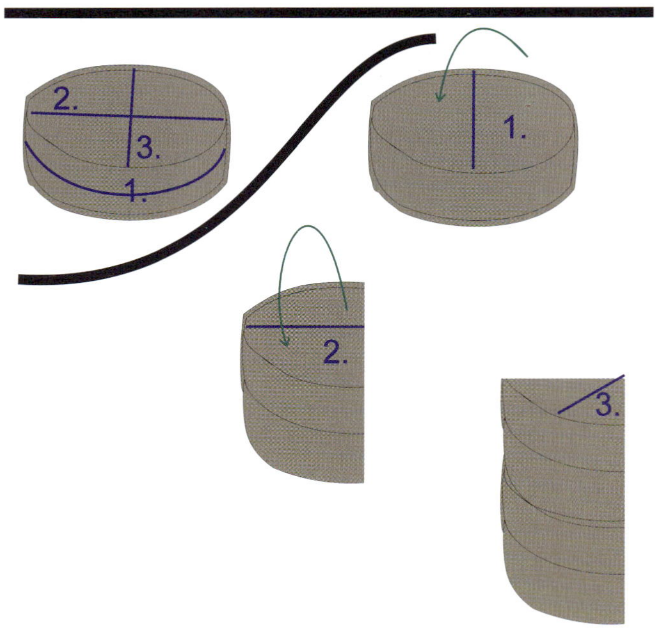

Durch die persönliche Erläuterung gibt der Dozent mit den richtigen Lösungen auch gleichzeitig Denkanstöße und wissenswerte Informationen zum individuellen Lernvorgang und zur persönlichen Betrachtungsebene. Diese Schatzkiste »Pausenfüller/heitere Denkspiele« kann beliebig vom Ausbilder mit eigenen Aufgaben ergänzt werden, so daß immer ein ausreichendes, unterschiedliches Spektrum an kleinen Denkaufgaben zum Einsatz kommen kann.

Bei der Unterrichtung muß der Ausbilder auch Kenntnisse über die körperliche Leistungsbereitschaft (die Lebensvorgänge im Organismus betreffend) einer Person besitzen. Nicht zu jeder Unterrichtszeit ist der Mensch in der Lage, dieselbe Leistung zu erbringen. Die Leistungsbereitschaft schwankt im Verlauf von 24 Stunden, und zwar zum Teil recht erheblich, wie das Schaubild auf der folgenden Seite beweist.

Wie dem Schaubild zu entnehmen ist, hat der Organismus nach dem Mittagessen bis ca. 15 Uhr und am Abend von 22 bis 5 Uhr eine deutlich verminderte Leistungsbereitschaft (z. B. in der Reaktionsfähigkeit und der Aufmerksamkeit, bemerkbar als Müdigkeitsgefühle und Konzentrationsschwäche etc.). Untersuchungen haben auch ergeben, daß jeder Mensch diesen Leistungsschwankungen während der Tages- und Nachtzeit unterworfen ist und diese nicht durch Gewöhnung (Nachtarbeit, Schichtarbeit, Übersee-Reisen) beeinflußt werden können. Unsere höchste Leistungsbereitschaft besitzen wir in der Zeit von 8 bis 12 Uhr. In dieser Zeit können wir besser schwierigen geistigen Lernstoff aufnehmen als zu jeder anderen Tageszeit. Außerdem ist es während dieser Tageszeit auch möglich, die geplanten Minipausen erst nach 40 - 45 Minuten erfolgen zu lassen, wenn gewährleistet ist, daß der zu vermit-

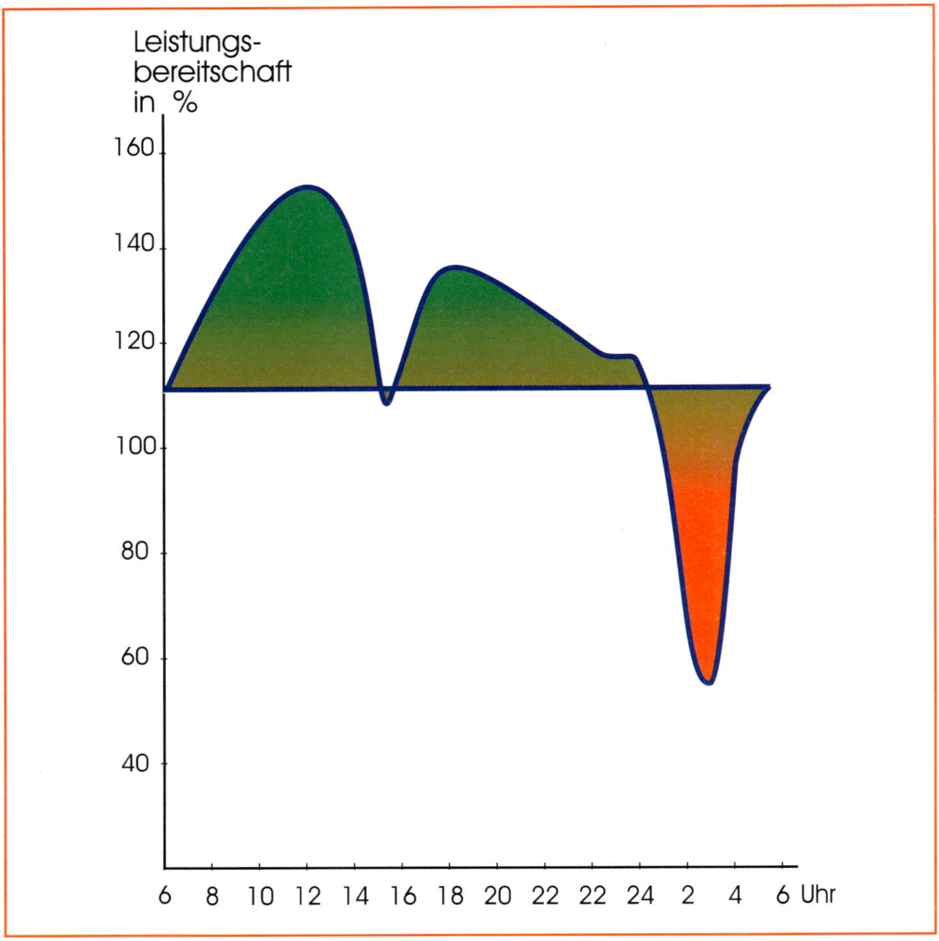

Schwankungen der physiologischen Leistungsbereitschaft über 24 Stunden (nach Graf)

telnde Lehrstoff interessant und vom Ausbilder »berauschend« vorgetragen wird. Bei einer längeren Unterrichtszeit (über 45 Minuten) sollte der Ausbilder dem Teilnehmer aber die Möglichkeit zur geistigen Entspannung geben. Das kann bereits durch sinnvollen Methodenwechsel (vom Vortrag zur Gruppenarbeit), durch Medienwechsel (von der Tafel zur Videovorführung), durch eine eingelegte lockere Diskussion oder manchmal auch durch einen Scherz (Witz, Anekdote, Erfahrung aus dem eigenen Bereich etc.) erfolgen. Denken Sie deshalb immer während Ihrer Unterrichtung daran, daß Sie weg vom eingefahrenen, monotonen, bekannten Unterrichtsstil kommen sollten, damit Sie sich durch die Vielfalt Ihrer Möglichkeiten der Aufmerksamkeit des Zuhörers immer sicher sein können.

Wir empfehlen Ihnen, die Erholungspause in das erste Tief der Leistungsbereitschaftskurve zu legen. Nach der Erholungspause erreicht die physiologische Leistungsbereitschaft nicht mehr den Höchstpunkt des Vormittags. Gegen 18 Uhr fällt diese sogar noch um einige Prozentpunkte nach unten. Nachdem Sie nun den schwierigen Lernstoff bereits am Vormittag abgehandelt haben, können Sie am Nachmittag dazu übergehen, den gelernten Stoff anhand von Fallbeispielen zu vertiefen, oder in Form von praktischen Übungen den Teilnehmern selbst die Möglichkeit geben, ihr Wissen nun direkt anzuwenden. Eine Wiederholung unmittelbar nach der Mittagspause ist nicht so sehr zu empfehlen. Eine günstigere Zeit für die Wiederholung ist in der Mitte des Nachmittags oder gar zum Schluß des Lerntags.

Sie sollten ebenfalls die Tatsache mit in Ihre Betrachtungen einfließen lassen, daß nach dem Essen der Verdauungsvorgang im Körper einsetzen wird. Die Magen- und Darmtätigkeit wird aktiviert, sonstige wichtige körperliche Funktionen wie z. B. Puls, Blutdruck, Durchblutung etc. werden herabgesetzt. Nach dem Essen befindet sich viel Blut im Magen-Darm-Trakt und wenig Blut im Gehirn. Folge davon ist, daß man sich nach dem Essen stets müde fühlt. Um der Müdigkeit begegnen zu können, gibt es verschiedene Möglichkeiten. Sie alle kennen sicher das Sprichwort: »Nach dem Essen sollst du ruhen, oder tausend Schritte tun«. Gehen Sie dabei nun nicht so vor, daß eine dieser beiden Möglichkeiten in seiner Extremform ausgeführt werden soll. Nur Schlafen nach dem Essen, und Sie stehen wie erschlagen auf und haben Schwierigkeiten, wieder voll in den notwendigen Lernprozeß einzusteigen. Ebenfalls ist es auch nicht sinnvoll, nach dem Essen eine körperliche Höchstleistung zu vollbringen. Sie entziehen damit dem Magen-Darm-Trakt nur unnötig viel Blut, so daß die Verdauungstätigkeit im Körper nicht voll durchgeführt werden kann. Geben Sie deshalb Ihren Kursteilnehmern den Rat, eine vernünftige Kombination der zwei Möglichkeiten zu wählen. Nach dem Essen entweder eine halbe bis eine Stunde Schlaf, oder, was noch viel besser ist, eine Entspannungsübung in Form von autogenem Training, Meditation, Yoga oder einer anderen Muskelentspannungstechnik durchführen. Danach, wenn der Geist und die Seele zu ihrem Recht gekommen sind, kann der Teilnehmer die restliche Zeit zur körperlichen Betätigung nutzen, z. B. durch entspannendes Schwimmen, mäßigen Dauerlauf, Tischtennis oder sonstige leichte sportliche Betätigungen, die relativ schnell und ohne große Vorbereitungszeit durchgeführt werden können.

Beachten müssen Sie aufgrund des Verlaufs der physiologischen Leistungsbereitschaft beim Unterricht am Nachmittag oder am Abend, daß

- ➡ Sie keinen zu schwierigen (zu theoretischen) Lernstoff präsentieren,
- ➡ jede Minipause nach 20 - 30 Minuten erfolgen soll und
- ➡ der Lehrstoff eine körperliche Bewegung der Teilnehmer ermöglicht (praktische Übungen, Gruppenarbeit etc.).

Sicherlich können nicht alle diese Bedingungen immer eingehalten werden, weil sehr oft die Kursgestaltung von anderen Faktoren beeinflußt wird, die von uns als gegeben betrachtet werden müssen. Einmalige Veranstaltungen über einige Stunden oder über einen Tag können nicht so optimal durchgeführt werden wie z. B. Seminare während einer Woche oder eines Wochenendes. Vorgegebene Lernzielkataloge zwingen den Ausbilder immer wieder dazu, Kompromisse bei der Lehrstoffwiedergabe einzugehen. Unser Ziel muß es aber sein, so viele Elemente wie möglich in unser neues Ausbildungskonzept zu übernehmen. Haben Sie deshalb ruhig auch einmal Mut zu einer unbeliebten bzw. ungern gesehenen Lehrstoffkürzung. Diese bringt im Endeffekt dem Teilnehmer mehr als die oftmals vorherrschende Stoffüberfüllung in den Lehrplänen, Lernzielen und sonstigen vorgegebenen Lernstoffbereichen. Manchmal könnte man wirklich meinen, daß die Gestalter dieser Lehrpläne Profilierungsabsichten haben.

Zu lange Unterrichtszeiten und langweilige Vorträge werden dazu führen, daß sich Unruhe im Lehrraum breit macht (unruhige, ungeduldige Sitzstellung, Seitengespräche) oder daß die Teilnehmer in einen Zustand der körperlichen Anwesenheit, aber geistigen Abwesenheit übergehen.

Zu lange Pausen können dazu führen, daß in den ersten Minuten der nächsten Stunde noch so viel Unruhe herrscht (Gespräche, Bewegungen etc.), daß der Dozent erst mehrere Minuten warten muß, bevor er mit der tatsächlichen Unterrichtung beginnen kann.

Der Unterrichtsverlauf am Abend muß so gestaltet sein, daß Minipausen schon nach 20 Minuten eingelegt werden. Der Abendunterricht hat aber neben der physiologischen Minderleistungsbereitschaft noch andere negative Faktoren, die dessen Qualität schmälern können. Versetzen Sie sich einmal in die Lage eines solchen Teilnehmers. Er muß den ganzen Tag über (9 Stunden) geistig und körperlich arbeiten, kommt dann um 17 Uhr nach Hause, nimmt eine leichte Abendmahlzeit zu sich und muß nun von 18 bis 21 Uhr noch eine Fortbildung besuchen, die seine ganze Konzentration verlangt. Erstens hat er zu wenig Zeit, um sich von dem Arbeitsalltag zu erholen, und zweitens ist sein Gehirn tagsüber mit Informationen überschüttet worden, die teilweise jetzt noch »nachverdaut« werden. Wer tagsüber viel geistige Arbeiten verrichtet, wird sich beim Abendunterricht von der geistigen Seite her schwer tun, da die tägliche Leistungskapazität des Gehirns fast schon erreicht ist.

Wird ein Mensch nun aber während des Arbeitstages durch ständige körperliche Bewegung in Trab gehalten, hat dieser umgekehrt Schwierigkeiten, sich nun am Abend drei Stunden lang still hinzusetzen und aufmerksam der Stimme des Ausbilders zu lauschen. Diesen Personen sieht man oft die Auswirkungen der ungewohnten abendlichen Atmosphäre an, wenn ihre Körpermotorik sich so verändert, daß sie z. B. ständig von einer Seite des Stuhls auf die andere Seite rutschen. Sobald jedoch der Dozent über die Besonderheiten des Abendunterrichts informiert ist, kann er sich besser darauf einstellen und seine Vortragstätigkeit danach gestalten.

Ein weiterer wichtiger Punkt, der das Lernverhalten eines Erwachsenen beeinflussen kann, ist die eigene, aktive Motivation des Teilnehmers und die passive Motivation durch den Ausbilder während der Unterrichtsphase. Unter Motivation versteht man die Schaffung eines Beweggrundes (Motiv), der die Ausübung einer Tätigkeit positiv unterstützt. Der Begriff »Motiv« umfaßt Bezeichnungen wie Bedürfnis, Trieb, Neigung und Streben. Die Motivation entsteht damit durch das Wirksamwerden eines Motivs.

Zum Lernen muß ein innerer Beweggrund geschaffen werden. Das kann dadurch erfolgen, daß der Teilnehmer sich selbst motiviert, z. B. durch Planung eines Erlebnisurlaubs in einem fremden Land, von dem er die Sprache erlernen möchte. Will er im beruflichen Bereich weiterkommen, so ist dies nur möglich, wenn er Spezialkurse besucht, seinen Ausbildungsstand erhöht und ständig seinen Bildungshorizont erweitert. Wir können hier von der aktiven Motivation sprechen: Die Bemühungen und Bestrebungen zur Motivschaffung gehen vom Lernenden aus. Der Lernende setzt sich aufgrund seiner Motive (in Urlaub zu fahren) ein Ziel (die Sprache zu lernen) und will dieses Ziel nun mit dem inneren Beweggrund verknüpfen und es so erreichen.

Dann gibt es noch die passive Motivation. Der Teilnehmer ist in einer Lehrveranstaltung aufgrund von Zwang (gesetzlich, beruflich, familiär etc.). Hier existieren beim Teilnehmer momentan noch keine ausgeprägten Motive, die zum Lernen anregen. Jetzt kann der Ausbilder von sich aus eine Motiverzeugung beim Teilnehmer anregen, indem er z. B. den Teilnehmer durch seine Vortragstechnik so begeistert, daß dieser mit voller Aufmerksamkeit dem Unterricht folgt und Informationen aufnimmt.

Er verspürt jetzt den Wunsch, noch mehr über dieses Thema zu hören, weil der Ausbilder in ihm durch sein Verhalten einen Beweggrund ausgelöst hat. Die passive Motivation ist stark vom Ausbilder abhängig, da er versuchen muß, diese bewußt (Motive aufzeigen) oder unbewußt (Motive durch sein Verhalten zu schaffen) beim Teilnehmer entstehen zu lassen. Handelt es sich um keine Pflichtveranstaltung, dann der Teilnehmer meistens schon schlummernde Motive, die jetzt vom Dozenten nur noch geweckt werden müssen.

Sie wissen ja zwischenzeitlich schon, daß Lehren darin besteht, bewußte oder unbewußte Lernprozesse auszulösen oder zu verfestigen, damit es zur Verhaltensänderung oder zur Verhaltensverstärkung kommen kann. Dabei bedeutet Lehren nicht nur Vermittlung von Wissen, sondern Lehren heißt auch Voraussetzungen für den Lernprozeß zu schaffen, damit das Lernen überhaupt vollzogen werden kann. Wir haben schon viele mögliche Voraussetzungen zur Schaffung eines Lernprozesses kennengelernt. Fehlen einige dieser Voraussetzungen, sind sie nicht optimal erfüllbar oder reichen sie nicht aus, dann muß die Motivation eingreifen, um einen Menschen zum Lernen zu bewegen. Die Bedeutung des Lernens muß hervorgehoben und der Teilnehmer davon überzeugt werden, den Lernprozeß aufzunehmen. Der Grad der Motivation beeinflußt die Ausdauer und Konzentration beim Lernen. Besonders bei Pflichtveranstaltungen (Ausbildung im Erste-Hilfe-Bereich, schulische Ausbildung, betriebliche Pflichtveranstaltungen etc.) erhält die Motivation einen hohen Stellenwert. Das Lernen ist zu einem großen Teil davon abhängig, ob der Teilnehmer überhaupt willig ist, neue Informationen aufzunehmen.

Bedenken Sie bitte auch, daß ein Mensch mit Desinteresse reagiert, wenn er mit Informationen vollgestopft wird, von deren Wichtigkeit er selbst nicht überzeugt ist. Klären Sie deshalb die Teilnehmer Ihrer Veranstaltungen über die Bedeutung des Stoffs für sich selbst auf. Beweisen Sie ihnen, wie wichtig es ist, Kenntnisse über dieses Stoffgebiet zu besitzen. Wer von der Bedeutung des Lernstoffs nicht überzeugt ist, wird sich auch nicht der Mühe unterziehen, sich ihn einzuprägen.

Wir werden uns im weiteren Verlauf der Ausarbeitung nun mit einigen wichtigen Motivationsmöglichkeiten beschäftigen und aufzeigen, wie eine optimale Gestaltung der Motivation aussehen kann. Dabei gehen wir von der passiven Motivation aus. Selbstverständlich sind hier aber auch starke Elemente der aktiven Motivation beinhaltet. Aktive und passive Motivation sind zwei Bestandteile, die sich stets gegenseitig beeinflussen.

Strafe/Bedrohung/Angsterzeugung als Motivation

Man spricht hier auch von der negativen Motivation. Durch die negative Motivation wird erreicht, daß Strafen, Furcht vor schlechten Noten, Angst vor Mißerfolg, Blamagen etc. vermieden werden.

> *Beispiel (beim Jugendlichen):*
> *»Wenn Du nicht lernst, darfst Du heute abend nicht ausgehen.« Also wird gelernt, damit das Ausgehverbot vermieden wird.*

Untersuchungen haben bewiesen, daß die Lernergebnisse bei der negativen Motivation schlechter sind als bei der positiven Motivation, da sich die Lernleistung beim Teilnehmer nicht voll entwickeln kann. Der Teilnehmer (meist Kind oder Jugendlicher in der Schule, Arbeitnehmer im Betrieb bei der Pflichtweiterbildung mit Konsequenzandrohung etc.) strengt sich nur deshalb an, um keine Bestrafung in Form schlechter Noten, Angst vor den Eltern, Taschengeldentzug, Sitzenbleiben, Blamage vor der

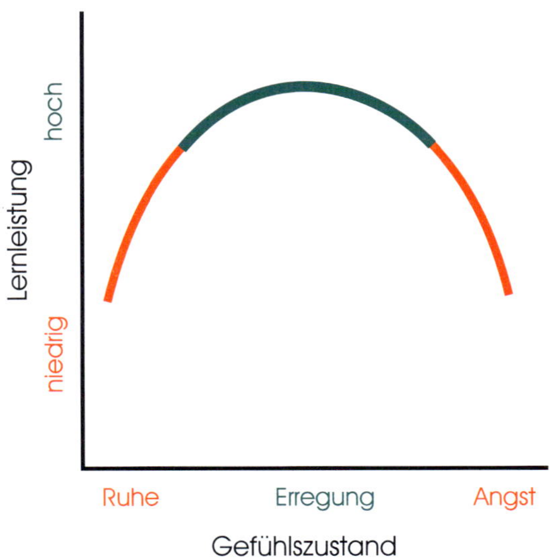

Abhängigkeit der Lernleistung vom Grad der Erregung (nach Yerkes und Dodson)

1

Klasse oder ausbleibender Beförderung zu erhalten. Die angedrohte Strafe ist für den Teilnehmer unangenehmer als die von ihm erwartete Lernleistung.

Das Schaubild der vorigen Seite zeigt, daß eine Maximierung der Lernleistung nur dann erzielt werden kann, wenn sich der Teilnehmer in einer leichten Erregungsphase (Anspannungsphase) befindet. Ruhe- oder Angstzustände vermindern die Lernleistung.

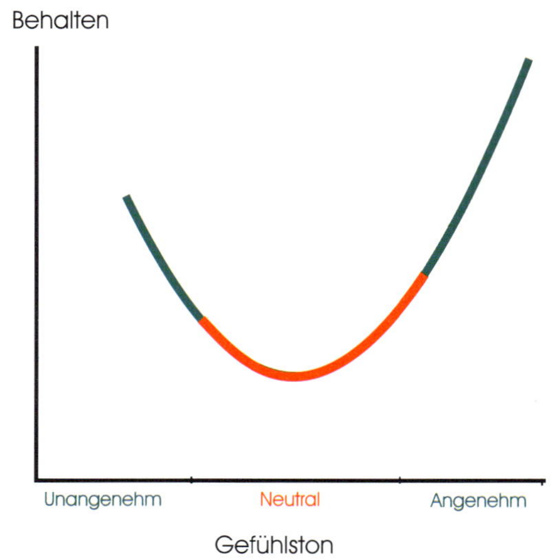

Abhängigkeit des Behaltens vom Gefühlston (nach Schwerin)

Dieses Schaubild untermauert die Aussagen von Yerkes und Dodson. Dabei wird hier jedoch zwischen unangenehmen und angenehmen Erregungsphasen unterschieden. Die angenehme Erregungsphase erzielt in bezug auf das Behalten einer Information wesentlich bessere Ergebnisse als die unangenehme Erregunsphase. Damit ist auch erklärbar, weshalb die Lernleistung sich nicht voll bei der negativen Motivation entfalten kann und weshalb die negative Motivation schlechtere Behaltensergebnisse erzielt.

Belohnung/Erfolg als Motivation

Belohnung und Erfolgserlebnisse (positive Motivation) sind ein erfolgreicherer Weg zur Motivation. Dabei wirkt jedes Erfolgserlebnis, jede Belohnung in Form des Lobs, der Anerkennung, der Dankbarkeit etc. so, daß die Lust zum Weiterlernen steigt. Dazu möchten wir Ihnen eine kleine Aufgabe präsentieren (nach Kugemann):

Betrachten Sie bitte die nachfolgende gesetzmäßige Reihe mit Übungsbeispiel, und kreuzen Sie danach die Figur an, die Ihrer Meinung nach die jeweilige Gesetzmäßigkeit fortsetzt!

Beispiel:

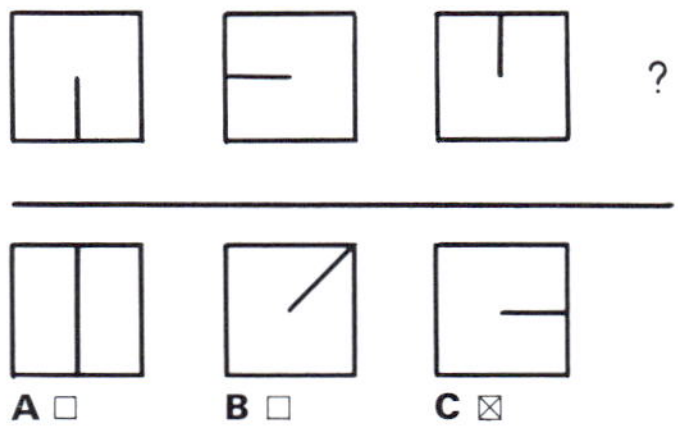

1.

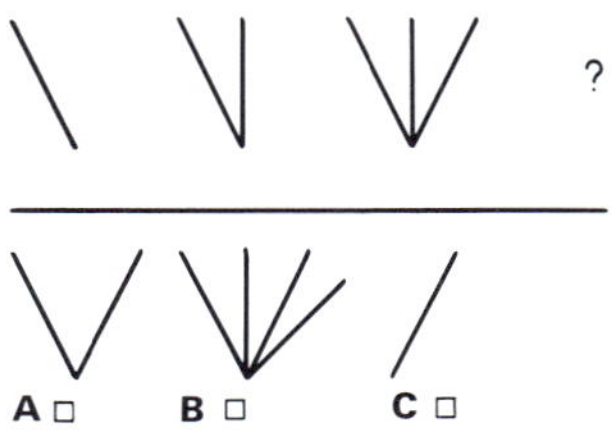

2.

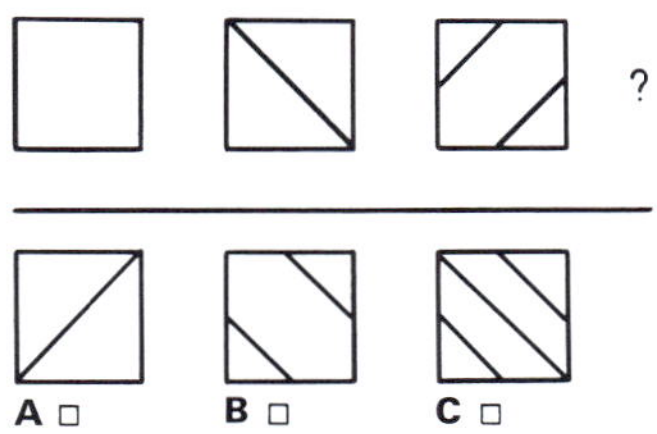

3.

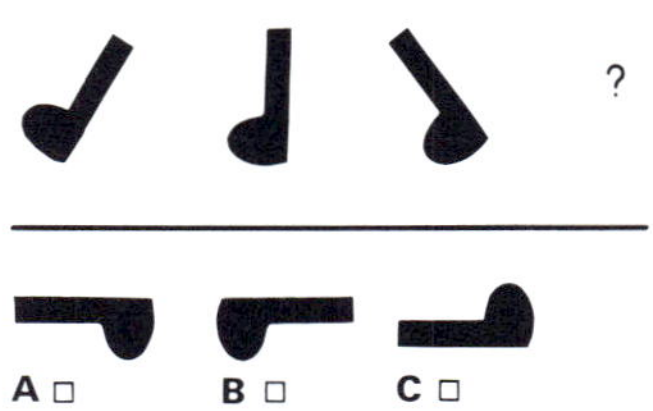

Die richtigen Lösungen sind: 1 B, 2 C, 3 A.

Sie werden sicherlich festgestellt haben, daß die Aufgaben relativ einfach zu lösen waren und daß Sie nun weiterhin Lust verspüren, derartige Aufgaben zu lösen. Dieses Erfolgserlebnis wirkt jetzt bei Ihnen wie eine Belohnung (durch den Ausbilder) nach. Sie machen mit Freude weiter. Der Lernerfolg ist eine der wichtigsten Belohnungen beim Lernen.

Versuchen Sie nun, die folgenden Aufgaben in der gleichen Art und Weise zu lösen.

Beispiel:

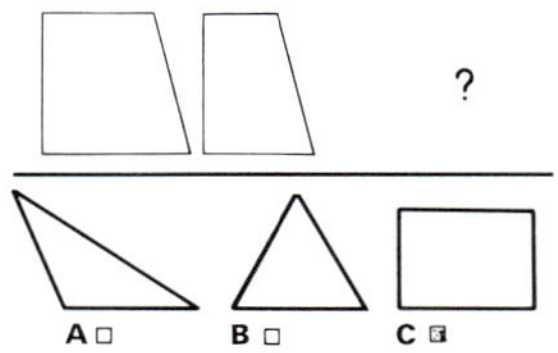

1.

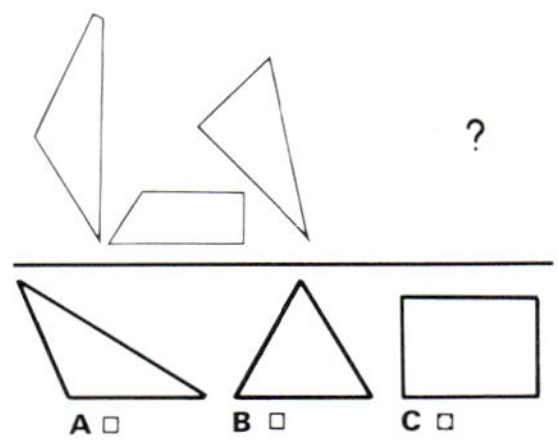

2.

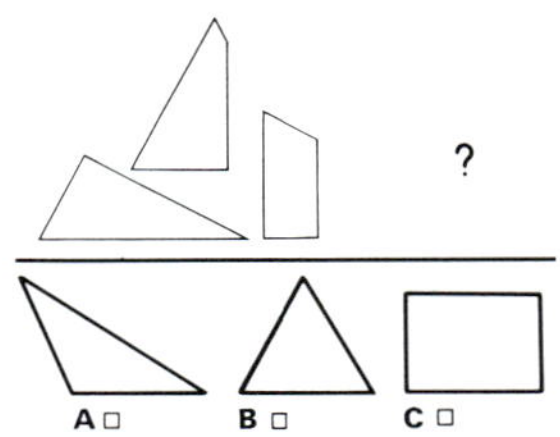

3.

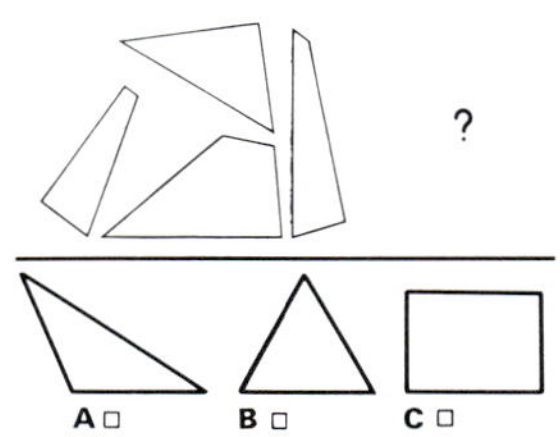

Diese Aufgabenstellung war relativ schwierig. Die richtigen Lösungen lauten: 1 A, 2 B, 3 C.

Sie haben nun »am eigenen Leib« erfahren, wie sich schwierige Aufgaben auf Ihre Motivation auswirken können. Durch die Auswahl der Aufgaben hat man versucht, Ihnen ein oder mehrere Mißerfolgserlebnisse zu vermitteln. Haben Sie mehrere Mißerfolge erlebt, dann werden Sie nun nicht mehr das Bedürfnis haben, weitere Aufgaben dieser Schwerpunktreihe zu lösen. Ihre Motivation ist gesunken. Mißerfolge setzen also nicht nur eine schwere Aufgabenlösung voraus, sondern sie bewirken auch ein starkes Nachlassen der Motivation zum Weiterlernen. Deshalb muß im Unterrichtsprozeß daran gedacht werden, daß dem Teilnehmer über längere Zeiträume in Intervallen jeweils ein Erfolgserlebnis vermittelt wird. Dies kann folgendermaßen geschehen:

Eine Antwort oder Aktivität des Teilnehmers wird hervorgehoben durch

- **Lob** (»Die stabile Seitenlage ist ausgezeichnet durchgeführt worden«),
- **Anerkennung** in Form der Bestätigung (»Da haben Sie völlig recht«; »Ihre Überlegungen in dieser Richtung zeigen mir, daß Sie sich intensiv mit der Materie auseinandergesetzt haben«; »Ihre Antwort beweist mir, daß Sie den Lernstoff verstanden haben«; »Ihre Überlegungen beweisen, daß Sie die Problematik des Stoffs verstanden haben«),
- dankbaren **Blick**,
- nickende **Kopfbewegung**,
- lobende **Handbewegung** usw.

Außerdem können Sie nach jedem abgeschlossenen Themenkomplex jeweils zu Beginn der nächsten Unterrichtseinheit eine kleine Lernkontrolle durchführen, die so ausgelegt ist, daß wahrscheinlich ein Erfolgserlebnis zu erwarten ist. Durch diese Maßnahme erreichen Sie auch eine gedankliche Wiederholung des Lernstoffs. Stellt sich dabei heraus, daß irgendwelche Sachverhalte noch unklar sind, können diese nochmals mit anderen Worten und Beispielen besprochen und die Einfachheit des Lernstoffs dargelegt werden.

Leistungsanforderung als Motivation

Hierbei handelt es sich um eine Motivationsform, die das Lernen als Sport betrachtet und in dem der Leistungsvergleich angestrebt wird. Man erlebt es sehr häufig in unserer Gesellschaft, daß eine Leistungsanforderung als Motiv zum Lernen angesehen wird. Folgende Beispiele können aufgeführt werden.

Sportlicher Bereich:
Einen sportlichen Wettbewerb bestreiten, um Sieger zu werden.

Schulischer Bereich:
Durch einen guten Notendurchschnitt sich von den anderen Mitschülern hervorheben.

Beruflicher Bereich:
Durch einen Leistungsvergleich zeigen, daß man auch für höhere Positionen die geeigneten Qualifikationen besitzt.

Dafür wird dann schon das ganze Jahr über körperlich und/oder geistig trainiert. Beim Leistungsmotiv handelt es sich demnach um das Bestreben eines Menschen, seine Tüchtigkeit in den Bereichen zu erhalten oder zu steigern, die für ihn subjektiv von besonderer Bedeutung sind. Dieses Leistungsmotiv bildet sich im Menschen schon relativ früh aus (ab dem 10. - 15. Lebensjahr). Je nachdem, welche Hobbys ein Mensch hat, wird er immer versuchen, seine Fähigkeiten in diesem Bereich zu erhalten bzw. zu verbessern, und sogar einen Leistungsvergleich mit anderen nicht zu scheuen. Haben wir eine Lerngruppe vor uns, die die gleichen Anforderungen an den Lehrgang stellt und damit dieselben Erwartungen und Schwerpunkte in diesem Bereich besitzt, ist es durchaus möglich, das bereits vorhandene Leistungsmotiv zu aktivieren und als positive Motivation im Lehrprozeß einzusetzen. Dies kann dann in der Form erfolgen, daß verschiedene Gruppen gebildet werden, die unterschiedliche Arbeiten/Tätigkeiten zu verrichten haben und sich zum Schluß mit den Ergebnissen der anderen Gruppen auseinandersetzen. Solche »Wettbewerbe« sind nur möglich, wenn die einzelnen Gruppen relativ homogen zusammengesetzt sind (z. B. bei Experten). Es wird sich nämlich nur derjenige einem Leistungsvergleich stellen, der in seinem Bereich einen relativ guten Wissensstand besitzt. Wer kaum Wissen besitzt, der fürchtet sich davor, aufgrund des Leistungsvergleichs bloßgestellt zu werden. Meistens sind in einer Veranstaltung Personen mit unterschiedlichem Wissensstand, unterschiedlichen Vorkenntnissen und unterschiedlichen Erwartungshaltungen. Hier darf bei der Gruppenbildung nicht so stark der »Wettbewerb« im Vordergrund stehen, sondern mehr die Gruppenarbeit, in der jeder seine eigenen Erfahrungen und Kenntnisse mit einbringen soll. Es muß auch beachtet werden, daß die einzelnen Gruppen gleich stark sind, damit der Wissensschwache vom Wissensstarken profitiert. Damit wird er durch die Gruppenleistung gefördert. Die Gruppenbildung läßt sich bei einem Seminar (Kurs etc.) dann mit Erfolg durchführen, wenn der Unterricht über einen längeren Zeitraum andauert. Tageskurse oder Tagesveranstaltungen eignen sich nicht besonders für diese Technik. Die Teilnehmer kennen sich gegenseitig noch nicht so gut, und die Furcht vor Neuem läßt sie in eine abwartende, teilweise ablehnende Distanzhaltung gehen. Teilweise sind sie sogar gegen neue Kontakte negativ eingestellt. Solche Gefühlsschwankungen beeinträchtigen dann auch selbstverständlich das Gruppengefühl und die Lernleistung. Außerdem benötigt man für eine richtig durchgeführte Gruppenarbeit relativ viel Zeit, die in Kurzveranstaltungen bestimmt nicht vorhanden ist.

Neugierde/Wissensdrang als Motivation

Die Neugier ist das ursprünglichste und wahrhaftigste Motiv, mit dem es der Mensch erreicht, Wissen aufzunehmen. Mit allen anderen Motiven, die wir im Laufe unseres Lebens entwickeln, wollen wir etwas Höherwertiges erreichen (Urlaub machen, Sprachen lernen, mehr Geld verdienen, soziale Anerkennung bekommen, beruflichen Aufstieg erreichen usw.). Entwickelt der Mensch Neugier für ein bestimmtes Gebiet, verspürt er Befriedigung, wenn er dadurch einen höheren Wissensstand erworben hat. Ohne diesen Wissensdrang wäre der Mensch noch nicht so weit entwickelt und Amerika wahrscheinlich viel später entdeckt worden. Das Kleinkind fragt aufgrund seiner Wissensbegierde. Es lernt dadurch, weil es neugierig ist. Sind wir neugierig auf einen Sachverhalt, dann werden wir uns wesentlich intensiver darum kümmern,

1

als wenn wir nur ein langfristiges Ziel vor Augen haben, das wir irgendwann einmal erreichen wollen. Dabei erfährt das Wort »Neugierde« heute zum großen Teil eine negative Bewertung. Wieso denn? Für den Lernprozeß ist der Wissensdrang nicht wegzudenken. Der Ausbilder muß deshalb versuchen, die Neugierde seiner Teilnehmer zu wecken. Sie drückt sich aus in Fragen. Deshalb provozieren Sie durch Fragen die Neugierde der Teilnehmer. Regen Sie Ihre Zuhörer zum Fragen an. Fragen sind ein nicht wegzudenkender Faktor im Ausbildungsbereich. Nehmen Sie den Lernenden die Angst davor. Haben Sie Angst vor dummen Fragen? Es gibt keine dummen Fragen. Nur die Antwort, die man bekommt, kann dumm ausfallen. Und dies ist kein gutes Erscheinungsbild für den Befragten. Machen Sie Ihre Hörer darauf aufmerksam, daß anscheinend dumm klingende Fragen einen wichtigen Themenkomplex neu darstellen können.

Langfristige und kurzfristige Motive

Kurzfristige Motive haben einen stärkeren Einfluß auf den Erwachsenen als langfristige Motive, da sie wesentlich schneller zur vollen Stärke ansteigen und dann erfüllt werden müssen (z. B. Fernsehen, Nahrungsverhalten). Langfristige Motive erreichen ihre volle Stärke erst in der fernen Zukunft (z. B. Ausbildung zur Fachkraft in 2 Jahren). Wenn kurzfristige Motive mit langfristigen Motiven konkurrieren, werden die kurzfristigen Motive immer stärker sein als die langfristigen Motive. Es wird dann die Tätigkeit durchgeführt, die über den stärksten Erfüllungsgrad verfügt. Es muß also immer darauf geachtet werden, daß die Motivation durch den Unterrichtenden stets mit kurzfristigen Motiven erfolgt, z. B.

1

- Vorgabe des Themenkomplexes für die nächste Stunde
- Darstellung der Lernziele, die erarbeitet werden sollen
- Hinweise für den praktischen Nutzen, den man aus diesem Lernstoff ziehen kann
- Ankündigung einer Zwischenpause nach dem Erreichen des geforderten Wissensstandes
- Ankündigung eines belebenden Gruppenspiels nach dem abgeschlossenen Lernvorgang usw.

Dies ist besonders bei Kursen wichtig, die über einen längeren Zeitraum gehen. Erfahrungen zeigen, daß bei vielen Lehrgängen, Veranstaltungen und Kursen, die einen langen Zeitraum umschließen, verhältnismäßig viele Teilnehmer während des Verlaufs aufgeben und nicht mehr wiederkommen. Die ursprüngliche Begeisterung in Form eines langfristigen Motivs hat nicht ausgereicht, den alltäglichen Verführungen (wie z. B. Fernsehen, Kino, Vergnügungen, Bekanntschaften) oder der menschlichen Trägheit standzuhalten. Aber nicht nur die unzureichende oder fehlende Motivation kann Ursache für diesen Lehrgangsabbruch sein, auch das Erscheinungsbild, das Verhalten und die Ausbildungsbefähigung einer Lehrkraft beeinflussen die Lehrgangsfluktuation (den Teilnehmerschwund) zu einem erheblichen Teil.

Die Bedürfnishierarchie (nach Maslow)

Die Bedürfnishierarchie geht von einer angeborenen dynamischen Bedürfnisrangfolge aus und unterscheidet dabei fünf Antriebsebenen.

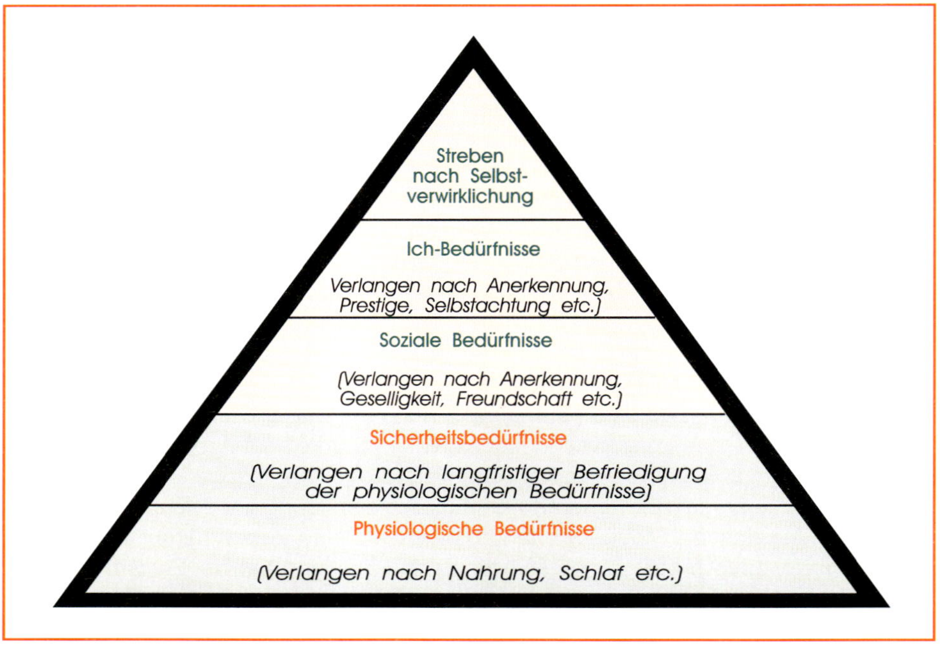

Klassische Einteilung der Bedürfnisse in die Bedürfnishierarchie (nach Maslow)

Die Ordnung der Bedürfnisse erfolgt hier nach der Dringlichkeit. Zuerst müssen die untersten Grundbedürfnisse erfüllt sein, bevor die nächsthöheren Bedürfnisse als Antrieb für eine Tätigkeit wirken können. Dazu ein Beispiel: Wenn zwei Bedürfnisse, nämlich der Wunsch nach Nahrung und Flüssigkeit und das Bedürfnis nach sozialer Anerkennung durch beruflichen Aufstieg, konkurrieren, dann werden immer die physiologischen Bedürfnisse erfüllt werden und der Drang nach sozialer Anerkennung wird beiseite geschoben. Wenn also von Seiten des Ausbilders eine Motivation des Teilnehmers auf der dritten oder vierten Ebene erfolgen soll, muß er immer mit berücksichtigen, daß die unteren Ebenen zur Bedürfnisbefriedigung erfüllt sein müssen. Dabei handelt es sich um einen dynamischen Prozeß, der durch die zeitlich unterschiedliche Bedürfnisentstehung und -befriedigung gekennzeichnet ist.

Beim Vortragen und Übermitteln von Informationen ist es wichtig, die Hauptgedanken, die wesentlichen Fakten, das, was der Teilnehmer am Ende auf jeden Fall aus dem Lernprozeß mitnehmen soll, klar herauszuarbeiten und darzustellen. Der Lernende muß bei der Informationsvermittlung das Wesentliche erkennen, damit er sich den Stoff gegliedert einprägen kann. Wie bereits am Anfang gezeigt wurde (siehe Abb. Seite 39), werden die Kenntnisse fast doppelt so gut gefestigt, wenn man beim Unterricht planmäßig vorgeht. Heben Sie also wichtige Informationen durch Medieneinsatz, Schemata oder Wiederholungen am Ende einer Unterrichtseinheit hervor.

Der erste Eindruck/Vorurteil

Im Unterricht spielt der erste Eindruck eines Ausbilders auf den Teilnehmer eine wichtige Rolle. Die erste Stunde hat einen großen Einfluß auf den Erfolg oder Mißerfolg der Lehrveranstaltung. Gelingt es dem Ausbilder, die Teilnehmer in dieser ersten Stunde zu überzeugen (zum Beispiel durch die notwendigen Fachkenntnisse, das Erscheinungsbild, die Ausstrahlung, das sichere Auftreten etc.), dann wirkt dieser erste Eindruck oft über die ganze Veranstaltung. Macht der Dozent in der Einführungsphase keinen sicheren und guten Eindruck und/oder stößt den Teilnehmer irgendetwas am Dozenten ab, dann entsteht gegen ihn ein negatives Vorurteil. Dieses wird dann in vielen Fällen automatisch auch auf die anderen Fähigkeiten des Dozenten übertragen.

Mögliche negative Faktoren sind: Ein zu forsches, arrogantes, überhebliches Auftreten, große Unsicherheit, Stottern aufgrund der Aufgeregtheit, irgendwelche anderen schlechten Angewohnheiten. Zusätzliche Faktoren beim Teilnehmer sind: Persönliche Abneigung gegen den Ausbilder, vergangenheitsbeeinflußte Gefühle, eigene negative Lerneinstellungen. Diese beiden Ursachenkomplexe können dazu führen, daß der Teilnehmer den Dozenten ablehnt und seinen Aussagen nicht den Stellenwert einräumt, der angemessen ist. Vorurteile können bestehen gegenüber

- der Lehrkraft
- dem Lernstoff (im EH-Bereich: »Bevor ich etwas falsch mache, mache ich überhaupt nichts.« Oder: »Weshalb soll ich das überhaupt lernen, ich kann damit in der Praxis sowieso nichts anfangen.«)
- oder gar gegen das Lernen überhaupt (Pflichtveranstaltung).

Fast jeder Mensch neigt zu Vorurteilen. Diese können mehr oder weniger ausgeprägt sein. Es kann sich um bewußte oder unbewußte Vorurteile handeln. Voreingenommene Menschen werden immer behaupten, daß sie genügend Beweise für ihre Ansichten haben. Dabei handelt es sich meistens um sehr subjektiv erlebte Ereignisse oder dürftige Tatsachen, die mehr oder weniger mit Verallgemeinerungen, Gehörtem und eigenen Erinnerungen kombiniert werden. Der Mensch neigt dazu, aus einem Fingerhut voll Tatsachen eine Verallgemeinerung in der Größe einer Badewanne herzuleiten, die dann für ihn als Leitbild seines weiteren Verhaltens dient. Menschen, die Vorurteile haben, diese aber aufgrund objektiver Tatsachen oder anderer aufklärender Momente ablegen bzw. verändern, sind nur voreingenommen. Es gibt aber auch Personen, die hartnäckig an ihren Vorurteilen festhalten, obwohl objektive Tatbestände eindeutig die Falschheit dieser Vorurteile belegen. Diese Personengruppe läßt sich nicht überzeugen, sondern hält an ihren Vorurteilen fest. Sie können nicht sachlich argumentieren, sondern werden stets emotionell ihren eigenen Standpunkt verteidigen. Sie handeln nach dem Motto: »Was die anderen sagen, ist falsch. Meine Meinung ist die einzig richtige.« Solche Menschen sind auch kaum kritikfähig und suchen die Fehler in ihrem Lebensablauf immer in der Umgebung, niemals bei sich selbst. Sie durch sachlich objektive Argumente zu überzeugen, ist sehr schwer. Bildet sich ein Vorurteil, und wird dieses Vorurteil während einer Beobachtung durch ein neues Beispiel bestätigt, dann reagiert man sehr schnell mit Bemerkungen wie »Na, hatte ich nicht recht? Wie ich schon immer sage! Das beweist wieder meinen Standpunkt!« etc. Deshalb werden Beobachtungen, die nicht dem Vorurteil entsprechen, gerne verdrängt oder umgedeutet. Man verschließt sich dann dieser entgegengesetzten Richtung oder versucht, diese Erscheinung abzutun, indem man behauptet »Ausnahmen bestätigen die Regel«; »Ausnahmen wird es immer geben«; »Dies kann natürlich sein, aber der Normalfall sieht doch immer anders aus«. Die widersprechende Information wird also nicht angenommen und die Verallgemeinerung in Form des Vorurteils wird nicht verändert (selektive Wahrnehmung).

Viele Beispiele aus der Vergangenheit zeigen, daß ein Vorurteil gegen einen Menschen oder eine Sache Ursache dafür ist, daß sich das Vorurteil im weiteren Verlauf bestätigt. Wenn z. B. ein Vorgesetzter gegenüber einem Mitarbeiter ein Vorurteil hat (aufgrund des Aussehens oder weil er von anderen gehört hat, daß dieser faul, träge

1

und nicht besonders intelligent sei), dann wird der Vorgesetzte immer dann seine Meinung als bestätigt ansehen, wenn der Mitarbeiter gerade »typisch träge« Aktionen zeigt. Entgegengesetztes Verhalten wird aber vom Beobachter gar nicht oder kaum wahrgenommen. Aufgrund seines Vorurteils wird der Vorgesetzte nun dem Mitarbeiter nur noch solche Aufgaben zuweisen, die er seiner Ansicht nach noch erfüllen kann. Er wird den Mitarbeiter also gar nicht beanspruchen, und so kann der Mitarbeiter nicht zeigen, was in ihm steckt. Der »minderwertige« Arbeitsbereich wirkt sehr wahrscheinlich demotivierend auf den Mitarbeiter; sein Leistungswille sinkt und er wird sein Verhalten entsprechend der Erwartung verändern (träge, faul, nicht besonders intelligent). Hier ist also das Vorurteil die Ursache dafür gewesen, daß der Mitarbeiter nicht die Leistungen erzielte, die normalerweise von ihm gefordert werden. Man nennt diesen Vorgang auch Andorra-Phänomen (nach dem Theaterstück von Max Frisch). Folgende Schilderung zeigt eindrucksvoll die Wirkung dieses Phänomens (zitiert aus »Das Bild vom Mitarbeiter« von Heinz Schuler):

»Ein braver Bürger des fiktiven Landes Andorra hat das angebliche Judenkind Andi aus dem ‚Land der Schwarzen' mitgebracht, um es vor dem dortigen Judenpogrom zu retten. In Wirklichkeit ist Andi sein unehelicher Sohn, was aber vertuscht werden soll. Auch Andi selbst weiß nicht die Wahrheit über seine Herkunft. Nun gibt es aber auch in Andorra Vorurteile gegenüber Juden; man erwartet von ihnen Geldgier, Hinterhältigkeit, eine gebückte Haltung und ganz bestimmte Gesten. Einen anderen Beruf als den des Kaufmanns traut man einem Juden in Andorra nicht zu. Anfangs wehrt sich Andi gegen diese Schablone, aber allmählich beugt er sich dem Druck, zeigt wirklich nur noch Interesse fürs Geldverdienen und reibt sich, wie man es von ihm erwartet, ständig die Hände. Er lernt die Rolle, die man ihm vorschreibt, so gut, daß er die Wahrheit nicht glauben kann, als ihn sein Vater schließlich aufklärt. Die Schwarzen, die in Andorra einmarschieren, erkennen ihn sofort als typischen Juden und bringen ihn um".

Viele Leute sind ja besonders stolz auf ihre sprichwörtlichen Menschenkenntnisse. Dabei behaupten sie besonders gern, daß sich diese noch immer bestätigt haben. Sie seien bisher bei der Beurteilung von Personen noch immer richtig gelegen. Sehr wahrscheinlich haben sie aber mehr falsche als richtige Urteile über diese Personen abgegeben. Wer bekennt sich schon gern zu seinen eigenen Fehlern? Man kann deshalb davon ausgehen, daß das Bild, das man von sich selbst hat, oft ein Wunschbild ist. Einen Menschen objektiv richtig beurteilen zu können ist schwierig, wenn nicht gar ausgeschlossen. Viele Faktoren beeinflussen die Wahrnehmung eines Menschen und damit auch die Beurteilung einer Person. Deshalb soll man sich vor einer eiligen Beurteilung hüten und erst neutral über längere Zeit den zu Beobachtenden mustern und überprüfen, bevor man eine abschließende subjektive Beurteilung über ihn abgibt.

Diese Ausführungen sollen Ihnen zeigen, daß die Bedeutung des ersten Eindrucks nicht unterbewertet werden darf. Zwar könnten wir unseren ersten Eindruck jederzeit verändern, aber viele Experimente zeigen, daß gerade er von nachhaltiger Wirkung ist. Man ist nicht sehr bestrebt, den ersten Eindruck zu verändern. Deshalb werden die neuen, widersprechenden Informationen abgeschwächt oder ganz aus der Betrachtung des Teilnehmers eliminiert. Zwar wirkt der erste Eindruck nicht so nachhaltig wie ein Vorurteil und kann damit auch leichter abgeändert werden, aber der Beginn und der Verlauf eines Unterrichts kann stark von ihm geprägt werden. Umfragen zeigen, daß ca. 40 % der Bevölkerung glauben, daß der erste Eindruck der richtige sei. Eindrücke werden aber sehr stark bestimmt von der persönlichen Einstellung, den Erwartungen und Wünschen des Menschen. Deshalb müssen Sie die Kenntnisse über den Wirkmechanismus des ersten Eindrucks besitzen und versuchen, zu Beginn des Unterrichts eine Atmosphäre zu schaffen, die es ermöglicht, einen angenehmen Eindruck beim Teilnehmer zu erreichen. Dabei spielen das Aussehen, die rhetorischen Kenntnisse, das Einfühlungsvermögen, die Wortgewandtheit und die Ausstrahlungsfähigkeit eines Ausbilders eine zentrale Rolle.

Die Gestaltung des Lehrsaals

Damit der Lernprozeß beim Teilnehmer optimal ablaufen kann, muß auch eine gemütliche Lernatmosphäre geschaffen werden. Beim Lernen muß man sich wohlfühlen und darf nicht durch die äußeren Umstände abgeschreckt werden. Deshalb müssen gerade diese Umstände, z. B. die Gestaltung des Lehrsaals, mit in die Betrachtungen einbezogen werden. Die Raumatmosphäre muß zum Lernen einladen. »Wo man sich wohlfühlt, da laß' dich ruhig nieder«.

Die Farbenlehre, die wir noch im Kapitel »Methodik« ausführlich ansprechen werden, muß bei der Lehrsaalgestaltung ebenfalls Berücksichtigung finden. Achten Sie bitte darauf, daß der Lehrsaal eine einheitliche, leicht anregende Farbrichtung bekommt, damit schon die Farbe auf den Geist des Teilnehmers wirken kann.

Die Raumwände sollen nicht mit auffallendem Material bedeckt sein, damit gewährleistet ist, daß sich die Aufmerksamkeit voll auf die Person des Ausbilders, dessen Medieneinsatz und den Lernstoff konzentriert. Störende Einflüsse von außen können die Teilnehmer vom Unterricht ablenken. Lärmgeräusche (nicht über ca. 45 db) werden durch geschlossene Fenster vermieden. Optische Störfaktoren verhindert man durch Einschränkung der Blickrichtung zum Fenster (Zuziehen der Vorhänge, Blickrichtung vom Fenster weg etc.).

Die Tisch- und Stuhlordnung muß so gestaltet sein, daß die Teilnehmer einen freien Blick zur Lehrkraft, zur Tafel, zur Projektionsfläche und zu anderen Medien besitzen. Dabei darf auch die Sicht der hinteren Teilnehmer nicht durch die vorderen Teilnehmer eingeschränkt werden. Wie derartige Sitz- und Stuhlanordnungen aussehen können, werden wir noch im weiteren Verlauf aufzeigen.

Auch die künstliche Beleuchtung des Lehrsaals muß Berücksichtigung in der Planung finden. Sie soll von der Decke gerade nach unten oder leicht schräg nach hinten abstrahlen. Damit wird der Gefahr vorgebeugt, daß die künstliche Lichtquelle blendet und zur Spiegelung der Tafel- oder Projektionsfläche führt. Mit tageslichtähnlichen, künstlichen Lichtquellen kann man unabhängig von der Tageszeit und den Witterungsverhältnissen ungetrübtes »Tageslicht« erzeugen und die Aufmerksam-

1

keitshaltung der Teilnehmer verstärken. Deshalb sollten solche tageslichtähnlichen Lichtquellen bevorzugt eingesetzt werden.

Bequeme Stühle, praktische Tische, ein optisch und farblich gut ausgewählter Teppich (der sich nicht statisch auflädt) tragen auch zur angenehmen Raumsituation bei. Bedenken Sie bitte, daß ein Teilnehmer viele Stunden auf dem Stuhl verbringen muß. Harte und nicht einstellbare Stühle führen bei ihm nach längerer Zeit zu körperlichem Unwohlsein. Dies zeigt sich unter Umständen dadurch, daß der Teilnehmer ständig unruhig seine Sitzstellung auf dem Stuhl verändert.

Die Raumtemperatur soll einen angenehmen Mittelwert besitzen und zwischen 18 bis 20 Grad Celsius liegen. Ist es im Lehrsaal zu warm, kann dies zum Einnicken der Teilnehmer führen. Frische Luft und eine gewisse Luftfeuchtigkeit erreicht man dadurch, daß während der Pausen ständig die Fenster geöffnet werden. Zusätzlich kann auch noch ein Luftbefeuchter im Lehrraum aufgestellt werden. Sauerstoffmangel im Lehrsaal führt zu Sauerstoffmangel im Gehirn; die Folge ist eine schnellere Ermüdung der Teilnehmer.

Zur Benutzung von technischen Medien müssen sich die dafür erforderlichen Anschlüsse in unmittelbarer Nähe der Medien befinden. Fest installierte Medien wie z. B. Diaprojektor und Filmgerät erleichtern die Anordnung der technischen Anschlüsse. Das Licht und die Lichtstärke müssen vom Ausbilder von vorne einstellbar sein. Es empfiehlt sich, diese Funktionen in einer Medienwand zu integrieren, damit auch diese Tätigkeiten bei Bedarf problemlos vom Dozenten durchgeführt werden können.

Die Ausgestaltung des Lehrsaals muß den Erfordernissen der erfolgreichen Wissensvermittlung angepaßt sein.

Viele der aufgeführten Forderungen können nur noch bedingt angewandt werden, wenn der Lehrsaal schon vorgegeben ist. Man soll jedoch in einer solchen Situation versuchen, so optimal wie möglich die Kombination dieser Faktoren in die Lehrsaalgestaltung zu integrieren.

Nun wollen wir Ihnen persönlich noch einige Anregungen für Ihr eigenes Lernen geben. Auch Sie müssen sich ständig durch Literaturstudium oder Besuch von Fortbildungsveranstaltungen auf den neuesten Stand des Wissens bringen. Dies ist für einen erfolgreichen Ausbilder unabdingbar. Dabei können Sie aber Ihre eigenen Lernanstrengungen folgendermaßen vermindern.

Die geistige Lernkapazität kann gesteigert werden, indem man dafür Sorge trägt, daß man sich nur in ausgeschlafenem Zustand dem Lernen widmet. Der Schlaf erfüllt beim Menschen eine wichtige biologische Funktion. Hier werden die erlebten Situationen während des Tages verarbeitet und der Körper erholt sich von den körperlichen, seelischen und geistigen Belastungen. Er tankt wieder frische Kraft für den nächsten Tag. Mit Tierexperimenten wurde nachgewiesen, daß ständiger Schlafentzug zum frühzeitigen Tod führen kann. Durchschnittlich braucht der Erwachsene acht Stunden Schlaf, wobei die individuellen Schwankungen zwischen sechs und neun Stunden liegen können. Wird zu wenig geschlafen, kann man zwar trotzdem geistig arbeiten, aber es fällt einem wesentlich schwerer und erfordert eine größere Anstrengung. Ein ständiges Schlafdefizit führt zu Reizbarkeit, Arbeitsunlust, Absinken der Initiative bis hin zu Angstzuständen und Depressionen.

Auch der Zeitpunkt, wann man schläft, ist von Bedeutung. Der Schlaf vor Mitternacht ist effektiver als der Schlaf nach Mitternacht. Deshalb lieber früher zu Bett gehen und zeitiger aufstehen als spät zu Bett gehen und lange schlafen. Führen Sie den Schlaf allerdings nicht künstlich herbei durch die Einnahme von Beruhigungs- und Schlafmitteln. Die erfrischende Tiefschlafphase wird dadurch nur gestört.

Ein gelernter Stoff wird besser behalten, wenn Sie sich vor dem Schlafen mit dem Einprägen des Lernstoffs beschäftigen. Dies kann dadurch erklärt werden, daß die gelernten Informationen sich ungehindert im Gehirn festsetzen können und durch keine anderen Informationsüberschreibungen von außen beeinflußt werden. Je vielfältiger Eindrücke während des Tages sind, desto mehr wird wieder »weggeschwemmt« (zeitliche und inhaltliche Hemmungen etc.). Ein zu häufiges Fernsehen zum Beispiel - besonders nachdem gelernt wurde - verbessert auf keinen Fall den Lernerfolg. Das Gehirn nimmt die Eindrücke der Umwelt durch seine Sinnesorgane auf. Es besitzt eine Kapazität von 10^9 bit pro Sekunde. Ein Buchstabe kann zum Beispiel im Durchschnitt mit 4,5 bit dargestellt werden. Die Seite eines Buches mit 1 000 Buchstaben könnte vom Gehirn durch Lesen in 20 Sekunden aufgenommen werden. Das normale Lesen erfolgt aber durch das Gehirn mit 50 bit pro Sekunde. Durch eine schnelle Lesetechnik wird z. B. versucht, mehr Informationen in der gleichen Zeiteinheit aufzunehmen. Die bewußte Wahrnehmung im Gehirn spielt sich zwischen 10 bis 100 bit pro Sekunde ab. Beim Fernsehen werden dem Gehirn ca. 1 000 000 bit pro Sekunde dargeboten. Es kommt also zur Reizüberflutung des Gehirns, wodurch man nach einer gewissen Zeit schläfrig wird. Die beste Art, sich durch geistige Aktivität zu entspannen, ist demnach nicht das Fernsehen, sondern das Lesen eines Buchs. Hier wird das menschliche Gehirn weniger stark beansprucht.

Neben diesen Hinweisen sollten Sie natürlich auch die Erkenntnisse der Lernpsychologie (des Lernverhaltens) mit in Ihren eigenen Lernprozeß einbauen. Viele dieser Erkenntnisse findet man in der Technik der Lernkartei, die deshalb für ein effizienteres Lernen vorteilhaft eingesetzt werden sollte.

Bei der Lernkartei handelt es sich um ein Lernverfahren, bei dem ein Lernstoff in seine Bestandteile gegliedert und dann durch Einprägen erlernt wird. Für die Lernkartei wird ein Karteikasten mit einer Länge von 32 cm, einer Breite von 11 cm und einer Höhe von 5 cm benötigt. In der Lernkartei werden vier feste Unterteilungen angebracht, so daß im ganzen fünf Fächer mit folgenden Abständen entstehen:

- 1. Fach 1 cm breit,
- 2. Fach 2 cm breit,
- 3. Fach 5 cm breit,
- 4. Fach 8 cm breit und
- 5. Fach 16 cm breit.

Außerdem benötigt man noch in ausreichender Stückzahl Karteikarten der Größe DIN A 7. Pro Karteikarte wird nun eine Frage formuliert, bei der die Antwort begrenzt sein muß. Auf der Rückseite der Karteikarte wird dann die Antwort vorgegeben. Haben Sie also einen Lernstoff mit vielen wichtigen und zentralen Aussagen vor sich, dann gliedern Sie den Gesamtlernstoff in kleine Einzelbestandteile. Besonders bei Fremdsprachen kann diese Technik bevorzugt angewandt werden, indem auf der Vorderseite der deutsche Begriff aufgeführt wird, auf der Rückseite die Übersetzung mit Lautschrift und evtl. ein Satzbeispiel vermerkt werden (umgekehrte Reihenfolge ist ebenfalls möglich). Nachdem Sie nun einen Lernstoff in vielleicht 50 Karteikarten gegliedert haben, nehmen Sie 10 bis 15 Karteikarten und versuchen,

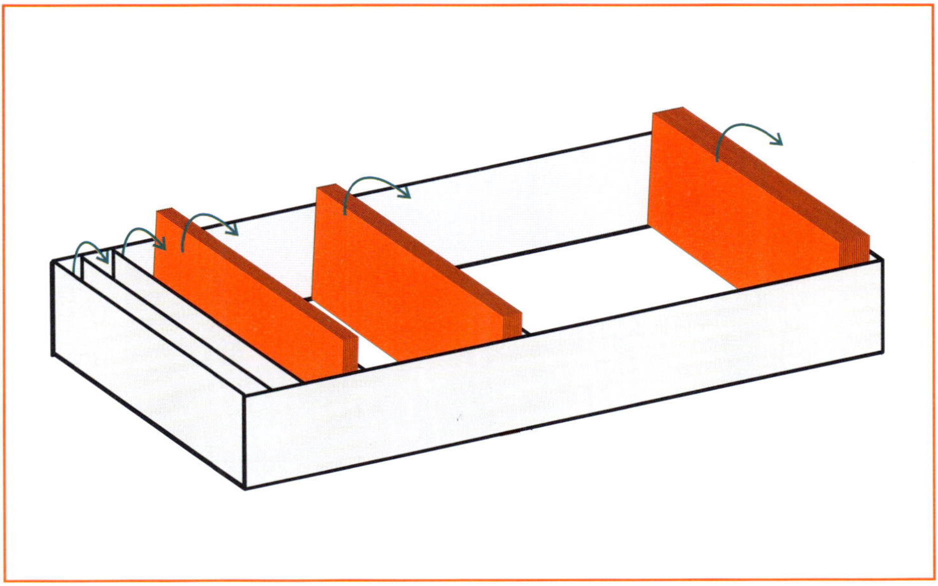

Aufbau einer Lernkartei

1

die entsprechenden Fragen zu beantworten. Ist die Beantwortung der Frage korrekt erfolgt, dann haben Sie eine Karteikarte, eine Frage oder einen Begriff erlernt und können diese Karteikarte in das 1. Fach legen. Wurde die Frage nicht richtig beantwortet, dann wird sie nach hinten gesteckt und die nächste Karteikarte wird beantwortet. Dieses Verfahren wird so lange durchgeführt, bis die 10 bis 15 Karteikarten vollständig erlernt und in das 1. Fach der Lernkartei gewandert sind. Dann wird ein neuer Pack von Karten genommen und die Prozedur beginnt von neuem. Irgendwann wird aber das 1. Fach voll sein, so daß es keine weiteren Karten aufnehmen kann. Nehmen Sie dann diese Karteikarten aus dem 1. Fach heraus und führen Sie eine erste Wiederholung durch. Alle die Karten, deren Fragen Sie beantworten konnten, werden in das 2. Fach gesteckt; alle nicht oder falsch beantworteten Karten kommen aus dem Karteikasten heraus und werden den neu zu lernenden Karten hinzugefügt. Nun beginnt man wieder von vorne. Dieses Verfahren wird so lange wiederholt, bis eine gelernte Information im 5. Fach landet. Ist auch dieses Fach voll, dann erfolgt die letzte Wiederholung. Werden die Fragen jetzt zum letzten Mal richtig beantwortet, dann gelten sie als erlernt und ins Langzeitgedächtnis aufgenommen. Sie können ganz aus der Lernkartei entfernt werden. Durch Einsatz der bildhaften Visualisierung kann zusätzlich noch die rechte Gehirnhälfte zum Lernen aktiviert werden.

Mit der Lernkartei wird die Stoffmenge begrenzt, die gelernt werden soll. Außerdem erfolgen die Wiederholungen so sinnvoll, daß nicht immer gelernte und nicht gelernte Informationen wiederholt werden, sondern nur ungelernte Informationen im Lernvorgang erneut überprüft werden müssen. Die gelernten Informationen rücken immer von der kleineren in die nächstgrößere Ablage. Die Vergessenskurve nach Ebbinghaus wird dabei optimal berücksichtigt. Der Lernvorgang kann jederzeit angehalten und zu einem späteren Zeitpunkt fortgesetzt werden. Mit der Lernkartei

Lernen ist wie Rudern gegen den Strom. Wer aufhört, treibt zurück!

wird es Ihnen möglich sein, auf einfache Art und Weise Lernstoff in größerem Umfang aufzunehmen und nachhaltig zu behalten. Die Lernkartei kann in vielen Lernbereichen eingesetzt werden. Sobald es möglich ist, einen Lernstoff so zu strukturieren, daß er in Einzelbestandteilen dargestellt werden kann, ist der Einsatz der Lernkartei sinnvoll. Zwar haben Sie am Anfang mehr Arbeitsaufwand (mit dem Erstellen der Karteikarten), aber zum Schluß ist wirklich gewährleistet, daß die von Ihnen aufgenommenen Informationen auch tatsächlich behalten werden und ins Langzeitgedächtnis übergegangen sind. Sinn der Lernkartei ist, Lernstoff durch Lernen und Wiederholen vom Kurzzeitgedächtnis ins Langzeitgedächtnis zu bringen, ohne daß ein Lernstoff zu oft wiederholt wird.

Die Lernkartei ist stets ein individuelles Lernverfahren, daß auf eine Person beschränkt bleiben muß. Versuchen Sie einmal selbst mit der Lernkartei zu arbeiten. Sie werden feststellen, daß Sie nach der Einarbeitungsphase mit viel mehr Spaß beim Lernen sind, da Ihnen Ihr eigener Lernfortschritt an der Zunahme der Karteikarten in der Lernkartei bewußt wird. Die Motivation durch den Lernerfolg greift hier unmittelbar.

• *Zusammenfassende Merkregeln »Lernverhalten«*

1. Lernleistungen können bis ins hohe Alter erbracht werden.

2. Das Gehirn muß ständig trainiert werden, damit es gute Lernleistungen vollbringen kann.

3. Die Leistungs- und Lernfähigkeit eines Menschen ist von vielen Faktoren abhängig. Sie ist kein konstanter Faktor, sondern verändert sich im Laufe des Lebens ständig.

4. Vor jedem Lernvorgang muß die Lernbereitschaft des Teilnehmers durch die Motivation geweckt bzw. verstärkt werden.

5. Körper, Geist und Seele müssen im ausgewogenen Verhältnis trainiert werden, damit der Mensch als Gesamtsystem im Gleichgewicht bleibt.

6. Es gibt verschiedene Möglichkeiten, wie ein Lernstoff im Gehirn aufgenommen und verarbeitet wird. Die Lerntheorien beschäftigen sich mit diesem Phänomen.

7. Je weniger Lernmaterial zum Lernen angeboten wird, desto besser sind die Lernergebnisse beim Teilnehmer.

8. »Überlernen« - mehr als 100 % - ist nicht möglich, es ist zeitlich aufwendiger und bringt keine besseren Lernergebnisse.

9. Schnell angeeignetes Wissen wird nicht so dauerhaft behalten wie langsam erarbeitetes Wissen.

10. Lernstoff, der kraft aktiver Denkarbeit angeeignet wurde, wird dauerhafter behalten als derjenige Lernstoff, der »nur« auswendig gelernt wurde.

11. Strukturiertes, geordnetes Lernmaterial wird besser aufgenommen und verarbeitet als unstrukturiertes Lernmaterial.

12. Eine angenehme Lernatmosphäre wirkt sich positiv auf den Lernprozeß aus.

13. Nach einem erfolgten Lernprozeß beginnt das »Vergessen«. Am Anfang wird relativ viel »vergessen«. Mit fortschreitendem Zeitablauf verringert sich der »Vergessensprozeß«.

14. Je ähnlicher zwei aufeinander folgende Lernstoffe sind, desto größer ist die Lernhemmung im Gehirn eines Menschen.

15. Je schneller zwei Lernstoffe aufeinander folgen, desto stärker sind die zu erwartenden Lernhemmungen.

16. Die Konzentrationsfähigkeit eines Teilnehmers ist relativ begrenzt. Pausen vermindern den Konzentrationsverlust und steigern die geistige Aufnahmekapazität des Teilnehmers.

17. Lernpausen sind keine verlorene Zeit.

18. Am Vormittag wird besser gelernt als am Nachmittag oder gar am Abend. Der Lernstoff und die Lernpausen (Unterrichtszeit) müssen der Tageszeit angepaßt sein.

19. Vorsicht vor Vorurteilen! Sie können die Ursache für das tatsächliche Verhalten eines Menschen sein.

20. Ihr erster Eindruck auf die Teilnehmer muß positiv sein, damit der weitere Unterrichtsverlauf reibungsloser vonstatten geht.

21. Durch die Gestaltung des Lehrsaals soll eine gemütliche Lernatmosphäre erreicht werden.

22. Ausgeschlafen lernt man besser, als wenn man müde ist.

23. Der Schlaf vor Mitternacht ist effizienter als der nach Mitternacht.

24. Beim Lernen vor dem Schlafengehen wird weniger vergessen als beim Lernen während des Tages.

25. Mit der Lernkartei kann ein effektiveres Lernen erreicht werden.

Teil 2: Didaktik

Didaktik bedeutet streng übersetzt die Lehre vom Lehren und Lernen, zusammengefaßt umschrieben als Unterrichtslehre. Didaktik befaßt sich mit der Fragestellung, was im Unterrichtsprozeß vermittelt und gelehrt werden soll.

Ist der Lehrstoff in Form von Lernzielen fest vorgegeben (z. B. in Erste-Hilfe-Ausbildung, schulischer Ausbildung, beruflicher Ausbildung), kann nur noch eine Feinabstimmung erfolgen, wenn vom vorgegebenen Lehrstoff nicht abgewichen werden soll. Aber in fast allen Bereichen der Weiterbildung legt der Dozent selbst fest, welche wichtigen Themenschwerpunkte vermittelt, welche nur kurz angedeutet und über welche ganz hinweggegangen werden soll.

Bevor wir uns aber der Stoffbetrachtung zuwenden, möchten wir noch einige Gedanken über die persönlichen, fachlichen und sachlichen Eignungsvoraussetzungen des Ausbilders darlegen.

• Persönliche Eignungsvoraussetzungen (Anforderungen an den Dozenten/die Dozentin)

An eine Lehrperson müssen hohe Anforderungen gestellt werden, da sie die von ihr repräsentierte Organisation und/oder Institution nach außen vertritt und somit die Kontaktstelle zwischen der Öffentlichkeit und dem Lehrinstitut darstellt. So wie das Publikum sie sieht, so stellt man sich auch oft die repräsentierte Organisation vor. Ein guter Ausbilder erreicht, daß auch die Organisation in einem positiven Licht erscheint. Außerdem ist nicht jeder Mensch zur Lehrkraft (Dozent, Ausbilder oder Fachreferent) geeignet. Derjenige, der in die Öffentlichkeit tritt und Wissen, Informationen und Darstellungen vermittelt, muß bestimmte Eignungsvoraussetzungen erfüllen, um diese Aufgabe auch gut bewältigen zu können. Folgende Anforderungen sollte ein guter Dozent erfüllen:

1. Die Lehrkraft muß eine gewisse **Veranlagung** zum Lehren besitzen. Es gibt Personen, die sehr gerne Ausbildung betreiben möchten, die aber einfach dafür nicht geeignet sind. Wer im Ausbildungsbereich erfolgreich tätig sein will, muß sich selbst kritisch fragen, ob er überhaupt die Fähigkeit besitzt, mit Menschen umzugehen. Er hat es im Ausbildungsbereich nicht mit Maschinen, sondern mit Menschen zu tun. Viele Personen haben aber auch im Bereich der Rhetorik große Schwierigkeiten, weil sie nicht vor einem größeren Publikum sprechen können. Auch das richtige Alter eines Referenten ist in diesem Zu-

sammenhang wichtig. Relativ junge Personen haben Probleme, sich bei älteren Teilnehmern Achtung und Glaubwürdigkeit zu verschaffen. Um einen guten Kontakt zu den Teilnehmern herstellen zu können, benötigt die Lehrkraft deshalb auch eine sympathische Ausstrahlung.

Veranlagung zum Lehren ist zwar eine gute Voraussetzung für eine erfolgreiche Ausbildungstätigkeit, beim Fehlen der Primärveranlagung ist es aber auch durchaus möglich, daß diese durch intensive und lange Übung erworben werden kann. Der Ausbilder muß nur seine Schwächen erkennen und an deren Verbesserung arbeiten. Aber auch die Personen, die schon die Primärveranlagung besitzen, müssen diese durch ständige Übung festigen und verbessern.

2. **Pädagogische Fähigkeiten** sind erforderlich, um bei den Teilnehmern ablaufende Lernvorgänge zu unterstützen und nicht zu hemmen. Neben dem Einsatz von Kenntnissen aus dem Lernverhalten müssen didaktische Überlegungen die Informationsvermittlung begleiten und durch geeignete Medien ansprechend und sprechtechnisch überzeugend präsentiert werden. Pädagogik bedeutet in diesem Zusammenhang auch die Fähigkeit, im Umgang mit Menschen unter Berücksichtigung der örtlichen Rahmenbedingungen individuell verschieden »lehrend« tätig zu werden. Dies erfordert notwendigerweise Flexibilität bei Ansprache unterschiedlicher Zielgruppen und die Unterstützung und Förderung der sich daraus ergebenden gruppenspezifischen Eigendynamik.

3. Gute **Allgemeinkenntnisse** sind für die Lehrkraft notwendig, um den Teilnehmern den Lehrstoff so aktuell und interessant wie möglich darbieten zu können. Er muß alltagspolitische Ereignisse genauso wie historische Entwicklungen mit dem Lehrstoff verknüpfen, um diese Ziele zu verwirklichen. Daraus ist zu folgern, daß neben dem Fachwissen auch die Allgemeinbildung des Ausbilders mit in den Unterricht einfließen soll. Aber nicht nur die Allgemeinbildung der Lehrkraft, sondern auch die der Teilnehmer kann dazu benutzt werden, sie zur aktiven Mitarbeit anzuregen (Fragen stellen, kritische Denkanstöße geben etc.). Schwachpunkte in der Rechtschreibung (beim Tafelanschrieb, bei der Foliengestaltung) hinterlassen einen schlechten Eindruck auf die Teilnehmer und sollen deshalb nach Möglichkeit durch Weiterschulung der Orthographie vermieden werden.

4. **Fachwissen**, fachliche und praktische Fähigkeiten sind notwendig, damit der Ausbilder über das, was er vermittelt, auch selbst optimal informiert ist. Als Regel gilt, einen um eine Stufe höheren Ausbildungsstand zu besitzen, um auf einer niedrigeren Ausbildungsstufe unterrichten zu können. Ausbilder, die nicht über das benötigte qualitativ höhere Fachwissen verfügen, tun sich sehr schwer, aufkommende Fragen zu beantworten und benötigtes Hintergrundwissen sicher anzuwenden. Nervosität, Aufgeregtheit und Unsicherheit sind oft Zeichen mangelnder Fachkenntnisse. Mit diesen fundamentalen Fähigkeiten wird er sich über den Durchschnitt des Anforderungsprofils stellen. Im Gegensatz dazu kann ein zu hohes Fachwissen (zwei oder drei Stufen über der Unterrichtsstufe) dazu führen, daß der Dozent »zu hoch einsteigt« und nicht mehr die Fähigkeit zum

einfachen Erklären besitzt. In solchen Vorträgen überwiegt die Anwendung von Fach- und Fremdwörtern, die die Verständlichkeit des Vortrags erheblich einschränken können.

5. Mit einer vorhandenen **Berufserfahrung** werden theoretische Vorträge praktischer wiedergegeben, da ein direkter Bezug zum üblichen Tätigkeitsablauf hergestellt werden kann. Vorhandene Berufskenntnisse können zusätzlich durch Ausübung vielseitiger Tätigkeiten verstärkt und durch eine regelmäßige Fort- und Weiterbildung über Seminare und Fachliteraturstudien vertieft werden. Es zeigt sich immer wieder, daß gerade die Umsetzung von Theorie in die Praxis viele Schwierigkeiten bereitet, die am Ende zu Frust beim Zuhörer und zu Mißerfolg beim Ausbilder führt.

6. Mit **organisatorischem Geschick** erleichtert sich der Dozent den täglichen Routineablauf. Durch Automatisierung häufig wiederkehrender Tätigkeiten gewinnt er Zeit für die Klärung anderer Fragestellungen und Aufgaben. Daneben sind planerische Fähigkeiten erforderlich, um Terminengpässe zu vermeiden und langfristige Zukunftsperspektiven heute schon anzudenken. Mit Hilfe von kaufmännischen Kenntnissen kann er sich kostenbewußt verhalten und die benötigten Mittel nach Wirtschaftlichkeitskriterien einsetzen. Mögliche Engpaßsituationen werden durch Kreativität überbrückt. Durch aufgebaute Beziehungen und Ideenreichtum kann er sein Umfeld selbst gestalten und so gute Ergebnisse bei der Aufgabenbewältigung erzielen.

7. **Verantwortungsbewußtsein** darf für den Referenten nicht nur ein Schlagwort sein, sondern muß von ihm selbst praktiziert werden. Pünktlichkeit bei Vortragsbeginn, Zuverlässigkeit in der Ausführung der Veranstaltung und vorausschauend kritische Entwicklungen frühzeitig zu erkennen und ihnen vorzubeugen zeichnet das Verantwortungsbewußtsein aus. Das bedeutet dann für ihn auch, die eigene Tätigkeit als Hilfe für die Zuhörer zu sehen, damit diese wieder neue Informationen aufnehmen und verarbeiten können. Erkenntnisse des vernetzten Denkens zeigen, daß ein Dozent nicht um seiner selbst Willen referiert, sondern Teil einer Gesamtheit ist und damit einen wesentlichen Beitrag für die gesellschaftlichen Verhältnisse mit einbringt. Bedenken Sie: Fünfzehn Personen sind gekommen, um etwas zu erfahren und um Wissen aufzunehmen. Sie sind nicht gekommen, um gelangweilt zu werden, warten zu müssen oder untätig ihre Zeit zu verbringen. Erledigen Sie deshalb Ihre Aufgabe immer mit Begeisterung und Einfühlungsvermögen!

8. Auch Geschick und **Einfühlungsvermögen** im Umgang mit Menschen zählen zu den persönlichen Eignungsvoraussetzungen eines Ausbilders. Er muß die Fähigkeit besitzen, auf jeden einzelnen Teilnehmer einzugehen, aus sich selbst herauszugehen und ohne Vorurteile gegen die Teilnehmer zu sein. Er darf nicht überheblich und arrogant auf die Zuhörer wirken. Er soll die menschlichen Probleme erkennen, die jemand vielleicht mit dem Lernen, der Aufmerksamkeit oder der Konzentration besitzt, und darauf in zurückhaltender Art reagieren. Der Dozent darf dabei aber auch nicht in das Gegenteil verfallen, indem er

aufdringlich und als Alleswisser auf den Teilnehmer wirkt. Er muß also ein gesundes Mittelmaß an den genannten Eigenschaften, nämlich Aufgeschlossenheit, Einfühlungsvermögen und Durchsetzungskraft besitzen, um als Lehrperson akzeptiert zu werden.

9. **Kritikfähigkeit** kann nicht gegenüber den Teilnehmern ansetzen, sondern muß in erster Linie dem Ausbilder eigene Schwächen aufzeigen. Sich kritisch im Vorfeld zu fragen, welche Anforderungen erfülle ich und welche Bedingungen muß ich noch erfüllen, führt zu einer ständigen Arbeit am eigenen »Ich«. Die nachträgliche, selbstkritische Analyse des eigenen »Ich« verbessert die persönlichen Eignungsvoraussetzungen Schritt um Schritt. Neben der Selbstkritik soll auch die Fremdkritik konstruktiv nachgearbeitet und nicht als persönlicher Angriff auf das »Ich« gewertet werden. Wer aus Fehlern lernt, erhält Lebenserfahrung. Wer Fehler verdrängt, wird nur älter!

2

10. Wegen des unterschiedlichen **Reifegrades** von Menschen muß auch die vorhandene persönliche Reife der Lehrkraft entsprechendes Gewicht im Anforderungsprofil finden. Selbstbewußtsein verbunden mit kompetenter Ausstrahlung führen zu einem sicheren Auftreten vor Publikum. Durch ein ausgeglichenes Verhalten gegenüber den Teilnehmern kommen damit Spannungen erst gar nicht auf und eine sachliche, korrekte Verhaltensweise wird kein Anlaß für Auseinandersetzungen sein. Offen auf die Zuhörer einzugehen und mit realitätsbezogener Betrachtungsweise auf dem Boden der Tatsachen zu stehen, das zeigt sich als Belastbarkeit im täglichen Umgang. Mit Hilfe einer gewissen Lebenserfahrung läßt sich ein ausgeprägterer inidividueller Reifegrad erkennen. Diesen für die Zukunft zu stärken und auszubauen, ist eine wichtige Voraussetzung im Umgang mit Menschen.

11. **Korrektes und sicheres Auftreten** ist für einen Ausbilder unerläßlich. Zu diesem gehört, daß er gepflegt erscheint (saubere und geschnittene Fingernägel, saubere Hände, sauberes Gesicht, sauberer Hals, saubere Kleidung, kein Körpergeruch, kein Mundgeruch, nicht zu auffällig gekleidet etc.) und sich stets seiner Repräsentationspflicht bewußt ist (keine starken Übertreibungen im Benehmen). Das äußerliche Erscheinungsbild soll unauffällig und korrekt sein. Durch freundliches Auftreten und selbstbewußtes Handeln verstärkt er den positiven Eindruck bei der Zuhörerschaft. Ziel der Lehrkraft soll sein, folgende Eigenschaften im groben zu erfüllen bzw. nicht die Gegeneigenschaften anzunehmen:

   ➡ Charakterliche Eigenschaften
   Vertrauenswürdigkeit, Zielstrebigkeit, Sorgfalt, Fürsorglichkeit, Geduld, Einfühlungsvermögen, Durchsetzungskraft, Aufgeschlossenheit, Selbstbewußtsein, Freundlichkeit, Belastbarkeit.

   ➡ Geistige Eigenschaften
   Urteilsfähigkeit, Einfallsreichtum, Wortgewandtheit, Redegewandtheit, Klarheit, Wendigkeit, Reaktionsfähigkeit.

- Körperliche Eigenschaften
  Gewandtheit, Gepflegtheit, Frische, sicheres Auftreten, Spannkraft.

Die geschilderten Anforderungen sind größtenteils erlernbar. Nur: Man muß etwas tun, um diese Fähig- und Fertigkeiten zu erreichen, wenn man sie noch nicht besitzt. Es ist noch kein Meister vom Himmel gefallen. Arbeiten Sie deshalb ständig an Ihren persönlichen Eignungsvoraussetzungen.

Kein Unterricht gleicht dem anderen. Jede Veranstaltung kann zur Verbesserung der Unterrichtstechnik genutzt werden. Wer die Augen aufmacht und seine Ausbildungstätigkeit kritisch betrachtet, wird durch die erkannten Fehler und deren Behebung von Veranstaltung zu Veranstaltung seine qualitative Lehrtätigkeit verbessern.

2

Die Frage nach dem »Wer bin ich« bzw. »Wie komme ich als Dozent und Person bei meinen Zuhörern an« beschäftigt uns mehr oder weniger unbewußt beim Auftritt vor der Zuhörerschaft. Hier erscheint es für den Dozenten wichtig, zu erfahren, wo er tatsächlich steht bzw. was andere von ihm tatsächlich halten bzw. wie sie ihn bewerten. Gerne gehen wir in der eigenen Einschätzung von positiveren Grundgegebenheiten aus, als sie tatsächlich sind.

Beispiel 1:
Wollen wir in einen Seminarraum eintreten, in dem ein Kurs bereits begonnen hat, dann öffnen wir die Tür und treten sicher oder weniger sicher ein. In diesem Moment denken wir dann, daß uns jeder Anwesende im Lehrsaal anblickt.

Beispiel 2:
Wir wollen die öffentlichen Nahverkehrsmittel benutzen. Wir verfügen über keine Mehrfahrtenkarte und müssen jetzt beim Busfahrer vorne einsteigen und eine Einzelfahrkarte lösen. Wenn wir jetzt alle ehrlich zu uns sind und diese Situation schon einmal erlebt haben, dann denken wir doch in dem Moment des Einsteigens in den Bus »Jetzt schauen mich alle, die im Bus sitzen, an!«

In der Bewertung vieler Situationen gehen wir von der Annahme aus, daß wir der Mittelpunkt der Welt sind. Und danach handeln wir in unserer Entscheidungsfindung und Tätigkeitsabwicklung. Nur ein Problem ist bei dieser Einschätzung vorhanden: Nach der letzten Zählung der Weltgesundheitsorganisation gibt es über 5 Milliarden »Mittelpunkte« auf der Welt. Deshalb kann an unserer persönlichen Einschätzung etwas nicht stimmen. Die nachfolgende Selbsteinschätzung (s. Abb. Seite 103) soll Ihnen deshalb Auskunft über Ihre eigenen, individuellen Eigenschaften geben.

Fragen Sie andere Personen nach einer Fremdeinschätzung, dann werden Sie feststellen, daß nicht immer die von Ihnen als gegeben betrachteten Verhaltensmerkmale beim Dritten auch so ankommen bzw. aufgenommen werden. Bitten Sie eine andere Person, die Sie persönlich gut kennt, um die Abgabe einer Fremdeinschätzung (s. Abb. Seite 104).

Treten erhebliche Abweichungen (mehr als 3 Bewertungspunkte) zwischen den beiden Einschätzungen auf, dann muß eine Veränderung Ihrer persönlichen Bewertung erfolgen, damit die anderen Sie auch wirklich so aufnehmen, wie Sie glauben, auf andere zu wirken.

Nachdem wir die persönlichen Eignungsvoraussetzungen einer Lehrperson betrachtet haben, kommen wir nun zu den notwendigen Vorbereitungen, die vor jeder Lehrveranstaltung durchgeführt werden müssen.

Die Selbsteinschätzung

	Persönlichkeitskriterien	schwach ausgeprägt/niedrig				stark ausgeprägt/hoch		
		-3	-2	-1	0	1	2	3
Charakterliche Eigenschaften	aggressiv							
	anpassungsfähig							
	aufgeschlossen							
	ehrgeizig							
	einfühlsam							
	entschlossen							
	freundlich							
	fürsorglich							
	geduldig							
	geltungsbedürftig							
	kompromißbereit							
	mutig							
	optimistisch							
	pünktlich							
	selbstbeherrscht							
	selbstbewußt							
	sensibel							
	sympathisch							
	teamfähig							
	temperamentvoll							
	tolerant							
	ungeduldig							
	unsicher							
	verantwortungsbewußt							
	vertrauenswürdig							
	zuverlässig							
Geistige Eigenschaften	aufmerksam							
	ausgeglichen							
	autoritär							
	begeisterungsfähig							
	fähig, andere zu beeinflussen							
	gewandt							
	hilfsbereit							
	kompetent							
	kontaktfreudig							
	konzentriert							
	kreativ							
	belehrend							
	selbst lernbereit							
	motivierend							
	sachlich-nüchtern							
	schlagfertig							
	talentiert im Umgang mit Menschen							
	urteilsfähig							
	vielseitig							
	zielstrebig							
Körperliche Eigenschaften	belastbar							
	entspannt							
	frisch							
	gepflegt							
	geschickt							
	sorgfältig							
	verspannt							

2

Die Fremdeinschätzung

	Persönlichkeitskriterien	schwach ausgeprägt/niedrig -3	-2	-1	0	stark ausgeprägt/hoch 1	2	3
Charakterliche Eigenschaften	aggressiv							
	anpassungsfähig							
	aufgeschlossen							
	ehrgeizig							
	einfühlsam							
	entschlossen							
	freundlich							
	fürsorglich							
	geduldig							
	geltungsbedürftig							
	kompromißbereit							
	mutig							
	optimistisch							
	pünktlich							
	selbstbeherrscht							
	selbstbewußt							
	sensibel							
	sympathisch							
	teamfähig							
	temperamentvoll							
	tolerant							
	ungeduldig							
	unsicher							
	verantwortungsbewußt							
	vertrauenswürdig							
	zuverlässig							
Geistige Eigenschaften	aufmerksam							
	ausgeglichen							
	autoritär							
	begeisterungsfähig							
	fähig, andere zu beeinflussen							
	gewandt							
	hilfsbereit							
	kompetent							
	kontaktfreudig							
	konzentriert							
	kreativ							
	belehrend							
	selbst lernbereit							
	motivierend							
	sachlich-nüchtern							
	schlagfertig							
	talentiert im Umgang mit Menschen							
	urteilsfähig							
	vielseitig							
	zielstrebig							
Körperliche Eigenschaften	belastbar							
	entspannt							
	frisch							
	gepflegt							
	geschickt							
	sorgfältig							
	verspannt							

Bevor die Schulung beginnt, muß man sich erst vergewissern, welchen Teilnehmerkreis man vor sich haben wird. Dabei sind folgende Punkte abzuklären.

Pflichtteilnahme/freiwillige Teilnahme

Kommen die Zuhörer aus eigenem Antrieb, wird ihre Motivation zum Lernen wesentlich höher sein als bei Teilnehmern von Pflichtveranstaltungen. Anwesende einer Pflichtveranstaltung müssen stärker passiv motiviert werden, da ihre aktive Motivation relativ gering ist. Der Zwang zur Teilnahme überträgt sich auf den Zwang zum Lernen, und damit sinkt die Lernbereitschaft schon erheblich ab. Der Zuhörerschaft muß die Bedeutung des Themas vor Augen geführt und die positiven Auswirkungen durch erfolgreiche Erarbeitung des Lernstoffs aufgezeigt werden. Der freiwillig erschienene Hörerkreis besitzt bereits Motive zum Lernen. Diese müssen vom Dozenten nur noch durch Lernerfolge, Lob, Anerkennung usw. verstärkt werden.

Teilnehmererwartungen

Mit welchen Einstellungen und Erwartungen kommen die Teilnehmer in die Vortragsveranstaltung? Zwei Personen können an ein Stoffgebiet recht unterschiedliche Erwartungen haben. Der eine will beim Englisch-Unterricht die Sprache erlernen, damit er sich während seines Urlaubs dort besser mit den Engländern unterhalten kann. Der andere dagegen besucht den Englisch-Unterricht, damit er seine Grundkenntnisse auffrischen und die grammatikalischen Regeln vertiefen kann, die er im beruflichen Bereich benötigt, um seine englischen Geschäftsbriefe besser gestalten zu können. Weichen die Erwartungen der Beteiligten stark voneinander ab, dann muß die Lehrkraft versuchen, eine durchschnittliche Summe an Erwartungshaltungen zu erfüllen. Sind die Teilnehmererwartungen vor Beginn der Veranstaltung noch unbekannt, empfiehlt es sich, folgendermaßen vorzugehen: Nach der eigenen Vorstellung und einer problemorientierten Einführung wird im Verlauf der ersten Unterrichtseinheit ein Überblick über das Stoffgebiet gegeben. Danach erfolgt die Vorstellung der Teilnehmer (bei Veranstaltungen über mehrere Tage), wobei dann der einzelne darlegen kann, auf welche Themen besonders Wert gelegt werden soll. Die mündliche Aussprache bietet sich besonders dann an, wenn die gesamte Teilnehmergruppe die Aussprache mit dem Ausbilder sucht und beginnt, Fragen zu stellen und Antworten auf Fragen zu geben. Da aber meistens der Teilnehmerkreis recht unterschiedlich zusammengesetzt ist, wird es Personen geben, die in der Anfangsphase kaum aus sich herausgehen und sich nicht freiwillig an der Diskussion beteiligen. Für diesen Fall (und bei kürzeren Veranstaltungen) empfiehlt es sich, die Teilnehmererwartungen schriftlich am Ende der Unterrichtseinheit (vorgegebene Ankreuzmöglichkeiten) zu ermitteln. Hier bekommt jeder Teilnehmer ein Blatt Papier und kann dann diejenigen Positionen ankreuzen, die seiner Meinung nach behandelt werden müssen. Man kann aber auch ein Blatt am Unterrichtsende herumreichen, auf dem dann jeder durch einen Strich am betreffenden Themengebiet seine Einstellung bzw. Erwartung mitteilt.

Teilnehmervoraussetzungen/Vorkenntnisse

Welche Vorkenntnisse bringt der einzelne Zuhörer mit? Wie weit bzw. wie tief hat er sich schon mit dem Lernstoff beschäftigt?

Die Vorkenntnisse lassen auch schon Rückschlüsse darauf zu, welche Erwartungen diese Personen von dem Lehrgang haben werden. Vorkenntnisse und Erwartungen beeinflussen sich dabei gegenseitig. Je unterschiedlicher das Hintergrundwissen der Teilnehmer ist, desto schwieriger wird es für den Ausbilder werden, einen goldenen Mittelweg zu finden. Der Lehrstoff darf nicht zu leicht sein, da sonst die Personengruppe mit den höheren Anforderungen vom Unterrichtsverlauf enttäuscht ist und deshalb weiteren Unterrichtseinheiten fernbleiben wird. Andererseits erreicht man mit einer Ausrichtung des Lehrstoffs auf das höhere Anforderungsniveau, daß die Teilnehmer mit den geringeren Vorkenntnissen (frustriert über das hohe Niveau der Unterrichtung) den Lernprozeß abrupt beenden und nicht mehr wiederkommen werden. Dies ist die Folge davon, daß ihr subjektiver Lernerfolg ausbleibt. Hier den goldenen Mittelweg zu finden, ist relativ schwierig. Es empfiehlt sich deshalb immer, schon bei der Ausschreibung der Veranstaltung die Schwierigkeitsstufe mit den Erwartungen und den erforderlichen Vorkenntnissen anzugeben, damit wirklich nur diejenigen am Unterricht teilnehmen, die ungefähr die gleichen Voraussetzungen mitbringen. Je unterschiedlicher der Teilnehmerkreis zusammengesetzt ist, desto allgemeiner und durchschnittlicher muß der Lehrstoff gehalten werden. Bei einem längeren Verlauf der Unterrichtung ist es allerdings möglich, beim Basiswissen anzufangen und die Teilnehmer langsam auf ein höheres Kenntnisniveau zu bringen. Damit erreicht man, daß alle Teilnehmer während des Unterrichtsverlaufs gefordert werden. Dies wird besonders dann gut möglich sein, wenn Intensivseminare mit einer Dauer von mehreren Tagen bis zu einer Woche durchgeführt werden. Solche Intensivseminare trifft man häufig in der beruflichen Weiterbildung, in der Ausbildung zum Sanitäter oder Rettungssanitäter und in anderen Ausbildungsbereichen an.

Teilnehmeranzahl

Die Teilnehmeranzahl ist abhängig von der Art der durchzuführenden Veranstaltung und von den Zielen, die damit verbunden werden. Reine Vortragsveranstaltungen ermöglichen einen Teilnehmerkreis von mehr als 50 Personen. Die Höhe des Teilnehmerkreises hängt dabei von der Qualität des Lehrsaales ab. Wird mit Medien gearbeitet, was eigentlich jeder Lehrkraft zu empfehlen ist, dann muß die Zuhörerzahl so begrenzt sein, daß es für jeden Zuhörer möglich ist, den Redner zu verstehen und den Inhalt über die dargebotenen Medien gut zu erkennen. Somit kann also schon die Redekraft (Lautstärke) eines Redners zur Einschränkung der Zuhöreranzahl führen, wenn keine technischen Möglichkeiten zur Stimmverstärkung (Mikrophon) existieren. Auch die optisch gut sichtbare Medienarbeit beeinflußt die Größe des Zuhörerkreises. Wer mit Medieneinsatz arbeitet, schränkt den Teilnehmerkreis automatisch auf 50 bis 80 Personen ein. Bei der Zulassung von mehr Personen erhöht sich der Abstand der hinteren Zuhörerreihe von den Medienabbildungen an der Tafel bzw. Leinwand, Projektionsfläche etc., und damit nimmt die Sichtmöglichkeit zur Projektionsfläche ab. Es muß also von Fall zu Fall geprüft werden, wie die optimale Zuhörerzahl beim Vortrag mit Medieneinsatz auszusehen hat. Dies ist aber auch von dem Einsatz der verschiedenen Medien abhängig: Tafelgröße, Diaprojektionsgröße, Filmvorführung über kleine Leinwand oder große Kinoleinwand, Benutzung eines Videogerätes mit normalem Fernseher oder mit vergrößertem Bildschirm, Arbeitsprojektoreinsatz (abhängig von der Projektionsfläche und der Schriftgröße bei der Foliengestaltung) usw.

Werden andere Unterrichtungsmethoden angewandt (Gruppenarbeit, Lehrgespräch, Stationsausbildung etc.) oder sollen die unterrichteten Themen durch Nacharbeitung der Teilnehmer verstärkt und geübt werden, empfehlen wir, nicht über eine Teilnehmerzahl von 20 Personen hinauszugehen. Je größer die Teilnehmerzahl ist, desto weniger besteht für den Teilnehmer die Möglichkeit, durch seinen eigenen Beitrag den aufgenommenen Lehrstoff verstärken zu können. Veranstaltungen, die sehr zeitintensiv pro Teilnehmer sind (z. B. praxiskombinierte Seminare wie Rhetorikkurse, Ausbilderschulungen, Autogenes Training), sollen nicht über eine Teilnehmerzahl von 10 Personen hinausgehen. Solche Lehrgänge müssen mit intensivem Üben der Fertig- und Fähigkeiten jedes Teilnehmers einhergehen, wobei der Dozent auf jede einzelne Person intensiv eingehen und sich mit ihr beschäftigen muß. Es ist eine Zumutung, eine große Teilnehmerzahl praktisch unterrichten zu wollen, ohne die reine Lehrzeit entsprechend zu verlängern. Betrachtet man solche Massenveranstaltungen, muß man sich immer wieder die Frage stellen, was Veranstalter eigentlich damit bezwecken:

> Soll qualitativ gut ausgebildet werden oder will man nur Geld verdienen über die Menge?

Schauen wir uns doch nur einmal eine einfache Schulung im Bereich der Rhetorik an. Hier muß gewährleistet werden, daß jeder Teilnehmer die gelernte Information auch praktisch vollziehen kann, und zwar unter der Anleitung des Ausbilders und vor der Teilnehmergruppe als Zuhörerkreis. Das bedeutet, daß jeder Teilnehmer einige Ausarbeitungen erstellen und diese dann vor der Gruppe vortragen muß (in Form eines Referates, eines Vortrages, einer freien Rede oder eines Lehrgesprächs). In jeder dieser Unterrichtungsmethoden muß der Teilnehmer seine praktischen Erfahrungen im Unterricht machen. Außerdem ist es wünschenswert, wenn jeweils die beiden ersten Vorträge jedes Teilnehmers über Videoanlage aufgenommen und anschließend gezeigt werden. Diese Erfahrung, sich selbst bewußt zu sehen und zu erleben, wie man eigentlich auf andere wirkt, ist ein nicht wegzudenkender Faktor bei der Rhetorik- und Ausbilderschulung. Nach jedem Vortrag muß eine Besprechung in der Gruppe erfolgen, in der auf gute Ansätze hingewiesen und die vorhandenen Fehler dargestellt werden. Wenn man jetzt den benötigten Zeitbedarf pro Person einmal schätzt, der für die praktische Ausbildung benötigt wird, und dann dieses Ergebnis mit der Lehrgangsdauer und der Teilnehmerzahl in Verbindung bringt, dann wird jeder verstehen, daß eine zu große Gruppe keine optimale und individuelle Ausbildung gewährleisten kann.

Qualität muß Vorrang haben vor Quantität!

Nicht die Masse soll es machen, sondern der einzelne gut ausgebildete Teilnehmer muß Vorrang vor allen anderen Überlegungen haben.

Persönliche Ansprache

Um aus der oft existierenden Anonymität des Unterrichts herauszukommen, empfehlen wir Ihnen, vor Unterrichtsbeginn Namensschilder zu erstellen, und diese dann in der Vorstellungsphase den jeweiligen Teilnehmern auszuhändigen. Meistens fertigt man schon rechtzeitig vor Kursbeginn eine Anmelde- bzw. Kursliste an, anhand derer man die benötigten Daten dann übernehmen kann. Existiert keine Kursliste oder kommen zu dem angebotenen Seminar unangemeldete Personen, so kann kurzfristig während der Vorstellungsphase das Namensschild erstellt werden. Mit ihm erhält man als Lehrkraft die Möglichkeit, vom unpersönlichen »Sie« auf den persönlichen »Namen« zurückzugreifen. Es existieren sicherlich einige tausende Namen, aber einen Namen hören wir alle am liebsten: unseren eigenen Namen. Durch Einsatz dieses »eigenen Namens« wird somit eine weitere positive Motivation in der Zuhörerschaft frühzeitig ermöglicht. Des weiteren ist es möglich, Fragen an das gesamte Publikum zu stellen und dann nach kurzer Überlegungszeit eine bestimmte Person zur Beantwortung der Frage aufzufordern (Beispiel: »Herr Maier, können Sie sich vorstellen, wie dieses Problem gelöst werden kann?«). Oder die Antwort eines Teilnehmers kann persönlich entgegengenommen werden (Beispiel: »Herr Maier, Sie haben eine Idee zur Lösung unseres Problems«). Durch die gezielte, persönliche Ansprache wissen die Teilnehmer genau, wer von der Lehrkraft angesprochen wurde. Es fühlt sich immer jemand angesprochen, wohingegen das unpersönliche »Sie« zu Verwechslungen (zwei Teilnehmer antworten) oder zum »Nicht-Angesprochen-Sein« führt (keiner antwortet, alle schauen den Nachbarn an, es muß konkreter nachgefragt werden). Anfängliche Hemmungssituationen können vom Ausbilder wesentlich besser beherrscht werden. Die Unterrichtsbeteiligung nimmt zu und ein reges Lehrgespräch wird entstehen. Mit der direkten Anrede erreicht man außerdem, daß der persönliche Kontakt zu den Teilnehmern viel schneller hergestellt wird. Es entsteht eine angenehmere Lernatmosphäre.

• Die Stoffvorbereitung

Zur stofflichen Vorbereitung zählt das notwendige Erwerben der Fachkenntnis (mindestens eine Ausbildungsstufe über dem Unterrichtungsniveau) und die Vorbereitung des Lehrstoffs für den Unterricht. Fundiertes Fachwissen ist notwendig, damit es zum sicheren Auftreten des Ausbilders kommt. Die fachliche Unsicherheit wird sich im Normalfall auch auf das Allgemeinbefinden und den körperlichen und geistigen Zustand des Ausbilders übertragen. Je nach Wissensstand erfolgt vor dem Unterricht eine mehr oder weniger intensive Einarbeitung in die Thematik. In dieser Einarbeitungsphase (durch Studium der Fachliteratur, Vertiefung interessanter Sachverhalte, Beschäftigung mit dem Für und Wider eines Sachverhaltes) erstellt die Lehrkraft eine Stoffsammlung über das Thema, z. B. inhaltliche Stichpunkte, wichtige Argumente und Hintergrundinformationen. Die Stoffsammlung wird in einem weiteren Arbeitsschritt nach bestimmten Gesichtspunkten strukturiert, z. B. Anatomie, Physiologie, Pathophysiologie (Krankheitslehre). Ist die Oberbegriffsordnung beendet (Erinnern Sie sich bitte an die besseren Lernergebnisse beim Lernen nach Oberbegriffen), beginnt man mit der Stoffauswahl, d. h. man erarbeitet sich einen mehr oder weniger ausführlichen Stichwortzettel, der als roter Faden für den Unterricht benutzt werden kann. Wir wollen ihn Themenbegleiter nennen. Existieren bereits detaillierte und verbindliche Lernziele, muß der Unterrichtsstoff so ausgewählt werden, daß er das Erreichen der Lernziele ermöglicht. Die Lehrkraft ist hier in ihrer Stoffauswahl eingeschränkt. Existiert aber nur eine Groblernzielplanung oder ist es in den Ermessensspielraum der Lehrkraft gestellt, was vermittelt werden soll, dann empfehlen wir die nachfolgende Einteilung.

Bitte erinnern Sie sich nochmals an die Erkenntnisse der Lernpsychologie, die sich mit dem Umfang des Lernstoffs beschäftigt haben. Die Ergebnisse sagen aus: Je mehr man versucht, in kurzer Zeit an Lernstoff zu vermitteln, desto weniger wird behalten. Das läßt nun den Schluß zu, daß die Fachkenntnisse des Ausbilders nicht unbedingt für das Verstehen und Begreifen des Basislernstoffs wichtig sind. In der heutigen Informationsgesellschaft strömen täglich eine Vielzahl von Informationen auf den Menschen ein. Nicht alle Informationen haben denselben Informationswert. Einige sind für den Menschen wichtig, die anderen kaum von Bedeutung und die restlichen haben vielleicht keinen Informationswert. Deshalb muß man vor der Unterrichtung entscheiden, welche Kenntnisse für den Teilnehmer von Bedeutung sind und welche vernachlässigt werden können. Je mehr Stoff man in eine Unterrichtseinheit hineinzwängen will, desto eher wird das Lerngedächtnis überstrapaziert und desto weniger wird am Ende tatsächlich behalten. Bei der nun folgenden Unterteilung des Lernstoffs nach Bedeutungsstufen werden wir von der auf Seite 113 dargestellten Abstufung ausgehen.

Wichtige Punkte muß der Teilnehmer am Ende des Lernprozesses behalten haben. Diese werden als **Basiskenntnisse** bezeichnet, die in unserer Ausbildungstätigkeit absoluten Vorrang haben müssen. Der Ausbilder hat sich deshalb zu fragen, was der Zuhörer unbedingt wissen muß. Je nachdem, welches Stoffgebiet behandelt wird und welchen Nutzen der Teilnehmer hinterher von dem Lehrgang haben soll, kann es zu unterschiedlichen Ergebnissen kommen. Um das Basiswissen richtig eingrenzen zu können, empfiehlt es sich, Lernziele zu formulieren, die angeben, welche Tätigkeiten bzw. Informationen man vom Teilnehmer eines Seminars auf jeden Fall

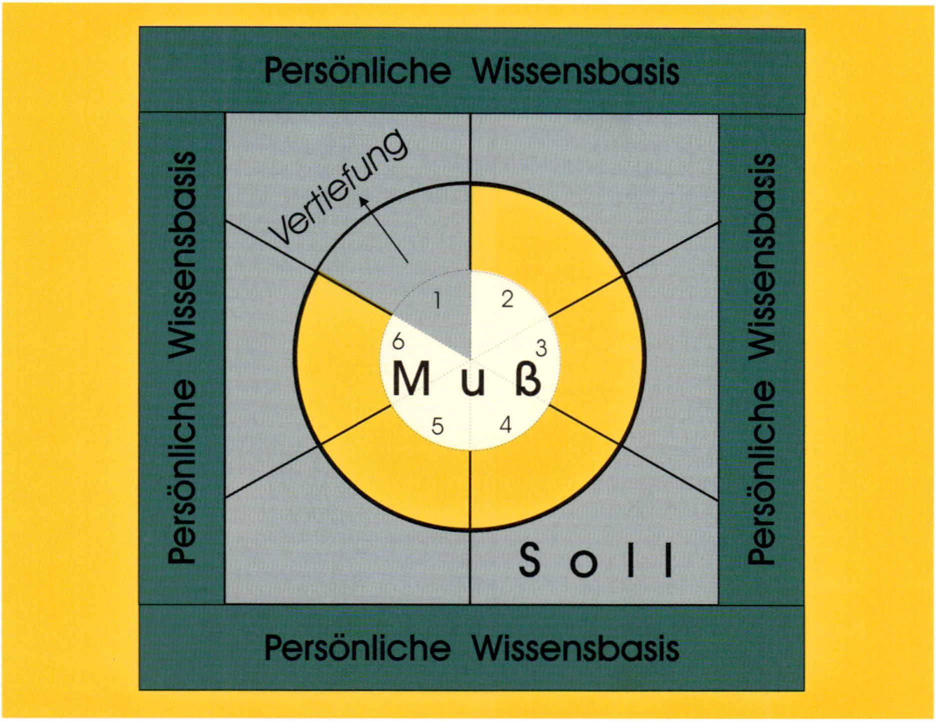

Unterteilung eines Lernstoffs nach dem Kriterium der Bedeutsamkeit

erwarten muß. Das Ziel der Unterrichtseinheit entspricht der Vermittlung von Basiskenntnissen eines Themenkomplexes. Es dürfen aber nicht mehr als fünf wichtige Muß-Punkte pro Unterrichtseinheit abgehandelt werden. Außerdem soll das Niveau des Lehrstoffs nicht zu hoch angesetzt werden, da im Endergebnis nur Durchschnittsleistungen (im Verhältnis zu dem Gesamtniveau des Lehrgangs) von den Lehrgangsteilnehmern gefordert werden dürfen. Das stoffliche Unterrichtsniveau hat sich weder an dem besten noch an dem schlechtesten Teilnehmer zu orientieren, sondern an dem durchschnittlichen Gesamtniveau aller Beteiligten. Das Basiswissen muß deshalb besonders gewichtet und mit audiovisuellen Medien (siehe Methodik) unterstützt und hervorgehoben werden.

Danach erfolgt die weitere Einteilung des Lernstoffs, indem man sich fragt, was der Teilnehmer zum Schluß noch zusätzlich mitnehmen soll. Meist handelt es sich hier um Stoffbereiche, die zwar für das Verständnis nicht unbedingt notwendig, aber zur **Abrundung des Basiswissens** geeignet sind. Dazu zählt auch die Vertiefung des Muß-Lernziels.

Die dritte Bedeutungsstufe regelt die Frage: Was kann für den Teilnehmer noch zusätzlich als **Hintergrundwissen** interessant sein? Das Hintergrundwissen wird aber meistens gar nicht mehr in den Lernprozeß mit eingebracht, sondern kommt nur dann zum Zuge, wenn vom Teilnehmer spezifische Fragen darüber gestellt werden.

Hier ein Beispiel aus dem Sanitätsbereich:

1. Beispielthema: Atemstillstand (Ursachen, Erkennen, Maßnahmen)

Unterrichtseinheit: 3 Ausbildungsstunden à 45 Minuten

➡ **Muß:** Erkennen eines Atemstillstandes durch

- Sehen (1. Bewußtlosigkeit, 2. Blauverfärbung, 3. keine Atembewegungen)
  - Maßnahmen (1. Kontrolle Mund-Rachen-Raum, 2. Kopf überstrecken)
- Hören (kein Atemgeräusch)
- Fühlen (kein Atemstoß)
- Sehen (keine Atembewegung)

Durchführung der Maßnahme »Atemspende« mit den erforderlichen theoretischen Kenntnissen (richtige Handhaltung, Atemfrequenz, Atemzugvolumen etc.). Jeder Teilnehmer hat die Übung intensiv eigenständig zu trainieren.

➡ **Soll:** Ursachen des Atemstillstands, Anatomie der Atmung.

➡ **Kann:** Hintergrundwissen, z. B. Kenntnisse für die Beatmung bei Patienten mit Schwellung der Nasenschleimhäute, Besonderheiten bei Patienten mit Tracheostoma, mögliche Besonderheiten bei speziellen Ursachen des Atemstillstandes (Kontaktgifte etc.).

2. Beispielthema: Richtiges Ablesen eines Referats vor der Zuhörerschaft

Unterrichtseinheit: 2 Ausbildungsstunden à 45 Minuten

➡ **Muß:** Praktische Anwendung von

- Blickkontakt (80 % der Redezeit)
- Gestik (Einsatz- und Inhaltsgestik)
- Sprechtechnik (Betonungselemente)
- Atemtechnik

➡ **Soll:** Erläuterung des gesamten rhetorischen Instrumentariums

➡ **Kann:** Hintergrundwissen, z. B. vertiefte Beispiele zum rhetorischen Instrumentarium

Diese durchgeführte und eingegrenzte Stoffauswahl wird dann mit entsprechenden Merkmalen auf dem Themenbegleiter versehen (Muß, Soll, Medieneinsatz). Dabei kann der Dozent die Länge der Unterrichtseinheit themenabhängig gestalten.

Aus der Lernpsychologie wissen wir, daß eine gute Einteilung der Unterrichtszeit, der Pausenlänge und der Pausenart die Lernleistung erheblich verbessert. Wir geben Ihnen jetzt einige Beispiele für Unterrichtszeiteinteilungen.

1. Beispiel (Ganztagsunterricht, während eines Tages)

8.00	-	8.45	Uhr	Lernstoffvermittlung
8.45	-	9.35	Uhr	Lernstoffvermittlung
9.35	-	9.50	Uhr	Auffrischungspause
9.50	-	10.35	Uhr	Lernstoffvermittlung
10.35	-	10.40	Uhr	Minipause
10.40	-	11.25	Uhr	Lernstoffvermittlung
11.25	-	11.30	Uhr	Minipause
11.30	-	12.15	Uhr	Lernstoffvermittlung
12.15	-	13.45	Uhr	Erholungspause
13.45	-	14.15	Uhr	Lernstoffvermittlung
14.15	-	14.20	Uhr	Minipause
14.20	-	14.50	Uhr	Lernstoffvermittlung
14.50	-	15.05	Uhr	Auffrischungspause
15.05	-	15.35	Uhr	Lernstoffvermittlung
15.35	-	15.40	Uhr	Minipause
15.40	-	16.10	Uhr	Lernstoffvermittlung
16.10	-	16.15	Uhr	Minipause
16.15	-	16.45	Uhr	Lernstoffvermittlung

Effektive Unterrichtszeit:

Vormittag:	3 Stunden 45 Minuten
Nachmittag:	2 Stunden 30 Minuten
= Gesamt:	6 Stunden 15 Minuten

Effektive Pausenzeit:

Vormittag:	30 Minuten
Mittag:	1 Stunde 30 Minuten
Nachmittag:	30 Minuten
= Gesamt:	2 Stunden 30 Minuten

2. Beispiel (Ganztagsunterricht über mehrere Tage, Freizeitmöglichkeiten vorhanden (Seminare in Hotels etc.))

8.30	-	9.15	Uhr	Lernstoffvermittlung
9.15	-	9.20	Uhr	Minipause
9.20	-	10.05	Uhr	Lernstoffvermittlung
10.05	-	10.20	Uhr	Auffrischungspause
10.20	-	11.05	Uhr	Lernstoffvermittlung
11.05	-	11.10	Uhr	Minipause
11.10	-	11.40	Uhr	Lernstoffvermittlung
11.40	-	11.45	Uhr	Minipause
11.45	-	12.15	Uhr	Lernstoffvermittlung
12.15	-	14.45	Uhr	Erholungspause
14.45	-	15.15	Uhr	Lernstoffvermittlung
15.15	-	15.20	Uhr	Minipause
15.20	-	15.50	Uhr	Lernstoffvermittlung
15.50	-	16.10	Uhr	Auffrischungspause
16.10	-	16.40	Uhr	Lernstoffvermittlung
16.40	-	16.45	Uhr	Minipause
16.45	-	17.15	Uhr	Lernstoffvermittlung
17.15	-	17.20	Uhr	Minipause
17.20	-	17.50	Uhr	Lernstoffvermittlung

Effektive Unterrichtszeit:

Vormittag:	3 Stunden 15 Minuten
Nachmittag:	2 Stunden 30 Minuten
= Gesamt:	5 Stunden 45 Minuten

Effektive Pausenzeit:

Vormittag:	30 Minuten
Mittag:	2 Stunden 30 Minuten
Nachmittag:	35 Minuten
= Gesamt:	3 Stunden 35 Minuten

3. Beispiel (Abendunterricht)

18.30	-	18.50	Uhr	Lernstoffvermittlung
18.50	-	18.55	Uhr	Minipause
18.55	-	19.15	Uhr	Lernstoffvermittlung
19.15	-	19.20	Uhr	Minipause
19.20	-	19.40	Uhr	Lernstoffvermittlung
19.40	-	19.55	Uhr	Auffrischungspause
19.55	-	20.15	Uhr	Lernstoffvermittlung
20.15	-	20.20	Uhr	Minipause
20.20	-	20.40	Uhr	Lernstoffvermittlung

Effektive Unterrichtszeit:
Abend: 1 Stunde 40 Minuten

Effektive Pausenzeit:
Abend: 30 Minuten

Die hier gezeigten möglichen Unterrichtszeiten können natürlich an den jeweiligen Lernstoff (Aktualität), die Vortragsweise des Ausbilders (ansprechend, motivierend) und die Ausführungsmöglichkeit der Lernstoffvermittlung (körperliche Betätigung etc.) angepaßt werden.

Die erstellte Unterrichtseinheit muß dem Zuhörer nach einem bestimmten organisatorischen Schema vorgetragen werden. Dabei kann eine Unterrichtseinheit verschieden lang sein. Sie bezieht sich nicht auf die Unterrichtszeit, sondern auf das Unterrichtsthema. So kann sich also eine Unterrichtseinheit aus einer oder mehre-

ren Unterrichtsstunden (45 Minuten, 30 Minuten oder 20 Minuten) zusammensetzen. Die Einteilung ist themenabhängig und schwankt im Normalfall zwischen einer und fünf Unterrichtsstunden. Jede Unterrichtseinheit soll stofflich und zeitlich eingeteilt werden in

- Einleitung
- Hauptteil
- Schlußteil

und soll so dem Zuhörer auch vorgetragen werden.

2

Aufgabe der Einleitung ist es, auf das gestellte Thema hinzuführen. Daneben besteht über die Einleitung die Möglichkeit, alle Zuhörer (auch die noch nicht motivierten Zuhörer) jetzt auf ein hohes Motivationsniveau zu führen. Sie gibt also hier zum letzten Mal vor der Unterrichtung dem Dozenten die Möglichkeit, schlummernde Motive aller Zuhörer zu wecken und Aufmerksamkeit über die Folgezeit zu gewinnen. Diese sachliche und persönliche Hinführung kann dadurch erfolgen, daß an einen bekannten Lehrstoff angeknüpft wird und wichtige Teile nochmals wegen ihrer Bedeutung hervorgehoben werden. Diese Art der Einleitung nennt man die **wiederholende Einleitung**. Sie empfiehlt sich besonders bei Fortbildungsveranstaltungen, wenn also bereits fachliche Informationen beim Teilnehmer vorhanden sind.

Eine weitere Möglichkeit besteht darin, daß der Dozent aus seinem eigenen Erfahrungsbereich einen tatsächliche Vorfall schildert. Hier handelt es sich um die **persönlich erlebte Einleitung**. Außerdem kann man die **tagespolitisch aktuelle Einleitung** wählen, indem auf ein bedeutsames Tagesereignis Bezug genommen und dieses Ereignis mit dem Thema verbunden wird. Man macht hier den Zuhörer darauf aufmerksam, daß das Thema eigentlich vollständig auf die heutige Situation übertragbar und somit tagespolitisch hochaktuell sei.

Eine andere Einleitungsvariante ist es, von einem **bedeutenden historischen Ereignis** auszugehen und dann zum aktuellen Thema überzuleiten. Man fragt, wie sich die historische Situation bis heute entwickelt hat. Dabei muß jedoch ein sachlicher Bezug in der Form bestehen, so daß eine vergleichende Beschreibung damaliger und heutiger Standpunkte möglich ist.

Auch eine **auflockernde Vorgehensweise** in Form einer Anekdote, eines Spaßes, eines Witzes oder eines selbst erlebten lustigen Ereignisses kann zur Hinführung zum Thema eingesetzt werden. Dabei ist aber auch hier zu beachten, daß der sachliche Bezug zum Thema direkt oder indirekt vorhanden ist.

All diese Einleitungsmöglichkeiten müssen so gestaltet sein, daß sie in einer interessanten Art und Weise den Teilnehmer auf das Thema neugierig machen und somit die Lernbereitschaft des Teilnehmers wecken oder gar erhöhen. Die Einleitung soll direkt zum Thema hinführen und muß aus diesem Grunde auch kurz gehalten werden. Einleitungen dürfen nicht länger als 5 Minuten dauern. Eine gute Einleitung muß auf das Ausbildungsziel, das man mit dem nachfolgenden Unterricht erreichen möchte, hindeuten. Gleichzeitig hat die Einleitung auch Einfluß darauf, ob der Dozent vom Publikum angenommen wird und welche Prägung er erfährt. Er muß schon hier ruhig und gelassen auf den Zuhörerkreis wirken. Innere Unruhe hinterläßt einen schlechten, nervösen und unsicheren Eindruck.

Eine ansprechende Einleitung kann zwischen 5 % und 10 % der Zeit umfassen und ist ein guter Ausgangspunkt zum Einstieg in das Thema, also zum Einstieg in den Hauptteil der Unterrichtsveranstaltung.

Im Hauptteil erfolgt die Unterrichtung in den Stoffbereichen, die in der Stoffauswahl als unbedingt wichtig (Muß) und wissenswert (Soll) bezeichnet wurde. Sind Teillernziele erarbeitet worden, müssen diese in inhaltlich verknüpfter Form und logischem Aufbau dargeboten werden. Der innere Aufbau des Hauptteils muß ohne Gedankensprünge und äußere Lernstoffbrüche gestaltet werden. Jedes neue Teillernziel soll auf das vorhergehende aufbauen bzw. Bezug nehmen und die Hinleitung zum nächsten Teillernziel ermöglichen. Der Hauptteil umfaßt ca. 80 bis 90 % des Zeitbedarfs einer Unterrichtseinheit. Je nach der Art der Unterrichtung, ob Referat, Vortrag, freie Rede, Diskussion, Lehrgespräch, Gruppenarbeit oder Stationsausbildung/Praxisausbildung, muß der Dozent darauf achten, daß der Hauptteil so

- interessant,
- belebend,
- abwechslungsreich und
- motivierend

wie möglich vermittelt wird. Damit wird immer gewährleistet, daß der Teilnehmer sich auch gedanklich mit dem Thema auseinandersetzt. Je nach der Themenvorgabe, der Formulierung des Lernziels und dem Teilnehmerkreis kann der Ausbilder dieses Ziel mit den unterschiedlichsten Möglichkeiten erreichen. Wir kommen aber später im Kapitel über Methodik wieder darauf zurück. Das Erreichen des Lernziels ist maßgebend und darf nicht durch Abschweifung in andere Themengebiete oder durch Gedankensprünge gefährdet werden. Seien Sie auch als Fachreferent behutsam mit der Weitergabe Ihres Lehrstoffs. »Erschlagen« Sie Ihre Zuhörer nicht mit Ihrem eigenen Wissen.

> Widerstehen Sie der Versuchung, den Zuhörerkreis durch Ihr Wissen beeindrukken zu wollen.

Vermeiden Sie bei einer allgemeinen Lehrveranstaltung die Benutzung von Fremdwörtern und Fachsprache. Nicht derjenige, der die meisten Fremdwörter im Unterricht gebraucht, ist ein guter Ausbilder, sondern demjenigen, der es versteht, einen komplexen Sachverhalt so einfach und verständlich wie möglich darbieten zu können, gebührt das Prädikat »erfolgreicher Ausbilder«.

Im Schlußteil erfolgt die Zusammenfassung der wesentlichen Punkte des Unterrichts. Der Teilnehmer muß die besonders wichtigen Inhalte als Kurzzusammenfassung nochmals präsentiert bekommen, um so die Möglichkeit zu erhalten, sich diese auf jeden Fall einzuprägen. Je nachdem, wie zeitintensiv die Unterrichtseinheit ausgelegt ist, kann im Schlußteil eine Wiederholung erfolgen. Der Teilnehmer bekommt praktische Aufgaben (Fragen oder Situationsvorgaben) gestellt, in denen er sich durch Überlegung an die Lösung heranarbeiten muß. Dies kann in Einzel- (Arbeitsblätter) oder Gruppenarbeit erfolgen.

Im Schlußteil werden dann noch offene Fragen geklärt, Mißverständnisse beseitigt und mögliche Denkfehler verbessert. 5 bis 10 % der vorhandenen Unterrichtszeit sollen für den Schlußteil verwendet werden. Es empfiehlt sich, vorher eine Minipause anzusetzen, damit der Lehrstoff im Gehirn verarbeitet werden kann. Meistens entstehen beim Teilnehmer erst dann Fragen, wenn sie sich während der Pause Gedanken darüber machen oder in Pausengesprächen zwischen den Teilnehmern strittige Punkte auftauchen. Diese können dann nach der Pause angesprochen werden. Im Schlußteil muß der Dozent dem Teilnehmer auch den notwendigen Lernerfolg erleben lassen, damit er weiter Lust zum Lernen verspürt.

Zum Ende der Unterrichtseinheit kann dann der vermittelte Lehrstoff in Form einer schriftlichen Kurzzusammenfassung ausgeteilt werden, damit der Teilnehmer nochmals die wichtigsten Punkte zum Nacharbeiten vor sich liegen hat.

Beachten Sie bitte bei Ihrem Unterricht folgende Grundsätze:

- ➡ vom Einfachen zum Schweren
- ➡ vom Bekannten zum Unbekannten
- ➡ vom Einzelnen zum Ganzen
- ➡ vom Greifen zum Begreifen
- ➡ von der Kenntnis zur Erkenntnis
- ➡ vom Alten zum Neuen
- ➡ vom Allgemeinen zum Besonderen.

Der Lernvorgang geht wesentlich besser vor sich, wenn mit kleinen Schritten vorgegangen wird. Je weiter die Schrittlänge, desto größer die Gefahr des Nichtverstehens und desto geringer der Lernerfolg. Ermöglichen Sie es, daß der Teilnehmer so oft wie möglich sein Allgemeinwissen und seine Erlebnisse mit in den Lernprozeß einbringen kann. Wählen Sie Vergleiche zwischen Thema und allgemeinem Erfahrungsbereich der Teilnehmer. Stellen Sie Fragen, die von den Zuhörern aufgrund ihrer Allgemeinbildung auch beantwortet werden können.

Unterricht über mehrere Abende und Wochen lebt davon, daß stets ausreichend Teilnehmer vorhanden sind. Oft beginnt ein Kurs mit 20 und mehr Personen. Nach dem fünften Abend ist aber nur noch die Hälfte bereit, den Lehrgang weiter zu besuchen. Am letzten Abend sind von den ursprünglich 20 Teilnehmern vielleicht noch 20 bis 30 Prozent vorhanden. Wie kommt es aber nun zu dieser mehr oder minder hohen Teilnehmerabwanderung? Natürlich beeinflussen hier viele Gründe das Kursverhalten der Teilnehmer. Der erste wird beruflich kurzfristig so beansprucht, daß er abends keine Zeit mehr zur Weiterbildung hat. Der zweite möchte vielleicht abends mehr Zeit mit seiner Familie verbringen. Dem dritten hat der zu vermittelnde Lernstoff nicht zugesagt. Der vierte lehnt den Dozenten ab. Der fünfte wurde vom Lernstoff überfordert und der sechste fühlt sich nicht genug im Lernprozeß berücksichtigt.

Für den Ausbilder ist es nun aber wichtig, daß er nicht erst am Ende feststellt, wie der Lehrgang von den Teilnehmern angenommen worden ist. Er muß schon ab dem Ende des ersten Abends ständig überprüfen, wie der Lehrgang bei den Teilnehmern ankommt. Um den Teilnehmerschwund so gering wie möglich zu halten, muß er also auf die Stimmungslage der einzelnen eingehen und stets versuchen, durch Wechsel der Unterrichtsmethode, Erweiterung oder Verkürzung des Lernstoffs und Schaffung eines lebendigeren Unterrichts die Lernstimmung der Teilnehmer zu verbessern. Eine Möglichkeit zur Feststellung der Teilnehmerstimmung ist der Einsatz des Stimmungsbarometers. Nachstehend werden einige mögliche Arten von Stimmungsbarometern vorgestellt.

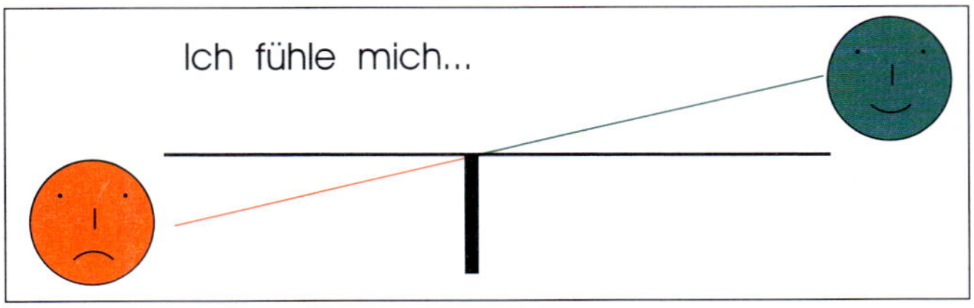

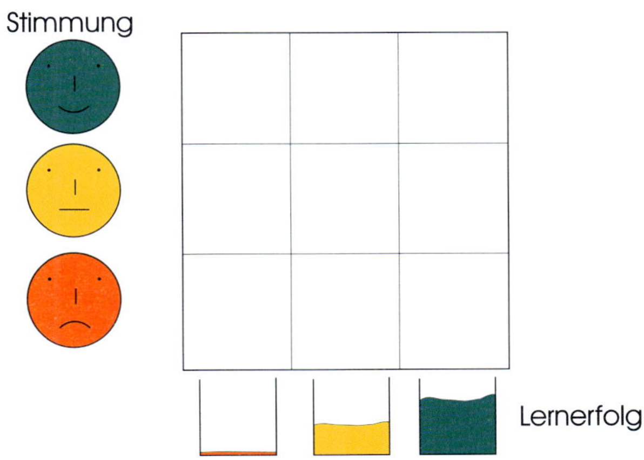

Wie zufrieden bin ich mit dem Seminar?

	++	+	-	--
Für mich beruflich				
Für mich persönlich				

Jeweils zum Ende des Unterrichtstags oder des -abends sollen die Teilnehmer ihre Stimmungslage mitteilen. So kann eines der dargestellten Beispiele den Teilnehmern als Folie vorgelegt werden, wobei sich jeder dann mit einem Punkt (Kreuz, Kreis etc.) an der Stelle einträgt, die seine Stimmungslage wiedergibt. Dieses Stimmungsbarometer kann somit jeden Abend ermittelt und den Teilnehmern über den Arbeitsprojektor zum Schluß präsentiert werden. Eine anschließende kurze Diskussion kann eine mögliche Form der Fehlersuche sein. Schlechte Ergebnisse erfordern dann, daß der Ausbilder die möglichen Fehler findet und diese ausschaltet. Die Sammlung aller Abendergebnisse ergibt die gesamte Lehrgangsstimmung eines Seminars. So hat auch der Ausbilder die Möglichkeit, verschiedene Seminare miteinander zu vergleichen und mögliche Differenzen kritisch zu untersuchen. Um bei den Teilnehmern aber nicht eine Art von Bewertungsstimmung zu erzeugen (schulisches Notensystem etc.), hat der Ausbilder die Teilnehmer darauf aufmerksam zu machen, daß ihr Seminar optimal ablaufen soll und nicht er bewertet werden möchte. Auch die direkte Ansprache »Helfen Sie mir, Ihren Kurs zu verbessern« wird die Teilnehmer zur objektiven und fairen Beurteilung veranlassen.

Mit der Blitzlichtmethode (»Was hat mir bisher gefallen? Was hat mir bisher nicht gefallen?«) kann schriftlich oder mündlich ebenfalls die Stimmungslage der Teilnehmer ergründet werden. Während beim Stimmungsbarometer nur das Ergebnis festgestellt werden kann (der Ausbilder muß dann bei einer schlechten Stimmungslage den Grund dafür erkunden), zeigt die Blitzlichtmethode schon mögliche Ursachen für eine gute oder schlechte Stimmung an.

Es ist für eine erfolgreiche Unterrichtung immer notwendig zu wissen, wie man bei den Teilnehmern ankommt. Auch hier gilt fast immer, daß die Ursache eines schlechten Seminars selten bei den Teilnehmern, sondern fast immer beim Dozenten liegt. Seien Sie sich dessen bewußt, und versuchen Sie durch die Annahme der kreativen Kritik seitens der Teilnehmer, Ihren Unterricht zu verbessern.

Wir haben uns bewußt bemüht, die Didaktik nicht zu theoretisch aufgebaut zu präsentieren. Wir wollen durch einfache, aber hilfreiche Regeln dem Dozenten helfen, eine optimale Unterrichtsorganisation und -gestaltung auf einfachem Niveau zu planen. Im weiteren Verlauf werden wir nun in das Themengebiet der Methodik einsteigen und aufzeigen, welch große Bedeutung die Methodik für die Wissensvermittlung besitzt.

2

1. Der Ausbilder muß persönliche Eignungsvoraussetzungen erbringen (Veranlagung zum Lernen, Einfühlungsvermögen, gute Allgemeinkenntnisse, Fachwissen, korrektes Auftreten), wenn er eine erfolgreiche Wissensvermittlung durchführen will.

2. Die Erwartungen und Vorkenntnisse der Teilnehmer müssen ermittelt werden, damit nicht an ihnen vorbei unterrichtet wird.

3. Die Anzahl der Teilnehmer einer Veranstaltung ist von deren Art und deren Zielen abhängig. Qualität hat Vorrang vor Quantität.

4. Die Fachkenntnisse des Ausbilders müssen mindestens eine Ausbildungsstufe höher sein als das Unterrichtsniveau.

5. Der Stoffumfang muß eingegrenzt werden.

6. Der Basislernstoff muß im Unterricht besonders gewichtet werden.

7. Eine gute Einteilung der Unterrichtszeit, der Pausenlänge und der Pausenart führt zur erheblichen Verbesserung der Lernleistung des Teilnehmers.

8. Als Unterrichtsmanuskript fungiert der Themenbegleiter. Er soll kurz und prägnant den Unterrichtsverlauf einer Unterrichtseinheit beinhalten. Er ist für den Ausbilder der rote Faden im Unterrichtungsprozeß.

9. Das Unterrichtsthema wird in einer Unterrichtseinheit vermittelt. Eine Unterrichtseinheit kann aus einer oder mehreren Unterrichtsstunden (45 Minuten, 30 Minuten, 20 Minuten) bestehen.

10. Eine Unterrichtseinheit wird stofflich und zeitlich unterteilt in
    - Einleitung (bis zu 5 Minuten bzw. 5 - 10 % des Zeitbedarfs einer Unterrichtseinheit)
    - Hauptteil (80 - 90 % des Zeitbedarfs einer Unterrichtseinheit)
    - Schlußteil (5 - 10 % des Zeitbedarfs einer Unterrichtseinheit)

11. Frühzeitiges Erkennen der Stimmungslage und die Beseitigung der anschließenden Mängel vermindert die Gefahr eines Teilnehmerrückgangs bei länger andauernden Seminaren.

Teil 3: Methodik

Unter Methodik verstehen wir das planmäßige Vorgehen beim Unterrichten. Hier wird die Unterrichtsmethode oder, anders ausgedrückt, das »Wie« der Unterrichtung angesprochen. Es ist ein Sammelbegriff für die Handhabung der verschiedenen Methoden. Zur Methodik zählen wir als erstes die verschiedenen Arten der Unterrichtung. Es gibt viele Möglichkeiten, wie eine Informationsübertragung vom Dozenten zum Teilnehmer erfolgen kann. Wir werden speziell

- das Referat, } **Arten der Vortragstechnik**
- den Vortrag, }
- die freie Rede, }
- das Lehrgespräch,
- die Diskussion,
- die Gruppenarbeit und
- die Stationsausbildung

kennenlernen. Je nachdem, welche Unterrichtsform gewählt wird, müssen unterschiedliche Schwerpunkte berücksichtigt werden. Es gibt aber auch noch andere Unterrichtungsformen, z. B. das Spiellernen, das Medienlernen beim Telekolleg oder das Selbststudium bei Fernlehrinstituten. Diese wollen wir aber nicht ansprechen,

3

da sie mit der herkömmlichen Wissensvermittlung nur schwer verglichen werden können. Viele Wege können zum Erfolg führen, aber jede Lehrtechnik hat unterschiedliche Vor- und Nachteile. Die jeweils richtige Unterrichtsmethode wird

- ➡ vom Lehrstoff,
- ➡ von den Teilnehmern (Anzahl, Zusammensetzung),
- ➡ von der Lehrkraft,
- ➡ vom Unterrichtsmaterial und
- ➡ vom Lehrsaal

beeinflußt. Deshalb sollte noch in der Planungsphase überlegt werden, welche Unterrichtsform unter Berücksichtigung dieser Faktoren gewählt wird. So ist z. B. die Vortragstechnik die ursprünglichste Form der Wissensvermittlung. Sie geht hervor aus dem gesprochenen Wort und hat sich im Laufe der Zeit unterschiedlich ausgeprägt. Bei der Vortragstechnik referiert ein Dozent vor einem Publikum einen fest vorgegebenen Lehrstoff, den er schriftlich in verschiedenen Graden der Ausführlichkeit niedergelegt hat. Der Redner übernimmt die gesamte Aktivität und die Zuhörer haben im wahrsten Sinne des Wortes »zuzuhören«. Die Vortragstechnik kann in drei verschiedenen Ausführungen vorkommen. Liegt der Lehrstoff vollständig ausgearbeitet schriftlich als Unterlage vor dem Dozenten und liest dieser ihn wortgetreu ab, dann sprechen wir von einem Referat.

Referate findet man meistens in wissenschaftlichen Vorträgen, bei politischen Reden, bei Lobreden (Laudatio), bei Festreden und vielen anderen möglichen Anlässen. Das Vortragen erfolgt nach der vollständigen Methode, d. h., daß der Referent einen vollständig ausgearbeiteten Text vor sich liegen hat, den er nur noch abzulesen braucht. Diese Art des Vortrags hat mitunter schon seine Berechtigung, besonders dann, wenn es sich beim Auditorium um einen wissenschaftlichen Fachkongreß oder ähnliches handelt, in dem die Bedeutung der einzelnen Wortfolgen und des richtigen inhaltlichen Zusammenhangs (des Themas) sehr wichtig ist. Unserer Meinung nach ist das Referat jedoch die einfachste und schlechteste Methode der persönlichen Wissensvermittlung.

Bei der Ausarbeitung eines Referats legt der Referent Wert auf optimale Satzzusammenhänge und Wortkombinationen. Satzaufbau, Wortwahl und Wortkombinationen werden in der Vorbereitung intensiv durchdacht und durch Veränderungen über einen langen Zeitraum verfeinert. Es werden viele wichtige Informationen gesammelt und dem Auditorium dann übermittelt. So wird beim Referat zum größten Teil auch erwartet, daß eine ausgeprägte, erweiterte Stoffkenntnis bei der Zuhörerschaft vorhanden ist. Beim Referieren wird nun diese komplexe Materie dem Zuhörer Wort für Wort vorgetragen. Der Zuhörer wird förmlich erschlagen von der Informationsvielfalt, die auf ihn einströmt. Schwierige Satzstellungen z. B. können aber vom Zuhörer nicht so ohne weiteres voll verstanden und aufgenommen werden. Während der Leser beim geschriebenen Text nochmals zurückblättern und den nicht verstandenen Satzteil wiederholen kann, ist dies beim Vortragen eines Referats für die Zuhörer nicht möglich.

Die Zuflußgeschwindigkeit und die Gegenwartsdauer von Informationen in unserem Gehirn sind relativ begrenzt. Ein Referat zeigt uns deutlich die Aufnahmekapazitätsgrenze im Gehirn an. Desweiteren muß beachtet werden, daß in der deutschen Sprache ein Unterschied herrscht zwischen dem Schreib- und dem Redestil. Was schriftlich gut formuliert ist, muß sich noch lange nicht gut anhören. Leider werden zu viele Referate dort gehalten, wo sie nicht unbedingt auch anwendbar sind. Man glaubt zwar, daß diese Redetechnik relativ einfach umgesetzt werden kann, aber ein gut vorbereitetes, ohne typische Referatsfehler vorgetragenes Referat stellt eine besonders hohe pädagogische und rhetorische Anforderung an den Redner. Dies wird häufig nicht beachtet, und damit wird beim Referieren nach dem üblichen Schema verfahren. Würde z. B. die Referatsmethode nicht mehr zugelassen für die Informationsvermittlung, dann würden 80 % aller Referats-Reden heutzutage nicht mehr gehalten werden können! Das muß zu denken geben.

• Der Vortrag

Beim Vortrag erfolgt eine schriftliche »Vergröberung« des Referats. Der Stoff wird nicht mehr vollständig auf das Manuskript gebracht, sondern es werden nur noch wichtige Passagen notiert und eine Feingliederung des Lehrstoffs aufgeschrieben. Diese Niederschrift dient dann dem Dozenten als roter Faden für die Vortragsveranstaltung. Damit ist der Referent automatisch gezwungen, vom Schreibstil in den Redestil überzugehen. Die Satzaussage wird leichter verständlich, da die Möglichkeit zur komplexen Satzgestaltung beim reinen Vortrag relativ begrenzt ist. Es tritt automatisch eine natürlichere, persönliche Verhaltensweise des Redners vor der Zuhörerschaft ein.

Die verfeinerte Form des Vortrags ist die freie Rede. Sie stellt den »Diamanten« unter der Vortragstechnik dar. Bei der freien Rede erstellt sich der Referent nur einen Stichwortzettel mit einer Grobgliederung des Vortragsablaufs. Aufgrund seiner sehr guten Fachkenntnisse und seiner langen Erfahrung beim Darstellen dieses Themenbereichs ist der Dozent in der Lage, anhand eines Punkts der Grobgliederung das Vortragsgerüst gedanklich zu formulieren und dem Auditorium vorzutragen. Der Dozent benötigt zur Anwendung der freien Rede gute fachliche Stoffkenntnisse und eine große Routine im Ausbildungsbereich. Bei stofflichen Mängeln, Unsicherheit etc. empfiehlt es sich, einen mehr oder weniger ausführlichen Themenbegleiter (Manuskript) auszuarbeiten und anhand von diesem die Unterrichtung durchzuführen. Verliert man dann einmal den gedanklichen Faden oder hat den gefürchteten »blackout«, dann kann man durch einen kurzen Blick auf den Themenbegleiter sofort wieder Anschluß an den Unterrichtsprozeß finden. Auch die Wiederholung und Zusammenfassung des bisherigen Stoffs kann zur Überbrückung derartiger Situationen angewendet werden. Die Gelehrten der griechischen und römischen Antike waren Meister auf dem Gebiet der freien Rede. Sie verfügten schon damals über viele Assoziationsmöglichkeiten, mit deren Hilfe sie den Zuhörern die freie Rede vollendet und eindrucksvoll präsentierten. Diese Fähigkeiten haben sich aber nur durch lange Übung eingestellt, denn es »ist noch kein Meister vom Himmel gefallen«.

Schaffen Sie sich deshalb immer eine Möglichkeit der Sicherheit, um beim gedanklichen Vortragsriß sofort wieder an das vorher Gesagte anknüpfen zu können. Sie werden im Verlauf Ihrer Ausbildungstätigkeit feststellen, daß Sie immer seltener auf Ihren Themenbegleiter zurückgreifen müssen und damit nach einiger praktischer Vortragstätigkeit den Übergang vom Vortrag zur freien Rede umsetzen. Wie derartige Themenbegleiter aussehen können, werden wir Ihnen am Ende des Kapitels »Rhetorik« vorstellen.

Alle Formen der Vortragstechnik eignen sich gut zur Unterrichtung, wenn der Zuhörerkreis recht groß und der zeitliche Umfang relativ begrenzt ist. Auch als Einleitung bietet sich die Vortragstechnik an. Damit aber der Vortrag interessant gestaltet wird und beim Zuhörer gut ankommt, müssen einige Punkte beachtet werden.

Stoffkenntnis

Wie im Kapitel »Didaktik« schon angedeutet wurde, ist die fachliche Stoffkenntnis des Dozenten für einen guten und ruhigen Vortrag nötig. Auch beim Referat kann der Aufschrieb nicht den Stand des Wissens eines Referenten wiedergeben. Werden Fragen nicht richtig und vollständig beantwortet, kann Unsicherheit beim Dozenten auftreten. Außerdem sinkt damit auch seine Glaubwürdigkeit im Hinblick auf die Fachautorität.

Redestil/Schreibstil

Bei vollständig formulierten Sätzen im Themenbegleiter ist darauf zu achten, daß der Redestil (bildhaft, sehr ausdrucksstark, sachliche Aussagen unter Anknüpfung an spontane Ideen und Vorstellungsmöglichkeiten für den Teilnehmer) Vorrang vor dem Schreibstil (nüchtern, sachlich, formell, keine Redewendungen etc.) hat. Es empfiehlt sich, vom niedergeschriebenen Satz abzuweichen (abgesehen von Zitaten etc.) und nur Teilsätze im Themenbegleiter zu formulieren, die dann beim Vortragen mit den eigenen Worten vervollständigt werden.

Blickkontakt

Man sieht sehr häufig bei festlichen Empfängen, Stellungnahmen, wissenschaftlichen Vorträgen etc., daß der Blickkontakt zu den Zuhörern teilweise oder ganz fehlt, weil der Redner zu sehr an seinem Manuskript hängt. Der Blickkontakt ist aber während der Rede wichtig. Mit ihm kann der Redner feststellen, wie seine Redeausschnitte vom Publikum aufgenommen werden und wie sie auf seine Rede reagieren.

Außerdem vermittelt der Blickkontakt auf den Zuhörer eine sichtbare Sicherheit des Dozenten. Er signalisiert dem Zuhörer seine Kontaktbereitschaft zur Informationsvermittlung. Deshalb: Suchen Sie stets den Kontakt zu den Zuhörern. Lassen Sie Ihren Blick wandern, von links außen nach rechts außen, von vorne nach hinten. Überblicken Sie die ganze Zuhörerschaft und konzentrieren Sie sich nicht nur auf einige Personen (zum Beispiel nur die Mitte, nur auf den Vorsitzenden, nur auf einen persönlich sympathisch erscheinenden Zuhörerkreis etc.). Die Gefahr des fehlenden Blickkontakts ist besonders groß beim Vortragen eines Referats. Hier sollte sich der Dozent einige Anmerkungen an den Rand seines Themenbegleiters machen, die ihn immer an den Blickkontakt erinnern. Wer die Technik des Blickkontakts noch nicht beherrscht, sollte sie unbedingt durch intensives Üben erlernen (siehe Teil »Rhetorik«).

Stimmliche Hervorhebung

Versuchen Sie, Ihre Stimme schwingen zu lassen. Heben Sie wichtige Aussagen Ihres Vortrags durch Stimmveränderungen, Sprechtempovariation, Lautstärkenveränderungen und Satzteil-Wiederholungen hervor. Ihre Sprechstärke muß so ausgelegt sein, daß auch der hinterste sich im Raum befindliche Zuhörer ohne Mühe in der Lage ist, das Gesagte zu verstehen. Monotone Sprechweise kann dazu führen, daß die Zuhörer gedanklich eintrüben, abschalten oder das Interesse am Vortrag verlieren. Ihre Stimme muß die Spannung wiedergeben, die im Teilnehmer vorherrschen soll.

Einsatz der Körpermotorik

Stehen Sie bei Ihrem Vortrag nicht steif hinter dem Vortragstisch oder vor dem Publikum. Das, was Sie sagen, soll auch gleichzeitig durch Ihren Körper mit ausgedrückt werden. Setzen Sie Körpergesten wie z. B. Handbewegungen und Mimik (Veränderung der Gesichtszüge) etc. gezielt ein, damit das gesprochene Wort durch Ihre Körpermotorik unterstützt wird. Zeigen Sie sich lebendig. Durch den Einsatz der Körpermotorik können Sie auch erreichen, daß innerliche Unruhe, Aufgeregtheit etc. dosiert nach außen abgelassen wird.

Redepausen

Sprechen Sie nicht ununterbrochen Satz für Satz. Lassen Sie dem Zuhörer Zeit, das Gehörte zu verdauen und zu verarbeiten. Existiert in einem Satz eine zentrale Aussage, so muß diese durch eine kurze Redepause vor und nach der Aussage hervorgehoben werden. Sprechen Sie langsam und versuchen Sie nicht, einen neuen Schnellsprechrekord anzusteuern.

Satzlänge

Je länger ein Satz ist, desto weniger Zuhörer wissen am Ende des Satzes noch, was eigentlich am Anfang ausgesagt wurde. Vermeiden Sie deshalb lange Sätze und formulieren Sie verhältnismäßig viele kurze Sätze. Bei kurzen Sätzen ist die Gefahr auch sehr gering, daß Ihr Sprechtempo zu schnell wird. Je länger der Satz, desto intensiver bemüht man sich, diesen schnell zu beenden, um den Zusammenhang von Satzanfang und Satzende nicht zu verlieren. Sätze mit mehr als 13 Wörtern können vom Zuhörer nicht mehr vollständig verarbeitet werden.

Auf die Punkte Blickkontakt, stimmliche Hervorhebung, Einsatz der Körpermotorik, Redepausen und Satzlänge werden wir noch im Kapitel »Rhetorik« intensiv zu sprechen kommen.

Ein Nachteil des Vortrags ist es, daß der Dozent wenig Möglichkeiten hat, während des Vortrags festzustellen, wer überhaupt mitdenkt bzw. wer den Stoff so aufgenommen hat, wie dieser vorgetragen wurde. Deshalb empfiehlt es sich beim Vortrag, am Ende eine Zeit zur Aussprache und zur Fragenbeantwortung anzusetzen. Damit kann erstens aufgrund der Fragen festgestellt werden, wie der Stoff aufgenommen wurde und welche Verständnisschwierigkeiten noch bestehen. Zweitens kann der Redner selbst mit anderen Worten nochmals den Schwerpunkt seiner Aussagen formulieren und wiederholen. Zum Schluß des Vortrags empfiehlt es sich außerdem noch, durch einige Fragen den Zuhörern die Möglichkeit zu geben, sich mit dem gehörten Stoff eigenständig auseinanderzusetzen und die aufgenommenen Informationen selbst anzuwenden. Um während des Vortrags stets aufmerksame Zuhörer vor sich zu haben, müssen während der stofflichen Themenpräsentation immer wieder rhetorische Fragen zum Einsatz gebracht werden, damit sich der Zuhörer mit dem Lehrstoff auch gedanklich aktiv auseinandersetzt.

Eine wichtige Unterrichtsform stellt das Lehrgespräch dar. Hier erfolgt die Wissensvermittlung durch die ständige Kommunikation des Dozenten mit den Teilnehmern. Der Schwerpunkt liegt dabei in der Frage- und Antwortmethode. Der Lehrstoff wird durch Fragen vom Dozenten und Antworten von den Teilnehmern gemeinsam erarbeitet. Damit wird erreicht, daß die Teilnehmer ständig gefordert sind, aktiv mitzuarbeiten. Mit der Fragestellung bezweckt man, daß der Zuhörer durch die Verknüpfung von bisher gelerntem Lernstoff, Allgemeinwissen und logischem Denken eine Antwortvorgabe entwerfen und diese dann in den Lernprozeß mit einbringen muß.

Der Dozent erreicht mit dem Lehrgespräch einen viel persönlicheren und lebendigeren Kontakt zu seinen Hörern als mit der Vortragstechnik. Der Teilnehmer erhält eine viel stärkere Lernbefriedigung, da er miterlebt, wie die Erarbeitung des Lernstoffes von seiner Mitarbeit abhängt. Zugleich erhält er durch den selbst miterlebten Lernerfolg, der sich unmittelbar nach der Antwort einstellt, einen weiteren Antrieb, den Lernprozeß aktiv fortzuführen. Bei teilrichtigen oder falschen Antworten kann durch die Technik der bedingten Zustimmung der Zuhörer dazu gebracht werden, weitere Beiträge zum Lehrgepräch beizusteuern. Damit erhält der Teilnehmer jedesmal eine weitere Motivation durch den persönlich erlebten Lernerfolg, der sich unmittelbar nach der Antwort einstellen wird. Die Teilnehmer erleben somit, wie der Unterrichtsstoff durch ihr eigenes Wissen und das Wissen des Dozenten vom Unbekannten zum Bekannten fortschreitet.

Der zentrale Punkt beim Lehrgespräch ist die Frage. Durch Fragen erreicht der Referent, daß sich der Zuhörer eine Antwort erarbeitet und diese mitteilt. Durch richtige Antworten werden dann zentrale Lerninhalte erarbeitet. Fragen und Antworten können auch Denkanstöße erzeugen, die es dem Teilnehmer ermöglichen, kritische oder unklare Sachverhalte oder Randgebiete anzusprechen und unter Mitarbeit des Dozenten zu einer Lösung zu gelangen. Die richtige Kombination von Lernstoffvorgabe, Fragen, Antworten, Denkanstößen und Informationen des Ausbilders ergeben ein lebhaftes und interessantes Lehrgespräch. Da Fragen einen zentralen Punkt beim Lehrgespräch darstellen, möchten wir nachfolgend einige Hinweise zur Auswahl und richtigen Benutzung von Fragen geben.

Fragen stellen in einem Lehrgespräch Impulse für eine Aktivierung des Teilnehmers dar. Sie sind Voraussetzung für ein reges und interessantes Lehrgespräch. Mit einer guten Frage erreichen Sie, daß der Teilnehmer sich motiviert fühlt, diese durch Nachdenken zu beantworten. Außerdem kann man mit ihnen lenken, beeinflussen und leiten. Wenn Sie z. B. einem Kind einen Ball zuwerfen, dann wird das Kind den Ball sehr wahrscheinlich wieder zurückwerfen. Genauso verhält es sich bei der Anwendung von Fragen. Der Teilnehmer wird nämlich versuchen, diese zu beantworten. Eine schlechte Frage (z. B. eine zweideutige Frage, eine falsch formulierte Frage, eine nicht verstandene Frage) kann aber auch das Gegenteil bewirken. Deshalb muß beachtet werden, daß Fragen so zu formulieren sind, daß sie von jedem Teilnehmer verstanden werden. Aber nicht nur im Lehrgespräch, sondern in jeglicher Kommunikationsbeziehung zwischen zwei oder mehreren Personen ist die Anwendung von Fragen wichtig. Durch geschickte Formulierungen und einer intensiven psychologischen Feingefühlsschulung kann hier ein Beeinflussungsgespräch entstehen. Wer fragt, agiert. Fragetechniker sind deshalb Angreifer. Wer Fragen beantwortet, reagiert. Der Fragenbeantworter wird in die Rolle des Reagierers gedrängt und damit von anderen gelenkt.

Da also mit einer gut durchdachten und wohlformulierten Frage positiv Einfluß auf den Teilnehmer genommen werden kann, wird nachfolgend die Technik der Fragestellung näher erläutert. Man unterscheidet mehrere Fragetypen mit unterschiedlichen Ausstrahlungen auf die erwartete Antwort.

Die verschiedenen Fragetypen

Die Informationsfrage: Die Informationsfrage ist der wichtigste Fragetyp überhaupt. Sie soll als Antwort eine Information auslösen, mit der der Dozent etwas Konkretes vom Zuhörer erfahren will. Die Informationsfrage kann daher auf einen großen Sachverhalt oder aber auch nur auf ein Wort ausgerichtet sein. Dies versucht sie auf möglichst direkte und kurze Weise zu erreichen. Deshalb muß sie knapp formuliert sein (7 +/– 2 Worte) und vom Teilnehmer sofort verstanden werden.

Beispiele:
1. *»Was können Sie mit dem Begriff »Unterricht« alles verbinden?«*
2. *»Sind Sie verheiratet?«*
3. *»Welche Voraussetzungen sind zum Studium wichtig?«*

Die Alternativfrage: Bei der Alternativfrage werden die Antwortmöglichkeiten mehr oder weniger stark eingeengt. Die möglichen Antworten lassen nur zwei Richtungen offen. Mit Alternativfragen kann die Erarbeitung eines schwierigen Lernstoffs besser erfolgen, da die Antworten eingegrenzt sind und die Gefahr der Themenabweichung durch eine abschweifende Antwort nicht vorhanden ist.

Beispiele:

1. *»Welche Art der Vortragstechnik halten Sie persönlich für die beste?« (Antwort. Zusatzfrage: »Warum halten Sie die ... für die beste?«)*
2. *»Rauchen Sie?«*
3. *»Wünschen Sie ein hartes oder weiches Frühstücksei?«*

Die Suggestivfrage: Die Suggestivfrage ist eine manipulierende Frage. Mit ihr will man erreichen, daß die zu erwartende Antwort den eigenen Vorstellungen entspricht. Man will also eine Person gegen ihren bewußten Willen in eine bestimmte Richtung beeinflussen. Man veranlaßt den Befragten durch die Fragestellung, die erwartete Antwort zu geben. Dem Befragten bleibt also nur die Antwortmöglichkeit übrig, die ihm vom Fragesteller her suggeriert wird. Ist die Suggestivfrage geschickt formuliert, wird die Manipulation vom Zuhörer gar nicht mehr bemerkt.

Beispiele:

1. *»Medien haben eine große Bedeutung für die Effektivität des Unterrichts. Glauben Sie nicht auch, daß sie deshalb verstärkt eingesetzt werden müssen?«*
2. *»Wenn Sie diese Argumente objektiv gewichten, werden Sie mir bestimmt zustimmen?«*
3. *»Sind wir nicht alle der Meinung, daß für die Umwelt viel mehr getan werden muß?«*
4. *»Möchten Sie zum Frühstück ein oder zwei Eier serviert bekommen?«*
5. *»Sie sind doch auch der Meinung, daß ...?«*

Die Fangfrage: Die Fangfrage ist eine indirekte Frageart. Aufgrund der Antwort kann man Schlußfolgerungen auf Situationen ziehen, ohne direkte Ansprache.

Beispiele:

1. *(Beim Vorstellungsgespräch, wenn man wissen möchte, ob der Bewerber einen Führerschein hat) »Haben Sie Schwierigkeiten gehabt, einen Parkplatz zu finden?«*
2. *(Beim Vorstellungsgespräch, wenn man wissen möchte, ob der Bewerber sich außerordentlich für Betriebsbelange interessiert) »Sind Sie in Ihrer Freizeit sehr aktiv?«*
3. *(In der Erste-Hilfe-Ausbildung, wenn man wissen will, ob jemand einen Verbandkasten im Auto hat) »Wer von Ihnen besitzt ein Fahrzeug, daß ordnungsgemäß nach DIN ausgestattet ist?«*

Die Fangfrage wird auch gern bei mündlichen Prüfungen eingesetzt. Hier wird bei der Frageformulierung die Fragerichtung auf anscheinend »wichtige« Reizwörter festgelegt, die der Prüfling dann logisch beantworten möchte.

Beispiele:

1. *»Wieviele Fenster hat das »Wasserwerk« als provisorisches Bundestagsgebäude in Köln?« (Die anscheinend logische Antwort kann nur geschätzt werden, wobei das anscheinend neutrale Reizwort »Köln« nicht beachtet wird).*
2. *»Im wievielten Jahrhundert entdeckte Columbus Nordamerika?«*

Die rhetorische Frage: Mit der rhetorischen Frage will man erreichen, daß eine Gegenmeinung zum behandelten Themenkomplex gar nicht erst aufkommt. Meistens enthält sie die Antwort schon selbst in der formulierten Frage. Muß sie beantwortet werden, dann erfolgt die Beantwortung vom Redner selbst. Ist keinerlei Resonanz aus dem Zuhörerkreis erkennbar, dann können z. B. viele Fragetypen mit einer nachfolgenden rhetorischen Frage selbst beantwortet werden. Die rhetorische Frage wird auch häufig bei der Vortragstechnik angewandt, um bei den Zuhörern Spannung und Interesse zu wecken.

Beispiele:

1. *»Wer von Ihnen, meine Damen und Herren, hat noch nicht von dieser revolutionären Entdeckung Notiz genommen?«*
2. *»Wer kann nach dem heutigen Erkenntnisstand der modernen Medizin noch behaupten, daß die Versorgung und Behandlung von Kranken über die Jahrhunderte schlechter geworden ist?«*
3. *»Ich verstehe Ihren Einwand also richtig, daß Sie meiner Meinung sind und für eine härtere Bestrafung von Verkehrsrowdys plädieren?«*
4. *»Wie können wir dieses Problem besser lösen? Können wir es etwa nicht so lösen, wie ich es Ihnen in meinem 3-Punkte-Katalog vorgeschlagen habe?«*
5. *»Halten Sie mich etwa nicht für kompetent genug, den Sachverhalt richtig zu beurteilen?« (Anders ausgedrückt: »Halten Sie mich für dumm?«).*
6. *»Verstehe ich Sie also richtig, daß ...?«*

3

Die Gegenfrage: Eine Frage, die vielleicht schwer zu beantworten ist, die uns unangenehm ist, mit der wir uns nicht auseinandersetzen wollen, kann durch eine direkte Gegenfrage an den Teilnehmer abgeblockt werden. Dadurch erreicht man, daß ein psychologischer Gegendruck auf den Fragesteller entsteht, da dieser jetzt unmittelbar zur Antwort gezwungen wird. Außerdem kann man mit der Gegenfrage mehr Hintergrundinformationen erarbeiten. Diese Fragetechnik kann auch eingesetzt werden, um Zeit zum Überlegen zu gewinnen. Gegenfragen sollten nur mit Vorsicht eingesetzt werden, da es unhöflich ist, eine Frage mit einer Gegenfrage zu beantworten. Damit wird die Motivation zum Fragen beim Teilnehmer verringert.

Beispiele:

1. *»Warum ...?« (Gegenfrage) »Warum nicht ...?«*
2. *»Wie läßt sich Ihrer Meinung nach die Informationsdarstellung im Unterricht verbessern?« (Gegenfrage) »Welche Möglichkeiten zur Informationsdarstellung kennen Sie eigentlich?«*
3. *»Wieso haben Sie diese Angelegenheit so entschieden?« (Gegenfrage) »Ich möchte ja nicht unhöflich erscheinen, aber haben Sie nicht im letzten Monat die gleiche Angelegenheit auch so entschieden?«*

4. *»Können Sie mir versichern, daß meine Vortragstätigkeit im nächsten Jahr gewährleistet ist?« (Gegenfrage) »Wie meinen Sie das?«*

Die motivierende Frage: Mit der motivierenden Frage möchte man erreichen, daß die Aktivität des Teilnehmers verbessert wird. Sie regt den Gesprächspartner an, aus sich herauszugehen und am Lehrgespräch teilzunehmen. Man spricht das innere »Ego« des Teilnehmers an, hebt ihn damit aus dem Zuhörerkreis hervor und steigert so kurzfristig sein inneres Wertgefühl. Jemand z. B. als fachkompetente Person aus der anonymen Gruppe herauszuheben, wirkt anspornend und profilierend. Wer ehrlich zu sich selbst ist, wird bestätigen, daß in jedem von uns Bestrebungen vorhanden sind, sich in der einen oder anderen Art gegenüber anderen zu profilieren.

Beispiele:
1. *»Was meinen Sie als Fachmann dazu?«*
2. *»Sie kennen sich doch in diesem schwierigen Gebiet aus?«*
3. *»Wie stehen Sie zu dieser kontroversen Situation?«*
4. *»Wie haben Sie solche Situationen in Ihrer erfolgreichen Berufspraxis gemeistert?«*

Die Angriffsfrage: Die Angriffsfrage ist eine aggressive Frageform und wird angewandt, um jemanden aus der Reserve zu locken. Sie haben vorher schon mit allen möglichen Techniken versucht, den Teilnehmer zu motivieren. Durch die Angriffsfrage versuchen Sie als letzte Steigerungsform, den Teilnehmer zur Mitarbeit zu bewegen. Auch die Angriffsfrage sollte sehr bedacht und äußerst selten eingesetzt werden.

Beispiele:
1. *»Können oder wollen Sie mir keine klare Antwort darauf geben?«*
2. *»Sind Sie wirklich sicher, daß ihre Verhaltensweise richtig ist?«*
3. *»Sind Sie von Ihrer Äußerung wirklich überzeugt?«*
4. *»Gibt es einen Grund, weshalb Sie mir gegenüber mißtrauisch sind?«*

Der Befragte kann dann auf zweierlei Arten reagieren:
1. Zustimmung → Sein Verhalten wird sich ändern.
2. Verteidigung → Er wird Begründungen dagegen suchen.

Die Bestätigungsfrage/Verunsicherungsfrage: Dieser Fragetyp wird vom Fragenden mit der Absicht eingesetzt, eine nochmalige Bestätigung zu erhalten oder eine Verunsicherung beim Antwortenden zu erreichen, damit dieser eventuell seine erste Antwort korrigiert. Es können also zwei entgegengesetzte Ergebnisse erzielt werden, wobei die angestrebte Richtung vom Tonfall der Frageformulierung abhängt.

Beispiele:
1. *»Bist Du ganz sicher, daß wir Geld in die Parkuhr eingeworfen haben?«*
2. *»Sind Sie sicher, daß die Einzelhandelsgeschäfte heute bis 19.00 Uhr geöffnet haben?«*
3. *»Sie sind also von Ihrer Äußerung wirklich überzeugt?«*

3

Die sokratische Frage: Die sokratische Frage besteht aus mehreren Teilfragen, meistens drei bis vier. Dabei werden die ersten drei Fragen so gezielt gestellt, daß der Teilnehmer sie mit JA beantworten muß. Durch eine oder mehrere zusätzliche Fragen wird der Gesprächspartner dann zur richtigen Erkenntnis geführt.

Beispiel I:

1. *»Sind Sie nicht auch der Meinung, daß das Bestreben der Bevölkerung zur fachgerechten Ausbildung im Bereich der Ersten Hilfe relativ gering ist?«*
   Antwort: »Ja.«
2. *»Ich habe doch bestimmt recht mit der Behauptung, daß Erste-Hilfe-Maßnahmen relativ einfach zu erlernen und anzuwenden sind?«*
   Antwort: »Ja.«
3. *»Dann stimmen Sie mir bestimmt zu, daß dieser Zustand geändert werden muß?«*
   Antwort: »Ja.«
4. *»Sicher werden Sie deshalb mit gutem Beispiel vorangehen und bei uns einen Erste-Hilfe-Kurs besuchen?«*
   Antwort: »Ja.«

3

Beispiel II:

1. *»Sie wollen sicher auch, daß weniger Menschen im Straßenverkehr ums Leben kommen?«*
   Antwort: »Ja.«
2. *»Sicherlich stimmen Sie auch zu, daß die Verkehrsdichte immer mehr zunimmt?«*
   Antwort: »Ja.«
3. *»Auch kann man sich heute kaum noch sicher als Fußgänger auf der Straße bewegen, ohne damit zu rechnen, von einem Auto angefahren zu werden?«*
   Antwort: »Ja.«
4. *»Dann werden Sie auch meiner Meinung sein, daß man Geschwindigkeitsüberschreitungen hart und unnachgiebig bestrafen muß?«*
   Antwort: »Ja.«

Offene/Geschlossene Fragen: Bei der offenen Frage gibt es viele Antwortmöglichkeiten. Die Gefahr bei offenen Fragen besteht in der Abschweifung in einen anderen Themenkomplex.

Beispiel:
»Wo wollen Sie 1996 Ihren Urlaub verbringen?«
Antwort: *»1994 war ich in den Vereinigten Staaten. Mit einem Wohnmobil habe ich das weite Land besichtigt. Die enormen Temperaturschwankungen haben mich jedoch veranlaßt, den Urlaub kurzfristig abzubrechen. Dabei war es mir nicht mehr möglich, das Wohnmobil zu verkaufen. Es steht jetzt immer noch dort auf einem Privatparkplatz und kostet Standgebühr. Jetzt überlegt sich sogar der Parkplatzbesitzer, ob er es nicht verkauft, um seine Kosten erstattet zu bekommen.«*
(Frage: Urlaub 1996? → Antwort: Rückblick Urlaub 1994, USA, Wohnmobil, Wetterunverträglichkeit, Zwangsversteigerung).

Diese Gefahr muß erkannt, ihr sollte mit einem Einwand entgegengewirkt werden.

1. *(Zum eben aufgeführten Beispiel) »Wir können Ihre Gefühle verstehen, die Sie wegen Ihres letztjährigen Urlaubs empfinden, aber trotzdem planen Sie doch sicherlich, dieses Jahr wieder zu verreisen? Wohin soll es denn gehen?«*
2. *»Sie sprechen damit einen interessanten Bereich an. Leider haben wir nicht die notwendige Zeit dazu, hierauf intensiver einzugehen. Ich kann Ihnen aber in der Pause nähere Hinweise dazu geben.«*

Bei der geschlossenen Fragestellung engt man den Kreis der möglichen Antworten ein und beschränkt damit auch die Gefahr des Abschweifens. Mit einer geschlossenen Frage als präzisierte Frageform will man erreichen, daß eine momentane, noch nicht bekannte Information erarbeitet wird. Je eingegrenzter aber die Frage, desto weniger Intuition und Kreativität wird vom Teilnehmer verlangt. Es empfiehlt sich deshalb, am Anfang durch eine offene Frage festzustellen, was die Zuhörer denn eigentlich mit dem Stoffgebiet alles verknüpfen. Dann gewichtet man die einzelnen Antworten nach ihrer Bedeutung und handelt sie in der festgelegten Reihenfolge ab.

Kommen bei einer geschlossenen Frage mehrere unbekannte Antworten vor, kann diese Frage nicht mehr vom Teilnehmer weiterverarbeitet und beantwortet werden. Fragen mit mehreren Unbekannten setzen schon intensive Lernkenntnisse voraus, die allerdings im Lehrgespräch noch nicht vorhanden sind, da hier nur Schritt für Schritt vorgegangen wird.

Beispiel:
»Können Sie mir den Lebenslauf von Albert Einstein beschreiben?«

Die hier dargestellten Fragetypen sind in der Praxis meistens in Kombinationen anzutreffen (offene Frage, Informationsfrage, motivierende Frage). Um jedoch den Zweck einer Frage erkennen zu können bzw. zu erreichen, müssen dem Dozenten die einzelnen Fragetypen in ihrem Teilbereich bekannt sein.

Beachten Sie folgende Punkte bei der Fragestellung:

1. Ist die Frage klar und eindeutig formuliert?
2. Ist sie kurz und einprägsam?
3. Orientiert sie sich ausschließlich am Thema und an den gesetzten Lernzielen?
4. Ist die Frage angemessen und nicht zu schwierig? Kann sie überhaupt beantwortet werden?
5. Keine doppelte Verneinung verwenden (Beispiel: Weshalb soll nicht beim Vortrag keine Kontrollmöglichkeit gegeben sein)!
6. Keine funktionslosen Füllwörter verwenden (z. B. jedoch, unter Umständen, entsprechend etc.)!
7. Keine Formulierung im Konjunktiv (z. B. Wie würden Sie diese Art der Unterrichtung nennen?)!
8. Die Frage darf nicht als belehrend aufgefaßt werden! Wer will sich schon von anderen über eine vielleicht vorgefertigte Meinung belehren lassen?

9. Gestellte Fragen dürfen nicht schon die Antwort enthalten!
10. Immer nur eine Frage stellen und die Beantwortung abwarten. Sammelfragen vermeiden!

Was erreicht man alles mit einer Frage bei den Teilnehmern? Mit der Fragestellung bewegt man sie zur Mitarbeit. Eine Frage ermöglicht es außerdem festzustellen, ob bereits vermittelte Lerninhalte gut aufgenommen worden sind (**Wiederholungsfragen**).

Weiter kann mit einer Frage das Verständnis der Teilnehmer festgestellt werden. Sind die aufgenommenen Lerninhalte auch verstanden worden (**Verständnisfragen**)? Es wird also der Sinn des Lernstoffs abgefragt (z. B. Beantwortung einer englischen Frage mit vorhandenem Wortschatz).

Des weiteren will man mit einer Frage beim Teilnehmer erreichen, daß er sich intensiver mit dem aufgenommenen Lernstoff beschäftigt, daß er diesen mit seinem Allgemeinwissen in Verbindung bringt und durch logische Schlußfolgerungen zur Vertiefung des Stoffs beiträgt (**Vertiefungsfragen**). Die Frage kann also ein Problem aufwerfen, das nur durch die Kombination dieser Einzelmerkmale beantwortet werden kann.

Die Fragetechnik

Nun haben Sie so viel über die verschiedenen Fragetypen und deren Anwendung erfahren. Jetzt sollen Sie auch kurz mit der richtigen Fragetechnik vertraut gemacht werden. Eine Frage kann unterschiedlich gestellt werden. Sie können einmal die Frage direkt an einen Teilnehmer richten und von ihm die Antwort erwarten. Dies hat aber den Nachteil, daß ein Großteil der nicht direkt Angesprochenen sich vielleicht selbst schon gar nicht mehr mit der Frage auseinandersetzt. Wenn man weiß, daß der andere die Frage beantworten muß, beschäftigt man sich damit gar nicht mehr so intensiv.

Sie können auch die Frage an die Allgemeinheit stellen und sofort eine bestimmte Person zur Beantwortung der Frage auffordern (Beispiel: »Herr ..., was meinen Sie dazu? Können Sie mir diese Frage beantworten?«). Damit hat aber der betreffende Teilnehmer nicht die Möglichkeit, sich intensiv gedanklich damit auseinanderzusetzen. Außerdem sind die anderen Teilnehmer froh, daß nicht sie angesprochen wurden und vermindern ihre Anteilnahme an der Frage. Diese Arten der Fragetechniken haben Nachteile. Wie sieht nun die optimale Fragetechnik aus?

Sie als Dozent stellen die Frage an alle Teilnehmer. Dann machen Sie eine kurze Pause und lassen den Teilnehmern genügend Zeit, um über diese Frage nachdenken zu können. Dabei sehen Sie jeden Teilnehmer erwartungsvoll an und lassen Ihren Blick schweifen, von rechts nach links, von vorne nach hinten. Danach können Sie entweder einen bestimmten Zuhörer zur Beantwortung aufrufen oder Sie wählen einen von den Hörern aus, die sich durch Handzeichen oder ähnliches bemerkbar gemacht haben.

In jedem Kurs sind Teilnehmer, die aus sich herausgehen (extrovertiert), gerne Antworten geben und eine rege Mitarbeit anstreben. Dann gibt es Hörer, die mehr verschlossen sind (introvertiert), zwar geistig mitarbeiten, aber ungern eine Antwort vor den anderen Zuhörern geben. Es gibt auch Teilnehmer, die mehr eine Mittelstellung zwischen extrovertiert und introvertiert einnehmen, die sich also ab und zu melden und einen aktiven Beitrag zum Lehrgespräch leisten. Die stark extrovertierten Teilnehmer erkennt man schon zu Beginn der Unterrichtsveranstaltung. Während sich die übrigen beiden Gruppen noch an die neue Atmosphäre gewöhnen müssen und deshalb verständlicherweise zu Beginn der Veranstaltung noch nicht so sehr auf aktive, nach außen gehende Mitarbeit eingestellt sind, wird sich die Gruppe der Extrovertierten schon zu Beginn der Veranstaltung durch ihre Eigenart bemerkbar machen. Solche Personen wirken auch als »Enthemmer« für die restlichen Teilnehmer. Sie lösen die Schweigsamkeit und Zurückhaltung der übrigen Zuhörer auf. Nach und nach wird sich dann auch die Mischgruppe oder Teile der introvertierten Gruppe durch eigene Beiträge am Unterrichtsablauf aktiv beteiligen. Beginnt der Ausbilder mit einem Lehrgespräch und befinden sich keine extrovertierten Personen unter den Hörern, kommt es zur stockenden Anfangsphase. Es fehlt also in dieser Situation an Teilnehmern, die aktiv das Lehrgespräch unterstützen. Hier kann man die erste Zeit dadurch überbrücken, daß der Dozent seine Unterrichtstechnik ändert und einen kurzen Vortrag oder eine freie Rede hält. Es ist auch möglich, den Teilnehmer nach einer längeren Überlegungspause mit der Frage »Ja, was meinen Sie denn dazu, daß ...« zur Antwort aufzufordern. Die Erfahrung zeigt, daß direkt angesprochene Hörer meistens antworten. Nur selten erlebt man ein Achselzucken als Antwort. Zwar wird sich der Hörer im Moment bestimmt ein wenig unbehaglich fühlen, aber nach einem kürzeren Zeitraum wird er zur regen Mitarbeit gewonnen. So kann man dann nach und nach die Hemmungen der Teilnehmer abbauen. Nach der ersten Pause ist meistens die Gewöhnungsphase der Teilnehmer abgeschlossen und das Lehrgespräch kann dann intensiver gestaltet werden.
Sind einige extrovertierte Zuhörer im Lehrgang, kann es z. B. bei einem unerfahrenen Dozenten geschehen, daß er nur immer diese zur Mitarbeit heranzieht. Äußerlich entsteht dabei zwar der Anschein eines regen Lehrgespräches, in Wirklichkeit arbeiten aber nur wenige Hörer mit. Die anderen beteiligen sich nur passiv oder sind mit ihren Gedanken anderweitig beschäftigt. Ihnen fehlt die notwendige Motivation oder sie spricht das Thema nicht an. Deshalb muß man in dieser Situation darauf achten, daß sich die aktive Mitarbeit auf alle Teilnehmer erstreckt. Außerdem kann es zur Enttäuschung der anderen führen, wenn man ständig nur dieselben befragt oder antworten läßt.

Wenn eine gestellte Frage erreicht, daß sie

- ➡ zum Nachdenken anregt,
- ➡ zum Mitreden veranlaßt,
- ➡ zur Mitarbeit anreizt und
- ➡ zur Mitverantwortung führt,

dann setzt man damit die besten Voraussetzungen, ein Musterbeispiel eines Lehrgesprächs zu gestalten. Da dies nicht von heute auf morgen erlernbar ist, bedarf es einer längeren Übungsphase, bis die Technik der Fragestellung in ihren gesamten Einzelheiten beherrscht wird.

Die Antworttechnik

Wenden wir uns nun den Antworten zu, die aufgrund der gestellten Fragen gegeben werden. Wie muß eine Antwort vom Teilnehmer oder dem Teilnehmer gegenüber richtig gestaltet und formuliert sein? Widmen wir zuerst unsere Aufmerksamkeit den Antworten, die dem Teilnehmer vom Ausbilder aufgrund einer Frage gegeben werden.

Zu Unterrichtsbeginn wird der Dozent die Teilnehmer darauf hinweisen, daß Fragen gestellt werden sollen, wenn irgendetwas unklar ist oder von ihm mißverständlich ausgedrückt wurde. Wer Fragen stellt, zeigt Interesse am Lernstoff.

Es gibt keine dummen Fragen.

Nur die Antwort, die der Befragte gibt, kann dumm ausfallen. Dumme Antworten seitens des Ausbilders stellen ihn in keinem guten Licht dar. Wer also Teilnehmer zum Fragen auffordert, ja sogar ermuntert, der muß auch in der Lage sein, diese Fragen richtig zu werten, zu überdenken und zu beantworten.

Zuerst muß einem bewußt werden, daß der einzelne Teilnehmer Schwächen und Stärken in unterschiedlichen Bereichen und unterschiedlichen Ausprägungen besitzt. Der Zuhörer verfügt über Kenntnisse und Erfahrungswerte in Stoffgebieten, die den Ausbilder vielleicht gar nicht interessieren. Er kann aber eine Schwäche in der Formulierung von Fragen haben, oder er hat vorübergehende nervöse Störungen, wenn er vor dem Publikum an den Dozenten eine Frage stellen oder gar eine Antwort geben soll. Die Fähigkeit, die die Lehrkraft aufgrund ihrer Ausbildung erworben hat, wird der Zuhörer sehr wahrscheinlich nicht besitzen. Dafür verfügt er aber in seinem Fachgebiet über bessere Kenntnisse als der Ausbilder.

Empfehlungen: Respektieren Sie die Schwächen der Teilnehmer. Nehmen Sie die gezeigten Aktivitäten, jede Frage und Antwort des Teilnehmers ernst. Sie motivieren ihn damit zur weiteren Mitarbeit. Überlegen Sie genau, welchen Sachverhalt die Frage anspricht und was der Teilnehmer am Stoffgebiet nicht verstanden haben kann. Machen Sie den Zuhörer nicht vor den anderen lächerlich, indem Sie vielleicht ironisch auf seinen Fehler hinweisen. Beantworten Sie die Fragen mit einfachen und lebendigen Worten. Formulieren Sie Ihre Antworten immer in der Wirklichkeitsform (»Ich werde ...«, »ich kann ...«,) und meiden Sie die Möglichkeitsform (»Ich würde meinen, ...«, »Ich könnte mir vorstellen, ...«).

Ihre Antwort muß sicher vorgetragen werden. Dadurch bestätigen Sie dem Hörer die Bedeutung seiner Frage. Geben Sie vielleicht den Schwerpunkt der Frage mit anderen Worten wieder und beantworten Sie diese einfach und verständlich. Fragen Sie nach erfolgter Antwort nach, ob damit die Frage beantwortet ist. Nur so können Sie sich vergewissern, ob Sie seine Frage auch richtig aufgefaßt haben.

Es kann auch passieren, daß Sie etwas gefragt werden, das Ihnen im Augenblick entfallen ist oder das Sie vielleicht nicht wissen. Sie blamieren sich bestimmt nicht, wenn Sie hier spontan zugeben, daß Sie diese Frage momentan nicht beantworten können. Versichern Sie aber dem Teilnehmer, daß Sie sich erkundigen und ihm bei nächster Gelegenheit dann die Frage beantworten werden. Mit der passenden Aussage können Sie dann zusätzlich den Fragesteller motivieren (Beispiel: »Da haben Sie mich gerade auf einem falschen Bein erwischt. Das ist eine sehr gute, durchdachte Frage. Hier muß ich mich erst kundig machen. Ich gebe Ihnen die Antwort nach der nächsten Pause.«). Kein Mensch ist vollkommen. Niemand kann über alles Bescheid wissen. Auch ein Fachmann kann in seinem Spezialgebiet nicht über einen umfassenden Kenntnisstand verfügen. Dafür existieren zu viele nicht bekannte Informationen, die aufzunehmen unser menschliches Gehirn noch gar nicht die Zeit hatte. Hüten Sie sich aber davor, diesem menschlichen Zug dadurch entgehen zu wollen, daß Sie sich um die Frage herumdrücken (»Die Frage paßt gerade nicht in diesen Zusammenhang«; »Ich komme später zu diesem Fragekomplex und stelle Ihre Frage erst einmal zurück«; »Fragen bitte erst am Ende des Seminars stellen«), bewußt einen anderen Fragenbereich anschneiden und beantworten (»Kennen Sie die Institution in der Schweiz, die sich mit einem vorbereitenden Risikomanagement beschäftigt? Ich kenne das Schweizer Modell. Ich kenne nicht nur dieses Modell sehr gut, sondern auch das israelische System. Hier wird besonders Wert gelegt auf ....«) oder gar die Frage falsch beantworten. Ihre Glaubwürdigkeit kann dadurch beeinträchtigt werden. Außerdem, wenn Sie dem Teilnehmer bewußt eine falsche Antwort geben, dann wendet dieser im guten Glauben an die Richtigkeit Ihrer Aussage evtl. falsche Dinge oder Maßnahmen in der Praxis an. Dies ist besonders bei praktischen Tätigkeiten mit Verantwortung gegenüber Menschenleben und hohen Sachwerten problematisch. Wollen Sie sich nicht die Blöße des »Nichtwissens« geben, dann können Sie zur Not darauf hinweisen, daß Sie sich den angesprochenen Sachverhalt so vorstellen könnten (aus dem logischen Zusammenhang heraus), aber sich hier noch genauer erkundigen und wieder Bescheid geben werden, ob es sich nun wirklich so verhält.

Kommen wir nun zur Behandlung der Antworten, die vom Teilnehmer aufgrund einer Frage des Dozenten gegeben werden. Mit der gestellten Frage will der Dozent erreichen, daß sich der Teilnehmer aktiv mit dem Lernstoff auseinandersetzt, diesen mit seinem Allgemeinwissen in Verbindung bringt und sie durch logisches Strukturieren und Schlußfolgern richtig beantwortet. Mit der richtigen Antwort erfolgt ein Schritt zur Erreichung des Lernziels. Deshalb sind Antworten im Lehrgespräch so bedeutungsvoll, denn nur durch diese kann der Lehrstoff Schritt für Schritt selbst erarbeitet werden.

Empfehlungen: Nehmen Sie deshalb jede Antwort ernst. Sie bestärken dadurch die Teilnehmer, weitere Antworten zu geben. Ist die Antwort richtig, dann heben Sie sie hervor (Lob). Durch die Bestätigung in Form des wörtlichen Lobs (Beispiel: »Damit haben Sie die Frage richtig beantwortet«; »Ja, richtig«; »Da haben Sie vollkommen recht«; etc.), durch zustimmende Körpermotorik (einen anerkennenden Blick, durch Kopfnicken, zustimmende Handgestik) oder mit anderen ermunternden Gesten motivieren Sie den Teilnehmer zum weiteren Beantworten von Fragen.

Ist die Antwort zwar inhaltlich richtig, aber schlecht formuliert, dann geben Sie diese Antwort nochmals mit eigenen Worten richtig formuliert wieder. Damit erreichen Sie auch, daß der Sachverhalt nochmals wiederholt wird. Bei einer halbrichtigen Antwort wird der richtige Teil mit einer eigenen neuen Ergänzung verbessert.

Eine falsche Antwort darf nicht so hart als solche »enttarnt« werden, sondern dem Zuhörer muß gezeigt werden, daß sein Wille zur Antwort anerkannt wird. Hier kann die **Technik der bedingten Zustimmung** Anwendung finden:

Beispiele:
1. *»Ihre Antwort geht in die richtige Richtung.«*
2. *»Sie kommen damit der Sache schon näher.«*
3. *»Ja, richtig, und führen Sie jetzt Ihren Gedankengang noch weiter in …«*

Sie können auch den Antwortenden indirekt noch zum richtigen Ergebnis hinführen:

3

Beispiele:
1. *»Ihre Antwort zeigt mir, daß Sie den Sachverhalt von einer anderen Seite her betrachten.«*
2. *»Ja, gut, aber betrachten Sie einmal das Problem von …«*
3. *»Ja, aber noch detaillierter ausgedrückt …«*
4. *»Von der Thematik betrachtet richtig, aber versuchen Sie den … Schwerpunkt noch stärker zu gewichten.«*
5. *»Gehen Sie doch das Problem von der … Richtung an.«*

Bedenken Sie bitte auch bei der Wahl Ihrer Worte, daß eine Sachaussage einmal positiv, aber auch negativ formuliert werden kann. Mit der positiven Formulierung erreichen Sie eine zusätzliche bzw. nochmalige Aktivierung des Teilnehmers, mit der negativen Formulierung dagegen nicht. Diese stößt ab, schafft beim Teilnehmer Mißmut und wirkt demotivierend.

Beispiel:
»Was Sie gerade gesagt haben, ist falsch!«

Hier wird nun der Teilnehmer von der Lehrkraft mit einer negativen Formulierung aus der Gruppe hervorgehoben und getadelt. Diese Formulierung wirkt deshalb genau umgekehrt wie die motivierende Frage auf den Betroffenen. Der Teilnehmer wird mit dieser Antwort des Dozenten folgende Assoziationen in Verbindung bringen:

1. *»Überlegen Sie das nächste Mal, bevor Sie antworten!«*
2. *»Was erlauben Sie sich eigentlich?«*
3. *»Wie können Sie es nur wagen, eine falsche Antwort zu geben?«*
4. *»Sind Sie dumm, daß Sie diesen einfachen Sachverhalt nicht verstehen?«*
5. *»Weshalb sind Sie überhaupt hier? Sie sind doch hier fehl am Platz!«*

Diese (zum Teil übertriebenen) Gedanken können aufgrund der negativen Ausdruckstechnik des Dozenten beim Teilnehmer sehr wohl aufkommen. Kommt eine solche negative Dialektik häufiger vor, wird der betroffene Teilnehmer (und andere Zuhörer) eine Abwehrhaltung einnehmen und den Dozenten ablehnen. Der Unterrichtsprozeß ist damit gestört, die Harmonie verlorengegangen. Die Ausbildungskraft muß deshalb gezielt die positive Ausdruckstechnik, die sogenannte positive Dialektik, in der Gesprächsführung einsetzen.

Beispiele:
1. *»Das ist nicht richtig!« (Aber auch noch negativ formuliert)*
2. *»Das ist nicht ganz richtig!« (Verbesserung zu 1.)*
3. *»Das ist in dieser Situation nicht ganz richtig!« (Verbesserung zu 2.)*
4. *»Ich habe das anders in Erinnerung.«*
5. *»Darf ich es Ihnen nochmals zeigen?« (Bei praktischen Übungen)*
6. *»Glauben Sie nicht, daß wir hier auf Schwierigkeiten stoßen können?«*
7. *»Ich glaube, hier müssen wir differenzieren. Ihre Antwort geht in Richtung ...!«*
8. *»Ich glaube, ich habe mich unklar ausgedrückt.« (Schuld auf sich nehmen)*

Auch hier wird wieder von der Lehrkraft die psychologische Feingefühlsschulung erwartet, damit die Teilnehmer während des Kursverlaufs ständig aktiv und motiviert sind. Sie muß ihre Sprache kontrollieren und dabei bessere und feinere Sprachreaktionen in der Gesprächsführung zeigen, denn »der Ton macht die Musik«.

Es kann aber auch passieren, daß Sie absolut keine brauchbaren Antworten bekommen. In diesem Fall liegt der Fehler daran, daß die Fragestellung zu schwer war oder daß die Frage vom Teilnehmer nicht verstanden wurde. Hier empfiehlt es sich, eine neue Frage für das gleiche Lernziel zu formulieren oder die Teilnehmer durch Zusatzfragen an die Lösung heranzuführen.

Alle brauchbaren Antworten, die Sie erhalten, müssen von Ihnen gesammelt und geordnet werden. Dazu eignet sich am besten die Tafel, der Arbeitsprojektor oder eine Umblättertafel (Flip-chart). Dabei kann das Aufschreiben der Antworten gleich nach Oberbegriffen erfolgen, wobei diese selbst von den Teilnehmern noch erarbeitet werden (leere Tafelfläche wird vom Ausbilder gedanklich unterteilt in Oberbegriffe). Die Ergebnisse des Lehrgespräches müssen zum Schluß noch zusammengefaßt und das Lernziel anhand dieser Ergebnisse dargestellt und hervorgehoben werden.

Wie Sie zwischenzeitlich schon festgestellt haben, besteht ein Lehrgespräch natürlich nicht nur aus Fragen, Antworten und Denkanstößen. Nicht bekannter Lehrstoff, der spezifisch ausgelegt ist, kann nur sehr schwer oder gar nicht durch Fragen erarbeitet werden. Solche kritischen Momente muß der Ausbilder überwinden, indem er diese Bereiche mit eigenen Worten als Zusatzinformation in den Unterrichtsprozeß einfließen läßt. Somit besteht also das Lehrgespräch aus folgenden Faktoren:

- ➡ Allgemeinwissen (des Teilnehmers)
- ➡ erarbeitete Stoffkenntnisse (vom Teilnehmer)
- ➡ Fragen und Antworten (aus dem Lehrgespräch)
- ➡ Denkanstöße und logisches Denkvermögen (der Teilnehmer)
- ➡ Zusatzinformationen (des Dozenten).

Das Lehrgespräch erfordert vom Ausbilder die Fähigkeit, frei zu reden und Unterrichtsinhalte gedanklich vorzuformulieren. Eine klare Gliederung und genaue Zeiteinteilung soll der Gefahr entgegenwirken, gedanklich abzuschweifen, die Zeit zu überschreiten und dadurch das Lernziel nicht voll erfüllen zu könnnen.

3

• Die Gruppenarbeit

Bieten Sie eine Lehrveranstaltung über mehrere Unterrichtstage oder mehrere Unterrichtswochen an, so haben Sie die Möglichkeit, durch Gruppenarbeit die Initiative zur Lernstofferarbeitung von sich auf den Teilnehmer zu übertragen. Bei der Technik der Gruppenarbeit werden die Teilnehmer in mehrere Gruppen eingeteilt, wobei eine Gruppe aus nicht mehr als fünf Personen bestehen sollte. Sie müssen untereinander annähernd gleich stark (wissensmäßig) zusammengesetzt sein. Es soll aber nicht nach dem Motto vorgegangen werden: »Einer spricht - einer schreibt«. Sinn der Gruppenarbeit ist es, daß jedes einzelne Gruppenmitglied seinen Beitrag und sein Wissen einbringt und daß die gebildete Lerngruppe den Lernstoff nun selbst erarbeitet. Im Kapitel »Lernverhalten« wurde bereits erörtert, daß sich selbst Erarbeitetes besser einprägt als nur vorgetragener Lehrstoff. Meistens setzt sich eine Gruppe sehr verschieden zusammen. So werden ein oder mehrere wissensmäßig starke Teilnehmer ihre Erfahrungen und Kenntnisse einbringen, ein anderer Teilnehmer wird seine guten Allgemeinkenntnisse dazu benutzen, neue Gesichtspunkte mit in den Lernprozeß einfließen zu lassen. Der Dritte wird durch sein logisches Denkvermögen mit neuen Ansätzen zur Problemlösung beitragen können. Jeder Teilnehmer kann seine vorhandenen Schwerpunkte einbringen und durch den Entwicklungsprozeß in der Gruppe eine Erarbeitung des Lernstoffs oder eine Vertiefung in der Thematik für sich persönlich erreichen. So können je nach Zusammensetzung der Gruppen auch unterschiedliche Ergebnisse erarbeitet werden. Meistens ist aber festzustellen, daß die Grundlerninhalte von jeder Gruppe in mehr oder weniger starkem

Ausmaß erarbeitet werden. Deshalb muß auch nach jeder Gruppenarbeit eine Zusammenfassung aller Gruppenergebnisse erfolgen und die wesentlichen Themenschwerpunkte müssen nochmals hervorgehoben werden.

Es gibt zwei Möglichkeiten, Aufgaben an die gebildeten Gruppen zu vergeben. Entweder wird ein und dasselbe Thema allen Gruppen zur Ausarbeitung gegeben, oder die Gesamtaufgabe wird zerlegt, wobei jetzt pro Gruppe eine Teilaufgabe erarbeitet wird. Welche Art der Aufgabenverteilung Anwendung findet, ist themen- und zeitabhängig.

Bei der ersten Art der Aufgabenverteilung erreicht man, daß sich jede Gruppe intensiv mit dem Thema beschäftigt. Die Erarbeitung wichtiger Themenschwerpunkte kann nach dieser Art erfolgen. Zum Schluß der Gruppenarbeit müssen die zentralen Punkte herausgearbeitet bzw. dargestellt werden, damit die Gruppen am Unterrichtsende zusammen denselben notwendigen Wissensstand besitzen.

Mit der zweiten Art der Aufgabenverteilung erreicht man, daß ein größerer Themenbereich von den Gruppen durchgearbeitet wird. Zwar arbeitet jede Gruppe nun einen anderen Themenbereich aus, inhaltlich bestehen jedoch Verbindungselemente. Diese erlauben jeder Gruppe, aufgrund ihrer ausgearbeiteten Erkenntnisse Rückschluß auf die anderen Teilaufgabenbereiche zu ziehen. Hier muß zum Schluß jede Gruppe ihr erarbeitetes Wissen vortragen. Der Dozent schließt nach jedem Vortrag noch eine kurze Bemerkung an, bei der wieder die zentralen Punkte herausgestellt werden. Natürlich wird der Dozent während der Gruppenarbeit die Betreuung der einzelnen Gruppen übernehmen, indem er

- ➡ die Ergebnisse der Gruppe bewertet,
- ➡ einige neue Gedanken mit einfließen läßt und
- ➡ neue Anregungen gibt,

um so die Gruppe auf das gewünschte Ergebnis hinzuführen.

Die Gruppenarbeit benötigt zwar einen wesentlich größeren Zeitaufwand, aber die Lernergebnisse bei den Teilnehmern sind dabei besser und dauerhafter. Der Zeitumfang der Gruppenarbeit muß aber im voraus festgelegt werden, damit sich eine gewisse Straffung der Arbeit innerhalb der Gruppe ergibt.

Es darf nicht um jeden Preis eine Gruppenarbeit angestrebt werden. Die Gruppenarbeit soll nicht um ihrer selbst willen durchgeführt werden. Kurzzeitige Lehrveranstaltungen sind nicht für diese Art der Unterrichtung geeignet. Außerdem sollten sich die Teilnehmer schon über einen längeren Zeitraum kennen. Mit fremden Personen eine Gruppe zu gestalten, kann zum Aufbau von Barrieren bei einzelnen Mitgliedern führen. Diese Barrieren bewirken, daß keine optimalen Ergebnisse erarbeitet werden, da innerhalb der Gruppe noch die harmonische Zusammenarbeit fehlt. Oft erlebt man, daß schon zu Beginn einer Lehrveranstaltung eine Gruppenarbeit angesetzt wird. Wir halten dies für falsch! Was will eine Lehrkraft damit erreichen? Will sie erreichen, daß sie persönlich vielleicht die Einführungsphase besser übersteht?

Unter der Diskussion versteht man die freie Aussprache der Teilnehmer untereinander, wobei der Dozent nur als Diskussionsleiter auftritt. Er gibt das Thema vor, beschreibt den bisherigen Sachverhalt und stellt evtl. das Problem heraus. Während der Diskussion hat er darauf zu achten, daß

- ➡ der Diskussionsablauf ohne Störungen verläuft,
- ➡ zu lange Sprechzeiten verhindert werden,
- ➡ die Diskussionsbeiträge der Teilnehmer in der Reihenfolge der Wortmeldungen vorgetragen werden,
- ➡ das Thema der Diskussion von den Teilnehmern nicht aus den Augen verloren wird und
- ➡ er am Ende die Diskussionsergebnisse zusammenfaßt.

Bei Diskussionen wird immer das Pro und Contra eines Sachverhaltes angesprochen. Diskussionen haben nur dann einen Sinn, wenn die Teilnehmer auch in der Lage sind, Toleranz gegenüber anderen zu üben, falsche Einstellungen zu erkennen und gegebenenfalls neue Gesichtspunkte in ihre Vorstellungen mit einfließen zu lassen. Diskussionsteilnehmer dürfen nicht mit zu vielen Vorurteilen beladen sein, da sie sonst das Ergebnis der Diskussionsrunde gefährden. Eine Diskussion bietet sich dann an, wenn über ein interessantes Thema referiert wird (z. B. Sinn und Zweck der Ersten Hilfe), bei dem vorher die Grundlagen zu diesem Thema vom Ausbilder dargeboten wurden. Man kann nur über etwas diskutieren, über das man auch einen objektiven Kenntnisstand besitzt. Fehlt diese Substanz, kann die Diskussion nicht erfolgreich verlaufen. In der Schlußphase der Unterrichtung hat also die Diskussion durchaus seine Berechtigung. Man sollte dabei nur beachten, daß nach der erfolgten Durchführung die Teilnehmer nicht ohne eine Zusammenfassung auseinandergehen.

Argumentations- und Diskussionstechniken

Häufig kann der Diskussionsverlauf zugunsten des Leiters durch eine geschickte Argumentation positiv beeinflußt werden. Außerdem sind viele Personen trotz fundierter und richtiger Meinung redegewandten Konkurrenten in einer Diskussionsrunde unterlegen, weil diese bewußt durch Einsatz geschickter Argumentationstechniken ihren Kontrahenten »niederargumentieren«. Jeder im Ausbildungsbereich Tätige muß daher diese Möglichkeiten selbst kennen und praktisch einsetzen können.

1. Worte belehren, Beispiele ziehen an. Beispiele machen in einer Rede das Gesagte anschaulicher, erlebbarer und prägnanter.

   Beispiele:
   a) »Die Hungersnot in Äthiopien zeigt anschaulich, daß wir auf Kosten der Entwicklungsländer zu Reichtum und Wohlstand gelangt sind.«
   b) »Jährlich könnten ca. 3 000 Menschen noch am Leben sein, wenn jeder von uns am Notfallort Erste Hilfe leisten würde.«

3

2. Sprichwörter, Zitate, Statistiken, wissenschaftliche Untersuchungsergebnisse etc. unterstützen die Glaubwürdigkeit der Aussagen. Man beruft sich dabei auf Experten und Kapazitäten, auf höhere Instanzen oder bekannte und allgemein anerkannte Tatsachen.

   Beispiele:
   a) »Mach's Maul auf, tritt fest auf, hör bald auf.« (Martin Luther)
   b) »Jährlich kommt es auf Deutschlands Straßen zu ca. 500 000 Verletzten und ca. 10 000 Verkehrstoten.«

3. Zahlen sind manchmal Stützpfeiler der Argumentation. Doch man sollte sie nachprüfbar und anschaulich darbieten, nicht einfach nur »anonyme Zahlen jemandem an den Kopf werfen«. Schlecht vorstellbare Zahlenmengen können bildlich mit Beispielen verbunden werden.

   Beispiele:
   a) »Das Jahreseinkommen eines Erwachsenen in den Entwicklungsländern beläuft sich häufig unter 100 DM. Das ist der Betrag, den wir ausgeben, wenn wir einmal gut zum Essen gehen.«
   b) »Es muß einen doch nachdenklich stimmen, daß jährlich allein 42 Mrd. DM für die Behandlung von ernährungsbedingten Krankheiten ausgegeben werden. Bedenken Sie, »42 000 Millionen DM« werden allein für vermeidbare Krankheiten verschleudert.«

4. Bezüge zu Ereignissen aus der Vergangenheit verschaffen der rednerischen Absicht mehr Gewichtung. Wenn sie emotional »gewürzt« sind, können sie leicht zu Manipulationsfaktoren werden.

   Beispiele:
   a) *»Jede Generation macht einmal eine Währungsreform mit. Fragen Sie doch Ihre älteren Mitbürger, wie das damals war, als plötzlich das gesamte Geldvermögen nichts mehr wert war, welche schmerzlichen Erfahrungen damit verbunden waren. Wollen Sie unter diesen Umständen tatsächlich Ihr Geld auf dem Sparbuch belassen oder es vielleicht nicht doch in Sachvermögen investieren?«*
   b) *»Vielleicht haben Sie es selbst schon in der eigenen Familie miterlebt, wie es ist, wenn plötzlich eine lebensbedrohliche Störung beim Verwandten auftritt und Sie nichts dagegen tun können. Wenn Sie in diesem Kurs aktiv mitarbeiten, werden Sie mit wenigen einfachen Maßnahmen viel erreichen können.«*

5. Verallgemeinerungen, leichtfertige Schlußfolgerungen oder falsche Aussagen können den gesamten Diskussionsbeitrag zum Wanken bringen. Sofort wird dann der ansonsten gute Redebeitrag negativ abgewertet und die Person abgelehnt.

   Beispiele:
   a) *»Da kann man einfach nur sagen: Typisch Frau!«*
   b) *»Wieso stellen Sie sich denn bei dieser praktischen Übung so dumm an. Alle anderen haben es doch auch geschafft.«*

6. Mit der Wahl der Anrede kann man sich von einer anderen Person distanzieren oder aber sich mit ihr identifizieren. Durch Blickkontakt und Stimmeinsatz wird dieser Eindruck verstärkt.

   Beispiele:
   a) *»Herr Maier, ...«*
   b) *»Maier, ...«*
   c) *»Sie, ...«*
   d) *»Du, ...«*

   Es kann auch bewußt eine falsche Namensanrede mit dem Zweck der Verunsicherung oder Provokation erfolgen.

7. Der Zuhörer wird als Partner, nicht als Gegner angesehen. Die Absicht ist es, Vertrauen und Unterstützung beim Gesprächspartner und der Zuhörerschaft zu gewinnen.

   Beispiele:
   a) *»Es bringt doch nichts, wenn wir uns nur gegenseitig beschuldigen. Machen wir einen Schlußstrich unter die Vergangenheit und lösen die auf uns zukommenden schwerwiegenden Probleme gemeinsam erfolgreich.«*

b) *»Von Ihrem Standpunkt aus gesehen haben Sie ja recht. Aber in der Notfallmedizin wird nicht die Ursache der lebensbedrohlichen Störung, sondern nur die bedrohliche Auswirkung versorgt, damit wichtige Körperorgane nicht zu stark gestört werden.«*

8. Kontroverse Situationen sollten stets sachlich ausdiskutiert werden. Wer ausfällig wird oder schreit, hat die Akzeptanz seines Diskussionspartners und die Sympathie der Zuhörer verloren.

   Beispiele:
   a) *»Mit Ihnen kann man ja nicht diskutieren, Sie sind ja völlig voreingenommen.«*
   b) *»Entweder Sie führen jetzt den Rautekgriff aus dem Liegen vor, oder Sie können den Raum verlassen und erhalten keine Bescheinigung.«*

9. Die wichtigsten Argumente müssen zum Schluß des Diskussionsbeitrages nochmals zusammengefaßt wiederholt werden. Dadurch wirken sie länger nach und bleiben besser im Gedächtnis haften.

   Beispiele:
   a) *»Zum Abschluß darf ich nochmals auf die bevorstehende Problematik hinweisen, die wir in der Zukunft durch ... lösen müssen.«*
   b) *»Das Resümee daraus ist, daß der Kopf bei jedem Bewußtlosen überstreckt wird, damit die Atemwege nicht durch die Zunge verlegt werden.«*

10. Der Diskussionsbeitrag muß in sich logisch gegliedert sein, damit er von den anderen leichter aufgenommen und verstanden wird. Er muß so gestaltet sein, daß es für den Zuhörer unmöglich ist, ihn nicht zu verstehen.

    Beispiele:
    a) *Einleitung, Hauptteil, Zusammenfassung*
    b) *Sachlichen Standpunkt aufzeigen, Vor- und Nachteile aufzählen, daraus persönliche Schlußfolgerung ziehen.*

11. Finden Sie einen guten Anfang und einen guten Schluß des Diskussionsbeitrags. Diese wirken längere Zeit bei den Zuhörern nach und hinterlassen einen guten Gesamteindruck.

12. Einzelne Äußerungen eines Vorredners, die gut in das Konzept des nachfolgenden Redners hineinpassen, können von diesem besonders gelobt werden. Der Zuhörer wertet dies nicht selten als Sympathiebeweis und ist deshalb geneigt, auch den weiteren Aussagen des augenblicklichen Sprechers weniger kritisch zuzustimmen.

    Beispiele:
    a) *»Wie uns der anschauliche Vortrag von Herrn Maier gezeigt hat, liegen die Schwerpunkte doch eindeutig im sozialen Umfeld.«*

b) *»Sie haben mit Ihrem Einwand völlig recht. Erste Hilfe ist häufig in der Ausführung problematisch. Durch ausreichende Übung können allerdings die notwendigen einfachen Maßnahmen sehr leicht gelernt und eingesetzt werden.«*

13. Die den Zuhörer interessierenden Punkte werden mit den eigenen Vorstellungen verknüpft und argumentativ vertreten.

    Beispiele:
    a) *»Ihre Frage läßt sich schnell durch die geschichtliche Entwicklung beantworten. Wie es sich in der Vergangenheit gezeigt hat, waren bis jetzt alle Wirtschaftstheorien langfristig nicht vom Erfolg geprägt, sondern haben stets zu schwerwiegenden Folgeproblemen geführt.«*
    b) *»Ihr Einwand geht in die richtige Richtung. Selbstverständlich lassen sich nicht alle Probleme auf einmal lösen. Sie stimmen mir aber zu, daß man Erste Hilfe nur durch Übung erlernen kann.«*

14. Schwache Argumentationsstellen (widerlegbare Einzelheiten) werden aus der gegnerischen Rede aufgegriffen, aus dem Sachzusammenhang gelöst und mit rhetorischer Geschicklichkeit als zweifelhaft oder unglaubwürdig hingestellt. Damit erreicht man bei den Zuhörern den Eindruck, daß die gesamte Aussage wenig Glaubwürdigkeit besitzt.

    Beispiele:
    a) *»Sie, Herr Maier, haben doch schon durch ihre bisherigen Äußerungen und Aktivitäten bewiesen, daß Sie auf diesem Gebiet nicht gerade glänzen.«*
    b) *»Bevor ich hier in der Erste Hilfe etwas falsch mache, was ja möglich ist, mache ich lieber gar nichts beim Verletzten!«*

15. Gehen dem Diskussionsgegner die sachlichen Argumente aus bzw. stellt sich seine Argumentationstechnik als die schlechtere heraus, dann reagiert und argumentiert der Unterlegene öfters zunehmend emotionaler. Oft wird dann auch versucht, durch Kritik an der Form des gegnerischen (besseren) Arguments dieses verbal zu entkräften, wobei allerdings keinerlei fachlich fundierte Begründung vorliegt. Der »Sieger« soll hier immer sachlich weiterargumentieren und nicht ebenfalls emotional reagieren.

16. Ein geschickter Redegegner wird immer versuchen, dem anderen die Beweislast aufzubürden. Wer sich bei Beginn seiner Rede erst rechtfertigen muß oder Begründungen für dieses oder jenes Verhalten abzugeben gezwungen ist, hat einen schlechten Start (durch den höheren Zeitbedarf und den Beginn mit der Negativ-Rechfertigung).

    Beispiele:
    a) *»Ich muß nochmals darauf zurückkommen, was mein Vorvorredner hier fehlerhaft wiedergegeben hat.«*
    b) *»Warum sträuben Sie sich, die Herzdruckmassage durchzuführen?«*

3

17. Bereiten Sie sich auf jede Diskussion mit anderen gut vor. Überlegen Sie vorher mögliche Einwände und finden Sie dafür passende Gegenbegründungen.

Beispiele:

a) *Mögliche Frage: »Ich kann einfach nicht vor anderen Personen sicher und frei sprechen; ich bekomme sofort einen roten Kopf und fange an zu stottern. Ich habe einfach nicht die Begabung zum Sprechen.«*
Vorweggedachte Antwort: »Es ist noch kein Meister vom Himmel gefallen, auch im rhetorischen Bereich. Allerdings sind viele ungeübte Redner der Meinung, daß man zum Sprechen eine besondere Begabung benötigt. Aber glauben Sie mir, allein durch Redeübung läßt sich im Laufe der Zeit ein sicherer Eindruck beim Gegenüber erzielen. Außerdem wird der rote Kopf, den Sie während des Sprechens verspüren, beim Gegenüber gar nicht bemerkt. Somit brauchen Sie sich davon doch gar nicht verunsichern lassen.«

b) *Mögliche Frage: »Was passiert, wenn ich Erste Hilfe leiste und etwas falsch mache? Dann kann ich doch dafür verurteilt werden.«*
Vorweggedachte Antwort: »Bisher ist in der BRD noch niemand dafür bestraft worden, wenn bei der Ausführung der Maßnahmen Fehler aufgetreten sind. Es sind aber schon viele bestraft worden, die keine Erste-Hilfe-Maßnahmen durchgeführt haben, obwohl dies erforderlich gewesen wäre. Außerdem sind die zu erlernenden Maßnahmen so einfach, daß es fast unmöglich ist, den Verletzten zu schädigen. Die Wahrscheinlichkeit ist allerdings sehr hoch, durch die durchgeführten Maßnahmen das Leben des Verletzten zu retten.«

3

18. Um als Fachmann angesehen zu werden, können im Verlauf der Diskussion Fremdwörter und Fachbegriffe eingesetzt werden. Ansonsten soll aber eine verständliche Ausdrucksart benutzt und der passive Wortschatz des Gegenübers beachtet werden.

19. Verwenden Sie eine offene Körpersprache und versuchen Sie, körpersprachliche Signale der anderen zu interpretieren und diese Ergebnisse in Ihren weiteren Argumentationsablauf einzubauen (Überraschung, Widerspruch, Zustimmung etc.).

20. Häufig wird ein unsicherer Diskussionsanfang dadurch hervorgerufen, daß nicht der richtige Gesprächseinstieg gefunden wird. Man möchte mitdiskutieren, darf aber nicht!

Beispiele:

a) *»Ich möchte dazu auch was sagen.«*
b) *»Da es jetzt geht, darf ich doch etwas dazu bemerken.«*

21. Gute Argumentationsfloskeln unterstützen manipulativ den angestrebten Gesprächserfolg. Sie sind häufig so neutral formuliert, daß sie bei jedem Sachverhalt eingesetzt werden können. Dem Diskussionspartner wird es dann sehr schwer fallen, diese zu entkräften, da die Sachebene angesprochen ist. Durch

eine veränderte Stimmlage wird die Wirkung noch unterstützt. Nur durch konkrete Beispiele kann dann gekontert werden. Argumentationsfloskeln dürfen allerdings nicht zu häufig in der Diskussion eingesetzt werden, da sonst ihre Wirkung abnimmt.

Beispiele:
a) »Wir müssen doch die Realität akzeptieren!«
b) »Tatsachen sprechen aber dafür, daß ...«
c) »Das widerspricht doch der Logik/dem gesunden Menschenverstand!«
d) »Unter Fachleuten ist dieser Punkt nicht strittig.«
e) »Bei vernünftiger Betrachtung kann nur diese Schlußfolgerung gezogen werden.«
f) »Das muß man schon differenziert sehen.«

3

Die Stationsausbildung bietet sich an, wenn praktische Fertigkeiten vermittelt werden oder die Verbindung von theoretischem Wissen und praktischen Kenntnissen zum richtigen Handeln führen sollen. Sie besteht aus mehreren Stationen, wobei praktische Tätigkeiten (die vorher vom Ausbilder vorgeführt wurden) vom Teilnehmer nachvollzogen und intensiv geübt werden. Diese Art der Unterrichtung wird im Bereich der Erste-Hilfe-Ausbildung besonders bevorzugt, da sich die wichtigsten Lerninhalte (Muß-Lernziele) auf die praktischen Tätigkeiten beziehen. Ist die Teilnehmergruppe relativ klein, und erfordert die durchzuführende Übung relativ wenig Zeit, dann reicht das Üben dieser praktischen Tätigkeit in einer Station. Der Ausbilder überwacht dabei korrekt bei jedem einzelnen Teilnehmer die auszuführende Übung. Dabei muß er beachten, daß die restlichen Teilnehmer einen ungehinderten Blickkontakt zur Übungsfläche haben. Zwei Sitzanordnungen können dies gewährleisten. Es empfiehlt sich, die Raumaufteilung so zu gestalten, daß die Teilnehmer eine Kreisform rund um die Übungsfläche oder eine Reihe in Form eines »U« bilden. Die Lehrdemonstration solcher praktischer Maßnahmen soll dabei nur in der Mitte erfolgen. So hat jeder Teilnehmer die Möglichkeit, die praktische Maßnahme ohne Sichtbeeinträchtigung wahrzunehmen. Auch der Ausbilder muß darauf achten, daß er selbst nicht bei der Durchführung den Blick versperrt. Mit dieser Sitzanordnung erreichen Sie auch, daß die Übung von den Teilnehmern oft gesehen und mindestens einmal auch praktisch selbständig durchgeführt wird. Es ist auch möglich, daß alle Teilnehmer eine Tätigkeit gleichzeitig üben können (z. B. Druckverband in der Erste-Hilfe-Ausbildung). Wenn Sie ausreichend Zeit zur Verfügung haben, sollten Sie es allerdings nicht beim einmaligen Üben belassen. Handelt es sich um eine größere Gruppe oder erfordert die auszuführende Tätigkeit einen größeren Zeitbedarf, dann muß eine Ausbildung in mehreren Stationen erfolgen. Jede Station wird von einem Ausbilder betreut. Die einzelnen Orte müssen räumlich getrennt werden, damit bei dem Teilnehmer die uneingeschränkte Aufmerksamkeit und Konzentration auf die jeweilige Station gerichtet ist. Umfaßt der Lehrgang mehrere Unterrichtstage (z. B. Sanitätsausbildung, Rettungssanitäterausbildung), dann kann die Stationsausbildung auch als zusammenfassende Überprüfung und Übung so erfolgen, daß die einzelnen Orte mit unterschiedlichen Aufgaben der praktischen Fertigkeiten versehen sind. Bei der Anzahl der Stationen muß darauf Wert gelegt werden, daß die einzelne Gruppenstärke nicht mehr als 10 Teilnehmer beträgt. Je kleiner die einzelne Gruppe, desto intensiver und ausführlicher kann die praktische Ausbildung durchgeführt werden. Die Lehrkraft muß versuchen, die praktische Ausbildung so interessant, wirklichkeitsnah und abwechslungsreich wie möglich zu gestalten. Damit erhöht man den Aufmerksamkeitsgrad und den Willen des Teilnehmers zur Mitarbeit.

Wie wir in den theoretischen Erläuterungen im Abschnitt »Lernverhalten« gesehen haben, können Informationen von der Umwelt nur über unsere Sinnesorgane aufgenommen werden. Zwei dieser Sinnesorgane, das Auge und das Ohr, sind für die Informationsaufnahme und -hervorhebung sehr bedeutend. Es gibt aber noch andere Lernwege, die erreichen, daß die aufgenommene Information im Gehirn unterstützt, hervorgehoben und gefestigt wird. Bei den weiteren Lernwegen handelt es sich um das Lesen, das Sprechen und das aktive Handeln. Betrachten Sie bitte nun nachfolgende Darstellung:

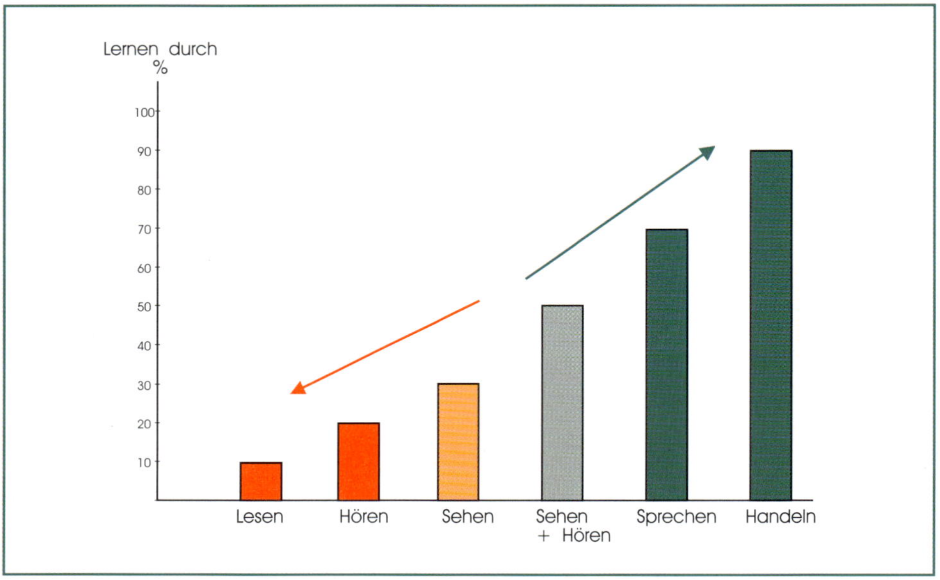

Prozentuale Lernleistung durch die verschiedenen Lernwege (nach Niggemeyer u.a.)

Je nachdem, welchen Lernweg Sie als Lehrkraft bei der Unterrichtsvermittlung benutzen, werden unterschiedliche Lernleistungen erzielt. Wenden wir uns nun dem ersten Lernweg zu, dem

Lernen durch Lesen

Lesen wir ein Buch, so können wir am Ende des jeweiligen Lernvorgangs 10 % der gelesenen Informationen wiedergeben. Danach beginnt der »Vergessensprozeß«. Von den aufgenommenen zehn Prozent werden über einen längeren Zeitverlauf nochmals bis zu 80 % vergessen. Damit bleibt nach einer Zeit von vielleicht sechs Monaten wenig von dem übrig, was wir einmal durchgelesen haben. Wir können uns höchstens noch an den Titel erinnern und den ungefähren Verlauf der Handlung wiedergeben.

Lernen durch Hören

Ein weiterer Lernweg ist das Lernen durch Hören. Informationen, die über das Ohr aufgenommen werden, lassen eine Lernaufnahme von 20 % zu. Zum Schluß können wir nur noch 20 % von dem, was wir gehört haben, wiedergeben. Lernen durch Hören finden wir hauptsächlich beim Referat, reinen Vortrag und bei der freien Rede ohne Medieneinsatz. Lernen durch Hören spielt sich auch ab, wenn wir ein Radio eingeschaltet haben und hier wichtige Informationen verbreitet werden.

Lernen durch Sehen

Das Lernen durch Sehen ist der dritte Lernweg. Informationen, die wir optisch wahrnehmen, erreichen eine Lernaufnahme von 30 %. Wichtig ist dabei, daß nur das Aufnehmen von Bildern und nicht das Aufnehmen von Buchstaben (Lesen) zu diesem Lernweg gerechnet wird. Dieses Lernen trifft man an in der Werbung, der Filmvorführung, bei der Bildpräsentation über Diaprojektor und Arbeitsprojektor etc.

Lernen durch Sehen und Hören

Der vierte Lernweg ist eine Kombination zwischen dem zweiten und dritten Lernweg. Es handelt sich hierbei um das Lernen durch Sehen und Hören. 50 % der so aufgenommenen Informationen werden im Gehirn verarbeitet. Lernen durch Sehen und Hören treffen wir an beim Fernsehen, bei der Filmvorführung, beim Vortrag, der freien Rede, dem Lehrgespräch mit bildhaftem Medieneinsatz und bei der Tonbildschau.

Lernen durch Sprechen

Einen weiteren Lernweg stellt das Lernen durch Sprechen dar. Was man selbst sagt (und nach Möglichkeit noch selbst gedanklich erarbeitet hat), prägt sich besser ein, als das, was man sieht oder hört. Die Einprägungsquote beträgt bei diesem Lernweg 70 %. Wir treffen diesen Lernweg an beim Lehrgespräch (durch Fragen und Antworten), bei der Diskussion, evtl. bei der praktischen Stationsausbildung und bei der Gruppenarbeit (z. B. Vortragen der Ergebnisse und Diskussion innerhalb der Gruppe).

Lernen durch Handeln

Der letzte Lernweg ist wohl der erfolgversprechendste: das Lernen durch Handeln. Es erreicht eine Einprägungsquote von bis zu 90 %. Was man selbst tut, prägt sich also am besten ein. Anzutreffen ist dieser Lernweg bei der praktischen Ausbildung, beim eigenständigen Vortragen von erarbeitetem Lernstoff aus der Gruppenarbeit, beim Erfahrungslernen und in vielen anderen Situationen.

Merken Sie sich bitte: Alles, was wir selbst tun, soll auch von uns in Gedanken oder laut vorgesagt werden. Beispiel: (Beim Erkennen eines Atemstillstandes und darauffolgender Handlung) »Ich überstrecke dann den Kopf und überprüfe die Atmung durch Sehen, Hören, Fühlen.«

Sprechen und Handeln gehören zusammen wie Hören und Sehen.

Die verschiedenen Lernwege werden wir uns später bei der Auswahl der Unterrichtsform und des Medieneinsatzes zunutze machen.

3

Ein weiterer Schwerpunkt der Methodik ist die Miteinbeziehung der Medien in die Unterrichtsgestaltung. Der klassische Unterricht vollzog sich immer unter der Mitberücksichtigung von Tafel, Schaubildern und Modellen. Durch die neuen Techniken sind im Verlauf der Jahre weitere Medien entwickelt worden, die zur optischen und akustischen Unterstützung des gesprochenen Worts mit einbezogen werden können. Ein Trend zur Nutzung der neuen Medien, wie z. B. der Dia- und Arbeitsprojektoren, ist deutlich sichtbar. Die Gestaltung von Dias oder Folien läßt jedoch immer noch sehr zu wünschen übrig. Teilweise erkennt man auch, daß sich noch viele Dozenten am liebsten selbst sprechen hören und keine anderen unterstützenden Hilfsmittel zur Unterrichtung zulassen. Selbst an einen primitiven Einsatz der Tafel wird nicht gedacht. Seit einigen Jahren geht das Schlagwort der »Visualisierung« durch die Reihen der Ausbildungskräfte. Alle reden davon, viele wenden sie an, aber nur wenige wissen, wie die Visualisierung erfolgreich organisiert und dargeboten wird. Wir wollen uns nun mit folgenden Medien intensiver beschäftigen:

- ➡ Tafel
- ➡ Arbeitsprojektor
- ➡ Diaprojektor
- ➡ Tonbildschau
- ➡ Film

- ➡ Video mit Fernsehgerät
- ➡ Episkop/Epidiaskop
- ➡ Schaubild/Wandtafel
- ➡ Umblättertafel/Flip-chart
- ➡ Stecktafel/Metaplantafel
- ➡ Modell.

Wie schon angedeutet, hat im Bereich der Ausbildung die »Visualisierung« Einzug gehalten. Leider macht sie aber nur geringe Fortschritte bei der richtigen Einbeziehung im Unterricht eines Dozenten. Die Aufnahme von Informationen zum Gehirn geschieht zu 83 % durch das Auge und zu 11 % durch das Gehör. Schmecken, Riechen und Fühlen spielen mit durchschnittlich je 2 % eine geringere Rolle. Alles, was im Lernprozeß durch das Auge und Ohr aufgenommen wird, kann zu 50 % behalten werden. Das Auge ist also ein wichtiger Lernpartner des Menschen, der auf jeden Fall bei der Unterrichtung mit aktiviert werden muß. Darum muß die Visualisierung beim Einsatz der Medien stark hervorgehoben werden. Sie alle kennen das Sprichwort: »Ein Bild sagt mehr als 1 000 Worte«. Deshalb müssen Sie ein Medium bei der Unterrichtung benutzen, das den Lernweg »Sehen« oder den Lernweg »Sehen und Hören« beim Teilnehmer anspricht. Die vorhin genannten Medien sind dafür alle geeignet.

Bei der Gestaltung der Medienunterlagen für den Dia- und Arbeitsprojektor müssen Sie immer darauf achten, daß die abgebildete Schriftgröße auf der Projektionsfläche vom hintersten Teilnehmerplatz noch ohne Mühe gelesen werden kann. Am Anfang sollten Sie jede Folie und jedes Dia nach der Erstellung überprüfen, indem Sie es projizieren und Sie selbst in die letzte Reihe des Lehrsaals gehen und kontrollieren, ob das Geschriebene oder das Gezeichnete noch ohne Mühe lesbar bzw. erkennbar ist. Wenn Sie die Folie bzw. das Dia nicht mehr lesen können, dann können sie vom Teilnehmer erst recht nicht mehr entziffern werden. Vergessen Sie dann den Einsatz dieser Medienträger. Im Laufe der Zeit werden Sie sicher das richtige Gefühl für die Dimensionsfestlegung bekommen.

Ein weiterer wichtiger Punkt der Visualisierung des Unterrichts ist der Einsatz der Farbe. Unsere Welt beinhaltet die verschiedensten Farbtöne zur Darstellung der Gegenstände in der Natur. Bei der Medienbenutzung erreicht man eine bessere Orientierung an den wichtigen Sachaussagen durch den Einsatz von Farben. Sie sind ansprechender als eine einfache Schwarz-Weiß-Ausführung. Der Farbeneinsatz ermöglicht es, daß ein wesentlich geringerer Speicheraufwand im Gehirn erforderlich wird. Die farbliche Gestaltung prägt sich beim Teilnehmer besser ein. Da die Komponente »Farbe« bei dem Einsatz der Unterrichtsmedien so wichtig ist, wird nun kurz ein Einblick in die Farbenlehre gegeben.

Die Farbenlehre

Ohne Licht kann man Farben nicht sehen. Leitet man weißes Licht durch ein Prisma, so wird es gebrochen und spaltet sich in ein Farbspektrum auf, welches eine feste Farbfolge hat (Regenbogenfarben stellen gebrochenes Licht dar):

Rot, Orange, Gelb, Grün, Blau, Dunkelblau und Violett.

Die Wahrnehmung einzelner Farbtöne ist auch sehr stark von dem Umgebungskontrast und der Beleuchtungsart abhängig. Je nach Beleuchtungsart kann sich die Farbwirkung steigern oder vermindern.

Lichtart:	*Steigerung der Farben:*	*Neutral:*	*Minderung der Farben:*
Sonnenlicht	keine	alle Farben sind neutral	keine
Tageslicht, Leuchtstoff-lampen (blau)	blau, violett	grünblau	rot, gelb, orange
Warmton-leuchten	rot, gelb, orange	gelb	blaugrün, violett
Glühlampen	gelb	rot	blau, grün, violett

Seit langem liegen Untersuchungen über Farben aus den Gebieten der Psychologie und Medizin vor, die vom Ausbilder in die tägliche Praxis übernommen werden sollten.

Farbwirkungen:

Rot:	erregend, erwärmend, aktivierend, aggressiv
Gelb:	geistig beschwingend, belebend, ermunternd
Grün:	entspannend, tröstend, hoffnungsvoll
Blau:	beruhigend, kühlend, beschützend
Orange:	unternehmungslustig, erwartend, erfreuend
Violett:	würdig, magisch, verunsichernd
Rosa:	ästhetisch, sanft, leicht erwärmend
Türkis:	unwirklich, auflösend, rein
Braun:	erdenschwer, ermüdend, mütterlich
Schwarz:	bedrohlich, deprimierend, traurig
Weiß:	isolierend, steril, fern
Grau:	schmutzig, monoton, frustrierend

Ferner werden den vier Hauptcharaktertypen (siehe Kapitel »Charakterkunde«) bestimmte Farben zugeordnet:

Choleriker	→ Rot
Melancholiker	→ Grün
Phlegmatiker	→ Blau
Sanguiniker	→ Gelb

Nun geht es aber nicht darum, z. B. den Choleriker in ein rotes Zimmer zu stecken. Es sei denn, der Charaktertyp komme mit seiner Eigenart nicht zurecht und man will ihm bei seiner Selbstverwirklichung helfen. Meistens ist es für die einzelnen Charaktertypen die Gegenfarbe im Sinne der Ergänzung, die nottut.

Grundfarbe:	→ **Gegenfarbe:**
Rot	→ Grün
Blau	→ Gelb
Grün	→ Rot
Gelb	→ Blau

3

Aufgrund der hier erwähnten Farbwirkungen wird man bei der Erstellung von Unterrichtsfolien, Dias und Lehrtafeln als Hintergrund mehr belebende, aktivierende Farben benutzen, z. B. Gelb oder Orange (Rot ist zu meiden, da es zu aggressiv wirkt). Diese Farbtöne wirken bei den Teilnehmern einer schnellen Ermüdung oder Konzentrationsschwäche entgegen und lassen sie länger aktiv und konzentriert den Ausführungen des Referenten folgen.

FARBE UND LESBARKEIT
Schwarze Schrift auf gelbem Grund hat die beste Fernwirkung.
Schwarze Schrift auf weißem Grund hat die beste Nahwirkung.
Fernwirkung und Nahwirkung gelten für verschiedene Arten von Informationen. Fernwirkung ist wichtig für
Informationen wie Verkehrszeichen – für kurze Informationen, deren Bedeutung bekannt ist.
Fernwirkung spielt keine Rolle bei längeren Texten mit unbekannten Informationen. Sie müssen immer aus der Nähe gelesen werden. Dabei wirken Farben störend.
Viele glauben, rote Schrift hätte einen besonders hohen Aufmerksamkeitswert, tatsächlich aber werden rot gedruckte Texte weniger gelesen als schwarzweiß gedruckte. Rotgedrucktes erweckt heute den Eindruck unwichtiger Informationen.
Dagegen wirkt schwarzweiß Gedrucktes seriös und informativ.
Je geringer der Helligkeitskontrast von Schrift und Untergrund, desto geringer die Lesbarkeit.
Je farbiger ein Text, desto schwieriger ist er zu lesen, und desto unwichtiger erscheint die Information.

Wählt der Dozent mehr beruhigende Farbtöne (z. B. Blau, Grün, Braun) als Hintergrund für Dias oder Folien, so braucht er sich nicht zu wundern, wenn sich bald eine allgemeine Müdigkeit einstellt und die Konzentration der Lernenden merklich sinkt.

Erinnern Sie sich einmal, welche Farben die meisten Schultafeln besitzen, die von den Schülern mehrere Stunden täglich angeblickt werden müssen!

Das eben Gesagte muß auch bei der Gestaltung von Unterrichts- und Aufenthaltsräumen Beachtung finden.

Nach dieser grundlegenden Darstellung werden nun nachfolgend die einzelnen Unterrichtsmedien genauer vorgestellt. Als erstes Medium ist der Einsatz der Tafel im Unterricht zu nennen.

Die Tafel

Die Tafel ist, klassisch betrachtet, das älteste Unterrichtsmedium für die Informationsvermittlung. Ob man nun die Aufzeichnungen auf einer neueren/moderneren Tafelart durchführt oder, wie in der Antike, durch Darstellungen auf dem Sandboden oder der Wand; das Urprinzip lautet, daß Informationen, die für den Unterrichtsprozeß wichtig sind, bildhaft oder durch die Schrift festgehalten werden müssen. Heute unterscheiden wir eine Vielzahl von verschiedenen Tafeltypen:

- ➡ fest mit der Wand verbundene Tafel
- ➡ Schiebetafel (ein- oder mehrteilig)
- ➡ Klapptafel (ein- oder mehrteilig)
- ➡ kombinierte Klapp- und Schiebetafel
- ➡ Tafel mit grüner Hintergrundfläche
- ➡ Tafel mit weißer Hintergrundfläche
- ➡ Gestelltafel/mobile Stellwand

Bei **Tafeln, die mit der Wand fest verbunden** sind, muß die durchschnittliche Größe der Lehrkraft mit berücksichtigt werden, da keine Höhenverschiebung vorgenommen werden kann. Die Tafel sollte dabei eher etwas tiefer als zu hoch befestigt werden, so daß eine Person mit durchschnittlicher Körpergröße bequem und ohne Anstrengung mit ihrer vollen Armlänge die oberen Ecken der Tafel erreichen und beschriften kann. Bei zu hoch befestigten Tafeln wird automatisch schon im voraus der Einsatz der ganzen Tafelfläche eingeschränkt. Herunterbeugen kann man sich immer noch, aber auf den Zehenspitzen zu stehen kann mit der Zeit anstrengend sein und zur Belustigung der Zuhörer führen.

Eine zu tiefe Tafelstellung ist aber wegen des fehlenden Blickkontaktes der hinteren Teilnehmer auch zu vermeiden. Die Blickrichtung jedes Teilnehmers zur Tafel muß ohne Einschränkung möglich sein. Wer die Gelegenheit hat, bei der Gestaltung des Unterrichtsraumes mitzuwirken, sollte immer die frei verschiebbare **Schiebe-Klapptafel** bevorzugen, da sie gegenüber den übrigen Tafelmodellen eindeutige Vorteile besitzt.

Bei einer reinen Schiebetafel können zwei bis drei (meistens zwei) gleichgroße Tafelstücke höhenmäßig verschoben werden. Die zu benutzende Fläche wird in den unteren Bereich gezogen. Sobald die Tafelfläche beschriftet ist, kann sie nach oben geschoben werden. Damit haben die Teilnehmer nochmals die Ausarbeitung im Überblick vor Augen. Sie kann aber auch durch die zweite Tafelfläche verdeckt werden, indem diese vor die erste Fläche geschoben wird. Damit ist der Blick der Teilnehmer wieder frei auf eine leere Tafelfläche. Sie können sich ungehindert wieder auf die neue Ausarbeitung konzentrieren und werden gedanklich nicht von vorhandenen, alten Tafelanschrieben abgelenkt. Damit die Methode der Tafelabdeckung optimal funktionieren kann, empfiehlt es sich, im voraus zu planen, was hinterher verdeckt werden soll. Die zu verdeckende Hälfte muß dann immer die hintere Tafelfläche sein.

Der Nachteil dieser Tafelart ist, daß später nochmals benötigte Teilaspekte nicht ohne Probleme verdeckt werden können, um dann bei Bedarf wieder darauf zurückzugreifen. Die Teilabdecktechnik kann im begrenzten Umfang durchgeführt werden, indem mit Tonpapier (braunes Packpapier etc., das vor Unterrichtsbeginn vorbereitet werden muß) die betreffenden Tafelausschnitte zugedeckt werden. Mit dieser Methode kann auch eine vor Unterrichtsbeginn entwickelte Darstellung bis zum benötigten Einsatz abgedeckt bleiben.

Die **Klapptafel** besteht aus einer großen Tafelfläche mit zwei seitlich angeordneten Halbflächen, wobei die Seitenflächen beidseitig beschriftbar sind. Durch eine gut organisierte Tafelarbeit können jetzt einzelne Themenbereiche erarbeitet und wieder verdeckt, andere Themenbereiche erarbeitet und wieder weggewischt werden. Eine Kombination zwischen einflächiger Schiebe- und mehrteiliger Klapptafel ermöglicht es, die Vorteile beider Tafelarten auf eine Tafel zu konzentrieren. Neuere Tafelarten ermöglichen schon den Einsatz von mehr als zwei Klappteilen. Damit vergrößert sich die Arbeitsfläche der Tafel um einen erheblichen Teil.

In neuerer Zeit wurden die grünen von den **weißen Tafelflächen** abgelöst. Im Kapitel «Farbenlehre» wurden die einzelnen Farbwirkungen auf den Menschen dargestellt. So hat der grüne Farbton eine mehr einschläfernde Wirkung auf den Teilnehmer, während dies durch die weiße Tafelfläche vermieden wird. Außerdem ist das Arbeiten mit der weißen Tafel wesentlich sauberer und macht auch auf die Teilnehmer einen besseren optischen Eindruck. Allerdings darf nicht verschwiegen werden, daß für die weiße Tafel spezielle Stifte benötigt werden, die im Verhältnis zur Tafelkreide relativ teuer sind und bei fehlerhaftem Gebrauch öfters ausgetauscht werden müssen.

Je nachdem, welche Tafel vorhanden ist, müssen unterschiedliche Arbeitsfarben zur Tafelarbeit benutzt werden. Nicht jede Farbe hebt sich gleichermaßen gut vom weißen und/oder grünen Hintergrund ab. Mit der Wahl der Arbeitsfarben bestimmen Sie auch die Aufmerksamkeitshaltung der Teilnehmer. Hier muß aber der Grundsatz beachtet werden, daß nicht mehr als drei Farben (auf einer Tafelfläche, einer Folie, einem Dia oder auf einem Blatt) verwendet werden. Zuviel Farben verwirren und verschleiern die optische Unterstützung der Grundaussage.

- ➡ Arbeitsfarben bei grüner Tafelfläche (Grundfarben):

  Weiß, Gelb, Rot, evtl. Blau.

  Keine zu dunklen Farben benutzen. Die Farben müssen sich vom grünen Hintergrund gut abheben.

- ➡ Arbeitsfarben bei weißer Tafelfläche (Grundfarben):

  Schwarz, Blau, Braun, Rot, Grün.

  Keine zu hellen Farben benutzen. Die Farben müssen sich vom weißen Hintergrund gut abheben.

Die Tafel sollte so plaziert sein, daß Lichteinfall (Sonne, künstliches Licht etc.) sich nicht auf der Tafelfläche spiegelt, sonst können die Tafelanschriebe für den Teilnehmer unlesbar werden. Die Tafel ist im allgemeinen im Unterrichtsraum fest installiert. Der beste Platz ist die vordere Wandmitte, so daß jeder Zuhörer gut zur Tafel sehen kann. Die optimale Blickrichtung zur Tafel oder zu einem anderen Medium ist aber auch abhängig von der Sitzordnung im Lehrraum. Damit werden wir uns aber noch im Teil »Arbeitsprojektor« beschäftigen.

Allgemeine Arbeitshinweise zur Tafel

Da die Tafel schon relativ lange existiert, hat man sich eingehend mit der Benutzungstechnik auseinandergesetzt. Viele Jahre war sie das gebräuchlichste Unterrichtsmedium. Heute werden immer neue Medien im Unterricht eingesetzt, so daß sich der Schwerpunkt auf die neuen Medien verlagert hat. Das geht sogar so weit, daß nun viele Lehrkräfte kaum noch die erforderlichen Grundkenntnisse einer guten Tafelarbeit besitzen. Wer beschäftigt sich heute schon gern mit ihr, wenn doch die neuen Medien eindeutige Vorteile gegenüber der Tafelarbeit zu besitzen scheinen? Das ist aber ein Trugschluß. Trotz der neuen Medien ist die Tafel ein nicht wegzudenkender Faktor im Unterricht. Die Kombination der verschiedenen Medien macht den Unterricht erst attraktiv, belebend und spannend. Bei der Benutzung mehrerer Unterrichtsmedien dürfen diese aber nur nacheinander und nicht nebeneinander eingesetzt werden, da sonst die Aufmerksamkeit der Teilnehmer eingeschränkt werden kann. So darf z. B. ein technischer Vorgang nicht anhand von zwei Schaubildern gleichzeitig erklärt werden. Es wird zuerst das erste Schaubild erarbeitet und wieder entfernt und dann das zweite Schaubild angesprochen. Zum Schluß wird mit Hilfe der Tafel oder des Arbeitsprojektors eine Zusammenfassung des Gesagten und Gezeigten präsentiert. Die Teilnehmer sollen sich also immer nur auf ein Unterrichtsmedium konzentrieren.

Die Tafelarbeit bietet sich besonders dann an, wenn Sie in Form des Lehrgesprächs ein Thema erarbeiten und dabei die wichtigsten Stichpunkte an der Tafel gegliedert und geordnet festhalten. Egal, welches Medium Sie einsetzen, das Thema der Stunde muß immer aufgeführt werden, damit der Teilnehmer stets weiß, welcher Fragen-

komplex momentan genau abgehandelt wird. Dafür bietet sich die Tafel gut an. Es können damit aber auch anhand einfacher Zeichnungen (Strichzeichnungen, Verständniszeichungen) Fertigungsprozesse dargestellt und der Funktionsmechanismus erklärt und beschrieben werden.

Auf ein und derselben Tafelfläche sollten nie zwei oder mehr Themenbereiche festgehalten werden. Durch Umklappen einer Tafelhälfte ist der vorhergehende Komplex ausgeblendet und es kann ein neues Thema erarbeitet werden. Fehlt diese Möglichkeit, so kann der Ausbilder den erarbeiteten Stoff mit dem Stofflappen abwischen. Wird ein Schwamm benutzt, muß einige Minuten gewartet werden, bis die Tafelfläche wieder trocken ist. Durch das Anschreiben oder Wegwischen von Tafelanschrieben geht wertvolle Unterrichtszeit verloren, der gedankliche Faden kann bei den Teilnehmern unterbrochen werden und mögliche Störgeräusche seitens der Teilnehmer (Anstieg des Lärmpegels) sind nicht ausgeschlossen. Handelt es sich um einen wichtigen Stoffbereich, der später nochmals behandelt oder ergänzt werden soll (und nur eine einfache Tafel ist vorhanden), dann kann der Tafelanschrieb auch dadurch abgehoben und abgegrenzt werden, daß er in einen Strichkasten eingeschlossen wird und damit Aufmerksamkeitsspaltung und -verlust entgegenwirkt.

Vermeiden Sie, daß die Tafelarbeit zu einem nicht identifizierbaren Geschmier von Informationen wird. Alles, was nicht mehr zum direkten Unterricht gehört, muß entfernt werden. Vermeiden Sie das Chaos auf der Tafelfläche durch überlegte und ordentlich strukturierte Tafelarbeit. Nehmen Sie sich Zeit für Ihre Aufschriebe. Ihre Tafelschrift muß deutlich und für jeden Teilnehmer gut lesbar sein. Deshalb die Schriftgröße an die Anzahl der Zuhörer angleichen. Benutzen Sie nur solche Abkürzungen, die von jedem Teilnehmer auch verstanden werden (Nicht: LRS = Lebensrettende Sofortmaßnahmen, sondern: Lebensr. Sofortmaßn.). Benutzen Sie verschiedene Farben. Beachten Sie bei der Wahl der Arbeitsfarben die Untergrundfarbe der Tafel. Nicht alle Farbtöne, die im Handel erhältlich sind, können ohne weiteres eingesetzt werden. Die Tafelarbeit muß logisch klar gegliedert und strukturiert sein. Schreiben Sie dabei aber nicht die ganze Tafelfläche voll, sondern lassen Sie Zwischenräume zur Hervorhebung der einzelnen Informationen. Nur der Basislernstoff (das Muß-Lernziel) soll in Stichpunkten an der Tafel stehen. Die Tafel ist keine Ablagefläche für belanglose oder unwichtige Informationen.

Als **Arbeitsmaterial** benötigen Sie für die Naßtafel Tafelkreide (in verschiedenen Farbtönen), Zeigestab, Schwamm und Tafellappen. Bei Bedarf können weitere Arbeitsmaterialien zugeordnet werden. Sie müssen in Reichweite zur Verfügung stehen. Es ist immer schlecht, wenn man einen Tafelanschrieb machen will und die Tafelkreide nicht findet, weil diese vielleicht im Gewirr der Arbeitsmaterialen auf dem Ausbildungstisch verdeckt ist. Zum kurzfristigen Entfernen von Tafelanschrieben ist die Benutzung des trockenen Tafellappens dem nassen Schwamm vorzuziehen. Sie können sofort neue Stichpunkte auf die leere Tafelfläche bringen, während Sie beim nassen Schwamm mehrere Minuten Wartezeit benötigen, bis die Tafel wieder trocken ist. Mit einem Gummiwischer kann allerdings die Trocknungszeit der Tafel erheblich verkürzt werden. Tafellappen und Tafelschwamm sollten vor Unterrichtsbeginn gereinigt werden.

Bei der weißen Tafelfläche benötigen Sie neben den bekannten Arbeitsmaterialien noch zusätzlich spezielle Tafelstifte und einen Tafelwischer (mit weißer Putzvorlage). Die Tafelstifte sollten Sie nach jedem Gebrauch wieder schließen, da sie doch zum Teil schnell austrocknen und so die Materialkosten für die Ausbildungstätigkeit unnötig erhöht werden. Testen Sie vor Unterrichtsbeginn alle Tafelschreiber auf Einsatzfähigkeit. Trockene Stifte können dann noch rechtzeitig durch funktionsfähige Tafelschreiber ausgetauscht werden. Bei einem längeren Gebrauch der Tafelstifte an der weißen Tafel kann es sein, daß sich an einigen Stellen die Restfarbe schlecht abwischen läßt. Dies können Sie aber dadurch beseitigen, indem Sie ab und zu die Fläche mit einem speziellen Tafelflächenreinigungsmittel (oder einem feuchten Lappen, getränkt in Spülmittel) behandeln.

Damit auch an der Tafel Ordnung herrscht, empfehlen wir Ihnen zusätzlich einige Hilfsmaterialien, z. B. Schwammbehälter, Kreideablagefläche, Halter für Tafelschreiber, Zeigestockhalter etc.

Beim Tafelanschrieb geht bei unerfahrenen Ausbildern der Blickkontakt zu den Teilnehmern verloren, da man sich von den Zuhörern abwendet. Durch Übung können Sie aber erreichen, daß Ihr Blickkontakt erhalten bleibt, indem Sie seitlich zur Tafel stehend schreiben und die Zuhörer überblicken können. Stehen Sie links seitlich an der Tafel, beträgt der horizontale Blickkontaktwinkel zum Zuhörer 270 Grad; stehen Sie rechts seitlich an der Tafel, verkürzt sich der horizontale Blickkontaktwinkel auf 45 Grad. Bei speziellen Darstellungen ist es manchmal nicht zu vermeiden, daß der Blickkontakt kurzfristig verlorengeht. Dann dürfen Sie auf keinen Fall den zweiten Fehler begehen, der sehr häufig gemacht wird:

Sprechen Sie nicht zur Tafel!

Lassen Sie den Zuhörern während Ihres Aufschriebs eine kleine Denkpause und konzentrieren Sie sich auf Ihre Darstellung.

Das, was Sie schreiben, sollten Sie nach Möglichkeit nicht verdecken. Dies können Sie durch den seitlichen Schreibstil erreichen.

3

Der Tafelanschrieb kann nicht lange aufgehoben werden, da die Tafelfläche für spätere Ausarbeitungen benötigt wird. Jeder Anschrieb muß spätestens nach Beendigung des Themas beseitigt werden. Damit können Sie diese Ausarbeitungen aber nicht mehr zur Wiederholung heranziehen.

Die Technik hat es nun aber möglich gemacht, daß es jetzt schon Tafelgeräte gibt, die den Tafelanschrieb als Kopie in beliebiger Menge ausgeben. Allerdings handelt es sich hier um ein noch relativ teures Verfahren. Auch eignen sich Tafelanschriebe relativ selten dazu, in Kopie ausgeteilt zu werden, da sie ja teilweise sporadisch entstehen, evtl. unter Zeitdruck ausgearbeitet werden und z. T. nicht vollständig sind (wenn Schwerpunkte bewußt oder unbewußt weggelassen werden). Mit einem Arbeitsblatt am Schluß erreichen Sie hier einen wesentlich besseren Lernerfolg.

Vorteile der Tafel:
➡ Sammlung von Stichpunkten
➡ Gedanken optisch aufzeigen
➡ stromunabhängig
➡ eigene Gestaltungsmöglichkeiten
➡ kostengünstig.

Nachteile der Tafel:
➡ Blickkontakt kann verlorengehen
➡ gegen die Tafel sprechen
➡ nur zweidimensional
➡ Informationsverlust.

Die Tafel wird vorerst aus einer erfolgreichen Informationsvermittlung nicht wegzudenken sein.

Wenden wir uns nun einem weiteren wichtigen Mediengerät zu, das innerhalb kurzer Zeit einen großen Siegeszug in die Ausbildungslehre gehalten hat: dem Arbeitsprojektor.

Der Arbeitsprojektor

In der Literatur hat dieses Unterrichtsmedium recht viele Bezeichnungen erhalten. Die gebräuchlichsten neben dem Arbeitsprojektor sind: Tageslichtprojektor, Overheadprojektor, Rückwärtsprojektor, Großdiaprojektor und Prokischreiber. Der Arbeitsprojektor projiziert ein aufrechtes, seitenrichtiges und vergrößertes Bild von einer Transparentfolie auf die Projektionstafel. Allerdings ist keine Querprojektion möglich. Die Projektionstafel ist an der vorderen Wand in entsprechender Höhe angebracht, so daß der Ausbilder nicht durch seine Sitz- oder Stehhaltung den direkten Blickkontakt der Zuschauer zur Projektionsfläche beeinträchtigt. Die Lichtleistung des Arbeitsprojektors ist dabei so stark, daß keine Verdunklung des Lehrsaales erforderlich ist. Der Ausbilder steht mit dem Rücken zur Projektionswand und hat während der Folienpräsentation Blickkontakt zu den Teilnehmern. Als **Arbeitsmittel** zum Arbeitsprojektor werden Folienstifte (permanent = nicht abwischbar, nicht wasserlöslich; nicht permanent = abwischbar, wasserlöslich), Transparentfolien (Rollenfolie, Einzelblattfolie), Korrekturstift und Zeigestab benötigt. Mit dem Arbeitsprojektor wurde ein Unterrichtsmedium entwickelt, das recht unterschiedliche Ausbildungstätigkeiten optisch unterstützen kann. Dabei müssen aber einige grundlegende Dinge Berücksichtigung finden.

Es gelten auch hier die gleichen Hinweise wie bei der Tafel. Zusätzlich darf für keinen Teilnehmer der Blick zum projizierten Bild eingeschränkt sein. Anders als beim Einsatz des Films oder des Diaprojektors besteht hier ständig gleichzeitiger Blickkontakt des Teilnehmers zum Ausbilder und zur Projektionsfläche. Deshalb muß der Unterrichtsraum für die Arbeit mit dem Arbeitsprojektor optimal gestaltet werden. Der Blickkontakt zum Ausbilder und zur Projektionsfläche (Sichtwinkel des Teilnehmers) darf nicht zu stark auseinandergehen und der Sichtkontakt des Dozenten zu den Teilnehmern (Kommunikations- oder Blickwinkel des Ausbilders) sollte nach Möglichkeit alle Teilnehmer umfassen. Wir stellen Ihnen drei mögliche Sitzanordnungen vor, die diese Anforderungen im wesentlichen erfüllen. Der Ausbilder muß nach Möglichkeit alle Teilnehmer mit einem Blick erfassen können, so daß eine Änderung der Blickrichtung nicht mehr notwendig wird. Da jedoch die Blickbreite eines Menschen begrenzt ist, muß versucht werden, durch eine passende Raumaufteilung den Blickwinkel im Lehrraum zu verkleinern. Auf den folgenden Seiten sind einige mögliche Sitzanordnungen dargestellt (nach Witte).

Bei der ersten Sitzordnung (der frontalen Projektion auf die Projektionswand) ist der Kommunikationswinkel mit 100 Grad noch relativ groß, die Sichtsituation des äußerst rechts sitzenden Teilnehmers mit 30 Grad noch annehmbar. Der äußerst rechts sitzende Teilnehmer kann aber Schwierigkeiten bekommen (durch seinen schrägen

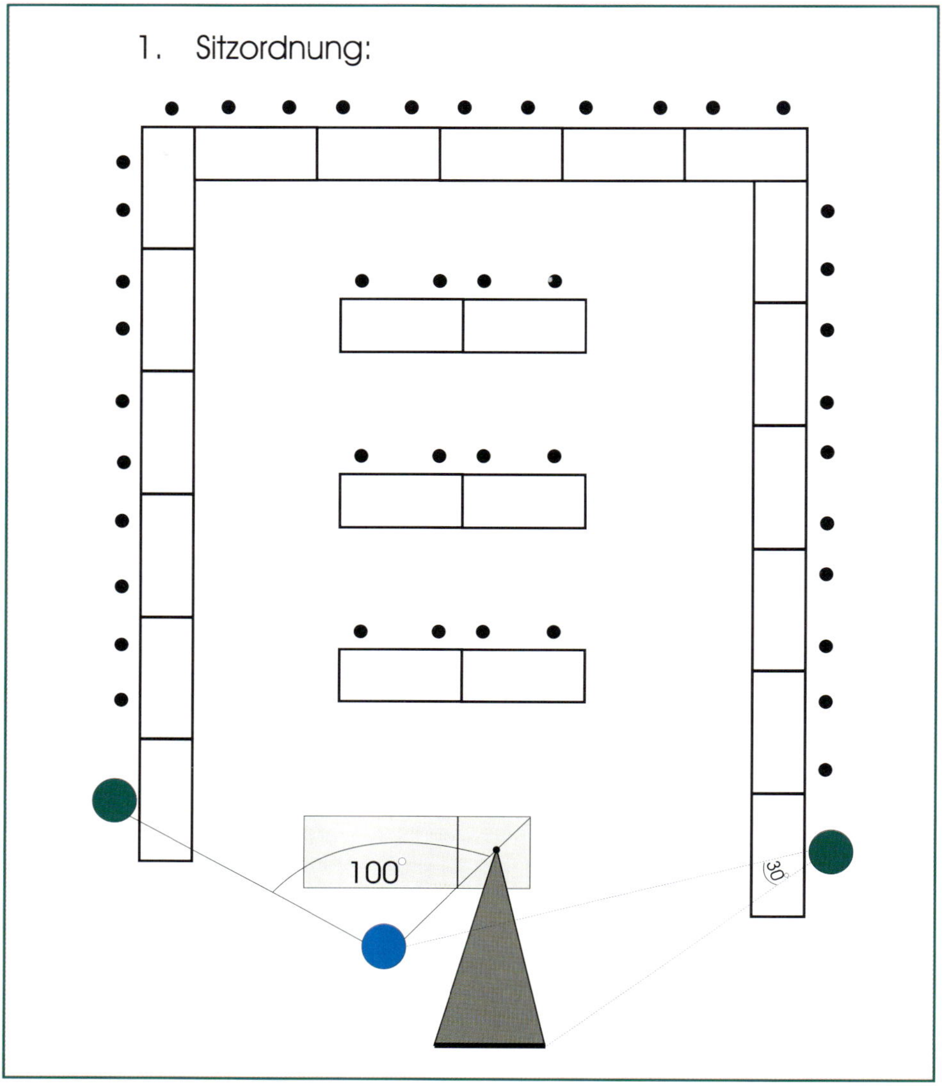

Blickwinkel auf die Projektionstafel), die dargebotenen Informationen gut wahrnehmen zu können.

2. Sitzordnung:

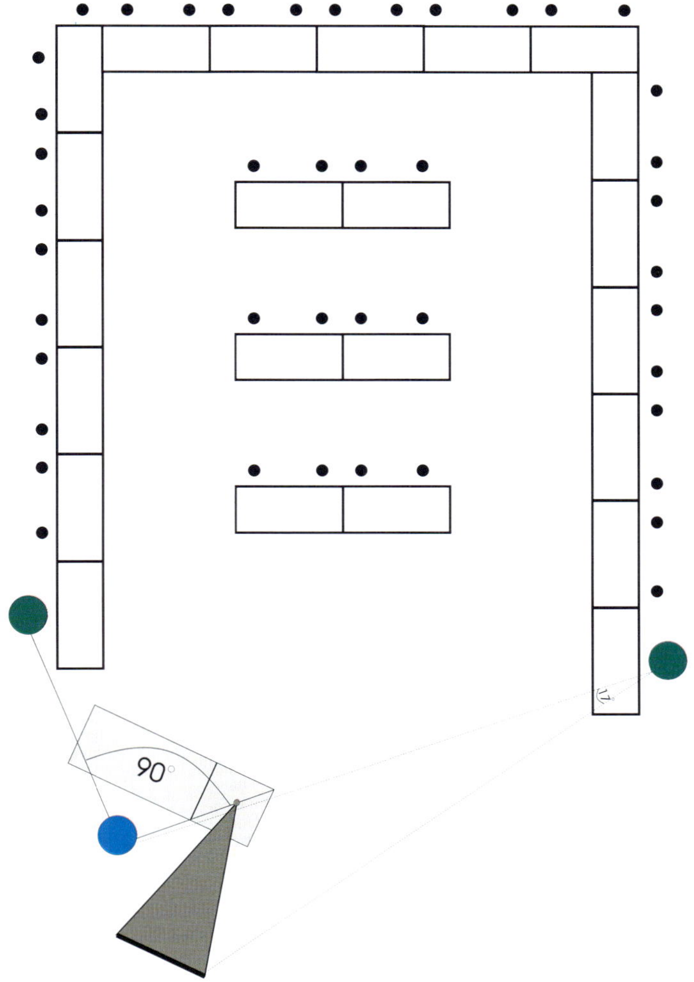

Bei der zweiten Sitzanordnung wurden der Arbeitsprojektor und die Projektionstafel schräg in eine Raumecke plaziert. Dadurch hat sich der Blickwinkel des Dozenten vermindert und der Sichtwinkel des äußerst rechts sitzenden Teilnehmers verbessert.

3. Sitzordnung:

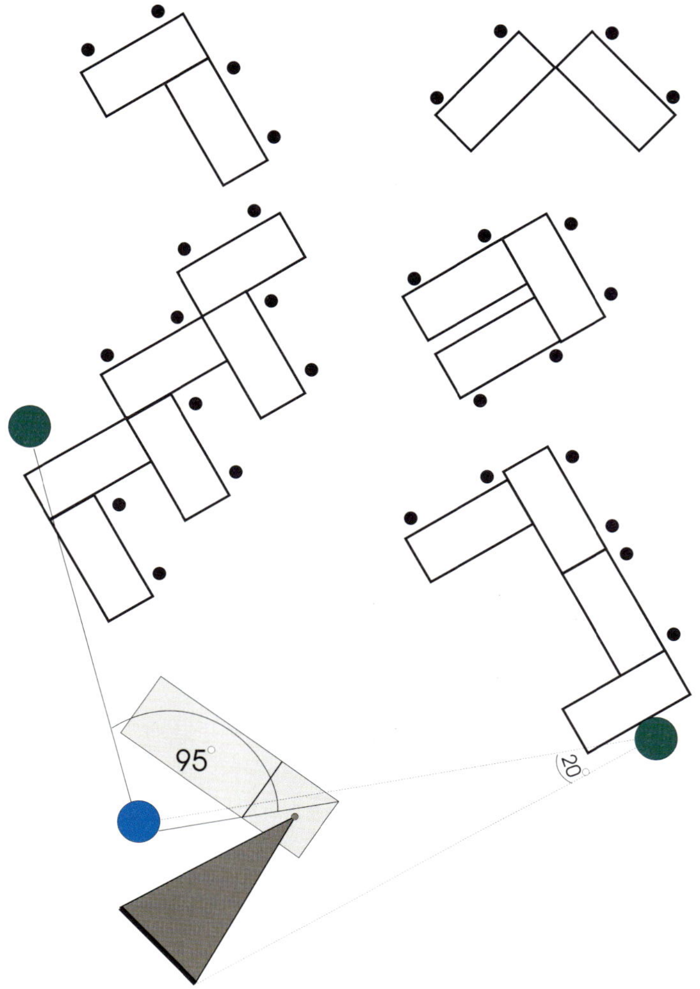

Bei diesem Beispiel sehen Sie, daß eine zu starke Schrägstellung des Arbeitsprojektors allerdings wieder den Kommunikationswinkel des Dozenten und den Sichtwinkel des Teilnehmers (dritte Sitzordnung) verschlechtert, gleichgültig, ob die Sitzanordnung frontal ausgerichtet ist oder sich zu Gruppen auseinanderzieht.

Das nachfolgende Bild zeigt die optimale Sitzanordnung:

4. Sitzordnung:

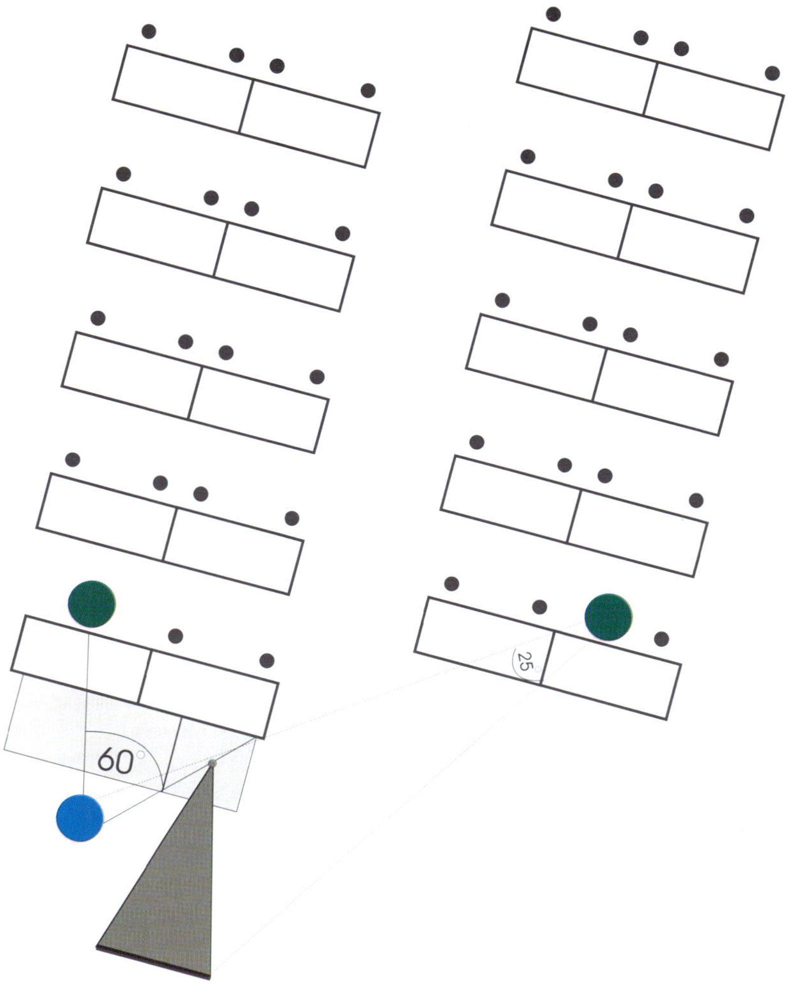

So müssen bei frontaler Sitzordnung alle Tische und die Projektionsrichtung des Arbeitsprojektors um 15 - 20 Grad zur Rauminnenseite gedreht werden. Man erreicht damit, daß der Kommunikationswinkel des Ausbilders relativ kleingehalten wird und der Sichtwinkel des äußerst rechts sitzenden Teilnehmers sich im angemessenen Rahmen bewegt.

Wer schon mit dem Arbeitsprojektor gearbeitet hat, wird festgestellt haben, daß die Bildfläche bei der Projektion oben breiter und unten schmaler wird, wenn von der horizontalen Bildprojektion abgewichen wird. Die Projektionstafel soll immer so befestigt werden, daß der Ausbilder weder in der Steh- noch in der Sitzhaltung die

Projektionstafel teilweise oder vollständig verdeckt. Die **Projektionsfläche** muß deshalb so hoch an der Wand angebracht werden, daß der Ausbilder sie mit seinem Körper nicht mehr verdecken kann. Dabei wird im allgemeinen die Höhe der Decke die obere Begrenzung der Projektionstafel darstellen. Eine Projektion auf die nicht mehr horizontal gegenüberliegende Tafel wird nun immer zur Bildgrößenveränderung führen. Um diesen negativen Effekt zu beseitigen und ein unverzerrtes Bild mit den besten Sichtverhältnissen zu erreichen, muß die Projektionstafel geneigt (im oberen Bereich nach vorne) und leicht schräg zur Ecke oder in der Ecke befestigt werden. Die Schrägneigung der Projektionstafel ist aber von der Entfernung des Arbeitsprojektors zur Wand und damit von der Bildgröße abhängig. Wenn der Arbeitsprojektor keinen festen Standplatz im Unterrichtsraum einnimmt, sondern von Fall zu Fall verschoben wird, dann muß die Schrägstellung der Projektionstafel variiert werden können.

Auch die **Arbeitsstellung der Lehrkraft** entscheidet über die optimale Anordnung des Arbeitsprojektors. Dieser ist immer so aufzustellen, daß eine annähernd normale Schreibhaltung ermöglicht wird. Sitzt der Dozent am Arbeitstisch, stellt dies die beste Möglichkeit zur Bedienung des Arbeitsprojektors dar. Er behindert hier nicht die Sicht zur Medienwand, falls die Projektionstafel nicht hoch genug angebracht ist. Da die Lehrkraft durch diese Haltung relativ flach auf die helle Ausstrahlungsfläche blickt, ist die Wahrscheinlichkeit sehr gering, von dieser Lichtquelle geblendet zu werden. Außerdem liegt sein Arm schon in der günstigen Schreib- und Zeichenstellung auf dem Rand des Arbeitsprojektors. Bei der sitzenden Haltung ist eine Arbeitsflächenhöhe von 90 cm als ideal anzusehen. Die selben Anforderungen sollten auch bei der stehenden Haltung erfüllt werden. Die Arbeitsflächenhöhe ist hier jedoch stärker abhängig von der Körpergröße des Dozenten. Er sollte eine normale Stehhaltung einnehmen können, ohne in den Knien abzuknicken oder auf den Fußspitzen stehen zu müssen, um die Arbeitsfläche überblicken zu können. Diese Stellung führt aber nach längerer Zeit zur Ermüdung der Lehrkraft. Außerdem wird der Sichtwinkel des Zuhörers zum Dozenten (durch den Objektivkopf des Arbeitsprojektors) und zur Tafel (durch den Dozenten) beeinträchtigt. Durch den Objektivkopf verliert er gleichzeitig einen Teil des Sichtkontakts zu den Zuhörern. Zusätzlich besteht die Möglichkeit, daß er durch die intensive Lichtquelle geblendet wird. Dies kann aber dadurch verhindert werden, indem er seinen Kopf etwas zur Seite dreht oder den Blendschutz am Arbeitsprojektor in die richtige Stellung bringt. Da die Arbeitsflächenhöhe von der Körperdimension abhängt, empfiehlt es sich, den Arbeitsprojektor in einen Medientisch fest zu integrieren, der höhenverstellbar ist und eine ausreichende Arbeitsfläche für den Dozenten bietet. Damit verschwindet er auch aus der Sicht der Teilnehmer, wenn mit ihm vorübergehend nicht gearbeitet wird. Steht er hingegen auf einem Tisch, dann wird er aufgrund seiner Eigenhöhe (mindestens 30 cm) zur Sichtbeeinträchtigung führen.

Grundsätzlich gilt für alle Projektionsflächen (Arbeitsprojektor, Dialeinwand, Filmleinwand, Tafel), daß sie nach Möglichkeit vom Seitenfenster weg aufgestellt sind, damit das einfallende Licht (Sonne) keine Spiegelung auf der Projektionswand zuläßt. Sonst muß beim Arbeitsprojektor verdunkelt werden und ein großer Vorteil dieses Mediums würde dann wegfallen. Untersuchungen haben gezeigt, daß die Aufnahmeleistung dann wesentlich geringer ist, wenn die Projektion durch seitlichen Lichteinfall verschlechtert wird. Dieser Sachverhalt kann auch auf die Lehrkraft übertragen werden. Ein Ausbilder, der Aufmerksamkeit benötigt, sollte nicht an der seitlichen Fensterwand stehen. Es empfiehlt sich außerdem, bei optimaler Raumausnutzung die Schrägstellung der Tische und/oder Stühle an der betreffenden Seitenwand immer um 15 - 20 Grad weg vom stärksten Lichteinfall zu wählen.

Die Größe der Projektionswand richtet sich nach der Anzahl der Teilnehmer bzw. nach der Raumlänge des Lehrsaals. Je länger der Raum, desto größer muß die Projektionswand ausgelegt sein. Allerdings kann dies auch hinterher bei der Foliengestaltung mit der Schriftgröße kompensiert werden. Grundsätzlich gilt jedoch, daß Lehrräume, die länger als 9 m oder breiter als 7 m sind, eine Bildfläche von mindestens 2 x 2 m benötigen, kleinere Räume mit einer Bildgröße von 1,80 x 1,80 m auskommen. Der am Ende des Lehrsaals sitzende Teilnehmer muß mühelos eine Schriftgröße lesen können, deren Kleinbuchstaben auf der Transparentfolie 3 mm hoch sind. Bei größeren Räumen kann mit einer generellen Schriftvergrößerung auf der Transparentfolie die Lesbarkeit verbessert werden. Für relativ kleine Kursräume werden auch schon Projektionsflächen von 1,30 x 1,30 m angeboten. Als allgemeine Faustregel kann gelten:

Projektionstafelgröße = Abstand zum entferntesten Betrachter : 6 + 0,50 m Sicherheitskonstante.

Bei 9 m Abstand ergibt sich eine Leinwandgröße von 2 x 2 m.

Die Projektionsfläche soll voll vom Arbeitsprojektorbild erfaßt werden. Danach wird der Abstand des Arbeitsprojektors von der Projektionswand ermittelt. Im allgemeinen beträgt dieser zwischen 1,80 und 2,50 m, je nach Brennweite des Objektivs.

Der Arbeitsprojektor ist in der heutigen technischen Ausführung so ausgelegt, daß er nicht nur als stationäres Unterrichtsmedium Verwendung findet. Er kann auch außerhalb des eigenen Lehrraums eingesetzt werden. Beim **Transport** müssen Erschütterungen vermieden werden. Bei niedriger Außentemperatur darf das Gerät nicht unmittelbar nach Transport eingeschaltet werden. Dies gilt im übrigen für alle technischen Medien. Eine Leinwand wird nicht unbedingt benötigt, wenn eine weiße Hintergrundfläche im Lehrsaal vorhanden ist. Die Qualität der Schriftzeichen und Bilder kann allerdings leiden, wenn der Hintergrund nicht glatt, sondern angerauht ist. Dies ist aber im allgemeinen vernachlässigbar. Besonders geeignet für die externe Unterrichtung sind die kleineren Koffergeräte, die sehr handlich und leicht in jedem Unterrichtsraum einsetzbar sind, da sie wegen ihrer geringen Eigenhöhe auch auf den Tisch gestellt werden können, ohne daß sie zu sehr den Blick zum Ausbilder versperren. Unsere Erfahrungen zeigten aber, daß Transparentfolien mit farbigem Hintergrund (durch das hier von oben einstrahlende Licht) zu einem Helligkeitsverlust und damit zu einer schlechteren Lesbarkeit der Folie führen.

Der Arbeitsprojektor ist ein technisches Medium, und die **Technik** kann einem ab und zu einen Streich spielen. Man sollte sich deshalb vor Gebrauch eines jeden

Gerätes auch mit den technischen Gegebenheiten vertraut machen, so daß man jederzeit in der Lage ist, kleine Mängel selbst zu beseitigen. Lesen Sie also sorgfältig die Gebrauchsanleitung durch und führen Sie bei den Geräten immer eine Ersatzlampe mit. So kommen Sie nie in die Verlegenheit, beim Ausfall der Lampe den Unterricht nicht in der gewohnten Art und Weise durchführen zu können. In den neuen Modellen ist allerdings schon im Gerät selbst eine Ersatzlampe eingebaut, die beim Ausfall der Hauptlampe durch eine andere Schalterstellung eingesetzt werden kann. Damit wird das Lampenwechseln in die Pausen hineinverlagert und der Unterrichtsverlauf kann somit ohne weitergehende nennenswerte Störungen vonstatten gehen. Sollten Sie wider Erwarten bei Ausfall der Glühlampe keine Ersatzlampe zur Verfügung haben, dann wird es sich erweisen, ob Sie auch mit solchen außerplanmäßigen Situationen zurechtkommen. Sie könnten dann z. B. voller Verzweiflung den Teilnehmern mitteilen, daß der Unterricht nicht stattfinden kann, da das Hauptunterrichtsmedium ausgefallen ist. Derartige Situationen haben wir schon selbst erlebt. So sagte ein Dozent die Veranstaltung ab, weil der von ihm bestellte Film nicht vorhanden war. Diese Verfahrensweise ist aber für jede Lehrkraft eine Blamage. Das gleiche gilt auch beim Ausfall des Arbeitsprojektors. Viele Ausbilder verlassen sich zu sehr auf den (kompletten) Inhalt ihrer Schriftfolien. Können diese nicht eingesetzt werden, sind sie nicht mehr in der Lage, den Stoff über ein anderes Medium fachlich korrekt in der richtigen Reihenfolge zu präsentieren. Wenn es nun einmal nicht möglich ist, den Unterricht wie geplant durchzuführen, dann muß man sich auf diese veränderte Situation einstellen und andere mögliche Unterrichtsmedien miteinbeziehen. Es bietet sich hier immer die Tafel an, die fast immer in einem Lehrraum vorhanden ist. Führt man eine Lehrveranstaltung in einem unbekannten Lehrsaal durch, so empfiehlt es sich, als äußerste Notlösung eine tragbare Tafel (Rolltafel etc.) mitzunehmen, um bei derartigen Zwischenfällen noch reagieren zu können. So besagt ein Sprichwort: »Der Teufel ist ein Eichhörnchen«.

Ist auch diese Möglichkeit wider Erwarten nicht gegeben, so muß man versuchen, das ausgefallene Unterrichtsmedium zu ersetzen. Es kann z. B. eine Diskussion angeregt werden, ein interessantes und lebhaftes Lehrgespräch geführt oder gar eine kleinere Gruppenarbeit veranstaltet werden. Überwiegen die praktischen Ausbildungsschwerpunkte, dann empfiehlt es sich, praktische Tätigkeiten nochmals zur Wiederholung vorzuführen und vom Teilnehmer intensiv üben zu lassen. Es gibt viele Möglichkeiten, wie Sie derartigen Situationen begegnen können. Das macht die Qualität eines erfolgreichen Ausbilders aus: in der Lage zu sein, den gleichen Lernstoff über verschiedene Lern- und Unterrichtswege dem Teilnehmer erfolgreich zu vermitteln.

Allgemeine Anwendungshinweise zum Arbeitsprojektor: Der Arbeitsprojektor kann in verschiedener Form verwendet werden. Einmal werden selbst im Unterricht erarbeitete Notizen wie bei der Tafel notiert. Dies wird am einfachsten ermöglicht, wenn der Ausbilder sich seitlich neben dem Gerät (ggf. am Tisch) befindet. Für Rechtshänder muß es deshalb auf der rechten, für Linkshänder auf der linken Seite stehen. Werden vorgefertigte Transparentfolien benutzt, dann kann das Arbeiten sitzend oder stehend erfolgen. Bei der stehenden Arbeitshaltung befindet sich der Ausbilder seitlich neben dem Arbeitsprojektor (nicht dahinter), und zwar so, daß er die Blickrichtung des Teilnehmers zur Projektionsfläche nicht einschränkt.

Wie bereits erwähnt, benötigt man als Hauptarbeitsmaterialien eine ausreichende Anzahl von Folienstiften, Transparentfolienvorlagen, mehrere Abdeckblätter und einen Zeigestab. Folienstifte werden in unterschiedlichen Ausführungen angeboten:

1. Es können unterschiedliche Schriftstärken benutzt werden (sehr fein, fein, mittel, breit).
2. Es werden zwei verschiedene Folienstiftarten im Handel angeboten (permanent = wasserfest, nicht permanent = wasserlöslich).

Der Einsatz der verschiedenen Schriftstärken ist abhängig von der Art der Foliengestaltung und den Inhalten, die dargestellt werden. Die sehr feinen Folienstifte eignen sich besonders gut für die Arbeit mit Schablonen, da sie in die Führungsvorlagen hineinpassen. Mit der Schablonentechnik werden Buchstaben, Zahlen oder Symbole durch Umfahren des Schablonenausschnittes auf die Folie übertragen, so daß ein deutlich lesbares und sauberes Schriftbild entsteht. Die sehr feinen und feinen Stifte werden auch dort eingesetzt, wo aufgrund der vorhandenen Dimensionen (Graphik, Tabellen etc.) keine zu dicken Folienstifte benutzt werden können. Beim Einsatz der dünnen Schriftstärken muß immer darauf geachtet werden, daß die Schriftstärke ohne Mühe von den Teilnehmern gelesen werden kann. Wurden bisher nur die sehr feinen und feinen Schriftstärken auf der Folie benutzt, kann mit der mittleren Schriftstärke eine Hervorhebung des Textes erreicht werden. Die breite Schriftstärke kann zum extremen Hervorheben, zur Darstellung wichtiger Überschriften und zum Ausmalen von Flächen bei größeren Graphiken Anwendung finden.

Für die Beschriftung der Transparentfolien werden spezielle Eigenschaften an die Folienstifte gestellt:

- ➡ gute Haftfähigkeit auf der glatten Folie
- ➡ exakte, nicht zerfließende Strichführung
- ➡ sekundenschnelles Trocknen
- ➡ transparente Farben für eine leuchtende und farbgetreue Wiedergabe

Nicht alle Farbstifte, die im Handel erhältlich sind, eignen sich für die Folienbeschriftung.

Es werden zwei spezielle Arten von Folienstiften angeboten, die diese Eigenschaften erfüllen. Zum einen gibt es die wasserlöslichen Folienstifte, die nach Gebrauch wieder von der Folie mit einem feuchten Tuch oder einem normalen Radiergummi entfernt werden können. Sie werden auch als »Non-permanent«-Stifte bezeichnet. Man verwendet diese, wenn auf einer vorgefertigten Transparentfolie Ergänzungen gemacht werden, die sich aufgrund des Unterrichtsverlaufs ergeben. Es können auch vorgegebene Bilder, Graphiken, Tabellen und Funktionsabläufe näher beschrieben oder gar vervollständigt werden. Arbeitsfolien, bei denen bestimmte wichtige Sachbereiche mit leeren Kästen dargestellt sind, können mit diesen Stiften mit den richtigen Antworten der Teilnehmer vervollständigt werden. Des weiteren gibt es wasserfeste Folienstifte. Man nennt sie auch »Permanent«-Stifte. Diese können mit dem nassen Tuch nicht mehr entfernt werden. Sie haften sehr gut. Man verwendet sie dann, wenn eine Folie angefertigt wird, die über längere Zeit unverändert im Unterrichtung eingesetzt werden soll. Erstellte Langzeit-Transparentfolien können noch zusätzlich geschützt werden, indem sie in extra dafür bestimmte »weichmacherfreie« Schutzhüllen eingelegt werden. Bei dem Gebrauch solcher Schutzhüllen muß man beachten, daß es sich um klar durchsichtige, projektionsfähige Sichthüllen handelt. Diese sind zwar etwas teurer, dafür aber qualitativ besser.

Es gibt natürlich auch billige Hüllen, die sehr oft zu weich und nicht klar durchsichtig sind (milchige, angerauhte Oberfläche). In diesen sind Stoffe enthalten, die die Schrift der Transparentfolie nach einiger Zeit angreifen und ablösen.

Hat man wider Erwarten einen Fehler bei der Folienerstellung gemacht oder gefällt einem der Text nicht mehr, dann braucht man nicht zu verzweifeln. Auch die Permanentfarbe kann von der Folie wieder entfernt werden. Dafür gibt es extra flüssige Korrekturstifte oder feste Korrekturgummis. Auch ein einfacher Radiergummi oder eine Alkohollösung (Desinfektionslösung, Spiritus etc.) kann dieses Problem beseitigen.

Allgemeine Hinweise zum richtigen Umgang mit den Folienstiften:

- ➡ Beim Gebrauch eines Folienstiftes hält man die Kappe zwischen Zeige- und Mittelfinger der zweiten Hand. Damit können mit dem Daumen und dem Zeigefinger bei Bedarf noch zusätzliche Tätigkeiten wie Greifen, Festhalten, Umblättern etc. durchgeführt werden. Legt man die Kappe beiseite, kann sie verloren gehen.
- ➡ Die Folienstifte sollten sofort nach Gebrauch wieder verschlossen werden, damit die Faserspitze nicht eintrocknet und dadurch vielleicht vorzeitig unbrauchbar wird.
- ➡ Folienstifte gehören auch nicht auf den eingeschalteten Arbeitsprojektor, in die Nähe des Kühlgebläses oder auf einen anderen warmen Ort (Heizung etc.). Hitze begünstigt den Eintrocknungsprozeß.
- ➡ Man sollte sich keinen zu großen Vorrat an Folienstiften anschaffen, da sich eine Lagerzeit von mehr als einem halben Jahr auf die Funktion der Stifte negativ auswirkt. Allerdings müssen am Arbeitsort immer die gebräuchlichsten und am besten erkennbaren Farbstifte in ausreichender Anzahl zur Verfügung stehen.
- ➡ Bei Nichtgebrauch gehören die Stifte in die dazugehörige Schutzhülle und müssen vor Wärme geschützt gelagert werden.
- ➡ Trocknet ein Folienstift einmal durch unsachgemäße Behandlung vorzeitig aus, so kann versucht werden, die wasserlöslichen Stifte mit etwas Wasser an der Stiftspitze und die permanenten Stifte mit etwas Alkohollösung wieder schreibbereit zu machen. Beachten Sie bitte dabei die Gebrauchsanleitung der Hersteller.

Neben den Folienstiften wird als weiteres Arbeitsmittel die Transparentfolie benötigt. Zur Projektion können solche Folien problemlos verwendet werden, die folgende Eigenschaften besitzen:

- ➡ Die Folie muß eine gute Transparenz haben (scharfes und klares Bild).
- ➡ Sie muß ein gutes Farbhaftvermögen aufweisen.
- ➡ Die Farbstoffe der Folienstifte dürfen nicht nach längerer Aufbewahrungszeit in die Folie »eindringen« und so die Schrift unleserlich machen.
- ➡ Die Folie darf bei längerem Liegen auf der leicht erhitzten Arbeitsfläche des Arbeitsprojektors nicht wellen, was zur Minderung der Bildschärfe führen würde.
- ➡ Die Folie muß weitgehend kratzfest und knickstabil sein. Es werden sonst graue Striche auf die Leinwand projiziert.

Es werden momentan drei Arten der Transparentfolien angeboten:

1. Die Laufrollen, die im Gegensatz zu den anderen zwei Arten relativ dünn sind. Diese können am Arbeitsprojektor angebracht werden, wenn eine entsprechende Halte- und Drehvorrichtung vorhanden ist. Für die Arbeitsprojektoren gibt es dafür spezielle Folienhalter, die in Rahmenform auf den Arbeitsprojektor gesetzt werden können. Die Lauffolie wird auch gern als Endlostafel bezeichnet, da durch ständiges Weiterdrehen nach oben immer wieder eine neue und freie Beschriftungsfläche vorhanden ist. Die Laufrolle besitzt gegenüber der Einzelblattfolie erhebliche Nachteile. Zur Wiederholung eines bestimmten erarbeiteten Stoffgebiets muß durch langwieriges Zurückkurbeln die benötigte Information erst gesucht werden. Liegt die Information weit zurück, kann das Aufsuchen lange Zeit in Anspruch nehmen. Übersichtlich und gut archivierte Einzelfolien sind viel schneller zu finden. Sie können den Zuhörern präsentiert werden, ohne daß unnötige Störinformationen von vorhergehenden Unterrichten die Suche behindern. Manche Ausbilder legen schon im voraus ihren ganzen Unterricht auf Lauffolie fest und führen anhand der Lauffolie ihren Unterricht durch. Damit wird der Unterrichtsverlauf jedoch zu sehr eingeschränkt und schematisiert. Die Möglichkeit, den Unterricht variabel zu gestalten und in kurzen Exkursen (detaillierte Abhandlung eines angrenzenden Stoffgebiets) auf wichtige Fragestellungen der Zuhörer eingehen zu können, wird dadurch erheblich vermindert. Wird der Exkurs mit Tafeleinsatz unterstützt, dann kann der Nachteil der Laufrolle ausgeglichen werden. Der strukturierte und lernzielmäßig gut aufgebaute Unterricht wird zwar gefordert, diese Forderung kann aber auch anhand von Einzelfolien erfüllt werden. Der Einsatz von Einzelblattfolien läßt außerdem die notwendige Flexibilität des Ausbilders zu. Aus diesen Gründen ist die Lauffolie als Hauptmedium nicht zu empfehlen. Natürlich kann sie in der Form benutzt werden, daß spontane Ideen oder später nicht weiter benutzbare Informationen zusätzlich als Stoffsammlung aufgetragen werden. Für diesen Zweck ist sie gut geeignet, besonders dann, wenn keine Tafel vorhanden ist und sich der Einsatz des Arbeitsprojektors geradezu anbietet. Außerdem besteht die Möglichkeit, vorgefertigte Transparente unter die Lauffolie zu schieben und nun durch Beschriftung oder Anmerkungen die Originalfolie weiter zu vervollständigen.

   Aus Kostengründen ist das Zuschneiden im DIN A4-Format als billige Einzelblattfolie möglich, die anschließend mit einer Schutzhülle versehen wird.

2. Einzelblattfolien haben gegenüber der Laufrolle den Vorteil, daß sie bei Bedarf sofort zur Verfügung stehen und den Teilnehmern präsentiert werden können. Ein evtl. notwendiger langer Suchvorgang (wie bei der Laufrolle) wird dadurch vermieden. Der Vorteil von Folien gegenüber der Tafel ist der, daß wichtige erarbeitete Informationen jederzeit wieder zur Verfügung stehen. Im Gegensatz dazu verschwinden diese beim Tafelanschrieb durch Abwischen vollständig. Einmal vorbereitete und gut ausgearbeitete Folien können jederzeit wieder benutzt werden. Damit erreicht man auch in der Vorbereitungs- und Unterrichtsphase eine gewisse Zeiteinsparung, da nicht jede Folie neu erstellt werden muß. Transparentfolien werden in verschiedenen Stärken angeboten:

➡ leichte Qualität, ca. 0,08 mm, geeignet für Mehrschichtbildtransparente (wegen geringerem Lichtverlust), zur einmaligen Benutzung oder zur Vielfachbenutzung, wenn die Aufbewahrung in einer transparenten Klarsichthülle erfolgt
➡ mittlere Qualität, ca. 0,1 mm
➡ schwere Qualtität, ca. 0,12 mm, für die wiederholte Benutzung ohne Klarsichthülle.

Eine wiederholte Benutzung ohne Klarsichthülle ist jedoch problematisch, da die Farb- und Folienqualität im Zeitverlauf durch oftmaliges Benutzen leidet. Deshalb ist es ausreichend, mit einer Folienstärke von 0,08 mm (oder gar Lauffolienstärke) und Klarsichthülle zu arbeiten. Dadurch wird auch eine Archivierung in Ordnern oder Hängetaschen erleichtert. Beim Erwerb von Klarsichthüllen sollte auf eine geeignete Produktqualität (weichmacherfrei) geachtet werden.

3. Bei der dritten Folienart handelt es sich um eine technische Neuerung, bei der vom Grundgedanken der normalen Einzelblattfolie ausgegangen worden ist. Die Hintergrundfarbe ist dabei aber nicht neutral (transparent), sondern blau. Damit erreicht man, daß die intensive weiße Lichtquelle auf der Projektionsfläche gemildert wird, welche sonst zu Ermüdungserscheinungen der Augen und damit zur stofflichen Aufnahmeeinschränkung führt. Die Lichtquellenintensität ist beim Einsatz der blauen Folienart nicht mehr so stark und beansprucht nicht mehr in dem Ausmaß das menschliche Auge. Durch die Benutzung der besonderen Farbstifte

➡ leuchtgelb,
➡ leuchtorange,
➡ leuchtrot und
➡ leuchtgrün

wird für eine sehr gute Lesbarkeit auf der Projektionstafel gesorgt. Allerdings muß dazu kritisch erwähnt werden, daß Farbhintergründe wie grün und blau (siehe Farbenlehre) bei längerem Einsatz zu geistigen Ermüdungsprozessen führen können. Deshalb sollte auch ein ständiges Benutzen dieser Folienart vermieden werden. Gegen eine abwechslungsreiche Kombination ist aber nichts einzuwenden. Wenn eine von den maximal drei Schriftfolien einen blauen Hintergrund hat, kann dies nur zur Aufmerksamkeitserhöhung beim Teilnehmer führen. Durch die besondere Leuchtintensität der benutzten Farbstifte erzielt man noch eine weitere Aufmerksamkeitssteigerung. Aus unseren eigenen Arbeitserfahrungen müssen wir jedoch anmerken, daß eine längere Haltbarkeit der Folien nicht vorhanden war. So breitete sich die Leuchtfarbenschrift nach einiger Zeit auf der Folie aus und führte zu verschwommenen Schriftbildern. Außerdem wurde die Folienstiftspitze nach längerem Gebrauch stumpf, dies führte zu einer breiteren Schriftstärke, wobei teilweise kleine bis mittlere Buchstabengrößen nicht mehr darstellbar waren. Sicherlich werden aber diese Anfangsschwierigkeiten seitens der Hersteller beseitigt werden können.

Die Gestaltung der Transparentfolien: Transparentfolien werden themenabhängig fertig ausgearbeitet von bestimmten Medienherstellern angeboten. Aufgrund fertigungsbedingter Verfahren handelt es sich hier um qualitativ gute und nicht abnutzungsfähige (Farbqualität etc.) Foliensätze. Im Laufe der Zeit wird man aber feststellen, daß für die individuelle Unterrichtung diese Foliensätze nicht ausreichen. Entweder fehlen einige persönlich wichtige Informationen, oder andere Punkte könnten, subjektiv gesehen, weggelassen werden. Außerdem werden nicht alle Themengebiete als Foliensätze angeboten. Das wäre im übrigen auch gar nicht wünschenswert, da dann die kreative Gestaltung seitens des Ausbilders gar nicht mehr gefordert wird. Da Foliensätze außerdem relativ teuer sind und der Bezug nur als ganzer Foliensatz möglich ist, bietet es sich an, individuelle Folien nach bestimmten Gesichtspunkten und eigenen Vorstellungen zu erstellen. Der Wunsch zur optimalen Folienerstellung steigt mit der Dauer der Ausbildungstätigkeit an. Bei ihr gilt, wie übrigens in anderen Bereichen auch, daß aller Anfang schwer ist. Es erfordert schon eine gewisse Übung und das Vorhandensein von Kenntnissen über die Gestaltung von Arbeitstransparenten, um eine optisch gute und didaktisch einwandfreie Folie zu erstellen. Was muß alles alles beachtet werden?

1. Es muß der Lernweg berücksichtigt werden, mit dessen Hilfe man den Zuhörern den Lernstoff präsentiert:

   ➡ Lernen durch Lesen (und Hören)
   ➡ Lernen durch Sehen
   ➡ Lernen durch Sehen und Hören.

   Lernen durch Lesen wird dann erreicht, wenn wichtige Sachaussagen oder Stichworte auf die Folie niedergeschrieben sind, der Teilnehmer bei der Präsentation diese Themenschwerpunkte vor Augen hat und durch Lesen aufnehmen kann (Schriftfolie). Das Lernen durch Sehen über Folie erfolgt durch den Einsatz von Bildern (Bildfolie).

2. Transparentfolien müssen sauber erstellt und gut les- bzw. sichtbar sein. Es gibt dabei zwei Möglichkeiten zur Erstellung von Schriftfolien. Zum einen kann man in normaler Schreib- oder Druckschrift die Informationen niederschreiben. Eine weitere Möglichkeit ist die Benutzung der Buchstabenschablone, mit der

ein wirklich sauberes und optisch gutes Schriftbild möglich wird. Allerdings ist die Schablonentechnik arbeitsintensiver, da die Gestaltung der Folie doch mit erheblich mehr Präzision erfolgt. Wird die erste Möglichkeit angewandt, so ist immer darauf zu achten, daß die Schrift auf der Folie gut lesbar ist. Da mit der Schreibschrift die Neigung zum verzerrten Schriftbild besteht, empfiehlt es sich, hier die Druckschrift zu verwenden. Sie ergibt im allgemeinen ein optisch besseres und lesbareres Schriftbild. Ist der Abstand von den Teilnehmern zur Projektionstafel relativ groß, dann können zu dünne Schriftstärken schlechter aufgenommen werden. Je dicker, desto besser die Lesbarkeit für den Teilnehmer. Nachstehend möchten wir Ihnen das anhand einiger Beispiele demonstrieren:

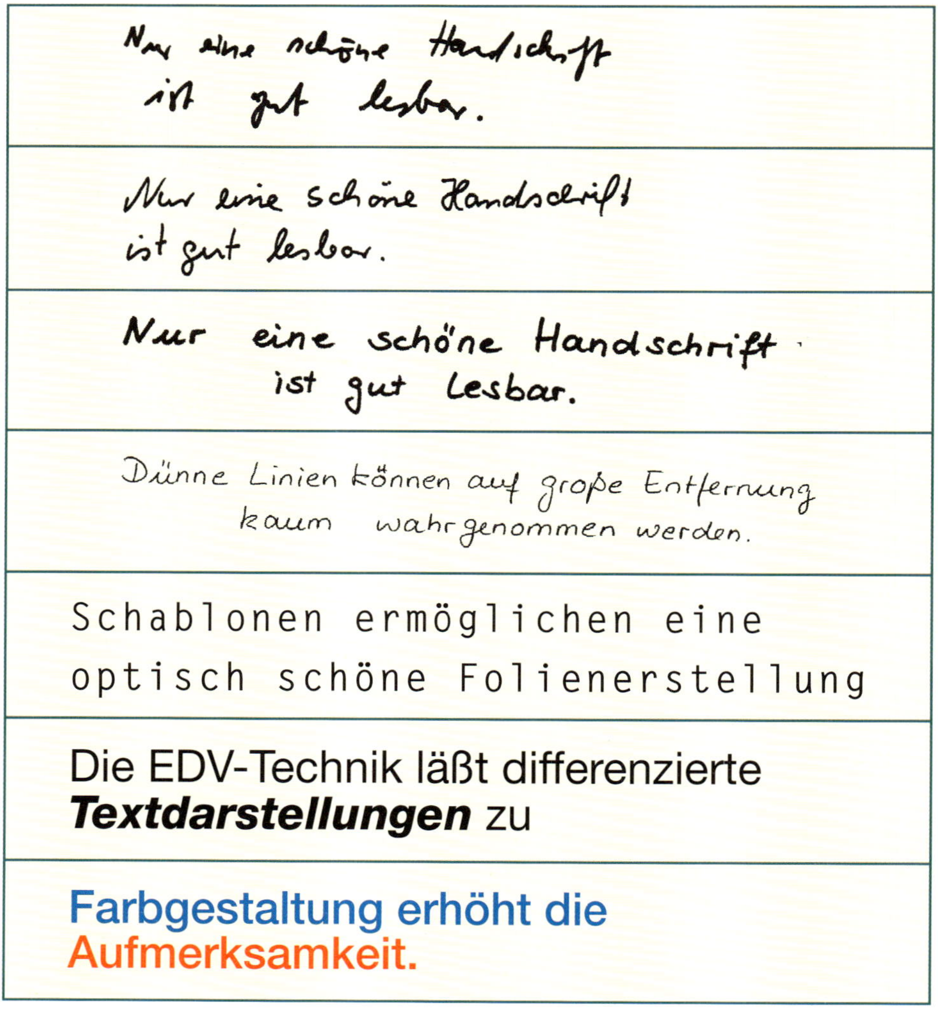

Diese Musterseite zeigt die Abhängigkeit der Lesbarkeit von der Ausgeprägtheit der Handschrift, der Schriftbildstärke und der technischen Verfahren.

Es muß nicht alles wie gedruckt aussehen. Auch mit einer sauberen Handschrift können optisch gute Schriftfolien entwickelt werden. Durch eine unsaubere und verschwommene Schrift hält sich der Teilnehmer zu lange bei dem nicht zu identifizierbaren Wort auf und versucht, es zu entziffern. Seine Aufmerksamkeit und Konzentrationsfähigkeit für den Unterrichtsstoff wird damit beeinträchtigt. Der Dozent redet am Zuhörer vorbei. Es bleibt Unverständnis zurück, und Unverständnis führt zum Nichtverstehen des Lernstoffs. Ggf. fragt der Zuhörer den Nachbarn nach dem Verständnis zur Folie, so daß Unruhe im Raum einkehrt, die vom Ausbilder über schlechte Medienpräsentation verursacht wurde. Wie bereits dargestellt, hängt die Lesbarkeit der Schriftfolien

- ➡ von der Schriftgröße,
- ➡ von der benutzten Schriftstärke,
- ➡ von der Größe der Projektionsfläche und
- ➡ vom Abstand des Teilnehmers zur Projektionsfläche

ab. Je weiter der Abstand zur Leinwand, desto größer muß auch die Schrift und desto dicker die Schriftstärke ausgelegt sein. So muß bei einem Mindestabstand (hinterster Teilnehmer zur Projektionsfläche) von 9 m die Schriftgröße in Kleinbuchstaben mindestens 3 mm betragen. Je weiter der Abstand, desto höher die Schriftgröße. Auf Großbuchstaben angewandt, ergeben sich folgende Richtwerte:

Abstand von der Projektionsfläche	*Schriftgröße für Folie bzw. Dia*
Bis zu 10 m	**5 mm**
11 bis 15 m	**10 mm**
16 bis 20 m	**15 mm**
21 bis 25 m	**20 mm**

Abhängigkeit der Schriftstärke und Schriftgröße vom Abstand des hinteren Zuhörers zur Projektionsfläche

3

Je fetter und größer die Schrift, desto besser die Lesbarkeit.

Nun versuchen viele Dozenten, ein auf Schreibmaschine geschriebenes Arbeitspapier auf Transparentfolie zu kopieren und im Unterricht einzusetzen. Auch Abbildungen, Schaubilder und Tabellen eines Buchs mit Text werden auf Folie kopiert. Solche »mißglückten« Folienerstellungen und deren Einsatz können in vielen Unterrichtsveranstaltungen (Vorlesungen an Universitäten, Fachhochschulen etc.) beobachtet werden. Es ist natürlich einsichtig, daß aufgrund der geringen Schriftstärke und der mäßigen Schriftgröße die Projektion an der Leinwand kaum zu sehen bzw. zu entziffern ist. Bei großen Lehrveranstaltungen kann diese Folie nicht mehr zur Medienunterstützung im Lernprozeß eingesetzt werden. Die Nachteile sind so groß, daß sie den Unterrichtsprozeß zu sehr stören würden. Befindet man sich dann selbst als Teilnehmer in einer solchen Situation, dann ist man über eine derartige Präsentation doch sehr verärgert. Die Lernbereitschaft sinkt und die Informationsaufnahme verringert sich auf ein Mindestmaß.

Teilweise wird auch der Platz auf der Transparentfolie mit schriftlichen Informationen völlig ausgenützt. Oft wird all das, was man sagt, auf Folie niedergeschrieben. Der Dozent liest dann nur noch ab. Dies gibt Auskunft über die stoffliche oder persönliche Unsicherheit des Dozenten. Um ja nichts zu vergessen, wird am besten alles auf die Folie gebracht. Hier muß sich der Teilnehmer fragen, weshalb er überhaupt gekommen ist. Das Lesen eines Buchs hätte den gleichen Erfolg gebracht. Man würde mehr Informationen geboten bekommen und außerdem Zeit sparen.

Empfehlungen: Es muß unbedingt beachtet werden, daß nur wichtige Stoffinhalte (das Muß) in Form von Stichworten auf die Folie kommen und dann anhand des Stichworts der Stoffinhalt verbal durch verschiedene Unterrichtstechniken erarbeitet wird. Nutzen Sie den Farbeneinsatz und variieren Sie diesen bei den verschiedenen Folien. Benutzen Sie nicht zu viele Schriftfolien pro Unterrichtsstunde. Mehr als drei Schriftfolien pro Unterrichtsstunde werden zum »Film«. Die Teilnehmer werden dann stoffmäßig überfordert. Meistens werden deshalb zu viele Schriftfolien eingesetzt, weil zuviel an Text und Informationen auf einer Folie vermerkt wird. Der Text darf nur sparsam Verwendung finden. Mit der Schriftfolie wollen Sie erreichen, daß

- ➡ das Thema immer gegenwärtig ist (durch Überschrift),
- ➡ wichtige Merksätze und Sachaussagen hör- und lesbar gemacht werden,
- ➡ Tabellen gezeigt und erläutert werden,
- ➡ Zeichnungen optisch erklärt werden,
- ➡ schwieriger Lernstoff optisch unterstützt wird und daß
- ➡ die Folie als roter Faden die Lehrkraft durch den Unterricht führt.

Betrachten wir nun die Foliengestaltung beim Lernweg »Lernen durch Sehen«. Wir erinnern uns, daß das Lernen durch Sehen dann vorliegt, wenn dem Zuhörer Informationen bildlich präsentiert werden. Gelingt es uns, einen wichtigen Sachverhalt bildhaft darzustellen, dann erhöht sich die Erinnerungsleistung beim Teilnehmer auf 30 %. Bildliche Darstellungen können z. B. sein:

- ➡ Schocklagerung (als Erste-Hilfe-Maßnahme)
- ➡ Körpersprache (im Ausbildungsbereich zur Erkennung)
- ➡ Körpermotorik (in der Rhetorikausbildung)
- ➡ graphische Tabelle (in wirtschaftlichen Bereichen)
- ➡ einfache Maschinenabbildung (im technischen Bereich)
- ➡ Bilddarstellung (im Fremdsprachenbereich mit der Fremdsprachenbedeutung)
- ➡ die in diesem Buch gezeigten Bilder.

Auch hier ist zu beachten, daß die Bildgröße den räumlichen Verhältnissen angepaßt ist. Oft findet man in Büchern, Zeitschriften oder ähnlichem interessante Bildgestaltungen, die dann durch strichgetreues Abmalen (Folie wird über das Bild gelegt), durch freihändige Nachgestaltung oder durch Kopieren auf Folie gebracht werden. Ist das Bild optisch zu klein, dann kann es durch Kopiergeräte vergrößert und dann weiterverarbeitet werden. Bei modernen Kopierern besteht heute die Möglichkeit der Vergrößerung. Allgemein sind die rechtlichen Verhältnisse der Urheberschaft zu berücksichtigen.

Der Einsatz des Lernweges »Lernen durch Sehen und Hören« oder auch abgewandelt »Lernen durch Lesen und Hören« findet bei der Folienpräsentation (von Bildern, Tabellen etc.) Anwendung. Der Dozent gibt zu jedem Bild oder Stichwort eine erläuternde Erklärung ab oder stellt zusätzlich Fragen, so daß die Zuhörer durch diese Fragen an die Lösung herangeführt werden (Lernen durch Sehen und Sprechen).

Die Bedeutung der EDV im Ausbildungsbereich: Aufgrund der Entwicklung der EDV über die letzten 15 Jahre ist heute die Technik so weit fortgeschritten, daß viele Hilfsfunktionen (Folienerstellung, Präsentationsabläufe, Medienkombination) über den Personalcomuper umgesetzt werden können. Die Erstellung der Transparentfolien z. B. kann heutzutage nicht nur durch eigene Bildzeichnung, Kopieren, Handschriftfolien oder Schablonenfolien erfolgen, sondern die technische Entwicklung der Personalcomputer und der Softwaregestaltung läßt es heute auch zu, Bildvorgaben oder Texte in verschiedenen Farben, mit unterschiedlichen Schriftbildern und Schriftstärken und verschiedenen Schriftgrößen auf Transparentfolien auszudrucken. Der Arbeitsaufwand ist minimal, die Foliengestaltung dafür aber optimal. Benötigte man vor der Computer-Industrialisierung für die Erstellung einer optisch schönen Folie oft einige Stunden Zeitaufwand, kann heute die EDV den Aufwand auf wenige Minuten verkürzen. Wer schon in irgendeinem Bereich mit dem Personalcomputer arbeitet und die notwendigen Zusatzgeräte besitzt, kann diese neue Möglichkeit nutzen. Heute ist es sogar schon möglich, Fernsehbilder oder Videobilder zu digitalisieren und dann auf Dia oder Folie zu übertragen.

Der Begriff »Multimedia« findet immer weitere Verbreitung und wird zukünftig auch die Medienwahl mit optimalem Geräteeinsatz revolutionieren. Derartige Verfahren sind aber noch recht teuer und erfordern einen großen Geräte- und Materialaufwand. Die Zukunft läßt hier aber ungeahnte Möglichkeiten für die methodische Ausbildung erwarten. Hier gibt es ein Gebiet, auf das man gespannt sein kann und dem man gerne entgegensieht.

Anregungen zum Umgang mit Transparentfolien

Nun wollen wir uns den verschiedenen Möglichkeiten zur Darbietung des Lehrstoffs auf der Transparentfolie zuwenden. Ein gut erstelltes Transparent ist noch lange nicht die Gewähr für einen guten Unterricht. Mit einer gut geplanten Projektionstechnik der Transparentfolie erreicht man, daß nicht sofort der ganze Inhalt der Folie auf einmal abgebildet wird, sondern durch sinnvolles Fortschreiten der Lehrstoff in Stufen entwickelt wird. Zuviel Informationen auf einmal darzubieten, kann zur Einschränkung der Konzentrationsfähigkeit und der Aufmerksamkeit führen. Nur das, was gerade erarbeitet oder besprochen wird, darf auch visuell unterstützt werden. Dabei soll die visuelle Unterstützung nicht nur einige Sekunden anhalten. Dem Gehirn muß über längere Zeit die Möglichkeit gegeben werden, die über das Auge aufgenommene Information auch zu verarbeiten. Der Teilnehmer braucht Zeit, um die visuellen Eindrücke auch richtig wahrzunehmen. Die Bewußtseinskapazität muß durch eine Erhöhung der Gegenwartsdauer und durch eine Beschränkung der aufzunehmenden Informationen (Zuflußgeschwindigkeit) auf einem hohen Niveau gehalten werden. Da die Bewußtseinskapazität bei jedem Teilnehmer unterschiedlich ausgeprägt ist, muß der visuelle Eindruck so lange sichtbar bleiben, bis auch der letzte Teilnehmer ihn erfaßt hat. Durch die Verringerung der Zuflußgeschwindigkeit an Informationen (durch Weglassen von Kleinigkeiten und Hervorhebung des Wichtigen) erreicht man, daß nur noch das Muß des Lehrstoffs unterstützt wird und vom Teilnehmer besser eingeprägt werden kann.

Die Abdecktechnik: Es dürfen nur die Informationen optisch unterstützt werden, die gerade im Unterrichtsprozeß erarbeitet oder erklärt werden. Der Informationszeitpunkt muß mit dem Präsentationszeitpunkt übereinstimmen. Nur die Grundaussage des gesprochenen Worts wird optisch verstärkt. Da aber eine Transparentfolie selten nur eine Grundaussage enthält, sondern mit mehreren Aussagen und Hinweisen bestückt ist, muß hier durch entsprechende Abdeckung (der bisher noch nicht behandelten Sachverhalte) dem Aufmerksamkeitsverlust vorgebeugt werden. Man darf also nicht gleich den Zuhörern die ganze Folie präsentieren. Handelt es sich um eine Lesefolie, so muß schon bei der Erstellung der Folie der Zusammenhang zum Thema und die logische Gliederung der einzelnen Stichpunkte beachtet werden. Eine Transparentfolie soll normalerweise nur ein Thema beinhalten. Nur die wichtigen Punkte dürfen aufgeführt sein. Der logische Zusammenhang zwischen den Punkten muß vorhanden sein. Sind diese Forderungen erfüllt, dann wird die Folie so aufgelegt, daß nur das Thema (Überschrift) sichtbar ist. Der Rest der Textfolie wird mit einem Blatt Papier abgedeckt, so daß die Zuschauer nur den freien Textteil sehen, während Sie die ganze Folie lesbar auf dem Projektor sehen. Sie wissen somit genau, welcher Punkt in welcher Reihenfolge angeschnitten werden soll. Nach Bekanntgabe des Themas können Sie nun entweder durch Vortrag, freie Rede oder Lehrgespräch die aufgeführten Punkte chronologisch erarbeiten. Sobald Sie den ersten Punkt angeschnitten haben, schieben Sie das Abdeckblatt ein Stück nach unten, so daß die eben erwähnte Sachaussage nun den Teilnehmern sichtbar wird. So lange, wie Sie über diesen Punkt Ausführungen machen, muß auch die Sicht auf das Stichwort auf der Folie bestehen. So können Sie dann nach und nach die gesamte Folie erarbeiten und das Thema in logischer Reihenfolge abhandeln. Schritt für Schritt wird es vervollständigt und der gesamte Themenkomplex sichtbar.

Jede Textfolie ist so zu gestalten, daß am oberen Randbereich die Überschrift steht, der Kernpunkt des Themas in der mittleren Hälfte abgehandelt wird und am unteren Randbereich evtl. noch ein Randthema oder weitere, wichtige Zusatzinformationen angesprochen werden.

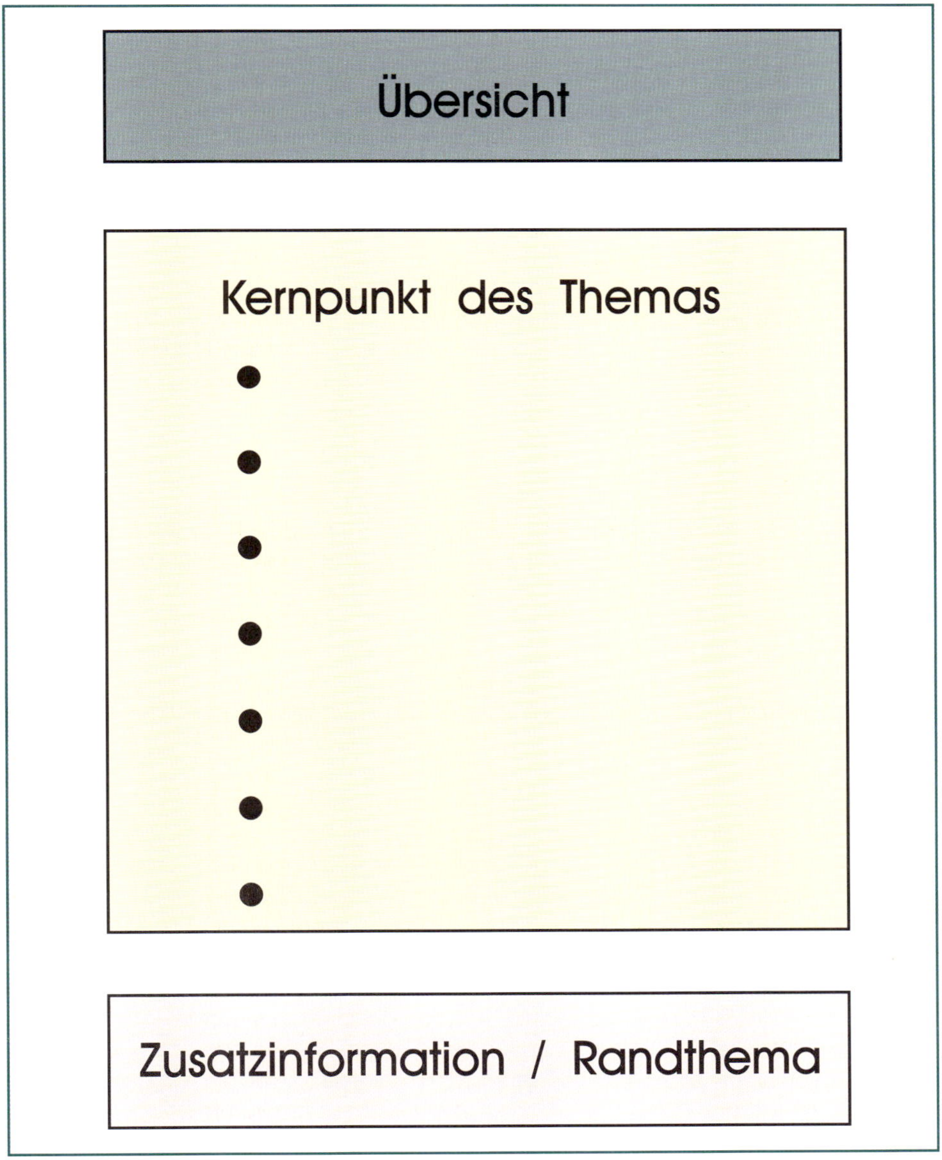

Die Abdecktechnik kann noch weiter verfeinert werden, indem die wichtigen Informationen oder Bilder nicht nur von oben nach unten beschriftet und bezeichnet werden, sondern die ganze Arbeitsfläche der Transparentfolie ausgenutzt wird. Dabei wird die Folie in vier gleichgroße Quadrate, in zwei oder drei gleichbreite Seitenstücke oder in zwei oder drei gleichlange Längsspalten eingeteilt. Die gerade nicht behandelten Text- und Bildausschnitte werden mit einem Papierstreifen voll abgedeckt. Ist die Transparentfolie in einer Klarsichthülle untergebracht, so können die Papierstreifen entweder in die Klarsichthülle eingelegt oder außen mit einem Stück durchsichtigem Klebestreifen befestigt werden. Außerdem kann es sich anbieten, die Arbeitsfolie in einen Papierrahmen einzulegen, so daß sie paßgenau auf dem Arbeitsprojektor liegt. Die Befestigung der Papierstreifen erfolgt dann am Rahmen. Auf der rechten Seite sehen Sie nochmals die verschiedenen Abdecktechniken.

Es ist immer vom Thema und von der Art der Unterrichtung abhängig, welche Form der Abdecktechnik im Unterricht Anwendung findet. Teilweise kann variiert werden, teilweise bietet sich aber auch nur eine dieser Techniken an. Wird bei ihr über längere Zeit eine zu große Fläche der Folie verdeckt, kommt es unter der Abdeckfläche zu einem Wärmestau, der zu Schäden am Gerät und an der Transparentfolie führen kann. Beim richtigen methodischen Vorgehen ist die Gefahr allerdings gering. Läßt sich aber eine längere Abdeckzeit nicht vermeiden, dann kann durch Handauflegen von Zeit zu Zeit überprüft werden, ob die Wärmeentwicklung zugenommen hat. Gegebenenfalls muß das Gerät abgeschaltet oder die Folie kurzzeitig entfernt werden.

Eine weitere Art der Projektionstechnik ist die Deckfolientechnik.

Die Deckfolientechnik: Sie wird auch als Overlay- oder Übereinanderlege-Technik bezeichnet. Bei der Deckfolientechnik wird der Lehrstoff schrittweise erarbeitet, indem ein aus mehreren einzelnen Transparentfolien gebildeter Transparentsatz durch projektionsgenaues Übereinanderlegen zu einem Ganzen zusammengesetzt wird. Der Satz besteht aus einer Basisfolie, die das Thema anschneidet und die Grundzüge festlegt. Sie soll so wenig wie möglich bzw. nur so viel wie nötig enthalten (Umrißzeichnung, Grundgedanke).

Auf den anderen Transparentfolien sind dann Teilbereiche zur Ergänzung des gesamten Themenkomplexes vorhanden. Sie können sich durch eine unterschiedliche Farbwahl voneinander abheben. Damit wird jede einzelne Teilfolie auch noch im Gesamtzusammenhang gedanklich wiedererkannt. Je nach der Entwicklung des Themas oder den Antworten der Teilnehmer erfolgt eine optische Unterstützung mit der passenden Folie. Aufgepaßt werden muß dann, wenn eine bestimmte Reihenfolge der Folien vorgegeben ist. Sie können dann durch eine Randbefestigung fest mit der Basisfolie verbunden und nun nur noch durch Umklappen aufgelegt werden.

Die Paßgenauigkeit der verschiedenen Folien erzielt man, indem ein Markierungspunkt (kleines Kreuz, schräger Strich etc.) auf jede Folie im oberen und unteren Eck gesetzt wird. Ist die Folie mit einem Arbeitsrahmen umgeben, dann erreicht man die Paßgenauigkeit durch genaues Auflegen der Rahmen übereinander (eventuell mit Punktdurchlochung am oberen und unteren Rahmen). Hat der Arbeitsrahmen schon vorgegebene Punktlochungen an den vier Seitenrändern, dann legt man diesen auf die dafür vorgesehenen Stifte am Seitenrand des Arbeitsprojektors.

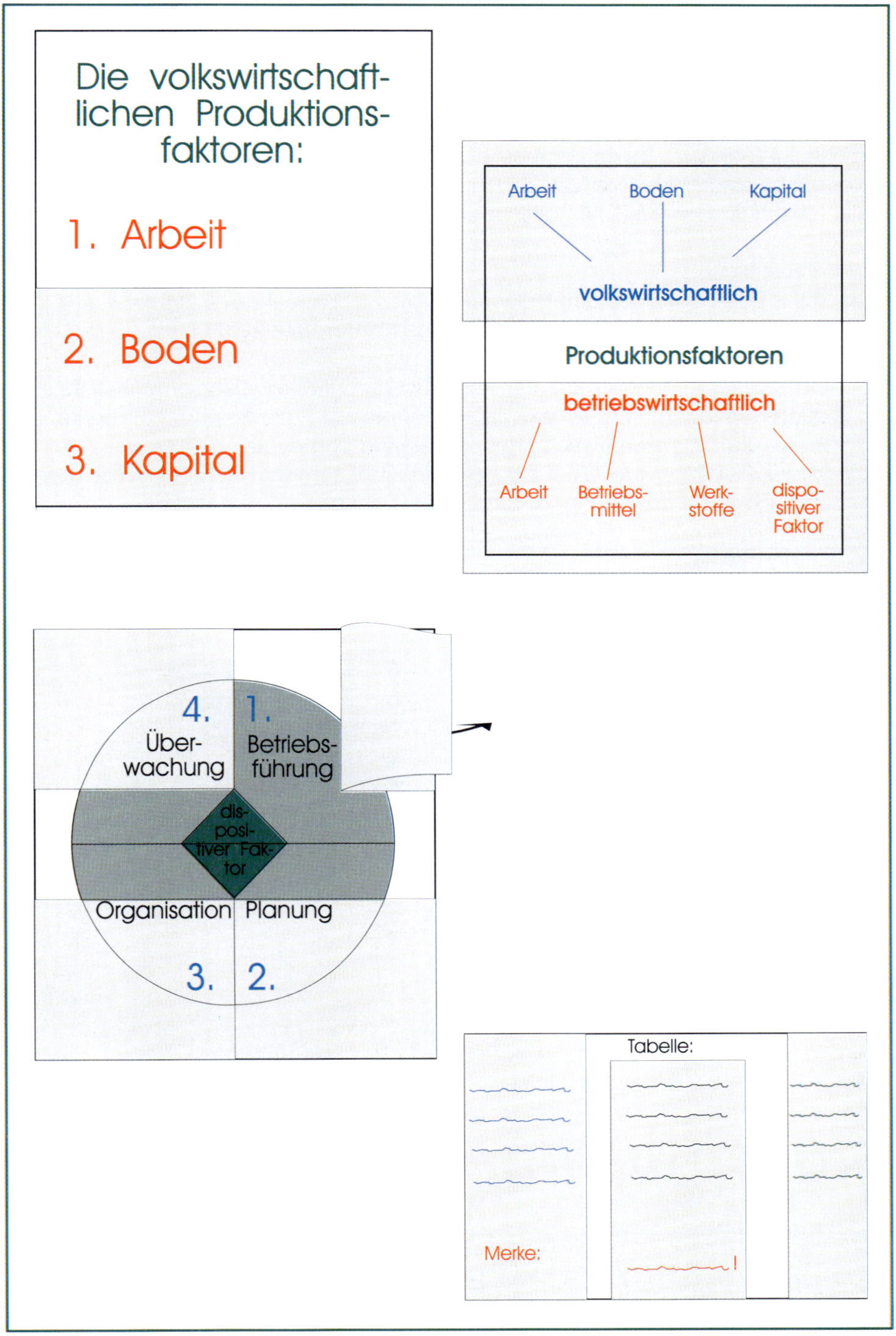

Verschiedene Abdeckvarianten

Mit der Deckfolientechnik können komplizierte Sachverhalte oder Zusammenhänge in Teilbereiche zerlegt werden, was zur Vereinfachung des Themas führt. Abläufe und Zusammensetzungen (z. B. der menschliche Körper) können leichter dargestellt werden, wenn sie in mehrere Phasen geteilt und zum Schluß wieder vereint werden. Achten Sie aber bitte darauf, daß Ihr Foliensatz aus nicht mehr als 5 Einzelfolien zusammengesetzt ist. Es entsteht sonst durch das Übereinanderlegen auf dem Projektor ein zu starker Lichtverlust, der zu optischen Beeinträchtigungen führen kann. Im Durchschnitt können 3 - 4 Folien als ausreichend angesehen werden:

- 1 Basisfolie
- 1 - 2 Folien für Detailinformationen
- 1 Folie für erforderliche schriftliche Zusatzinformationen.

Möchten Sie diese Technik mehr mit Textfolien durchführen, dann empfiehlt es sich, die Textinformationen nicht jeweils auf eine separate Folie zu bringen. Sie können Stichpunkte auf Teilfolienausschnitten vermerken und diese dann beliebig auf der Basisfolie auflegen, ohne daß es zu Lichtverlusten kommt. Nachfolgend zeigen wir Ihnen zwei Beispiele für die Anordnung eines Transparentfoliensatzes.

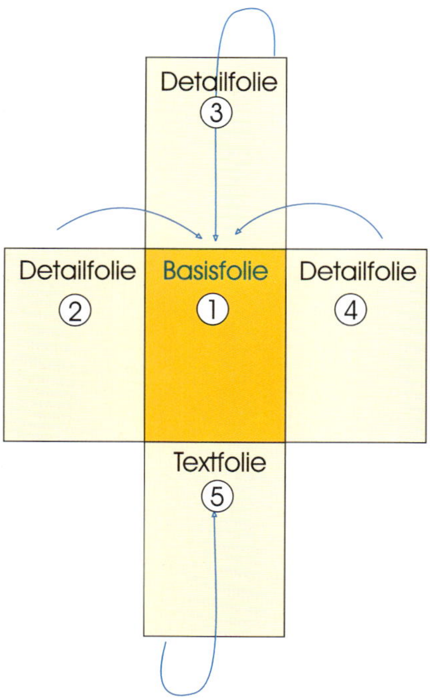

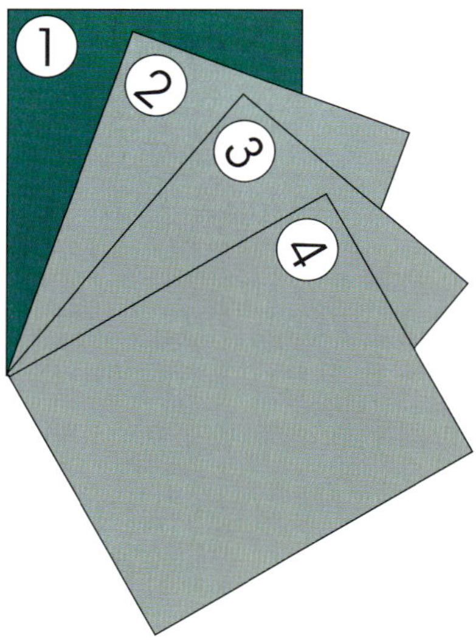

Die Figurentechnik: Hier können Sie durch die Benutzung von Figuren oder Symbolen die starre Folie zu einem »beweglichen« Transparent gestalten. Sie bringen Bewegung und damit »Leben« in die Folie. Die Figuren und Symbole können einmal auf Teilfolie aufgemalt und dann auf die Basisfolie aufgelegt werden. Eine weitere Möglichkeit ist der Einsatz von ausgeschnittenen oder auf Folienstreifen aufgeklebten, undurchsichtigen Figuren, die bei der Projektion als Schattenrisse sichtbar werden. Mit der Figuren- und Symboltechnik besitzen Sie unerschöpflich viele Möglichkeiten zur Veranschaulichung und zur Steuerung eines Lernprozesses. Ihrer Kreativität sind dabei keine Grenzen gesetzt. Je mehr Aufmerksamkeit Sie bei den Teilnehmern erzielen, desto besser wird auch der Lernerfolg ausfallen.

Die Ergänzungstechnik: Bei der Ergänzungstechnik wird auf einer Bild- oder Schriftfolie ein bestimmter Sachverhalt nicht aufgeführt, sondern in Form eines leeren Kastens aus dem Zusammenhang herausgestellt. Damit wird erreicht, daß die Zuhörer durch eigene Beiträge den Inhalt dieses Lernkastens beantworten können. Der Teilnehmer wird direkt zur aktiven Mitarbeit aufgefordert. Durch Eintragen der richtigen Lösung wird die Folie vervollständigt. Die Beschriftung erfolgt entweder durch nichtpermanente Folienstifte, oder die Transparentfolie wird in eine Klarsichthülle oder unter die Folienrolle gesteckt und mit permanenten Folienstiften beschrieben. Damit erreicht man auch gleichzeitig, daß die Basisfolie vor weiteren Schäden bzw. Abnutzungen bewahrt wird. Die Ergänzungstechnik bietet sich an, wenn am Ende der Unterrichtseinheit eine Wiederholung wichtiger Lehrinhalte durchgeführt wird. Auch bei schriftlichen Prüfungen wird diese Technik verstärkt eingesetzt.

Anregungen zum Umgang mit dem Arbeitsprojektor

Der Arbeitsprojektor darf nur unterstützendes Medium im Unterrichtsprozeß sein. Auch wenn hier einige Techniken dargestellt wurden, mit denen man den Unterrichtsverlauf interessanter gestalten kann, darf der Arbeitsprojektor niemals Hauptbestandteil der Unterrichtung werden. Das ist immer noch dem Dozenten vorbehalten, da er durch seine individuelle Art und Weise und seine Kenntnisse (fach- und ausbildungsspezifisch) den Unterrichtsverlauf so steuern muß, daß »geistige Leerlaufzeiten« beim Teilnehmer nicht vorkommen oder nicht von langer Dauer sind.

Oft kann man beobachten, daß sich eine Lehrkraft nur auf ein Medium spezialisiert hat und dieses bevorzugt ständig zum Einsatz bringt. Dabei handelt es sich meistens um einen Dia- oder Arbeitsprojektor. Der fortwährend monotone Medieneinsatz führt aber nach einer gewissen Zeit zum Gewöhnungs- und Einschläferungseffekt. Man stumpft gegen das Medium ab und findet es nicht mehr so interessant wie am Anfang. Deshalb sollte nicht über den ganzen Unterrichtsverlauf nur ein Unterrichtsmedium benutzt werden. Pro Ausbildungsstunde müssen mindestens zwei Unterrichtsmedien eingesetzt werden, damit dem Gewöhnungs- und Einschläferungseffekt entgegengewirkt wird. Es dürfen aber nicht in jeder Ausbildungsstunde dieselben zwei Unterrichtsmedien benutzt werden. Auch eine Medienvariation zwischen den Ausbildungsstunden muß im voraus mit in die Unterrichtsgestaltung eingeplant werden.

Vor Unterrichtsbeginn muß der Arbeitsprojektor auf Funktionsfähigkeit hin überprüft und am richtigen Ort aufgebaut werden. Die Projektionstafel soll voll durch den Arbeitsprojektor bestrahlt und die Bildschärfe mit einer Testfolie eingestellt werden.

Die notwendigen Folienstifte müssen in ausreichender Stückzahl und verschiedenen Farben in Reichweite vorhanden und auf Funktionstüchtigkeit hin überprüft sein. Ein Zeigestab muß auf dem Projektor liegen, damit Details bei Bedarf besser herausgestellt werden können. Als Zeigestab kann nicht nur der Teleskopstab fungieren, auch ein Bleistift, ein Folienschreiber oder ein normaler Kugelschreiber kann diese Funktion übernehmen. Für eine größere Reichweite (z. B. bei der Tafelarbeit oder bei Schaubildern) empfiehlt sich jedoch der Einsatz des Teleskopstabes. Für den Arbeitsprojektor wird im Handel ein spezieller Kunststoffstab angeboten, dessen Spitze ein eingeschliffenes Prisma enthält, das auf der Projektionswand gut zu erkennen ist, der transparente Stab aber kaum wahrgenommen wird.

Außerdem existieren auf dem Markt Markierungsleuchter, die auf der Leinwand (bei der Diaprojektion) oder auf der Projektionswand einen deutlichen Lichtpunkt (Lichtkreuz oder Lichtdreieck) in gelb oder rot hinterlassen. Als neueste Kreation wird jetzt eine sogenannte »Fingerhand« angeboten, wobei der Zeigefinger gestreckt nach vorne zeigt und die restlichen Finger zu Handmitte eingelegt sind. Sie ist rosa transparent. Mit diesem Folienzeigestab wird eine erhöhte Aufmerksamkeit bei den Zuschauern erreicht.

Die Arbeit am Arbeitsprojektor schränkt die Beweglichkeit des Ausbilders ein. Sein Bewegungsfeld ist auf einen kleinen Umkreis seitlich neben dem Arbeitsprojektor begrenzt. Dadurch können von ihm weniger körpereigene Impulse zur Motivation oder zur Präsentierung des Lehrstoffs ausgehen. Bei der sitzenden Arbeitshaltung verstärkt sich dies noch. Der erfahrene Ausbilder wird das als Nachteil empfinden. Für den »Ausbilder-Neuling« kann es aber auch von Vorteil sein. In einer ungewohnten Atmosphäre oder Situation ist der Mensch von Natur aus nervös und unsicher. Dies macht sich in der Stimme, der Körpermotorik und im sachlichen Ablauf des Unterrichtsprozesses bemerkbar. Die Körpermotorik wird dabei besonders beeinflußt, und zwar in der Art und Weise, daß der Dozent

- ➡ übertriebene Handgestik ausführt,
- ➡ Händezittern zeigt,
- ➡ Bewegungen der Beine ausführt (ständiges Hin- und Herlaufen)
- ➡ oder die Beinstellung auf dem Boden ständig verändert.

Sitzt er neben dem Arbeitsprojektor oder befindet er sich in seiner unmittelbaren Nähe, dann werden diese »nervösen« Körperbewegungen zwangsläufig vom Zuhörer vermindert oder überhaupt nicht mehr wahrgenommen. Je sicherer er wird, desto seltener hält es ihn an seinem Sitzplatz. Wir werden noch später bei der Körpersprache auf die künstlichen Abwehrbarrieren zu sprechen kommen, mit denen der direkte Kontakt vom Teilnehmer zum Ausbilder und umgekehrt unterbrochen werden kann. Verbirgt der Dozent sich hinter einem Tisch oder Rednerpult, so baut er damit diese künstlichen Abwehrschranken auf. Er signalisiert dem Teilnehmer einen räumlichen und persönlichen Abstand und schirmt sich damit von ihm ab. Der Zuhörer empfindet den Dozenten nicht mehr direkt »hautnah« vor sich, sondern weiter von sich entfernt. Der persönliche Kontakt zum Teilnehmer wird gestört oder kann sich nicht optimal entwickeln.

Das gesprochene Wort (Inhalt) muß durch den Einsatz eines Mediums unterstützt werden. Wichtiger Lernstoff kann folgendermaßen hervorgehoben bzw. verstärkt werden:

- ➡ durch visuelle Darbietung
- ➡ durch Einsatz des rhetorischen Instrumentariums (Betonungsmöglichkeiten, Gestik etc.)
- ➡ durch Einsatz von Farbe
- ➡ durch Einkreisen oder Unterstreichen wichtiger Stichpunkte auf der Folie oder an der Tafel
- ➡ durch Pfeile, die den weiteren Verlauf einer Handlungskette darstellen
- ➡ durch die Farbgebung von ganzen Hintergrundflächen zur Aufmerksamkeitserhöhung
- ➡ durch Einsatz des Zeigestabs.

Beim Einsatz des Zeigestabs (Hindeuten auf den gerade behandelnden Stichpunkt) ist darauf zu achten, daß sich die Lehrkraft nicht zur Projektionstafel umdreht. Sonst verliert sie den Blickkontakt zum Teilnehmer und wird unter Umständen auch gegen die Projektionstafel reden.

Sinnvoller und einfacher ist es, die Hervorhebung direkt auf der Transparentfolie am Arbeitsprojektor durchzuführen. Damit bleibt der Blickkontakt zum Teilnehmer erhalten und der Dozent spricht immer zu den Zuhörern. Auftretende Unklarheiten in Form von Fragen werden von ihm sofort bemerkt. »Nervöse« Ausbilder neigen zum Händezittern. Dieses Händezittern fällt besonders dann auf, wenn mit dem Zeige- oder Kunststoffstab auf ein Stichwort der Schriftfolie hingedeutet wird. Auf der Projektionstafel wird dieses Zittern des Stabs überdimensional sichtbar. Dem kann der Ausbilder dadurch entgehen, daß er den Zeigestab auf den Arbeitsprojektor so ablegt, daß der hervorzuhebende Stichpunkt genau berührt wird.

Die Transparentfolientechnik hat sich schon so weit entwickelt, daß über Thermokopierverfahren von einem Original folgende Farbkombinationen auf der Thermofolie möglich sind:

- ➡ schwarz zeichnend auf klarer Folie
- ➡ schwarz zeichnend auf farbiger Folie
- ➡ farbig zeichnend auf klarer Folie.

Als Farben stehen dabei Grün, Rot, Blau, Gelb und Violett zur Wahl. Zwischenzeitlich ist die Herstellung reiner Farbfolien über Kopierverfahren als zusätzliche Ergänzung technisch möglich. Jedes gute Fotokopiergeschäft kann Ihnen weitere Auskünfte über diese Verfahren geben.

Im Handel werden aber noch weitere Farbeinsatzmöglichkeiten für die Foliengestaltung angeboten. So gibt es selbsthaftende farbige Folien, die je nach Bedarf in bestimmten Formen und Umrissen ausgeschnitten und auf eine Transparentfolie aufgeklebt werden können. Aber auch mit farbigen Abreibebuchstaben kann eine optische Verschönerung der Folie und damit eine Erhöhung der Aufmerksamkeit beim Zuhörer erreicht werden.

Beim Arbeiten bietet es sich an, jeweils zu einem Transparentfoliensatz ein Arbeitsblatt zu entwickeln. In diesem können leere Textpassagen vom Teilnehmer während oder nach der Folienpräsentierung vervollständigt werden. Damit erreicht man, daß die Aussagen des Ausbilders während der Unterrichtsstunde schriftlich niedergelegt sind und vom Teilnehmer als Unterlage zum Nachlesen und Nacharbeiten benutzt werden können.

Eine gut ausgearbeitete Folie mit einer vorzüglich organisierten und gut ablaufenden Vortragstechnik trägt zur Aufmerksamkeitssteigerung beim Teilnehmer bei. Die Wirkung der Folie in Kombination mit der sprachlichen Ergänzung ist vom Ausbilder abhängig. Viele Lehrkräfte hören sich gerne selbst reden. »Reden ist Silber, Schweigen ist Gold«. Lassen Sie deshalb beim Einsatz einer Transparentfolie diese für sich selbst sprechen. Unterstützen Sie die Folie nur durch notwendige Erklärungen, Hinweise und Anregungen. Produzieren Sie kein unnötiges »Geschwätz«. Bleiben Sie beim Thema und schweifen Sie nicht ab. Die Zuhörer sind Ihnen dankbar, wenn sie nur notwendige, wichtige Inhalte zu hören und zu sehen bekommen. Das, was den Zuhörer interessiert, wird von ihm mit besonderer Aufmerksamkeit aufgenommen.

3

Im Laufe Ihrer Ausbildungszeit werden sich eine Menge Transparentfolien in den verschiedensten Variationen anhäufen. Vor jeder Ausbildungsstunde müssen Sie schon den Foliensatz für die nächste Stunde bereitlegen, damit der Beginn der nächsten Stunde nicht mit dem Suchen nach den benötigten Foliensätzen verzögert wird. Es kann aber auch spontaner Folieneinsatz notwendig werden, wenn während des Unterrichtsverlaufs im Publikum Fragen auftauchen oder der Ausbilder einen Sachverhalt vertiefen möchte. Häufig wird dann hektisch begonnen, die benötigte Folie zu suchen. Nicht benötigte Folien wandern auf den Tisch und vermengen sich mit den Arbeitsfolien für die momentane Stunde, und ehe man sich umschaut, ist das Chaos auf dem Tisch perfekt. Deshalb müssen Sie sich schon von Anfang an angewöhnen, daß auf dem Ausbildertisch Ordnung herrscht. Nur das, was für die Stunde benötigt wird, darf sich darauf befinden. Die Arbeitsfolien (in der richtigen Reihenfolge geordnet), die zum Unterricht gebraucht werden, liegen in Reichweite des Ausbilders einzeln aufgelegt auf dem Medientisch. Sie haben dann den Überblick, was noch an Folien präsentiert und in welcher Reihenfolge die Thematik abgehandelt werden muß. Wird eine größere Anzahl Transparentfolien benutzt, können diese auch übereinander angeordnet sein, wobei dann allerdings der Überblick über die noch zu besprechenden Restfolien verlorengeht. Schon benutzte Transparente werden an der äußeren Seite des Tisches, weg vom Dozenten, übereinandergelegt gesammelt. Um auch spontan auf andere Folien zurückgreifen zu können, benötigt man nun ein gewisses Ordnungssystem (im Folienordner oder in Folienhängetaschen). Dieses Ordnungssystem kann zum Beispiel so aussehen, daß Ihre gesamten Folien nach Themenbereichen sortiert und weiter untergliedert sind. Das Ordnungsschema wird auf einem separaten Arbeitspapier vermerkt, so daß Sie jederzeit ohne große Mühe die benötigten Folien herausziehen können. Es gibt recht unterschiedliche Verfahren und Ausprägungen, um solche Ordnungssysteme zu gestalten. Hier sind der Kreativität des einzelnen Ausbilders keine Grenzen gesetzt. Das Ordnungsschema soll nur so gestaltet sein, daß es den Ansprüchen an

- ➡ Einfachheit,
- ➡ Klarheit,
- ➡ Verständlichkeit,
- ➡ Übersichtlichkeit und
- ➡ schneller Auffindbarkeit

gerecht wird.

Zum Schluß des Themas »Arbeitsprojektor« möchten wir Sie noch auf eine Entwicklung bei der Gestaltung der Arbeitsprojektoren hinweisen. Die bisherigen bekannten Geräte sind so konstruiert, daß sie eine Arbeitsfläche von der Größe einer DIN A4-Seite besitzen. Danach wurde auch die Formatierung der Transparentfolien durchgeführt. Seit einiger Zeit werden nun Geräte angeboten, bei denen die Arbeitsfläche von DIN A4 auf DIN A5 verringert wurde. Sie sind handlicher, kleiner und können auch besser transportiert werden. Durch die Verkleinerung der Arbeitsfläche wird nun (bewußt oder unbewußt) erreicht, daß zwar die Projektionsleistung und damit die Projektionsgröße an der Leinwand weitgehend dieselbe bleibt, aber aufgrund dieses Umstandes die projizierten Teile größer auf der Leinwand erscheinen. Dies stellt sich besonders bei Schriftfolien als Vorteil heraus. Durch die Verkleinerung der Arbeitsfläche können nun auch nicht mehr so viele Informationen auf die Transparentfolie geschrieben werden. Diese »kleineren Brüder« der bisherigen Arbeitsprojektoren können also in Zukunft dazu beitragen, daß schon bei der Folienerstellung und beim späteren Projizieren die bisherigen, möglichen optischen Nachteile nicht mehr auftreten.

Stellen wir nun als Zusammenfassung nochmals die Vor- und Nachteile des Arbeitsprojektors zusammen.

Vorteile des Arbeitsprojektors:

- ➡ Sammlung von Stichpunkten
- ➡ Gedanken optisch aufzeigbar
- ➡ kein Blickkontaktverlust
- ➡ variabel und kreativ einsetzbar
- ➡ keine Verdunklung notwendig
- ➡ fotografische, reale Darstellung möglich.

Nachteile des Arbeitsprojektors:

- ➡ stromabhängig
- ➡ Technik ist störungsanfällig
- ➡ Ermüdung der Augen bei längerem Einsatz
- ➡ Notwendigkeit einer weißen Projektionsfläche.

Ein weiteres technisches Unterrichtsmedium, das sehr stark im Lernprozeß eingesetzt wird, ist der Diaprojektor.

Der Diaprojektor

Mit dem Diaprojektor kann durch wirklichkeitsnahe Bilder, Aufstellungen etc. der Unterrichtsstoff interessanter dargestellt werden. Die Erstellung von Dias kann heute sehr schnell und mit einfachsten Mitteln erfolgen. Wer Hobbyfotograf ist, kann eine Vielzahl von Varianten bei der Dia-Erstellung selbständig durchführen. Bei den heute gängigen Diaprojektoren muß bei normalem Tageslicht immer eine teilweise oder vollständige Verdunklung des Lehrsaals erfolgen, damit die Einzelheiten des Dias auf der Leinwand gut erkannt werden. Durch die Verdunklung wird aber der gegenseitige Blickkontakt zwischen Teilnehmer und Ausbilder stark eingeschränkt. Lernen in dunklen Räumen wirkt sich außerdem nachteilig auf den Teilnehmer aus. Dies macht sich auch im Lernergebnis bemerkbar. Besonders unangenehm ist das plötzliche Einschalten des Lichts. Das Auge muß sich hier kurzfristig an die subjektiv überhöhte Helligkeit gewöhnen, wobei es zum Zusammenziehen der Augen kommt.

Im Gegensatz zum Arbeitsprojektor steht der Diaprojektor nicht vorne, sondern hinten im Lehrsaal. Er benötigt eine gewisse Entfernung, damit die Bildgröße für Unterrichtszwecke genutzt werden kann. Die Entfernung des Diaprojektors zur Leinwand ist wieder von der Lehrsaalgröße und der Teilnehmeranzahl abhängig. Eine ausreichende Bildgröße wird bei einer Entfernung von durchschnittlich 6 bis 8 m erreicht. Dies gilt auch für die Film- und Episkopprojektion. Durch die weite Entfer-

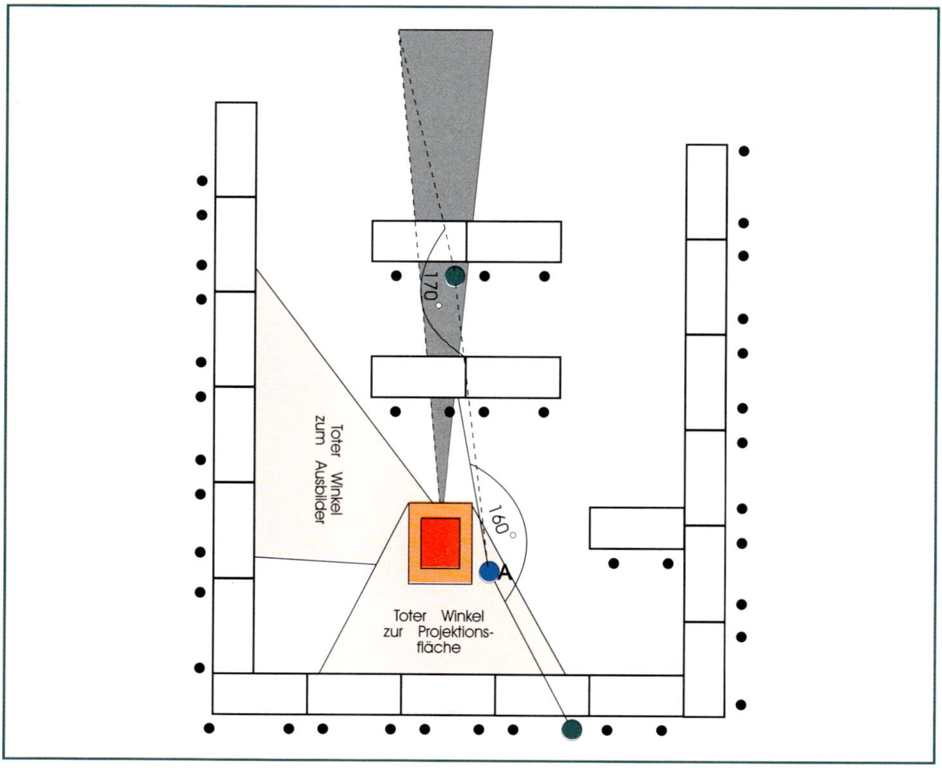

nung von der Leinwand wird der Ausbilder in seiner Bewegungsfreiheit eingeschränkt, da er sich normalerweise in der Nähe des Diageräts befindet und die Darbietung veranlaßt. Dabei wird der Blickwinkel der vorderen Teilnehmer zwischen Leinwand und Lehrkraft auf fast 180 Grad gesteigert.

Möchten die Teilnehmer den Dozenten beim Vortrag anschauen, dann müssen sie sich stets umdrehen. Diese Zuhörer sind dauernd in Bewegung. Andererseits ist der Blickwinkel des Dozenten zu den hinter ihm sitzenden Zuhörern unverhältnismäßig groß (auch fast 180 Grad). Er kann die Teilnehmer nicht mit einem Blick sehen, sondern muß ständig weite Kopfbewegungen machen, um die Übersicht nicht zu verlieren. Je größer der Winkel der Richtungsänderung ist (Kopfdrehen, Schulterdrehen), desto mehr Störinformationen können auf den Teilnehmer einwirken. Außerdem sind die akustischen Störgeräusche durch das Laufwerk und die Kühlungsvorrichtung des Diaprojektors relativ laut. Dadurch kommt die Stimme des Dozenten nicht verständlich genug bei den Teilnehmern an, die sich in der Nähe des Gerätes befinden. Des weiteren entstehen im hinteren Lehrsaal zwei tote Winkel. Der erste versperrt die Sicht der Teilnehmer zum Dozenten links seitlich neben dem Diaprojektor. Beim zweiten toten Winkel haben die hinter dem Diaprojektor sitzenden Zuhörer nicht mehr die volle Sicht zur Projektionsfläche. Aus den genannten Gründen ist diese Art des Diaprojektoreinsatzes nicht besonders für Unterrichtszwecke geeignet. Besser ist es, wenn man einen Teilnehmer in der Nähe des Diaprojektors bittet, die Bedienung des Geräts zu übernehmen. Damit besteht für den Dozenten wieder die Möglichkeit, die Unterrichtung des Lehrstoffs vor den Augen aller und bei vollem Blickkontakt zu den Teilnehmern im vorderen Lehrsaalbereich durchzuführen. Bei dieser Arbeitstechnik ist man aber von dem Teilnehmer abhängig, der den Transportschub der Dias durchführt. Es kann zu Abstimmungsschwierigkeiten kommen, so daß der Weitertransport im richtigen Augenblick ausbleibt. Selten erlebt man, daß Referenten diese Schwierigkeit kreativ überbrücken können. Meistens hört man dann die monotone Aufforderung: »Bitte das nächste Dia«. Wird eine größere Anzahl von Dias präsentiert, wird dies als sehr störend von den Teilnehmern empfunden. Besser ist es, sich schon im voraus mit dem Helfer abzusprechen, auf welche (nicht auffallenden) Gesten oder Zeichen das nächste Dia angefordert werden soll. Diese Aufforderung kann z. B. dadurch erfolgen, daß der Teilnehmer vom Dozenten einen längeren Augenblick betrachtet wird, was aber zu Mißverständnissen führen kann. Auch mit Kopfnicken, einer Handgeste oder einem Fingerzeig kann der Helfer aufgefordert werden, das nächste Dia zu präsentieren. Verbal kann dies erfolgen, indem die Ausführungen des Referenten den Helfer auffordern, das nächste Dia zu projizieren.

Beispiele:

1. *»Im nächsten Dia sehen Sie ...«*
2. *»Wenn wir nun das nächste Dia betrachten, dann ...«*
3. *»Einen weiteren wichtigen Zusammenhang können Sie auf dem folgenden Dia ersehen.«*
4. *»Die nächste Darstellung unterstreicht die Bedeutung dieses Sachverhalts.«*

Diese Technik erfordert aber, daß der Helfer ständig mit seinen Gedanken beim Unterricht ist und sich auf den Referenten stark konzentriert. Dadurch kann aber bei diesem Zuhörer die Stoffaufnahme eingeschränkt sein. Die Aushändigung eines ausführlichen Stichwortmanuskriptes mit detaillierter Medienanweisung stellt eine weitere Form der Absprache mit dem Bediener dar.

Die beste Möglichkeit der Bedienung des Diaprojektors liegt dann vor, wenn eine **direkte Bedienungsverbindung** zum Ausbilder existiert. Diese kann über ein festes Kabel oder eine Fernbedienung erfolgen. Außerdem existiert in einem feststehenden Lehrsaal die Möglichkeit, einen Projektionsraum bzw. Materialraum im hinteren Saalbereich einzurichten. Durch ein Sichtfenster mit Glasscheibe kann dann der Diaprojektor oder das Filmgerät zur Projektion eingesetzt werden, ohne daß störende Geräusche auftreten. Mit einem direkten Bedienungselement wird dann der Weitertransport ermöglicht.

Als Projektionsfläche für den Diaprojektor ist eine Leinwand sinnvoll, die oberhalb der Tafel an der Decke eingelassen ist und bei Bedarf heruntergezogen oder -gekurbelt wird. Da im verdunkelten Raum so oder so keine Tafelarbeit durchgeführt werden kann, kommt es durch das Herunterlassen der Leinwand zu keinen Störungen gegenüber der dann verdeckten Tafel. Die Sicht zur Leinwand ist hier genauso gut wie die Sicht zur Tafel. Weil die Leinwand von der Decke abwärts geht, kann der Blickkontakt zur Leinwand sogar verbessert werden, da sie höher angebracht ist. Des weiteren besteht die Möglichkeit, die Projektionstafel des Arbeitsprojektors für den Diaprojektoreinsatz zu benutzen. Wird der Diaprojektor auf die Projektionstafel gerichtet, dann muß der Arbeitsprojektor in vielen Fällen aus dem Lichtbereich entfernt werden, da sonst der Objektivkopf als Schattenumriß im Bild erscheint. Dies wird immer dann erforderlich, wenn die Projektionstafel in Lehrräumen angebracht ist, die weniger als 3,20 m hoch sind und hochformatige Abbildungen projiziert werden. Sobald Schattenumrisse von anderen Gegenständen auf der Projektionswand erscheinen, müssen diese entfernt werden. Dadurch ist aber ein fließender Medienübergang vom Diaprojektor zum Arbeitsprojektor oder umgekehrt nicht mehr möglich. Es wird dann immer einen geringen Zeitaufwand erfordern, um die Umbauarbeiten durchführen zu können. Ist der Arbeitsprojektor in einem fahrbaren und/oder versenkbaren Medientisch untergebracht, kann er entweder beiseitegeschoben oder höhenmäßig verstellt werden. Ist er fest installiert oder will man ihn nicht entfernen, so kann der Diaprojektor leicht verschoben werden, so daß der Schatten des Objektivkopfes in eine »tote Fläche« der Leinwand »wandert«. Das Bild auf der rechten Seite verdeutlicht diese Aussagen.

Die unteren »toten Flächen« können dann den Schattenumriß aufnehmen. Erscheinen allerdings auf dem Querformat eines Dias Schattenumrisse, ist dieses Verfahren nicht mehr einsetzbar.

Bei der Gestaltung der Dias gelten dieselben Hinweise wie bei der Gestaltung von Transparentfolien. In neuerer Zeit sind besonders selbst erstellte Textdias beliebt geworden. Ihre Erstellung kann heute sehr schnell und mit einfachsten Mitteln erfolgen. Wer Hobbyfotograf ist, kann Dias variantenreich herstellen. Dabei sollte beachtet werden, daß möglichst große Buchstaben für die Textgestaltung verwendet werden. Durch Einsatz von Softwareprogrammen ist eine relativ einfache Erstellung in

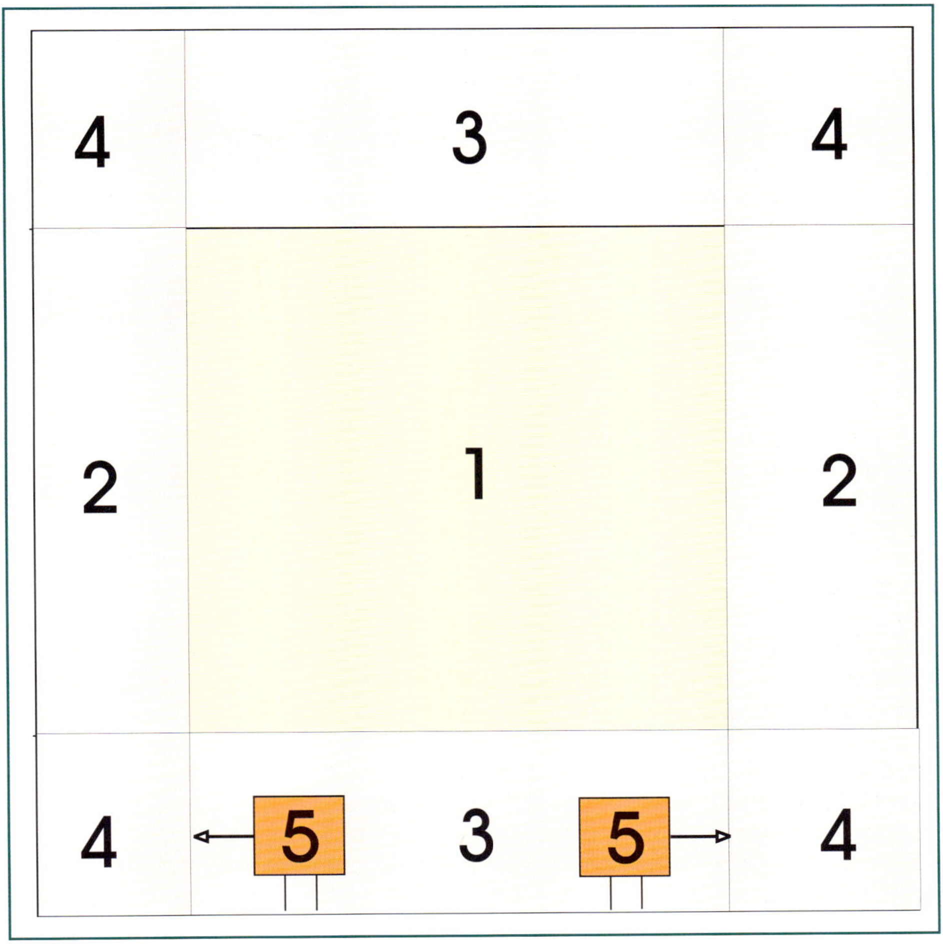

den letzten Jahren möglich geworden. Daneben kann aber auch nach den älteren Methoden verfahren werden. Entweder muß eine Schablonenanfertigung auf Papier erfolgen, oder ein möglichst großes Schriftbild bei der Schreibmaschinenerstellung als Original benutzt werden. Als Hintergrundfarbe der Dias kann das neutrale Weiß oder ein Blauton gewählt werden. Blauton-Dias müssen über mehrere Entwicklungsgänge hergestellt werden und haben, wie bekannt, einen ermüdenden Effekt auf die Teilnehmer. Ein häufigerer Hintergrundwechsel zwischen hell und blau wirkt aber diesem Phänomen entgegen. Auch auf einem Dia darf nicht zu viel Text stehen. Nur das Wichtigste soll kurz und prägnant dargestellt werden, dafür aber groß geschrieben und gut lesbar für den Betrachter sein. Oft sieht man gerade bei Kongressen, daß viele Referenten bevorzugt mit diesem Medium arbeiten. Wenn man aber die Größe der Leinwand betrachtet, dann kommen einem schon des öfteren ein paar Tränen in die Augen. Mehr als die Hälfte aller Kongreßteilnehmer (in den mittleren und hinteren Reihen) können die dargebotenen Dias nicht mehr entziffern. Benötigen die Referenten z. B. eine Tabelle, dann wird diese einfach abfotografiert und dem Teilnehmer als Dia präsentiert. Aufgrund solcher Erfahrungen wundern wir uns nur immer wieder, daß trotz dieser Darbietungsformen die Menschen nur so in die Kongreßhallen hineinströmen. Veranstaltungen dieser Art können nicht als Weiterbildung betrachtet werden, da der Lernerfolg äußerst gering ist. »Man muß halt einmal dabeigewesen sein.«

Vorteile des Diaprojektors:
- fotografische, reale Darstellung
- Praxisbezug durch optische Darbietung.

Nachteile des Diaprojektors:
- Verdunklung
- starke Abhängigkeit von Dias
- relativ geringe Gestaltungsmöglichkeiten von Dias
- stromabhängig
- Technik ist störungsanfällig.

3

Die Filmvorführung

Mit der Filmvorführung wird der Lernweg »Lernen durch Sehen und Hören« angesprochen. Ein Film erhöht die Aufmerksamkeit der Teilnehmer stark, da hier in realistischer Art und Weise der Lernstoff praxisnah dargeboten wird. Ein Film ist äußerst einprägsam und trägt durch seinen Aufbau zur Spannung der Teilnehmer bei. Aber gerade in Ausbildungsbereichen, die stark vom Wandel der Zeit, der Technik und des Fortschritts beeinflußt werden, findet man selten einen Film, der aktuell und fachlich richtig den zu vermittelnden Lehrstoff darstellen kann. Meistens ist deshalb eine Nacharbeitung notwendig, damit aufgetretene Fehler erkannt und verbessert werden. Bei neueren Filmprojektoren besteht die Möglichkeit, ein Standbild einzustellen. Dies kann bei fachlichen Unklarheiten bzw. beim Abklären von Neuerungen eingesetzt werden. Beim Ausleihen von Filmgeräten bei der örtlichen Kreisbildstelle empfiehlt es sich deshalb, auf diese technischen Neuerungen zu achten. Vor der erstmaligen Vorführung von Filmen mit 8 mm und 16 mm ist es sinnvoll, eine Unterweisung bei der nächsten Kreisbildstelle zu erhalten, damit die Bedienung erlernt und sonstige Fertigkeiten angeeignet werden.

Vorteile des Films:
- sehr einprägsam durch die lebendige Sichtweise
- steigert Spannung beim Teilnehmer
- guter Lernerfolg.

Nachteile des Films:
- Verdunklung notwendig
- kaum Einfluß auf die Gestaltung eines Filmes
- stromabhängig
- Technik ist störungsanfällig
- nicht variabel einsetzbar
- erfordert umfassendere Organisation.

Videovorführung über Fernsehgerät

Eine neuere Technik der Filmvorführung ist der Einsatz von Videogeräten in der Ausbildung. Wer eine Videoausrüstung besitzt, kann mit dieser seine eigenen Vorstellungen über einen Ausbildungsstoff verwirklichen. Es erfordert aber viel Praxis und Fachkönnen, um einen relativ guten Videofilm zu produzieren. Das ist besonders interessant, wenn ein guter Fachbeitrag aus dem Fernsehen dem Hörerkreis gezeigt werden soll. Auch der Einsatz zur Selbstaufnahme, wie z. B. in Rhetorikseminaren, Ausbildungslehrgängen etc., kann mit der Videoanlage optimal durchgeführt werden. Allerdings muß beachtet werden, daß die herkömmliche Videopräsentation bisher nur über einen normal großen Fernsehbildschirm erfolgen kann. Damit wird die Teilnehmerzahl pro Lehrgang auf ein Minimum eingeschränkt. Wer jedoch intensiv mit dem Unterrichtsmedium »Video« arbeiten möchte, kann für diese spezielle Vorführungsform eine vergrößerte Bildschirmröhre oder ein Vergrößerungsgerät einsetzen. Diese Ausführungen sind allerdings nicht billig, so daß sich für einmalige Vorführungen dieser Aufwand kaum lohnen wird. Es existieren bei der Filmvorführung weitere Varianten, die zur Medienarbeit im Unterricht eingesetzt werden können.

Vorteile des Videos:
- ➡ sehr einprägsam durch die lebendige Sichtweise
- ➡ steigert Spannung beim Teilnehmer
- ➡ guter Lernerfolg.

Nachteile des Videos:
- ➡ Verdunklung notwendig
- ➡ kaum Einfluß auf die Gestaltung eines Filmes
- ➡ stromabhängig
- ➡ Technik ist störungsanfällig
- ➡ nicht variabel einsetzbar
- ➡ erfordert umfassendere Organisation.

Das Episkop und Epidiaskop

Mit dem Episkop können Bücher-, Zeitungs- und Zeitschriftenausschnitte direkt auf einer Projektionswand dargestellt werden. Dabei erfolgt auch eine optische Vergrößerung der projizierten Informationen. Allerdings ist die Vergrößerung für die Textprojizierung aus den Büchern nicht ausreichend. Daher können meistens nur interessante Bilder, Tabellen, Schaubilder und ähnliches aus dem Schrifttum benutzt werden. Das Episkop fällt relativ groß aus und kann schlecht transportiert werden. Es empfiehlt sich daher nur der stationäre Einsatz im eigenen Lehrsaal. Eine Abdunklung ist auch hier notwendig. Es ist aber zu überlegen, ob nur für die Buchprojektion ein derartiges Gerät angeschafft werden soll, dessen Kosten nicht unerheblich sind. Ein Kopieren der benötigten Abbildung oder Abmalen auf Folie kann den selben Zweck erfüllen. Allerdings können beim Episkop farbige Bilder projiziert werden, was natürlich in Bezug auf Farbeneinsatz einen guten Eindruck beim Teilnehmer hinterlassen wird. Wie schon vorher angedeutet wurde, existiert heute auch die Möglichkeit, Farbfolien durch Abfotokopieren zu erstellen, so daß der Arbeitsprojektor nun wesentliche Funktionen des Episkopes mit übernehmen kann.

Das Epidiaskop ist eine Kombination zwischen Diaprojektor und Episkop.

Vorteile des Episkops:
- ➡ Zeigen von Abbildungen aus Büchern, Zeitschriften etc.
- ➡ kaum Vorbereitungszeit für die Präsentation
- ➡ interessante Ausschnitte können sofort präsentiert werden.

Nachteile des Episkops:
- ➡ stromabhängig
- ➡ nicht variabel einsetzbar
- ➡ Verdunklung notwendig
- ➡ nur Bilddarstellung sinnvoll, keine Textdarstellung.

Die Umblättertafel/das Flip-chart

Die Umblättertafel ist im Unterrichtsprozeß sehr variabel einsetzbar. Man nennt sie auch Flip-over-Tafel oder Flip-chart-Tafel. Es handelt sich hier um eine Gestelltafel, die entweder nur eine beschichtete Tafelfläche besitzt oder bei der mit einer oberen Befestigungsklammer viele tafelgroße Blätter angebracht sind. Bei der zweiten Art handelt es sich um einen Flip-chart-Block. Hier sind im Normalfall bis zu 20 Blätter befestigt. Auf dem Block können Lerninhalte, Graphiken, Modelle etc. vor Unterrichtsbeginn angefertigt und bei Bedarf eingesetzt werden. Außerdem kann während des Unterrichts die Flip-chart-Tafel auch spontan wie eine normale Tafel oder Transparentfolie benutzt werden, indem gedankliche Vorgänge optisch auf einem leeren Blatt festgehalten werden. Für die Arbeit mit dieser Tafelart benötigt man Arbeitsstifte mit einer großen Strichbreite, damit alles klar vom Zuhörer erkannt wird. Bei größerer Teilnehmerzahl wird die Flip-chart-Tafel zusehends ungeeigneter für die Unterrichtung, da die Abbildungen von den hinteren Teilnehmern kaum entziffert werden können. Die vorgefertigten Blätter sind fest an der Stehtafel befestigt und geben eine bestimmte Reihenfolge vor, die nur unter Schwierigkeiten umgangen werden kann.

Vorteile der Umblättertafel:
- ➡ kein Informationsverlust
- ➡ vor Beginn Blätteranfertigung möglich
- ➡ variabel einsetzbar
- ➡ kann bei Ausfall eines technischen Mediums relativ leicht als Ersatz eingesetzt werden.

Nachteile der Umblättertafel:
- ➡ Blickkontakt kann verlorengehen
- ➡ Gefahr vorhanden, gegen die Flip-chart-Tafel zu sprechen
- ➡ Größe der Arbeitsfläche begrenzt.

Das Schaubild/die Wandtafel

Das Schaubild ist ein Unterrichtsmedium, das druck- und farbenmäßig optimal erstellt und variabel einsetzbar ist. Für den Einsatz des Schaubilds wird ein Halter benötigt. Das Bild muß relativ hoch im Lehrraum angebracht werden, damit der Sichtkontakt der Teilnehmer nicht durch andere Gegenstände eingeschränkt wird. Bei seiner Präsentierung muß darauf geachtet werden, daß keine anderen Unterrichtsmedien zusätzlich im Einsatz sind, da es sonst zur Aufmerksamkeitsspaltung der Teilnehmer kommt. Schaubilder lassen sich besonders beim Anatomie-Unterricht und im Unterricht über Funktionsabläufe (Technik etc.) sinnvoll einsetzen.

Vorteile des Schaubilds:
- ➡ variabel einsetzbar
- ➡ klare Zeichnung
- ➡ schnelle Einsatzmöglichkeit, wenn technische Medien ausfallen.

Nachteile des Schaubilds:
- ➡ themenabhängig
- ➡ Schaubild kann nicht verändert werden, eigene Ideen werden nicht berücksichtigt
- ➡ Gefahr vorhanden, daß zu viele Wandbilder auf einmal eingesetzt werden.

3

Die Stecktafel/Metaplantafel

Die Stecktafel, auch bekannt als Pinnwand, ist ein einfaches Unterrichtsmedium, mit dessen Hilfe eine Visualisierung des Lehrstoffs durchgeführt wird. Sie eignet sich besonders gut zur aktiven Ansprache der Teilnehmer. Man arbeitet hier mit von den Teilnehmern selbst ausgearbeiteten Karten. Diese Karten können eine unterschiedliche Form (Kreis, Quadrat, Rechteck) und verschiedene Farben aufweisen. Der Dozent gibt eine bestimmte Frage vor und fordert die Teilnehmer nun auf, sich über dieses Gebiet Gedanken zu machen und Vorschläge auf die Karten zu übertragen. Es werden Argumente, Beispiele etc. aus dem Teilnehmerkreis zu einem bestimmten Thema erarbeitet. Zu dieser Arbeitstechnik gibt es mehrere Varianten. Es können einfache, doppelte und mehrfache Kartenfragen von den Teilnehmern erarbeitet werden.

Beispiel:

Einfache Fragestellung	→	*»Welche Sorgen bewegen uns bei ...?«*
Doppelte Fragestellung	→	*»Was gibt es heute und in der Zukunft zu beachten bei ...?«; »Welche Argumente sprechen für und gegen ...?«*
Mehrfache Fragestellung	→	*»Welche Maßnahmen berühren Sie direkt/mittelbar/gar nicht?«*

Je nach der Fragestellung können unterschiedliche Oberbegriffspaare erarbeitet werden. Der Ausbilder zieht die Teilnehmer nun selbst zur aktiven Unterrichtung heran und bittet sie, ihre Gedanken auf die Karten zu schreiben. Danach sollen die Teilnehmer die Karten an die Stecktafel heften und kurz erläutern, was sie mit ihrem Beitrag ausdrücken möchten. So erreicht der Dozent, daß nun jeder Beitrag der Teilnehmer aktiv in den Unterricht eingebaut wird und daß im Lehrsaal eine geistige und körperliche Bewegung stattfindet. Diese Unterrichtsart ist besonders nach dem Mittagessen zu empfehlen, wenn eine theoretische Unterrichtung durchgeführt wird. Da Stecktafeln auch sehr einfach und schnell selbst erstellt werden können, ist auch die Kostensituation bei diesem Medium recht günstig. Als Variante zur Stecktafel kann auch eine Klebe- oder Magnettafel benutzt werden, bei der die erarbeiteten Beiträge mit Klebestreifen oder Magneten befestigt werden können. Als einfachste Ausführung kann ein weißes Leinentuch oder ein braunes Tuch benutzt und über die Tafel gelegt oder an der Wand befestigt werden. So wird ohne großen Aufwand eine geeignete Medienwand erstellt.

Vorteile der Stecktafel:
- ➡ überall einsetzbar
- ➡ körperliche und geistige Bewegung der Teilnehmer
- ➡ vorbereitete Ausarbeitungen können mit eingesetzt werden.

Nachteile der Stecktafel:
- ➡ großer Zeitbedarf für die Erarbeitung des Themas
- ➡ evtl. Entgleiten des Unterrichts.

3

Das Modell

Das Modell stellt eine wirklichkeitsgetreue Abbildung von Gegenständen oder Funktionsabläufen dar. Es kann kleiner, gleich groß oder größer als das Original sein. Ohne großen Aufwand wird es vom Ausbilder mit in den Unterrichtsprozeß einbezogen. Genauere Einzelteile werden aber nur dann sichtbar bzw. verstanden, wenn jeder Teilnehmer das Modell vor seinen Augen bzw. in seinen Händen hat. Damit haben aber nicht alle Teilnehmer auf einmal die Möglichkeit, das Modell aus der Nähe zu betrachten. Es muß herumgereicht werden. Der Informationszeitpunkt fällt nicht immer mit der Modellpräsentation zusammen. Während des Herumreichens des Modells entstehen zwangsläufig Aufmerksamkeitspausen, in denen keine zusätzliche Wissensvermittlung erfolgen sollte. Das Modell ist anschaulich und man kann es anfassen und betätigen (in der Technik).

Vorteile des Modells:
- ➡ dreidimensional
- ➡ naturgetreue Wiedergabe
- ➡ variabel einsetzbar.

Nachteile des Modells:
- ➡ gesamter Blickkontakt kann fehlen, da ein Wandern durch die Reihen notwendig wird
- ➡ falsche Modellauswahl führt zu Unklarheiten.

Medienvorbereitung

Vor Beginn des Unterrichts muß der Dozent die von ihm einzusetzenden Medien auf technische Funktionsfähigkeit überprüfen, sich mit der Bedienung vertraut machen (Videoanlage, Diaprojektor etc.) und diese in die korrekte Arbeitsstellung bringen.

Dabei wird ein Testbild projiziert und die Schärfe sowie Größe präzise eingestellt. Es ist für den Zuhörer ärgerlich, wenn diese Vorarbeiten bei Unterrichtsbeginn erst durchgeführt werden müssen bzw. vom Teilnehmer technische Hilfestellung gegeben werden muß.

Wir haben Ihnen nun die gebräuchlichsten Unterrichtsmedien vorgestellt, die schwerpunktmäßig im Handel angeboten werden oder selbst erstellt werden können. Die hier von uns gemachten Anmerkungen und gegebenen Hinweise zum richtigen Einsatz des Medienpakets sollen jedoch nur als Denkanstöße dienen. Es ist sehr schwer, praktische Tätigkeiten schriftlich zu beschreiben. Noch schwerer ist es aber, praktische Tätigkeiten/Fähigkeiten nur anhand von theoretischer Wissensaufnahme erlernen zu wollen. Alles, was in der Unterrichtspraxis eingesetzt werden soll, muß auch praxisnah angeeignet und geübt werden. Unsere Anregungen und Informationen können hier nur als Hinweis für die Ausbildungspraxis dienen.

Denken Sie bitte bei Ihrer zukünftigen Ausbildungstätigkeit daran, daß alle Unterrichtsmedien nur Hilfsmittel zur Unterrichtung sein können, aber niemals den Schwerpunkt der Ausbildung darstellen sollen. Handeln Sie aber auch nach dem abgewandelten Sprichwort: »Reden ist Silber, Zeigen ist Gold«.

• Zusammenfassende Merkregeln »Methodik«

1. Verschiedene Unterrichtsformen können zum Ziel führen:

   - ➡ Referat
   - ➡ Vortrag
   - ➡ freie Rede
   - ➡ Lehrgespräch
   - ➡ Gruppenarbeit
   - ➡ Diskussion
   - ➡ Stations-/Praxisausbildung.

   Der Einsatz der verschiedenen Formen ist abhängig

   - ➡ vom Thema
   - ➡ von der Teilnehmerzahl
   - ➡ von der Teilnehmerzusammensetzung
   - ➡ von der Lehrkraft
   - ➡ vom Zeitumfang
   - ➡ vom Unterrichtsmaterial
   - ➡ vom Lehrsaal.

2. Jede Unterrichtsform muß so ansprechend, interessant und belebend wie möglich den Teilnehmer zur Wissensaufnahme führen.

3. Die Mitarbeit der Zuhörer muß von der Lehrkraft honoriert werden.

4. Das für die Informationsaufnahme wichtigste Organ ist das Auge.

5. Verschiedene Lernwege können zur Unterrichtung eingesetzt werden:

   - ➡ Lernen durch Lesen (10 % wird behalten)
   - ➡ Lernen durch Hören (20 %)
   - ➡ Lernen durch Sehen (30 %)
   - ➡ Lernen durch Sehen und Hören (50 %)
   - ➡ Lernen durch Sprechen (70 %)
   - ➡ Lernen durch Handeln (90 %)

6. Medien erhöhen die Aufmerksamkeit der Zuhörer und verbessern ihre Lernstoffaufnahme.

7. Farben beleben den Unterricht und erhöhen die Aussagekraft von Schaubildern, Transparentfolien, Dias und Tafelanschrieben.

8. Lebendiger Unterricht schafft aktive Zuhörer.

Teil 4: Rhetorik

Der Begriff Rhetorik umfaßt den gesamten Komplex der Redekunst. Hier beschäftigt man sich mit dem gesprochenen Wort und der unterstützenden körperlichen Ausdrucksweise. Das gesprochene Wort hat eine lange geschichtliche Entwicklung erlebt. Schon die Bibel belegt: »Am Anfang war das Wort«. In der griechischen und römischen Antike wurde dem gesprochenen Wort eine große Bedeutung zugemessen. So wurden in jener Zeit die jungen Männer der oberen sozialen Schicht in der Kriegskunst sowie in der Redekunst geschult, um für die damalige Zeit optimale Erfolgsvoraussetzungen zu erhalten. Wer mit dem Instrumentarium der Rhetorik umzugehen verstand, konnte im Ansehen der Bürger und in der öffentlichen Verwaltung weit nach oben kommen und Erfolg haben. Deshalb darf auch ihre Bedeutung nicht unterschätzt werden. Rhetorische Kenntnisse beeinflussen heute viele Bereiche des Alltags. Durch das gesprochene Wort tritt heute jeder in vielfältiger Art und Weise mit seinen Mitmenschen in Kontakt. Immer wenn eine Kommunikation zwischen zwei Personen zustande kommt, spielt die Redekunst, die Redebegabung eine große Rolle. Mit dem Begriff »Rhetorik« bringen aber viele Personen die Redeangst in Verbindung.

Wer schon einmal vor einer Gruppe gestanden hat und eine Informationsvermittlung durchführen mußte, der wird dieses Phänomen schon selbst am eigenen Körper miterlebt haben. Der blutjunge Anfänger wird in seinen ersten Ausbildungen ebenfalls mit diesem Problem konfrontiert werden. Deshalb wollen wir uns damit kurz beschäftigen. Da die Redeangst im Zusammenhang mit der Rhetorik auftaucht, muß man sich mit der Frage auseinandersetzen, wie sich eigentlich ein Redner vor einer Zuhörerschaft fühlt.

Die Redeangst ist nichts weiter als eine Überreaktion des vegetativen Nervensystems. Die beiden Nerven »Sympathikus« und »Parasympathikus« spielen in dieser Situation eine wichtige Rolle. Im Normalzustand halten sie sich in einer Art Gleichgewicht. Muß jemand vor einer Gruppe auftreten, dann wird dieses Gleichgewicht gestört und es kommt zu einer Überreaktion der Nerven.

Dieser Zustand wird unterschiedlich bezeichnet:

- ➡ beim Redner als Redeangst
- ➡ beim Schauspieler/Künstler als Lampenfieber
- ➡ bei anderen Personen als Unwohlsein.

Die Disharmonie von Sympathikus und Parasympathikus führt beim Menschen zu den unterschiedlichsten Erscheinungen:

- Schweißausbruch (an den Händen und unter den Achseln)
- vermehrte Speichelsekretion
- schneller Pulsschlag (Herzklopfen)
- innerliches Unwohlsein
- Händezittern etc.
- »Kloß« im Hals.

Was geschieht in diesem Moment im Körper des Menschen? Er versucht, das innerliche Unwohlsein über »Ablaßventile« nach außen abzugeben. Typische »Ablaßventile« im Körper sind

- Atmung
- Stimme
- Gestik
- Denk-Sprech-Vorgang.

Die Atemfrequenz nimmt zu, der Klang der Stimme und das Redetempo verändern sich. Je schneller unsere Atmung wird, desto mehr nimmt auch unser Sprechtempo zu. Um eine ruhige Satzaussage machen zu können, benötigen wir ausreichend Atemluft. Dies kann durch kräftige Atemzüge erreicht werden. Während der Einatemphase können wir keine klar verständlichen Worte aussprechen. Das ist nur in der Ausatemphase möglich, wenn Luft an der Stimmritze vorbeiströmt und so die Stimmerzeugung ermöglicht. Längere Satzzusammenhänge erfordern mehrere kräftige Atemzüge während des Sprechvorgangs. Je kürzer und schneller wir atmen, desto abgehackter und nervöser klingt unsere Satzaussage. Die Stimme klingt »zittrig, abgehackt«, die Gestik wirkt übertrieben, das Körperzittern nimmt zu und der Ablauf des Denk-Sprech-Vorgangs wird verändert. Es fallen uns plötzlich nicht mehr die benötigten Worte und Ausdrücke ein, die den Sachverhalt prägnant darstellen können. Wir müssen uns deshalb dieser »Ablaßventile« im Körper bewußt sein und sie beim Sprechvorgang berücksichtigen. Versuchen Sie deshalb,

- tief und langsam während Ihres Vortrags zu atmen,
- bewußt Ihr Redetempo zu drosseln,
- das Händezittern zu vermindern, indem Sie etwas in die Hand nehmen (aber nicht damit nervös herumspielen!),
- keine übertriebenen Gesten (z. B. mit den Händen ständig umherfuchteln) durchführen,
- durch langsames Vordenken und gutes Stichwortmanuskript das Denk-Sprechen zu verbessern,
- frühzeitig den Blickkontakt zur Zuhörerschaft zu suchen (evtl. seitlich vorne zum Publikum sitzen),
- den Einsatz des autogenen Trainings oder anderer Entspannungstechniken vor einer Rede einzuüben,
- nervöses Hampeln/Auf- und Abgehen zu vermeiden,

- sich in der Anfangsphase an etwas festzuhalten (Kugelschreiber, Zeigestab, Rednerpult etc.),
- das positive Denken (»Ich will eine Rede halten. Ich werde jetzt zeigen, was in mir steckt.«).

Gute Stoffvorbereitung vermindert Hemmungen und Nervosität.

Diese Hemmungsgefühle sind keinesfalls ein Zeichen rednerischer Unbegabtheit, sondern vielmehr ein ganz normales rednerisches Durchgangsstadium. Die Redeangst kann durch die oben genannten Maßnahmen beeinflußt werden. Durch Einsatz des autogenen Trainings (kurze Zeit vor einem Vortrag) kann die Disharmonie des Nervensystems eingeschränkt oder gar beseitigt werden. Selbst ein »Profi« wird Situationen erleben, bei denen sich plötzlich solche nervlichen Reaktionen einstellen. Er wird diese aber durch seine erworbene Routine besser beherrschen können als der Anfänger im Ausbildungsbereich. Oft machen wir uns auch zuviel Gedanken über diese Entgleisungen. Erfahrungswerte zeigen, daß die uns innerlich bewußt gewordene Redeangst vom Zuhörer gar nicht bemerkt wird. Meistens handelt es sich um innerliche Vorgänge, die äußerlich kaum wahrnehmbar werden. Machen Sie sich dieses vor Redebeginn bewußt. Was andere nicht bemerken, braucht Sie auch nicht zu erregen.

Nicht nur die Redeangst kann einen rhetorischen Vortrag mindern, sondern auch die Nichtbeachtung bestimmter rhetorischer Merkregeln. Diese wollen wir nun im weiteren Verlauf darlegen.

Die Satzlänge

Wir können zwar kompliziert denken, dürfen aber nicht kompliziert reden. Wer sich kompliziert ausdrückt, wird nicht verstanden. Seine Satzaussage wird sich verlängern. Die Satzlänge einer Rede darf aber nicht zu lang ausfallen. Die Rede soll aus kurzen Sätzen zusammengefügt werden. Beim Lesen einer Zeitschrift, eines Buchs oder einer Information ist es nicht besonders schlimm, wenn man einen Sachverhalt nicht sofort verstanden hat. Hier kann man sich durch wiederholtes Lesen den Sinn besser einprägen. Beim Ablauf eines Redevortrags verhält es sich aber anders. Hier kann man nicht einfach zurückblättern oder gar den Redeteil wiederholen lassen. Um eine Aussage voll zu verstehen, muß jeder Satzteil aufgenommen und mit den anderen Teilen kombiniert werden. Die Verbindung einzelner Satzteile ist aber dann nicht mehr möglich, wenn man sich am Schluß nicht mehr an den Satzanfang erinnern kann. Lange Satzbildungen führen beim Zuhörer zum Informationsverlust. Dann erkundigt sich der Zuhörer beim Nachbarn, was eigentlich konkret ausgesagt wurde. Die Folge davon ist, daß im Hörerkreis Unruhe entsteht, die zu einem weiteren Informationsverlust bei den anderen Teilnehmern führt. Möglich ist aber auch, daß der Zuhörer gedanklich abschaltet und dem Vortrag des Referenten nicht mehr folgt.

Empfehlungen: Vermeiden Sie deshalb beim Vortragen Ihrer Gedanken eine zu lange Satzgestaltung und die Verwendung von zu vielen Hauptworten. Wählen Sie kurze und leicht verständliche Sätze. Beschränken Sie sich bei der Formulierung auf einen Hauptsatz mit möglichst wenig Nebensätzen. Schachtelsätze sind in der Rede ganz zu vermeiden. Beachten Sie auch, daß eine gute »Schreibe« noch lange keine gute »Rede« darstellt. Liest sich eine Rede gut an, dann ist es eine schlechte Rede (nach Fox). Eine gute Rede muß sich immer gut anhören, aber nicht gut anlesen.

4

Die Sprechtechnik

Mit einer guten Sprechtechnik wird der Zuhörer auf das Wichtige im Vortrag aufmerksam gemacht. Nicht umsonst sagt man auch, daß der Ton die Musik macht. Dabei umfaßt die Sprechtechnik:

- ➡ das Sprechtempo
- ➡ die Sprechpausen
- ➡ die Betonung
- ➡ die Sprechklarheit.

Beim Sprechtempo muß der Dozent beachten, daß eine schnell vorgetragene Rede vom Hörer gedanklich kaum aufgenommen werden kann. Je schneller das Tempo, desto größer die Zuflußgeschwindigkeit zum Gehirn, desto kürzer die Gegenwartsdauer der Information im Gehirn. Die Rede muß also ohne Hast erfolgen und soll deshalb langsam vorgetragen werden. Dabei darf aber das Sprechtempo nicht zu langsam werden. Mit der normalen Sprechgeschwindigkeit erreicht man, daß nicht nur der Ausbilder, sondern auch der Zuhörer den Inhalt der Rede versteht.

Sprechpausen werden eingesetzt nach einzelnen Redeabschnitten und zwischen wichtigen Satzteilen. Bei einer Sprechpause kann der Teilnehmer das bisher Gehörte geistig verarbeiten. Er muß den Worten des Dozenten nicht ständig seine volle Aufmerksamkeit widmen, sondern kann auch einmal kurz abschalten und seine Gedanken sammeln. Mit einer Sprechpause an der richtigen Satzstelle wird aber auch die Aufmerksamkeit des Teilnehmers gesteigert und somit eine Hervorhebung des gesprochenen Worts erreicht.

Wichtige Aussagen müssen sich vom restlichen Satzteil durch Betonung hervorheben. Mögliche Betonungen können sein:

- die Sprechpause
- die Sprechtemposchwankung (schnell, langsam)
- die Stimmklangschwankung (hoch, tief),
- die Variation der Lautstärke der Stimme (laut, leise)
- die Wiederholung von Satzaussagen.

Bei der Hervorhebung durch Sprechpausen wird jeweils vor und nach dem hervorzuhebenden Satzteil eine kurze Redepause eingelegt, wobei möglichst der Blickkontakt zum Teilnehmer vorhanden sein soll.

Durch bewußt langsames Sprechen, durch das Heben und Senken der Stimme und durch die Veränderung der Lautstärke wird die Aufmerksamkeit ebenfalls erhöht. Auch die Wiederholung von Aussagen kann zur Betonung herangezogen werden. Durch den Einsatz dieser Betonungsmöglichkeiten wird die Gefahr einer monotonen Sprechweise vermindert. Allerdings dürfen nicht alle Betonungsmöglichkeiten auf einmal eingesetzt werden. Dies führt nicht zur Hervorhebung, sondern zur übertriebenen und lächerlichen Wirkung einer Rede. Mit einer ausgewogenen Kombination der dargestellten Möglichkeiten erreicht man, daß die Betonung von wichtigen Satzaussagen verschieden variiert werden kann.

Durch klare, gut verständliche Aussagen und deutliches Sprechen erreichen Sie, daß der Sinn auch klar und verständlich beim Teilnehmer ankommt und aufgenommen wird (Negativbeispiel: und Dank = Undank; und tief = untief; und Deutsch = undeutsch). Eine lebendige Ausdrucksart erhöht die Klarheit des Inhalts. Nüchterne Satzaussagen sind zum Großteil notwendig, um den Sachverhalt richtig darstellen zu können. Bildhafte Sachzusammenhänge werden aber oftmals besser aufgenommen als nüchterne, leblose Aussagen. Maßvoll angewandte lebendige und bildhafte Darstellungen erhöhen die Aufmerksamkeit und die Lernstimmung beim Teilnehmer.

Die Ausdruckstechnik

Die richtige, wohl überlegte Wortwahl, das sogenannte Denk-Sprechen kleidet die inhaltliche Aussage in ein akustisch gut klingendes »Satzkleid«. Das, was man denkt, muß so formuliert und ausgesprochen werden, daß der Zuhörer es auch so versteht. Was man unklar oder mit falschen Worten ausdrückt, kommt unklar, falsch verstanden oder gar nicht an. Die Folge davon ist, daß der Hörer »abschaltet«. Deshalb muß die Klarheit der Aussage Ziel der Rede sein, da diese den Inhalt nicht nur verständlicher, sondern auch einprägsamer macht. Der Dozent muß sich also so ausdrücken, daß es möglich ist, ihn zu verstehen! Oder noch deutlicher ausgedrückt: Er muß sich so ausdrücken, daß es **unmöglich** ist, ihn **nicht zu verstehen**. Wie kann er das erreichen? Zuerst muß er seinen Wortschatz richtig einsetzen.

Der Wortschatz: Hier unterscheiden wir einen aktiven und passiven Wortschatz. Unter dem aktiven Wortschatz verstehen wir die Menge an Wörtern, die wir im täglichen Gespräch anwenden. Der passive Wortschatz umfaßt alle Begriffe, deren Bedeutung wir zwar kennen, aber nicht anwenden. Der aktive Wortschatz beträgt

- beim durchschnittlich Gebildeten ca. 1 000 – 2 000 Worte und
- beim höher Gebildeten bis zu 10 000 Worte und mehr.

Der passive Wortschatz ist immer ein Vielfaches des aktiven Wortschatzes.

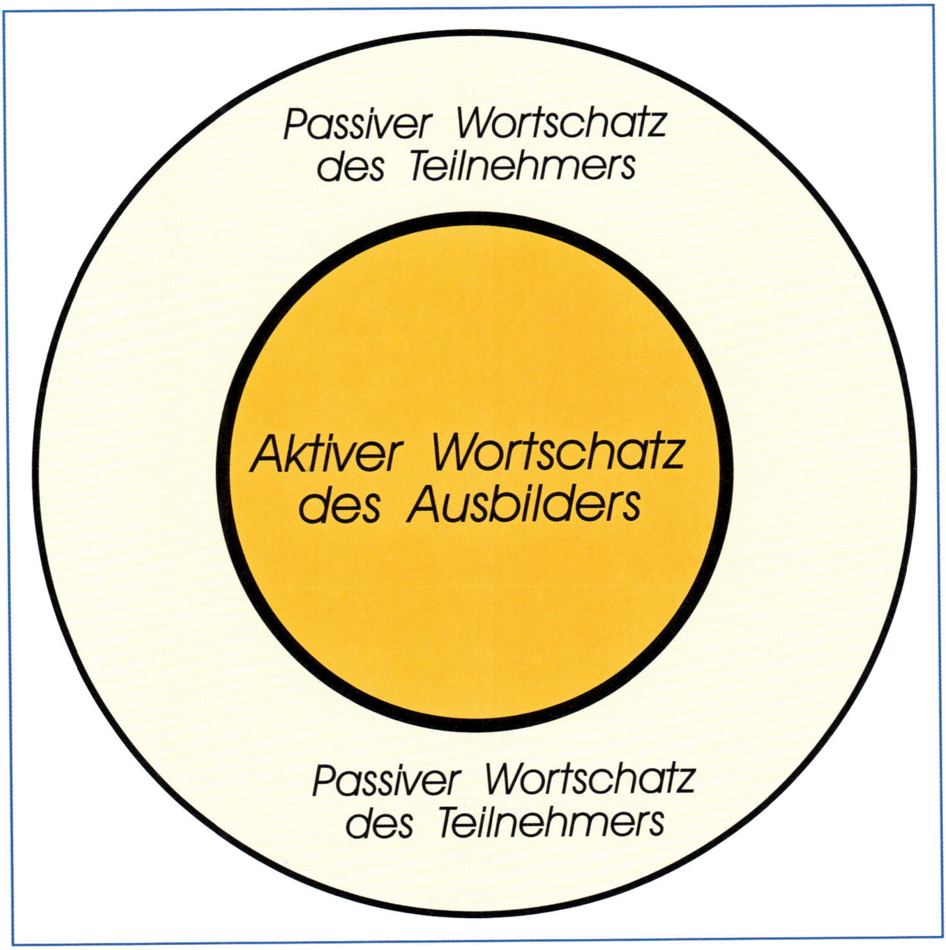

4

Ziel der Lehrkraft muß es immer sein, ihren aktiven Wortschatz mit dem passiven Wortschatz des Teilnehmers überdecken zu lassen. Der aktive Wortschatz des Ausbilders muß also voll im passiven Wortschatz des Teilnehmers aufgehen. Sie müssen sich vollständig überdecken. Teilschnittgebiete führen dazu, daß die Aussagen des Dozenten vom Zuhörer nicht verstanden werden.

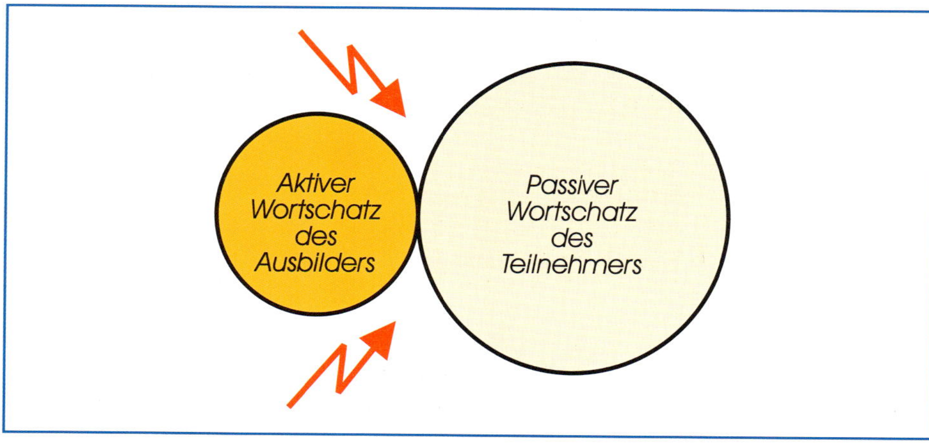

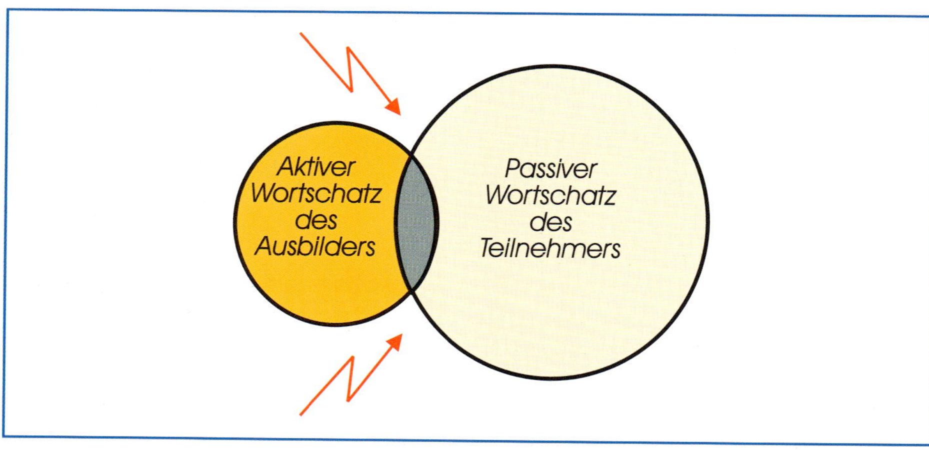

4

Damit hängt die Formulierung und Gestaltung einer Rede vom Zuhörerkreis ab. Der passive Wortschatz des Zuhörers bestimmt, wie sich der Ausbilder auszudrücken hat. Mit dieser Feststellung kann jeder selbst ganz leicht entscheiden, wann Fremdwörter, Fachausdrücke, Dialekte und ähnliches angewandt werden dürfen. Schwer verständliche Fremdwörter (z. B. explizit, implizit, Generierung, Exemplifizierung etc.) und Fachausdrücke (z. B. medizinische, technische, sozialwissenschaftliche Fachbegriffe) haben damit nur eine Einsatzberechtigung beim Fachvortrag vor Fachkollegen. Nur hier ist die Gewähr vorhanden, daß diese »wissenschaftlichen« Bezeichnungen auch verstanden werden. Die Wissenschaftssprache darf also nur in Fachvorträgen angewandt werden. Gut verständliche (z. B. Aspekt, Komplexität etc.)

oder eingedeutschte Fremdwörter können auch im Vortrag vor einem »Normalpublikum« erfolgen. Werden trotzdem nicht verständliche Bezeichnungen vor der normalen Zuhörerschaft eingesetzt, dann muß der Redner in der Lage sein, diese Bezeichnungen durch eine eingeschobene Satzergänzung zu erläutern (Beispiel: »Mit der von mir gegebenen Exemplifizierung, das heißt beispielhaften Erläuterung, haben Sie den Sachverhalt besser verstanden«). Bei der Verwendung des Dialekts (z. B. Schwäbisch, Bayerisch, Plattdeutsch etc.) muß noch der Gesamtteilnehmerkreis und das vorzutragende Thema berücksichtigt werden. Eine Büttenrede im Hochdeutschen erzielt nicht die Wirkung, die man eigentlich damit erreichen will. Handelt es sich um einen engeren Kreis mit lauter bekannten Gesichtern oder erfordert schon das Thema für sich den Dialekt (Vortrag zu den unterschiedlichen Mundarten), dann ist der Einsatz der Mundart bestimmt die richtige Entscheidung. So kann in einer örtlichen Veranstaltung ein besserer Erfolg erzielt werden, wenn man sich der »Haussprache« anpaßt und damit den Teilnehmern zeigt, daß man nah mit ihnen verbunden ist. Der Einsatz des Dialekts ist stets von Fall zu Fall vom Dozenten persönlich abzuklären. Die Streitfrage für oder wider den Dialekteinsatz kann nicht in einer Richtung entschieden werden.

Als Lehrkraft müssen wir uns das persönliche Ziel setzen, unseren passiven Wortschatz zu aktivieren. Das erreichen wir, indem wir pro Woche sieben Wörter aus unserem passiven Wortschatz entnehmen und nun jeden Tag bewußt eines dieser Wörter in der Gesprächsführung einsetzen. Durch oftmaliges Wiederholen werden dann diese passiven Wörter unbewußt aktiviert. Damit erreichen wir eine vielfältige Ausdrucksmöglichkeit und können so bei verschieden zusammengesetzten Teilnehmergruppen die richtige Ausdruckstechnik anwenden. Oft ist es aber für einen höher Gebildeten schwieriger, auch auf einfache Art und Weise eine Informationsvermittlung durchzuführen. Deshalb ist auch ein hochkarätiger Wissenschaftler (Professor, Privatdozent, Doktorand etc.) nicht immer als die richtige Person anzusehen, wenn es um die Ausbildung und/oder Fortbildung der normalen Bevölkerungsschicht geht. Oftmals wird auch in wissenschaftlichen Lehrveranstaltungen von Assistenten eine bessere Vortragstechnik angewandt als von ihren Vorgesetzten. Diese Behauptung kann heute durch die täglichen Beispiele in vielen Bereichen der Aus- und Weiterbildung bewiesen werden.

Die Füllwörter: Die Füllwörter können Ausdruck innerlicher Unruhe sein, Anzeichen für Spannungs- und Affektzustände darstellen oder auf ein nicht optimal ablaufendes Denk-Sprechen hinweisen, indem die entstehenden Pausen mit diesen »füllenden, leeren« Worten bzw. Wortteilen ausgekleidet werden. Es ist aber auch möglich, daß man sich die Füllwörter nur durch unsaubere Sprech- und Ausdruckstechnik angewöhnt hat und diese an sich selbst gar nicht mehr bemerkt, sie somit unbewußt ausführt. Typische Füllwörter sind:

- ➡ äh
- ➡ okay
- ➡ sogenannt
- ➡ also
- ➡ gut

- ja
- genau
- hm, hm, hm, ...

Typische Satzteile sind:

- Das bedeutet also ...
- Nicht wahr, ...

Wenn man sich erst einmal dieser Füllwörter bewußt oder von anderen darauf hingewiesen wird, dann ist die Chance groß, ihren Gebrauch nach und nach einzuschränken und später ganz zu vermeiden. Das Problem bei vielen Lehrkräften ist, daß es ihnen selbst gar nicht bewußt ist. Aber so ist es auch mit vielen anderen »Eigenheiten«, die man sich im Laufe der Zeit angeeignet hat. Selbst merkt man sie nicht mehr. Deshalb ist es auch für einen guten Ausbilder wichtig, immer kritikfähig zu sein. Er muß Anregungen von den Teilnehmern aufnehmen und diese in seinen weiteren Unterricht mit einarbeiten.

So besagt ein altes chinesisches Sprichwort:

> Wer mir schmeichelt, ist mein Feind, wer mich tadelt, ist mein Lehrer.

Kritikfähig zu sein ist ein notwendiger Bestandteil auf dem Weg eines erfolgreichen Ausbilders. Wer Kritik nicht annimmt und stets glaubt, alles richtig zu machen, der wird nie seine Ausbildungstechnik verbessern können. Verläuft z. B. ein Lehrgang nicht so, wie wir es uns vorgestellt haben, weil vielleicht die Teilnehmer keine Aktivität gezeigt haben, dann liegt es meistens nicht nur an den Teilnehmern, sondern auch an uns.

Wir müssen uns dann Gedanken darüber machen, was eigentlich unsererseits falsch gemacht worden ist. Fehler sollen nicht immer bei anderen gesucht werden, sondern man muß zuerst sich selbst kritisch beurteilen und sich fragen, was man falsch gemacht hat bzw. welche Verbesserungen möglich sind. Natürlich ist es nicht immer leicht, Fehler ehrlich einzugestehen. Aber nur durch Fehler kann man lernen. Der Mensch ist ein komplexes System. Fehler sind nur natürlich. So heißt es doch immer:

> Wer arbeitet, macht Fehler.
> Wer viel arbeitet, macht viele Fehler.
> Wer keine Fehler macht, der arbeitet nicht.

Deshalb müssen wir auch vom Perfektionismus wegkommen. Die Lehrkraft ist auch nur ein Mensch. Und Menschen machen Fehler - einmal mehr, einmal weniger. Weg vom Perfektionismus wird dadurch erreicht, daß man sich schon bewußt vornimmt, »Blamiere Dich täglich einmal«. Nur so lernen wir es auch, zu unseren menschlichen Fehlern zu stehen und diese dann auch durch eine Verhaltensänderung beseitigen zu können.

Der Blickkontakt

Auch mit dem Blickkontakt hat der Dozent ein rhetorisches Instrument zur Verfügung, mit dem er den Zuhörer beeinflussen kann. Deshalb muß auch die Technik des Blickkontakts bewußt im Unterricht eingesetzt werden. Sobald der Redner seinen Platz eingenommen hat, läßt er seinen Blick durch die Runde schweifen (siehe Technik des Referats) und signalisiert damit schon dem Zuhörer seine Sicherheit und seinen Drang zur Informationsvermittlung. Danach beginnt er zu sprechen. Beim Sprechen muß er so oft wie möglich den Augenkontakt zu den Hörern aufnehmen, um deren Reaktion auf die Rede zu erfassen, Fragen seitens der Teilnehmer zu erkennen und einen persönlicheren Kontakt zu ihnen einzunehmen. Bei einem fehlenden Augenkontakt können wichtige Signale vom Zuhörer nicht erkannt, daher kann nicht darauf reagiert werden. Es besteht die Gefahr, daß man am Zuhörer vorbeiredet. Die Technik des ständigen Blickkontakts erfordert aber, daß man so frei wie möglich die Unterrichtung durchführt. Das erstellte Manuskript darf nur Stichworte enthalten, die dann chronologisch richtig und frei formuliert den Teilnehmern vermittelt werden. Je enger man an seinem Manuskript hängt, desto weniger kann man dieses rhetorische Instrument einsetzen. Der Idealfall soll so aussehen, daß der Dozent ständig beim Sprechen die Zuhörer anschaut. Dabei sollen nicht nur einige, sondern alle vom Blickkontakt eingeschlossen sein. Untersuchungen zeigen, daß die Blickdauer pro Teilnehmer drei bis fünf Sekunden betragen soll, damit der Zuhörer das Gefühl bekommt, in den Unterricht einbezogen und vom Dozenten direkt angesprochen zu sein. Das bedeutet für den praktischen Einsatz des Blickkontakts, daß der Augenkontakt entsprechend lang bei den Zuhörern verbleiben soll. Das heißt jetzt aber nicht, daß der Dozent bei mehreren hundert Zuhörern jeden einzelnen fünf Sekunden anblicken soll. Bei einem längeren Blickkontakt z. B. in eine größere Teilnehmergruppe fühlt sich jeder einzelne angeblickt, so daß der Blickkontakt hier von Teilnehmergruppe zu Teilnehmergruppe wandern kann. Ein rasches Hin- und Herschweifen des Blicks von Teilnehmer zu Teilnehmer erzielt nicht die gewünschte Reaktion. Stellt der Zuhörer eine Frage, dann muß die Lehrkraft den Fragenden anschauen. Damit zeigt er ihm, daß er für seine Frage Interesse bekundet und den Teilnehmer als Partner beim Lehrprozeß betrachtet. Es gilt als unhöflich, einen anderen beim Sprechen nicht anzublicken. Sein Blick soll Interesse, Aufgeschlossenheit und Einfühlungsvermögen signalisieren. Ein harter, ärgerlicher oder gar wütender Blick schreckt den Teilnehmer vor weiteren Fragen ab. Wie wir ja zwischenzeitlich wissen, lebt ein guter Unterricht von Fragen der Teilnehmer. Der Ausbilder muß den ersten und zweiten Teil des Satzes seiner Antwort bewußt an den Fragesteller richten, danach nimmt er wieder Blickkontakt zu den restlichen Teilnehmern auf. Nach Beendigung der Antwort betrachtet er nochmals kurz den Teilnehmer und überprüft, ob seine Antwort für ihn zufriedenstellend war. Nach der Beantwortung einer Zuhörerfrage läßt man dann noch seinen Blick für einige Zeit auf den Hörern ruhen. Damit werden die anderen motiviert, noch weitere Fragen zu stellen. Bei einem Diskussionsbeitrag eines Zuhörers muß dieser über die gesamte Diskussionsbeitragsdauer betrachtet werden. Unruhiges Anschauen, ständiges Wegblicken (z. B. auf die Uhr oder andere Teilnehmer), ironisches Lächeln etc. signalisieren dem Fragenden (und den anderen Zuhörern), daß der Ausbilder für seine Frage nicht die notwendige Aufmerksamkeit und damit nicht das notwendige Interesse aufbringt. Die Motivation zu weiteren Fragen und Antworten läßt bei den Teilnehmern dann rasch nach.

Durch die Erörterung der Blickkontakttechnik ergibt sich automatisch, daß die Lehrkraft immer zum Publikum sprechen soll und niemals von diesem weg. Zwar kann ein schöner Rücken auch entzücken, aber der Teilnehmer ist in die Veranstaltung gekommen, um etwas Wissenswertes vom Dozenten zu erfahren und nicht seinen Rücken anzublicken. Deshalb soll man nicht mit dem Rücken zum Zuhörerkreis sprechen. Der Zuhörer wird es als schlechten Ausbildungsstil, falsches Benehmen etc. ansehen. Meist besteht die Gefahr des Rückenzuwendens

- ➡ bei der Tafelarbeit,
- ➡ wenn der Ausbilder im Lehrsaal ständig hin- und herläuft,
- ➡ beim Zuwenden des Blicks auf die Projektionsfläche, wenn mit dem Arbeitsprojektor gearbeitet wird,
- ➡ wenn der Dozent seitlich neben dem Arbeitsprojektor sitzt und sich dem Gerät zuwendet und
- ➡ wenn der Dozent am Fenster steht und beim Sprechen hinausblickt.

Die Körpermotorik

Das, was man ausdrückt, soll durch die Körpermotorik unterstützt werden. Unter der Körpermotorik versteht man die Bewegungen des Körpers wie zum Beispiel

- ➡ die Haltung,
- ➡ die Gestik,
- ➡ die Mimik und
- ➡ das Laufen.

4

Das gesprochene Wort muß durch den Körper unterstützt werden. Sprache ist Bewegung der Sprechorgane und des ganzen Körpers. Wie wir wissen, werden Informationen über die Sinnesorgane aufgenommen. Je mehr Sinnesorgane angesprochen werden, um so intensiver wird der Eindruck beim Zuhörer. Wird das gesprochene Wort nicht nur gehört, sondern auch gesehen (durch Medieneinsatz und Körpermotorik), wird es wesentlich besser aufgenommen und verarbeitet. Bei der Unterrichtung gibt es nicht nur den Zuhörer, sondern auch den Zuschauer. Die eingesetzte Körpermotorik muß dem gesprochenen Wort angeglichen sein und soll das Gesagte unterstützen. Sie darf der Satzaussage nicht widersprechen und nicht übertrieben angewandt werden.

Die Haltung: Im allgemeinen wird die Ausbildungstätigkeit im Stehen durchgeführt. »Ungeschützt« vor den Teilnehmern zu stehen, kostet am Anfang viel Überwindung, da die räumliche Distanz verringert wird und der Dozent den Blicken der Teilnehmer voll ausgesetzt ist. Dieses Unwohlsein kann aber durch oftmaliges Ausprobieren vermindert und zum Schluß ganz beseitigt werden. Der Referent steht dabei vor den Zuhörern in Nähe der Medien, die er für die unterstützende Unterrichtsgestaltung benötigt. Nach Möglichkeit sollten zwischen ihm und den Teilnehmern keine Barrieren in Form von Tischen oder ähnlichen Gegenständen vorhanden sein. Die Haltung muß entspannt und aufrecht, aber nicht verkrampft sein. Je aufrechter und ungezwungener die Haltung, desto freier und ungehemmter wird die Lehrkraft sprechen können. Die innere Spannung kann durch eine ausgeglichene und entspannte Haltung herabgesetzt werden. Eine zu lässige Haltung kann abstoßend wirken. Viele Ausbilder haben in der stehenden Position Schwierigkeiten, ihre Hände zu kontrollieren. Sie wissen nicht, wohin mit ihnen. Dann entstehen meistens Unarten wie Hineinstecken einer oder beider Hände in die Hosentasche oder Spielen mit einem Gegenstand. Auch das Verschränken der Hände hinter dem Rücken wird öfters angewandt. In diesen Fällen beraubt man sich aber der Möglichkeit, das gesprochene Wort mit einer maßvollen Handgeste zu unterstützen. Wer aufmerksam Unterhaltungssendungen im Fernsehen betrachtet und den jeweiligen Moderator gezielt auf die Handtechnik hin beobachtet, kann auch hier derartige Entgleisungen feststellen. So haben zum Teil die Sendeleitungen der Rundfunkanstalten in der Ausstattung der Moderatoren-Anzüge durchgesetzt, daß keine Jackett-Taschen mehr angebracht werden.

Empfehlungen: Werden die Hände nicht zur Durchführung einer Geste oder zum Zeigen eines Gegenstands (Medienarbeit) benötigt, dann können sie sich in Bauchhöhe leicht zusammengefaltet (eine Hand ganzflächig in der anderen) befinden oder beide Arme werden seitlich am Körper angelegt. Werden sie zur Handgestik benötigt, können sie jederzeit und ungehindert eingesetzt werden. Die Hände sollten sich aber nur selten in dieser Ruhephase befinden, sondern stets in maßvoller Weise zur Unterstützung des Worts beitragen.

Es hat sich in der Ausbildungspraxis immer mehr eingebürgert, daß man die Unterrichtung im Sitzen hinter dem Ausbildungstisch vornimmt. Außerdem kann in dieser Stellung auch gut mit dem Tageslichtprojektor gearbeitet werden. Lehrkräfte, die die Angewohnheit haben, ständig während des Unterrichts hin- und herzulaufen, können durch die sitzende Unterrichtung dieser Angewohnheit entgegenwirken. Allerdings muß hier kritisch bemerkt werden, daß der Ausbilder dadurch eine Barriere aufbaut, die die persönliche Beziehung zwischen Teilnehmer und Lehrkraft einschränkt und die räumliche Distanz zwischen ihnen vergrößert. Wird die Sitzhaltung eingenommen, so muß auch hier auf eine gerade und gelockerte Körperhaltung geachtet werden. Oft sieht man es, daß der Dozent dann seine Ellenbogen auf den Tisch stellt und seine Füße verschränkt oder gar hinter die Stuhlbeine bringt. Solche und ähnliche Variationen sind im Bezug auf das äußere Erscheinungsbild und die Interpretation der Körpersprache zu unterlassen.

Bei größeren Veranstaltungen oder bei reinen Redevorträgen hat es sich im Laufe der Zeit ergeben, daß hinter einem Rednerpult gesprochen wird. Je nachdem, welcher Typ von Rednerpult anzutreffen ist (Tisch- oder Stehpult), muß vor Beginn der Rede die Höhe des Rednerpults eingestellt werden. Der Redner soll mit seinem Oberkörper voll sichtbar sein und nur die Beine mit Hüfte dürfen vom Pult verdeckt werden. Ein schlecht eingestelltes Rednerpult wird den Blickwinkel zum Manuskript und zum Zuhörer beeinträchtigen. Eine aufrechte Haltung kann dadurch auch erschwert werden. Vorsicht! Versuchen Sie nicht, sich krampfhaft am Rednerpult festzuhalten. Das macht optisch keinen guten Eindruck und die Anwendung der Handgestik wird beeinträchtigt. Kurzes Berühren des Randes vom Rednerpult und Einsatz der Handgestik kann dem entgegenwirken.

4

Die Gestik: Unter dem Einsatz der Gestik verstehen wir die Bewegung des Körpers zum gleichzeitig gesprochenen Wort. Ein überzeugend gesprochener Satz wird z. B. durch eine unterstreichende Handbewegung noch überzeugender, da sie dem Satz noch mehr Schwung und Kraft verleiht. Richtig eingesetzte Gesten erhöhen den Eindruck beim Zuschauer. Als Gestikeinsatz empfiehlt sich meist nur die Hand- und Unterarmgestik, da diese nicht zu auffallend wirkt. Eine ausgesprochene Oberarmgestik wirkt zu sehr als »herumfuchtelnd« und wird als übertrieben empfunden. Nur wenn etwas »Großes« dargestellt wird, kann die Oberarmgestik unterstützend wirken.

Auch die Kopfgestik kann bei bestimmten Sachaussagen zum Einsatz kommen. Eine Geste muß spontan von innen heraus entstehen und darf nicht vorprogrammiert durchgeführt werden. Durch die Geste wird das gesprochene Wort unterstützt. Deshalb muß ihr Einsatz auch parallel zum gesprochenen Wort erfolgen. Vorauseilende und nachhinkende Gesten sollen im Interesse der Einheit von Sprache und Bewegung vermieden werden. Wird nicht gesprochen, dann darf auch keine Geste erfolgen. Die Gestik darf nur in Maßen und dezent angewandt werden. Es besteht sonst die Gefahr, daß durch übertriebene Gesten der Zuhörer seine Aufmerksamkeit von der Rede abwendet und sich seine Gedanken über das »Herumgefuchtel« macht.

Übertriebene Gestik kann den Redner vor den Zuhörern als lächerlich erscheinen lassen. Eindrucksvolle Bewegungen beim Schauspieler können beim Redner genau das Gegenteil bewirken. Gesten werden unterschieden in:

- einladende Gesten
- abwehrende Gesten
- zustimmende Gesten
- bestimmende Gesten
- fragende Gesten
- warnende Gesten.

Natürlich gibt es keine generell richtige und ständig anzuwendende Gestenart, da ihr Einsatz vom Ausbilder individuell von innen heraus gesteuert werden muß. Man kann aber Grundgesten einüben, die dann durch Variation während der Rede »individualisiert« werden.

Folgende Grundgesten können (als Einsatzgestik) von der Lehrkraft eingesetzt werden:

- Bewegung aus dem Ellenbogen heraus mit einer leicht kreisenden Handbewegung vom Körper weg
- Bewegung einer oder beider Hände von vorne auf den Körper zu, Bewegung erfolgt aus den Ellenbogen und teilweise aus dem Schulterbereich
- Bewegung einer oder beider Handflächen seitlich von oben nach unten, Bewegung erfolgt aus dem Ellenbogen.

Folgende Grundgesten können (als Inhaltsgestik) von der Lehrkraft eingesetzt werden:

- Anzeigen eines kleinen runden Kreises mit beiden Händen von oben nach unten
- Aufzeigen von Stichpunkten, Merkmalen etc. durch Einsatz der Fingerzähltechnik und Unterstützung der anderen Hand
- durch Kopfnicken.

Mit einer Geste kann auch eine Bewegungsrichtung des gesprochenen Worts zusätzlich unterstützt werden. Beispiel: »Durch den Hustenreflex wird der Fremdkörper aus der Lunge hinausbefördert.« (Dabei zeigt die Hand den Weg des Fremdkörpers aus der Lunge an.)

Die Mimik: Mit der Mimik (Ausdruck unseres Gesichtes) zeigen wir unsere innere Grundeinstellung nach außen. Der Augenkontakt wurde ja schon ausführlich dargestellt. Die Lehrkraft muß den Zuhörer natürlich, freundlich und verbindlich betrachten. Durch fragende Blicke soll der Zuhörer zum Nachdenken motiviert werden. Die Mimik darf jedoch nicht gespielt sein, sondern muß aus dem Inneren kommen. Gespielte Mimik wirkt meist übertrieben und maskenhaft und führt zur Ablehnung des Ausbilders. Je kleiner der Lehrsaal und je besser der Dozent von den Teilnehmern betrachtet werden kann, desto intensiver kann die Mimik auf den Zuhörer wirken und von ihm aufgenommen werden. Nicht nur nachdenkliche Falten und Stirnrunzeln können bei besonders kritischen Anmerkungen des Ausbilders mit eingesetzt werden, auch ein Lächeln bei einer lustigen Anekdotenschilderung oder ähnlichem verfehlt selten seine Wirkung. Übrigens: Beim Lächeln entspannt sich der Körper wesentlich besser. Lächeln Sie also ruhig etwas öfter. Der Zuhörer wird es Ihnen danken.

4

Das Laufen: Wer innerlich aufgeregt ist, bringt diese Unruhe über »Ablaßventile« nach außen. Eines dieser »Ablaßventile« kann das Hin- und Herlaufen im Unterrichtsraum sein. Oftmals entstehen dann komische Wanderbewegungen oder unterschiedliche Wanderwege. Die einen wandern von der linken in die rechte Raumecke und wieder zurück, die anderen bewegen sich in den Unterrichtssaal hinein und gehen wieder zurück zum Ausbildungstisch. Die einen bevorzugen mehr die linke, die anderen halten sich mehr auf der rechten Raumseite auf. Ganz egal, welche Gründe zu derartigen Wanderungen führen, im Endergebnis wird dies von den Zuschauern recht bald als störend empfunden. Meistens reden dann noch die Lehrkräfte ständig während ihrer Wanderbewegungen. Besonders das Hinein- und Zurücklaufen zum Raumende führt zu erheblichen Störungen, da die vorderen Teilnehmer sich ständig umdrehen müssen, um dem Ausbilder optisch zu folgen. Während wir dieses Buch schrieben, sind uns zwei besonders eifrige Wanderer aufgefallen. Der erste brachte es fertig, während eines Vortrags von 45 Minuten ständig im vorderen Lehrsaal in einem zügigen Tempo hin- und herzulaufen. Dabei betrug die seitliche Raumlänge ca. 8 m. Diese seitliche Raumlänge wurde von ihm während einer Minute 6mal zurückgelegt. Rechnet man diesen Wert auf die Vortragsdauer um, dann ist es diesem Dozenten gelungen, während der 45 Minuten eine Gesamtstrecke von 2 160 m zurückzulegen, also mehr als 2 km. Die andere Lehrkraft hatte die Eigenart, vom Schreibtisch aus sitzend oft nach rechts und wieder zum Schreibtisch zurück zu wandern. Einige Male bewegte er sich auch in die linke Raumhälfte. Während 10 Minuten ging er 31mal in die rechte Ecke, 4mal in die linke Ecke und 33mal wieder zur Mitte zurück. Innerhalb von 10 Minuten ergaben sich so 68 Bewegungen mit einer Gesamtwegstrecke von 340 m. Auf 45 Minuten umgerechnet ging diese Lehrkraft 2 040 m, also gut 2 km. Diese körperliche Betätigung kann durchaus sinnvoll für die Beinmuskulatur sein, einem optimalen Unterrichtsverlauf ist sie aber bestimmt nicht dienlich. Wie Sie diesen Schilderungen entnehmen können, haben wir uns bei diesen Unterrichtsstunden verstärkt dieser »Eigenart« zugewandt, wobei wir vom restlichen Unterrichtsstoff nicht viel mitnehmen konnten. So wie uns ist es aber bestimmt noch vielen anderen Teilnehmern ergangen. Entweder man gewichtet diese »Eigenart« besonders stark und konzentriert sich vermehrt darauf, oder man wird von dieser »Eigenart« so demotiviert, daß man gedanklich nicht mehr optimal dem Vortrag folgt. Damit schafft der Wanderer Unruhe und erhebliche Aufmerksamkeitsverluste in seinen Unterricht.

Empfehlungen: Neigt ein Ausbilder zum ständigen Umherlaufen, dann sollte er sich gezielt einen Platz aussuchen, der dieses Umherlaufen automatisch einschränkt. Hier empfiehlt es sich, bewußt hinter dem Ausbildertisch Platz zu nehmen und den Unterricht im Sitzen durchzuführen. Eine kleine Randnotiz auf dem Manuskript (z. B. Vorsicht: Nicht umherlaufen, hinsetzen) kann den Dozenten ebenfalls während des Unterrichts darauf aufmerksam machen. Mit der Zeit werden sich dann diese Laufbewegungen einschränken und eine Unterrichtung im Stehen wird dann ebenfalls wieder möglich werden.

Das rhetorische Instrumentarium ist umfangreich und bedarf einer intensiven Übung. Im richtigen Zusammenspiel von

- Stimme,
- Satzlänge,
- Sprechtechnik,
- Einsatz des aktiven Wortschatzes,
- Denk-Sprechen,
- Blickkontakt,
- Haltung,
- Gestik und
- Mimik

liegt die Erfolgsformel des eindrucksvollen, mitreißenden und überzeugenden Redners.

Wichtige Anregungen: Man kann vieles aus Büchern lernen, aber nicht alles. Reden kann man zum Beispiel nur erlernen durch Reden. Sie benötigen dafür grundlegende rhetorische Kenntnisse. Diese haben Sie sich nun durch unser Werk angelesen. Jetzt liegt es aber an Ihnen, die theoretischen Kenntnisse mit der Praxis zu verbinden. Gerade im Bereich der Rhetorik können Sie aus dem Medium »Fernsehen« viele positive, aber auch viele negative Beispiele entnehmen. Deshalb empfehlen wir Ihnen, während solcher Unterhaltungssendungen gezielt die jeweilige Technik der Showmaster zu studieren und für sich eigene Ideen daraus zu entwickeln. Wenn Sie schon längere Zeit im Ausbildungsbereich tätig sind, empfehlen wir Ihnen ebenfalls, einmal jemanden zu bitten, Ihren Unterricht besonders sorgfältig auf mögliche Fehler anzuhören und anzusehen. Wenn sich am Anfang »Kuriositäten« eingeschlichen haben, auf die Sie vielleicht noch nicht aufmerksam gemacht wurden und die Sie deshalb auch gar nicht mehr beachten, können Sie nur auf diese Art und Weise derartige Mängel abstellen. Eine weitere Möglichkeit, den eigenen Unterrichtsstil zu verbessern, ist, eine Unterrichtsstunde auf Video aufzunehmen und hinterher selbst anzusehen. Auch hier fallen einem dann sehr oft Fehler auf, die man an sich selbst sonst gar nicht sehen würde. Jede Ausbildungskraft sollte sich einmal selbst beobachtet haben, damit sie einen Eindruck darüber bekommt, wie sie eigentlich auf andere Personen wirkt. Wer nicht die Möglichkeit des Videoeinsatzes nutzen kann, sollte einen Teil seiner Reden auf Tonband oder Kassette aufnehmen und hinterher abhören. Auch das Anhören der eigenen Stimme wirkt überraschend, aber auch lehrreich auf den Ausbilder. In diesem Zusammenhang möchten wir Sie nochmals auf die Bedeutung der kreativen Kritik hinweisen. Wir unterscheiden drei Stufen in einer Ausbilderkarriere, die vom Erfolgreichen überwunden werden müssen:

- **1. Stufe:** Absolvierte Grundlagenausbildung
- **2. Stufe:** Praxistätigkeit, durch vorhandene Kritikfähigkeit Erkennen eigener Schwächen während der Unterrichtung
- **3. Stufe:** Erkennen und Vermeiden von Schwächen während des Unterrichts.

Stufe 3 ist nur erreichbar, wenn ein gesundes Maß an Kritikfähigkeit ständig vorhanden ist. Ein guter Ausbilder muß kritikfähig sein, sonst wird er über Jahre auf demselben (wahrscheinlich niedrigen) Ausbildungsniveau verharren.

• Der Themenbegleiter/das Redemanuskript

Um in der Unterrichtungsphase die Reihenfolge der Stoffabhandlung (den gedanklichen roten Faden) korrekt einzuhalten, ist es notwendig, einen Themenbegleiter zu erstellen. In diesem Manuskript wird der Stoff aufgeführt, der während einer Unterrichtseinheit abgehandelt werden soll. Der Themenbegleiter kann je nach dem Grad der Ausführlichkeit variiert werden.

THEMA:

Stoffbereich	Medien-einsatz	Anmerkungen

In der vorstehenden Abbildung wird ein möglicher Aufbau des Manuskripts vorgestellt. Es handelt sich dabei um die Planung und den Verlauf einer Unterrichtsstunde. Im Teil **»Stoffbereich«** wird mehr oder weniger ausführlich der zu vermittelnde Lernstoff eingetragen. Im Anfangsbereich der Ausbildung neigt man dazu, diesen Textinhalt wortgetreu zu übertragen. Wird der Lehrstoff wortgenau aufgeschrieben und wiedergegeben, handelt es sich um ein Referat. Das Referat soll aber immer nur der Ausgangspunkt für eine erfolgreiche Ausbildungstätigkeit sein. Im Anfangsbereich kann es durchaus Vorteile für die Lehrkraft haben, wenn sie sich auf eine vollständige Ausarbeitung stützen und im Notfall auf diese zurückgreifen kann. Ziel der Ausbildungstätigkeit ist es aber, vom ausführlichen Manuskript zum Stichwortmanuskript und damit vom Referat zur freien Rede zu gelangen. Im Endstadium muß der Dozent in der Lage sein, anhand eines Stichpunkts den Lernstoff gedanklich vorzubereiten, zu formulieren und in freier Rede dem Teilnehmer vorzutragen. Das Stichwortmanuskript dient der Lehrkraft nur für die richtige Reihenfolge der Darbietung des Lernstoffs.

Im Teil »**Medieneinsatz**« werden die Medien eingetragen, mit deren Hilfe der Lernstoff optisch unterstützt wird. Ist z. B. der Einsatz des Arbeitsprojektors geplant und werden mehrere Folien zum jeweiligen Thema präsentiert, empfiehlt es sich, die Reihenfolge der Folien fortlaufend durchzunumerieren. Das gleiche gilt auch beim Gebrauch von Dias. Hier kann auch die Unterrichtsform vermerkt werden, mit der die Unterrichtung durchgeführt werden soll.

Im Teil »**Anmerkungen**« werden für den Ausbilder wichtige Informationen vermerkt, die sich auf den Stoffbereich bzw. auf wichtige Zusatzinformationen beziehen und deshalb mit angesprochen werden. Es können hier auch Gedanken- und Erinnerungsstützen gegeben werden (z. B. die Bedeutung des neuartigen Funktionsablaufs einer Maschine hervorheben; nicht umherlaufen - hinsetzen etc.). In der Praxis hat es sich gezeigt, daß es sinnvoll ist, diese drei Teilbereiche nicht nur durch eine örtliche Festlegung zu plazieren, sondern durch den Einsatz von drei verschiedenen Farben bereits eine Trennung herbeizuführen. Damit wird der Themenbegleiter noch übersichtlicher. Bei Bedarf wird der entsprechende Stichpunktteil überflogen und die Teilinhalte erfaßt. Der Unterrichtsprozeß kann so nach einem Blick auf das Stichwortmanuskript ohne gedankliche und zeitliche Unterbrechung fortgeführt werden.

Wir haben bewußt eine minutengenaue Einteilung der Unterrichtszeit für einen Stoffteilbereich unterlassen, da sonst die Unterrichtung nur noch durch oftmaligen Blick auf die Uhr ablaufen wird. Zwar müssen wichtige Themenbereiche zeitlich ihrer Bedeutung nach eingestuft werden, wir sind aber der Meinung, daß eine kurze Bemerkung im Themenbegleiter ausreicht, dem Dozenten die Schwerpunkte des Lernstoffs anzuzeigen. Zum Schluß möchten wir noch darauf hinweisen, daß die Schriftgröße des Manuskriptes recht großzügig gewählt und deutlich lesbar dargestellt werden soll, damit man jederzeit auch bei weiterem Abstand alle Einzelheiten erkennen kann.

• Zusammenfassende Merkregeln »Rhetorik«

1. Kurze Sätze formulieren.
2. Wenig Nebensätze verwenden.
3. Deutlich sprechen.
4. Lebendig sprechen.
5. Ohne Hast sprechen.
6. Nicht mit dem Rücken zum Teilnehmer reden.
7. Füllwörter vermeiden.
8. Bedeutung durch Betonung hervorheben.
9. Betonungen können sein:

   ➡ Sprechtempovariation
   ➡ Einsatz von Sprechpausen
   ➡ Stimmlagenvariation
   ➡ Lautstärkevariation
   ➡ Wiederholung von Satzaussagen.

10. Aufmerksamkeit durch Wechsel der Stimmlage, Lautstärke und Sprechtempo erhöhen.

11. Gesten - maßvoll angewandt - unterstreichen und beleben das gesprochene Wort.

12. Akustischen Eindruck durch den Blickkontakt verstärken.

13. Unterricht mäßig bewegt gestalten und ab und zu für Entspannungsmomente beim Hörer sorgen.

14. Einsatz einer wohlüberlegten Wortwahl (Denk-Sprechen).

15. Passiven Wortschatz aktivieren.

Teil 5: Die Aura

Unter dem Begriff »Aura« verstehen wir alle die Umgebungseinflüsse, die auf den Lernprozeß positiv und negativ einwirken und eine Veränderung in die geeignete Richtung vornehmen können. Zum Teil handelt es sich dabei um direkte, zu einem anderen Teil um indirekte Einflußmöglichkeiten.

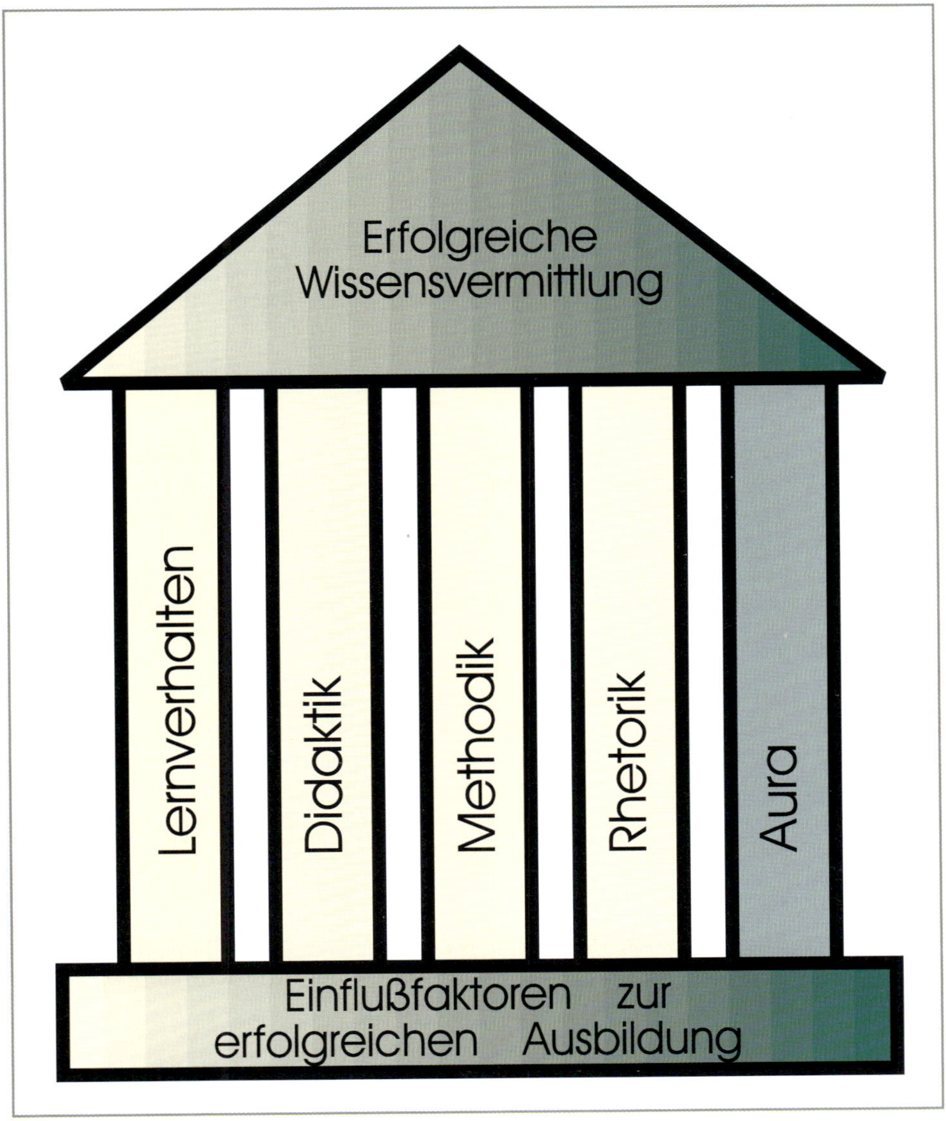

5

In der heutigen Zeit wird der Mensch durch seine teilweise ungesunde Lebensweise in erhöhtem Maße dem Phänomen »Streß« ausgesetzt. Dabei entsteht eine Gleichgewichtsstörung zwischen Körper, Seele und Geist. Höchstleistungen über längere Zeit sind jedoch nur dann zu erzielen, wenn diese in Einheit vorhanden sind, wenn also ein Gleichgewicht zwischen diesen lebensnotwendigen Mechanismen besteht. Diese Einheit von Körper, Seele und Geist wird durch das autogene Training herbeigeführt.

Beim autogenen Training handelt es sich um eine körperliche Tiefenentspannung. Diese Methode wurde von Prof. J. H. Schulz geschaffen, der durch die Beobachtung von hypnotisierten Patienten auf die Idee kam, daß der Mensch auch durch seinen Willen die entspannenden Effekte der Hypnose selbst herbeiführen kann. Er prägte den Ausspruch: »Ihr sollt Ruhe finden für Eure Seelen«. Autogen bedeutet selbst erzeugt, und das Wort Training sagt aus, daß man methodisch vorgehen und üben muß.

Das Erlernen des autogenen Trainings sollte immer unter Aufsicht eines versierten Übungsleiters erfolgen. Das Ziel ist erreicht, wenn sich nach dem Einnehmen der Entspannungshaltung

- eine Schwere und Wärme über den ganzen Körper erstreckt,
- die Atmung ruhig und regelmäßig ist,

- das Herz kräftig und gleichmäßig schlägt,
- der Bauchraum sich warm und entkrampft anfühlt und
- der Kopf klar und frei ist.

Um dieses Ziel zu erreichen, muß in einzelnen Lernschritten ca. 6 Monate je 3mal täglich 10 Minuten trainiert werden.

Wie sieht nun die erste Übung aus?

Durch Einnehmen einer Rückenlage mit leicht gespreitzten Beinen und leicht angewinkelten Armen oder Einnehmen der »Kutscherhaltung« wird schon eine gewisse Entspannung des Körpers erreicht. Nun werden die Augen geschlossen und nachstehende Formeln unter Beachtung des Atemrhythmus gedanklich vorgesagt:

- (2 x) Ich bin ganz ruhig.
- (2 x) Gedanken und Geräusche sind völlig gleichgültig.
- (6 x) Mein rechter Arm ist ganz schwer.
- (2 x) Ich bin ganz ruhig.

Anschließend erfolgt das Zurücknehmen. Dies erreicht man durch tiefes Atmen, Öffnen der Augen und kräftiges Beugen und Strecken der Arme. So wird über verschiedene Lernabschnitte das vorhin beschriebene Lernziel erreicht.

Sie werden sich nun denken (und fragen), was diese Abhandlung in einem Buch für Ausbilder soll. Mit der Entspannung durch das autogene Training sind Sie in der Lage, eine bessere Ausgeglichenheit zu erlangen und Ihre Energie für wichtige Vorhaben zu nutzen. Die Energie wird dabei nicht durch das Streßphänomen verbraucht.

Die positiven Auswirkungen des autogenen Trainings:

- Sie werden sich nicht mehr über jede Unwesentlichkeit aufregen.
- Sie können sich besser konzentrieren.
- Sie erreichen einen gewissen Grad der Gelassenheit.
- Sie können Ihre Leistungen verbessern.
- Sie sind nicht mehr so empfindlich.
- Sie können eine Programmierung des Unterbewußtseins durch formelhafte Vorsatzbildung erreichen.
- Sie wirken der Redeangst entgegen und beruhigen damit auch das vegetative Nervensystem.

Das Erlernen des autogenen Trainings kann erfolgen über

- Volkshochschulen
- Ärzte
- Psychologen.

Diese führen derartige Lehrgänge durch.

Selbstverständlich wirken auch andere Entspannungsmethoden (z. B. Meditation, Yoga, Intensiventspannung etc.) in gleicher Weise positiv auf die innere Harmonie des Menschen. Schon das Schließen der Augen in Verbindung mit tiefen und ruhigen Ein- und Ausatemzügen im Sitzen führt zu einer gewissen nervlichen Beruhigung. Diese »kleine« Entspannungsmethode kann überall eingesetzt werden (allein im Ruheraum und vor Vortragsbeginn im Hörsaal), um die persönliche Redeangst zu mildern oder abzustellen.

> Nur ein Ausbilder in innerer Harmonie kann sich voll auf die Teilnehmer einstellen.

Lieber Leser, sicherlich werden Sie sich jetzt fragen, was Ernährung mit der Ausbildertätigkeit zu tun hat?

Beruhigen Sie sich!

Auch uns ging es vor Jahren so. Wir hörten uns die Informationen an, verdauten Sie, und nach einiger Zeit setzten wir sie mit Erfolg in die Praxis um. Wir wollen deshalb auch Ihnen dieses Wissen nicht vorenthalten.

Den verschiedensten Meldungen der Tagespresse ist zu entnehmen, daß unsere heutige Wohlstandsernährung eine Mangelernährung darstellt und zu vielen Erkrankungen führt. Diese Aussagen wurden durch die letzten Ernährungsberichte bestätigt, die wieder erhebliche Mängel in der Versorgung mit lebenswichtigen Vitalstoffen (z. B. Vitamin B_1, Eisen, Calcium usw.) aufdecken konnten. Diese Mangelernährung einerseits und eine kalorienmäßige Überversorgung (z. B. mit Fleisch, Wurst, Zukker) andererseits bedingt den sprunghaften Anstieg an Erkrankungen.

Als **ernährungsbedingte Zivilisationskrankheiten** gelten heute bei Ganzheitsmedizinern und umfassend forschenden Wissenschaftlern folgende Erkrankungen:

- **Gebißverfall**, Zahnkaries (Zahnfäule) und Parodontose
- **Erkrankungen des Bewegungsapparates**, rheumatischen Erkrankungen, Arthrose und Arthritis, Wirbelsäulen- und Bandscheibenschäden

- ➡ alle **Stoffwechselkrankheiten** wie Fettsucht, Zuckerkrankheit, Leberschäden, Gallensteine, Nierensteine, Gicht usw.
- ➡ die meisten **Erkrankungen der Verdauungsorgan**e wie Stuhlverstopfung, Leber-, Gallenblasen- und Bauchspeicheldrüsenerkrankungen, Dünn- und Dickdarmerkrankungen sowie Verdauungs- und Fermentstörungen
- ➡ **Gefäßerkrankungen** wie Arteriosklerose und darauf aufbauend Herzinfarkt, Schlaganfall und Thrombosen
- ➡ **Mangelnde Infektabwehr**, die sich in immer wiederkehrenden Katarrhen und Entzündungen der Luftwege und in Nierenbecken- und Blasenentzündungen äußert
- ➡ manche organischen **Erkrankungen des Nervensystems**
- ➡ auch an der Entstehung des **Krebses** soll die Fehlernährung in einem gewissen Maße beteiligt sein.

Der Zusammenhang zwischen Ernährung und Krankheit wird oft nicht erkannt, weil erst nach 20 bis 40 Jahren Fehlernährung die Krankheitssymptome erkennbar werden. Diese Erkrankungen können durch den Verzehr von vitalstoffreicher Vollwertkost verhindert werden. Auch beim Eintritt der Erkrankung, d. h. bei den ersten Symptomen kann in vielen Fällen ein Fortschreiten der Entgleisung aufgehalten werden.

Wenden wir uns nun dem Begriff der vitalstoffreichen Vollwertkost zu. Diese Kostform wurde von dem Schweizer Arzt Dr. M. Bircher-Benner (1867 - 1939) begründet, von dem deutschen Bakteriologen Prof. Dr. W. Kollath (1892 - 1970) wissenschaftlich untermauert und von Dr. M. O. Bruker seit über 30 Jahren erfolgreich in der täglichen Praxis angewendet. Bei dieser Ernährungsform beurteilt man den Wert der Nahrung nicht mehr nach ihrem Gehalt an Kalorien und Nährstoffen, sondern nach ihrer Lebendigkeit und Natürlichkeit. Wer natürliche Lebensmittel genießt, braucht sich in seiner Ernährungsweise nicht auf Kalorien und Nährstoffgehalt zu fixieren.

Es ist mittlerweile bekannt, daß in der naturbelassenen Nahrung nicht nur alle Nährstoffe, sondern auch, was viel wichtiger ist, die biologischen Wirkstoffe vorkommen, die für die Verwertung der Nahrung notwendig sind. Für die Erhaltung unserer Gesundheit sind also außer den Nährstoffen auch biologische Wirkstoffe unentbehrlich. Diese lebenswichtigen, biologischen Wirkstoffe werden auch Vitalstoffe genannt. Neben den Vitaminen gehören auch die Mineralstoffe, Spurenelemente, Fermente, Aromastoffe, ungesättigten Fettsäuren und Faserstoffe (auch Ballaststoffe genannt) dazu.

Prof. Dr. W. Kollath prägte den Satz:

»Laßt unsere Nahrung so natürlich wie möglich.«

Die Grundsätze einer gesunderhaltenden Ernährung lassen sich wie folgt zusammenfassen:

Vier Dinge müssen gemieden werden, und vier andere Dinge müssen unbedingt in den täglichen Speiseplan mit aufgenommen werden.

Die vier zu meidenden Speisen sind:

1. Auszugsmehlprodukte
2. alle Fabrikzuckerarten
3. alle raffinierten Fette (Margarinen, gewöhnliche Öle)
4. alle Säfte aus Obst und Gemüse (gleichgültig, ob sie selbst hergestellt oder gekauft worden sind) sollten alle Magen-, Darm-, Leber- und Gallen-Empfindliche meiden.

Die vier Speisen, die Sie täglich essen müssen, sind:

1. Vollkornbrote, möglichst viele verschiedene Sorten, und sämtliche anderen Produkte aus Vollkornmehl
2. täglich einen Frischkornbrei
3. eine Frischkostbeilage, bestehend aus rohem Obst und Salaten aus rohem Gemüse
4. naturbelassene Fette, z. B. Butter oder durch kalte Pressung gewonnene Öle

Auch übermäßiger Genuß von tierischem Eiweiß (Fleisch, Wurst, Milchprodukten) wirkt sich ungünstig auf den Körper aus. Deshalb soll ihr Verzehr eingeschränkt werden.

Alle nicht erwähnten Speisen kann man zu sich nehmen, sie sind aber zur Gesunderhaltung des Körpers nicht essentiell notwendig.

Rezept des Frischkornbreis:

3 Eßlöffel Getreide (ca. 60 g)	Abends in einer Getreidemühle, in einem Mixapparat oder einer Kaffeemühle grob schroten. Das Mahlen muß jeweils frisch vor der Zubereitung erfolgen. Nicht auf Vorrat mahlen!
kaltes Leitungswasser	Das gemahlene Getreide mit dem Wasser zu einem Brei rühren und 5 - 12 Stunden zugedeckt stehen lassen.
frisches Obst (je nach Jahreszeit) Zitronensaft Honig Sahne Nüsse	Die kleingeschnittenen Zutaten untermengen. Es sollte immer ein geriebener Apfel mit benutzt werden. Dieser macht den Frischkornbrei luftig und wohlschmekkend.

Es ist ohne Belang, zu welcher Tageszeit dieser Frischkornbrei genossen wird. Wir dürfen Ihnen übrigens aus eigener Erfahrung versichern, daß er wirklich hervorragend schmeckt.

Wie krank oder wie gesund Sie sind, wie fit Sie in den nächsten Jahren und im Alter sein werden, darauf haben Sie selbst einen Einfluß.

Machen Sie das Beste aus Ihrer persönlichen Zukunft!
Essen Sie vitalstoffreiche Vollwertkost!

Ihr Körper wird es Ihnen danken. Gesundheit lohnt sich. Denn nur ein gesunder Ausbilder kann über längere Zeiträume ein guter Ausbilder sein.

Wenn Sie mehr über Ernährung und Krankheit wissen möchten, empfehlen wir Ihnen das Buch »Unsere Nahrung - unser Schicksal« von Dr. Bruker, EMU-Verlag, Lahnstein.

5

Was sollte der Ausbilder über Biorhythmus wissen? Sicher haben auch Sie schon das Hoch und Tief Ihrer Leistungskurve beobachtet und bemerkt, daß nicht an allen Tagen Bestleistungen zu erzielen sind.

Die selben Beobachtungen machten auch die Forscher Dr. Wilhelm Fließ (1858 - 1928) und Prof. Dr. Hermann Swoboda (1873 - 1963) u. a. Sie konnten durch ihre Untersuchungen nachweisen, daß die Schwankungen des Allgemeinzustandes von Geist, Körper und Gefühlen nicht zufällig und ungezielt verlaufen, sondern in regelmäßigen Intervallen im Augenblick der Geburt beginnen und das ganze Leben durchziehen.

Unter Biorhythmus wird heute der regelmäßige Verlauf der drei Lebenskräfte von Körper, Seele und Geist verstanden. Wie bereits erwähnt, beginnen alle drei Rhythmen in der Stunde der Geburt und begleiten uns das ganze Leben.

Der körperliche Rhythmus währt 23 Tage, wobei die ersten 11,5 Tage im Plus und die zweiten 11,5 Tage im Minus verlaufen.

Der seelische Rhythmus geht über 28 Tage, wobei ebenfalls die erste Hälfte im positiven und die zweite Hälfte im negativen Bereich verläuft.

Der geistige Rhythmus dauert 33 Tage, die erste Hälfte im Plus, die zweite Hälfte im Minus verlaufend.

Hier zwei Bildvarianten zur Darstellung des Biorhythmusverlaufs:

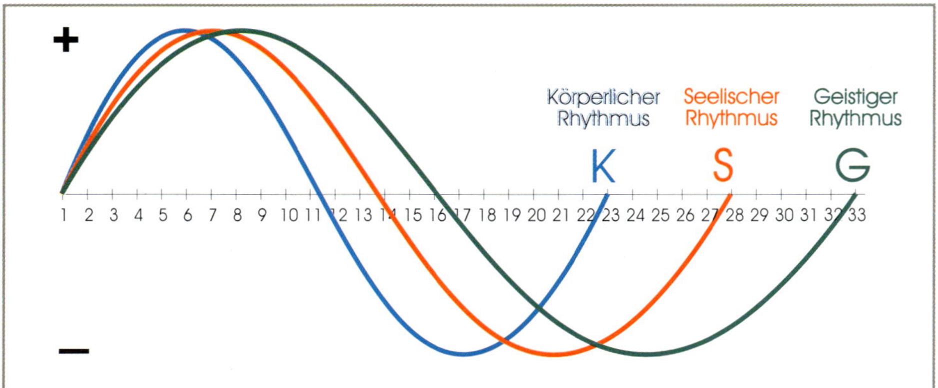

Biorhythmusverlauf nach der Geburt

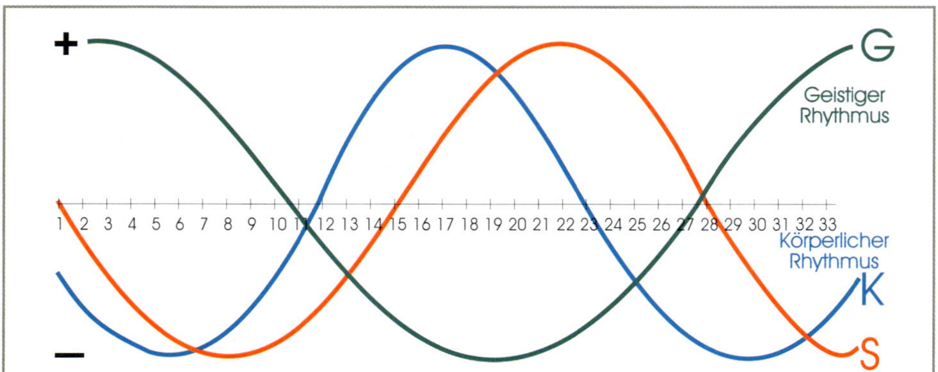

Praktisches Beispiel möglicher Biorhythmusverläufe

5

Körperlicher Rhythmus

Er beeinflußt das körperliche Wohlbefinden, die Körperkraft, körperliche Leistungsfähigkeit, Ausdauer, Belastbarkeit, Widerstandskraft, Schnelligkeit und hat Einfluß auf die Energie, den Unternehmungsgeist, den Tatendrang, das Selbstvertrauen und den Mut.

Seelischer Rhythmus

Er nimmt auch Einfluß auf das körperliche Wohlbefinden, aber nicht so stark wie der körperliche Rhythmus. Im besonderen Maße wirkt er auf die seelischen Vorgänge wie z. B. das Gefühl, die Stimmung, das Gemüt, die Empfindungsfähigkeit, das Einfühlungsvermögen, die Kontaktfähigkeit, die Harmonie, die moralische Kraft, das

Selbstbewußtsein, die Zusammenarbeit, die Kunst, die Intuition, die schöpferische Fähigkeit und die Lebenseinstellung.

Geistiger Rhythmus

Er hat Einfluß auf die geistigen Kräfte. Reaktionsschnelligkeit, Auffassungsgabe, Konzentrationsfähigkeit, Erinnerungsvermögen, Lernverhalten, Anpassungsfähigkeit, Urteilskraft, Aufmerksamkeit und logisches, bewußtes Denken.

> An den Plustagen wirken diese Eigenschaften verstärkt positiv, an den Minustagen kommen diese Eigenschaften vermindert zur Entfaltung.

Dabei erfolgt an den Plustagen eine Kraftabgabe vom Körper (Aktivitätsphase) und an den Minustagen eine Kräftesammlung des Körpers (Schonungsphase).

Kritische Tage

Besonders beachtet werden müssen diejenigen Tage, die zu Beginn einer Periode oder in der Mitte der Periode stehen. Bei ihnen erfolgt also ein öbergang von Minus auf Plus oder von Plus auf Minus. An diesen Tagen ist besonders mit Fehlern in dem jeweiligen Bereich zu rechnen. **Diesen Tagen sollte unser besonderes Augenmerk gelten.** Dabei braucht an diesen Tagen nichts Ungünstiges geschehen. Es besteht lediglich die Neigung dazu.

> Erfolg ist keine Glücksache!
> Unglück kann man verhindern!

Welche Vorteile erbringt nun das Wissen um die Gesetzmäßigkeiten des Biorhythmus?

- ➠ Ökonomischere Lern- und Lehrarbeitsorganisation durch Anpassung an das Lernvermögen der Gruppe und/oder des Einzelnen
- ➠ Partnerübereinstimmungsvergleiche
- ➠ Gruppen- oder Teamzusammenstellungen
- ➠ Möglichkeit zur Unfallverhütung
- ➠ sportliche Höchstleistungen durch biorhythmisch gesteuertes Training
- ➠ Kenntnis günstiger geistiger Stunden
- ➠ optimale Termingestaltung
- ➠ Errechnung günstiger Zeiten für Operationen.

Nachstehend geben wir eine kleine Übersicht über die verschiedenen Stärken und Schwächen bei unterschiedlichen Periodenkonstellationen:

Phasen des körperlichen Rhythmus

Plusphase: Stärke und Ausdauer für körperliche Betätigung (Arbeit, Sport, Freizeit). Günstig für Reisen, Operationen, Zahnbehandlung, Impfung, Widerstandskraft gegen Krankheiten.

Minusphase: Ruhephase, Ermüdung, Arbeitsunlust, Anfälligkeit für Krankheiten, Schmerzempfindlichkeit, gute Wirkung von Medikamenten.
Kritischer Tag: Arbeitsunlust, Mißmut, Aggressivität, Beginn oder Verschlechterung von Krankheiten, besonders ausgeprägte Alkoholfolgen, körperliche Schäden, Unfallgefahr.

Phasen des seelischen Rhythmus

Plusphase: Positive Lebenseinstellung, gute Harmonie, Zusammenarbeit, günstig für öffentliche Auftritte, Repräsentationen, Bekanntschaften, Freude an Geselligkeit.
Minusphase: Negative Gefühle belasten Zusammenarbeit, zwischenmenschliche Beziehungen beachten, Neigung zu Kontaktarmut, Eintönigkeit, evtl. Depressionen.
Kritischer Tag: Spitze Bemerkungen, Streit, sinnlose Frustration, Verschlechterung eines Krankheitszustands, verlangsamte Reaktionsfähigkeit.

Phasen des geistigen Rhythmus

Plusphase: Geistige Aufgeschlossenheit, Aufnahmefähigkeit für Neues, gutes Gedächtnis, Anpassungsfähigkeit. Günstig für neue Aufgaben, Auslandsreisen, Studium schwieriger Sachgebiete, schwierige Ausbildungsthemen, Planung, Entscheidungen, Prüfungen.
Minusphase: Mangelnde Denk- und Konzentrationsfähigkeit, nachlassendes Gedächtnis, mangelnde Ausdrucksfähigkeit. Günstig für Routinearbeiten, Sammeln und Einordnen, Wiederholung.
Kritischer Tag: Gedächtnisschwäche, Neigung zu Fehlern und Irrtümern, geistige Kurzschlüsse, Nachlassen der Aufmerksamkeit, der Geistesgegenwart und der Reaktionsfähigkeit, Unfallgefahr.

Die jüngsten Forschungsergebnisse, insbesondere empirische Untersuchungen in der Unfallforschung, haben die Biorhythmuslehre hoffähig gemacht. Es existieren schon in einigen Länder Lehrstühle für Biorhythmik. Große Firmen machen sich die Kenntnisse über die Biorhythmik bei wichtigen Geschäftsverhandlungen und Geschäftsterminen zunutze. In Japan fahren Post- und Telegrammboten an den kritischen Tagen nur mit entsprechender Kennzeichnung, damit die anderen Verkehrsteilnehmer rechtzeitig gewarnt werden. So gibt es viele Bereiche in der Industrie, der Politik, der Forschung, der Medizin und sonstigen Institutionen, die heute schon öffentlich oder geheim Nutzen aus der Kenntnis der Biorhythmik ziehen.

Wenn auch Sie dieses Wissen nutzen wollen, empfehlen wir Ihnen zur Vertiefung folgendes Werk: »Biorhythmik - Das Auf und Ab unserer Lebenskraft« von Hugo Max Gross, Verlag Hermann Bauer KG, Freiburg. In diesem Werk sind auch alle Informationen enthalten, um Biorhythmen selbst zu errechnen. Natürlich gibt es auf dem Buchmarkt auch andere gute Fachbücher, die diese Thematik umfassend und genau behandeln.

Wie viele wissenschaftliche Untersuchungen in letzter Zeit ergaben, ist zu der Erhaltung der Vitalität und Leistungsbreite nicht nur ein körperliches Ausgleichstraining notwendig, sondern auch ein kontinuierliches Trainieren von Geist und Gedächtnis. Um dieser Notwendigkeit nachzukommen, wurde in jüngster Zeit von namhaften Experten unter der Bezeichnung »Gehirn-Jogging« ein umfassendes Übungsprogramm erarbeitet, das in spielender Weise, bei einem Zeitaufwand von täglich 10 Minuten, Geist und Gedächtnis schult und einem frühen Leistungsverlust vorbeugt.

Sicherlich haben auch Sie schon bemerkt, daß Sie z. B. nach einem längeren Urlaub in der ersten Zeit danach mit Ihrer Arbeit nicht mehr so zurechtkommen. Man hat herausgefunden, daß bereits kurze Phasen mangelnder geistiger Aktivität zu einem deutlichen Nachlassen der geistigen Fähigkeiten führt. Ähnliches wurde bei Patienten beobachtet, die längere Zeit im Krankenhaus verbrachten. Bei diesen Personen konnte ein deutliches Absinken des geistigen Trainingsgrades festgestellt werden. Auch bei den Astronauten wurden solche Beobachtungen gemacht. Heute werden diese Störungen durch das Gehirn-Jogging abgefangen. Diese wenigen Beispiele sollen Ihnen verdeutlichen, wie wichtig und notwendig neben dem körperlichen auch ein geistiges Training für unser Wohlbefinden ist, was besonders auf Tätigkeiten mit einseitiger geistiger Belastung zutrifft (welchen Beruf betrifft das heutzutage nicht).

Übungsbeispiele:

a) *Finden Sie für jede Reihe die nachfolgende Zahl:*

1 - 2 - 3 - 4 - 5 - 6 - 7 - ...

2 - 4 - 6 - 8 - 10 - 12 - 14 - ...

5 - 8 - 11 - 14 - 17 - 20 - 23 - ...

1 - 4 - 9 - 16 - 25 - ...

3 - 4 - 6 - 9 - 13 - 18 - ...

27 - 20 - 14 - 9 - 5 - 2 - ...

b) *Streichen Sie gleiche Zahlen oder Buchstaben, die nebeneinander stehen, durch:*

1	2	3	4
19	ZS	333	TTT
44	VQ	966	VYQ
01	JJ	731	SNX
60	TJ	604	HHH
02	CC	111	HHH
22	KR	859	GEJ
11	NO	190	TTT
86	ZZ	716	PPP
20	PP	444	LLL
55	HH	111	GXW
00	GE	000	CCC
18	JO	190	GGG
42	MA	442	WPX
33	WW	896	RCA
30	FN	091	BBB
77	OU	000	LOG
12	BB	444	MMM
33	FM	560	ZQT
36	DK	189	QOD
42	AA	555	YOP
79	VW	553	RGJ
14	RS	849	DDD

44	JJ	666	ADG
59	FE	777	YTY
13	IV	726	BZU
88	CC	999	KCC
09	SS	599	PMQ
03	HK	018	EWP

c) *Streichen Sie die gleichen Zahlen oder Buchstaben, die schräg (diagonal) untereinander stehen, durch:*

1	2	3	4
548	MSR	379	RRI
051	XMF	597	VIO
695	IXM	970	IOV
268	YIX	708	OKG
473	KYI	060	YGU
639	IKY	862	GBJ
133	VSK	020	XJB
430	MVB	286	JQW
041	GMV	515	QRR
644	WZT	839	RRR
468	SWY	992	RTF
146	VSW	975	RPW
884	PVS	484	QMV
185	LDV	430	HZP
718	LTG	302	KGC
801	FWM	025	OLW
487	QFK	284	EYZ
018	UTF	748	JZH
500	YUE	967	ZHF
250	OFU	582	HDJ
225	TNY	226	RJL
852	XVS	242	JKO
925	BXM	135	KKG
606	FRX	752	JGT
042	MSK	046	GTO

Diese und weitergehende Übungsprogramme finden Sie z. B. in dem Buch »Gehirn-Jogging« von Siegfried Lehr, Mediteg Verlag, Wehrheim.

Lieber Leser, wir hoffen, daß diese wenigen Übungsbeispiele schon Ihren Appetit auf mehr geweckt haben und Sie ab jetzt das Gehirn-Jogging in Ihr tägliches Fitneßprogramm mit einbauen.

Um das Wesen eines Menschen zutreffend beschreiben zu können, versucht die Typenpsychologie in der Vielzahl der Individuen Gemeinsames oder Typisches herauszufinden und in ein System zu bringen. Das heißt, daß man Merkmale, die viele gemeinsam haben, herausgreift und in Gruppen zusammenfaßt. Wir müssen uns aber der Einschränkung bewußt sein, daß die Vertreter eines gleichen Typs dennoch stark in ihrem Erscheinungsbild voneinander abweichen können. Entscheidend ist allein, ob sie sich in den Kernmerkmalen ähneln.

Im Alltag begegnen uns täglich »Typen«. Wir selbst sind an der Bildung neuer beteiligt. Wir sprechen von typischen Angebern, typischen Amerikanern usw. Es gibt zahllose Alltagstypen, und jeden Tag können wir neue bilden. Wir wollen uns nun mit den Typen beschäftigen, deren Kenntnis uns am meisten nützen kann. Dabei möchten wir jedoch zu bedenken geben, daß die Einteilung zu einem bestimmten Typ keine Wertung darstellt, denn alle Typen gelten als gleichwertig.

Die Temperamentstypen

Die Temperamentstypen

	Sanguiniker	Choleriker	Phlegmatiker	Melancholiker
Hauptstärke	Bewußtsein	Wille	Gefühl	Wirken, Tun
Eigenart	schwebt immer obenauf	Energiebündel, explosiv	nahe an's Wasser gebaut, alles wurmt innerlich	verbissen in seine Arbeit, Perfektionswahn
Positive Eigenschaften	- lebhaft, heiter - geistig beweglich - begeisterungsfähig - nicht nachtragend - gesellig	- draufgängerisch - mitreißend - begeisterungsfähig - energisch - voller Durchsetzungskraft	- treu - beständig - zuverlässig - ausdauernd - gutmütig - vorsichtig	- gemütvoll - empfindsam - nachdenklich - besinnlich - hilfsbereit - treu - ergeben
Negative Eigenschaften	- geschwätzig - unbeständig - oberflächlich - leichtsinnig - unzuverlässig - unpünktlich	- leicht erregbar - jähzornig - leicht gereizt - mißmutig - gespannt - polternd	- schwerfällig - lahm - bequem - unentschlossen - interessenlos - schwunglos - schwach - zögernd	- schwermütig - grüblerisch - verzagt - schwunglos - schwach - zögernd
Führungsart	führend	führend	ausführend	ausführend

Körperbautypen nach E. Kretschmer (1888 - 1964)

Körperbautypen nach Kretschmer

Leptosome	Pykniker	Athletiker
Der Schlanke	Der Runde	Der Stämmige
Überwiegen des Nervensystems	Überwiegen des Stoffwechsels	Überwiegen des Muskel- und Knochensystems
Kopfform:  Dreieckig	Kopfform:  Birnenform	Kopfform:  Viereckig
Nervös, unruhig, zappelig	Ruhig, nie gestreßt	Grobschlächtig, ekelig
Anfällig, Empfindlich		Teilen aus, vertragen alles
- stößt überall an - hält viel aus - Ideenträger - ständig gestreßt - schnell	- bequem - gemütlich - friedlich - typische BMW-Berufe Bäcker Metzer Wirt	- langsam - schwerarbeitend - schwerfällig - im Denken stur
empfindlich kühl	heiter traurig	phlegmatisch explosiv
	Die Watte zwischen den anderen Typen	

Die Interessentypen nach E. Spranger (1882 - 1963)

Interessentypen nach Spranger

Bezeichnung	Beschreibung
Der theoretische Typ	Gegenteil vom Praktiker
Der ökonomische Typ	Der an der Zweckmäßigkeit orientierte Praktiker
Der ästhetische Typ	Der an der Schönheit der Form Orientierte
Der soziale Typ	Der im Dienste an seinem Mitmenschen Aufgehende
Der politische Typ	Der Machtmensch
Der religiöse Typ	Der nach Offenbarung Strebende

Die Funktionstypen nach C. G. Jung (1875 - 1961)

Extrovertierter Typ	Introvertierter Typ
- "Hans Dampf in allen Gassen"	- findet seine Welt in sich selbst
- "Gesellschaftskanone"	- wenig Kontakt
- fühlt sich unter anderen am wohlsten	- aufrichtig und anhängig
- redselig, umgänglich	- nachdenklich
- freundlich	- in sich gekehrt
- findet leicht Kontakt	- grüblerisch bis weltfremd
- manchmal etwas oberflächlich	- eigensinnig
- Gefühle reichen nicht tief	- beharrt uneinsichtig auf Ansichten
- trägt das Herz auf der Zunge	- kümmert sich wenig um die Meinung anderer

Wie bereits erwähnt, können diese Menschentypen nur als ein Teil der Charakterkunde angesehen werden und reichen zur umfassenden Beurteilung nicht aus. Sie geben dem Ausbilder jedoch Hinweise und Hilfen für seinen täglichen Umgang mit den Zuhörern.

Durch die Grobeinteilung einzelner Teilnehmer in die verschiedenen Arten der Menschentypen kann er schon vorausschauend auf die verschiedenen Haupteigenschaften der Teilnehmer eingehen und somit besser die einzelnen Zuhörer beurteilen und in den Unterrichtsprozeß mit integrieren. So muß der introvertierte Typ vorsichtiger angesprochen werden und die Wahl der Worte darf nicht zweideutig erfolgen. Man benötigt viel psychologisches Fingerspitzengefühl, um ihn aus der zurückhaltenden Art zur aktiven Mitarbeit zu gewinnen.

Der extrovertierte Typ verträgt im Gegensatz dazu auch einmal ein ernsteres Wort. Er meldet sich stets, wenn etwas unklar ist oder wenn er eine Zusatzfrage hat. Währenddessen bleibt der Introvertierte mehr auf Distanz. Er möchte nicht durch eigene Aktivitäten in den Vordergrund des Unterrichts geraten. Des weiteren ist auch zu berücksichtigen, daß sog. »Zwischentypen« ebenfalls häufig vorkommen und differenzierter angesprochen werden müssen. Hier erfordert es vom Dozenten viel Feingefühl, jeden Typ im Unterrichtsprozeß richtig zu behandeln.

Weitere Beurteilungskriterien sind auch in dem Kapitel »Körpersprache« enthalten.

Dieses Kapitel soll dazu beitragen, bei Ihnen die Sensibilität für körpersprachliche Signale auch im Bereich des Ausbilderverhaltens zu wecken. Diese stumme, quasi »unzensierte« Sprache des Körpers verrät manchmal mehr als das vom Verstand kontrollierte gesprochene Wort, wenn man sie zu deuten versteht. Wir haben versucht, in den folgenden stichwortartigen Aufzählungen die wichtigsten Erkenntnisse in Merksätze zu fassen, um eine möglichst schnelle Übernahme in die tägliche Unterrichtspraxis und ein erstes Deuten von Körpersignalen zu ermöglichen. Die nichtverbalen Signale, die von den einzelnen Individuen ausgehen, reichen vom Blickkontakt über Gestik und Mimik bis zur Kleidung.

Der Blick

Es ist allgemein bekannt, daß jemand mit

- ➡ »blitzenden«,
- ➡ »warmen«,
- ➡ »bestimmten«,
- ➡ »funkelnden«,
- ➡ »strahlenden« und
- ➡ »eisigen« Augen

angesehen werden kann. Genauso kann man jemanden »anstarren« und mit dem Blick »festnageln«, oder man gibt durch das »Niederschlagen der Augen« Unsicherheit zu erkennen.

Merkregeln zum Blick:

1. Blicken Sie beim Sprechen auf das Publikum, sonst fühlt es sich ignoriert.

5

2. Sprechen Sie auf keinen Fall schon beim Betreten des Unterrichtsraums oder in den Anfangslärm (Unterhaltung etc.) der Lerngruppe hinein. Dies würde nur Ihre Nervosität zeigen und fördert Disziplinprobleme, weil Sie bei relativ hohem Lärmpegel einsteigen und die Gruppe dann von diesem Lärmniveau kaum noch herunterbringen.

3. Es ist wichtig, daß Sie alle Teilnehmer im Blickfeld haben. Sie sollen aber dabei einen Mindestabstand von zwei Metern beachten. Je größer der Kreis, umso wichtiger ist diese Distanz. Wenn Sie zu nahe an den Teilnehmern stehen, kommt es bei der Aufnahme des Blickkontaktes zum sogenannten »Scheibenwischerblick«. Ihre Augen kreisen dann nämlich von links nach rechts im Raum, ohne das wirklich ein Blickkontakt aufgenommen wird. Pro Person muß der Blickkontakt ca. 3 - 5 Sekunden dauern.

4. Suchen Sie sich einen »Plus-Mann« oder eine »Plus-Frau« aus der Zuhörerschaft über den Blickkontakt frühzeitig heraus. Das ist diejenige Person, die Ihnen Interesse am angebotenen Stoff entgegenbringt und ausstrahlt. Diese positive Kontaktaufnahme zu einzelnen Teilnehmern überträgt sich dann automatisch auf die anderen, da Sie ja aus der Sicht jedes Einzelnen sozusagen Einzelpartner sind, und jeder Teilnehmer die positive Ausstrahlung des Ausbilders auf sich selbst bezieht.

5. Nehmen Sie während des Sprechens für kurze Zeit (etwa 5 Sekunden) intensiven Blickkontakt zu Einzelnen auf, bis Sie den Eindruck haben, daß eine echte Personenwahrnehmung stattgefunden hat. Sie werden feststellen, daß mindestens vier bis sechs benachbarte Teilnehmer sich auch angesprochen fühlen. Sie erkennen es daran, daß, wenn Sie jemanden in der Gruppe freundlich anlächeln, es sein kann, daß ein anderer Teilnehmer aus der unmittelbaren Umgebung zurücklächelt. Achten Sie aber darauf, daß Sie niemanden zu lange und intensiv anschauen. Sie machen ihn dadurch nur unsicher und geben ihm das Gefühl, daß er eingeschüchtert werden soll; das wiederum erzeugt Aggressionen. Richten Sie Ihren Blick niemals auf die Nasenwurzel des Teilnehmers.

Die Körperstellung

Wir alle kennen aus eigener Erfahrung verschiedene Typen von Rednern, die sich auf charakteristische Art vor den Zuhörern bewegen. Eine extreme Form ist der »Wanderer«, der die ganze Zeit auf und ab geht. Im Kapitel »Rhetorik« sind wir darauf näher eingegangen.

Merkregeln zur Körperstellung:

1. Vermeiden Sie nach Möglichkeit unruhiges Hin- und Hergehen vor der Ausbildungsgruppe. Sie lenken dadurch die Teilnehmer vom Inhalt des Unterrichts ab.

2. Wechseln Sie ruhig im Laufe Ihres Vortrages drei- bis viermal den Platz. Tun Sie es jedoch nicht überhastet und unkontrolliert, sondern verstärken Sie vor allem

während des Platzwechsels den Blickkontakt. Dadurch wird die Platzänderung kaum bemerkt. Eine steife Haltung wirkt unnatürlich und verklemmt, eine zu lässige Haltung arrogant.

3. Stecken Sie Ihre (beiden) Hände niemals für längere Zeit in die Taschen.

4. Der beste Platz für den Dozenten ist in der Nähe des Ausbildertischs. Stellen Sie sich aber nicht hinter dem Tisch oder dem Arbeitsprojektor auf. Sie bauen dadurch Barrieren auf, die sich als Beziehungssperren auswirken, d. h., daß Sympathieübertragungen des Redners in die Zuhörerschaft verhindert werden.

5. Achten Sie auf einen Mindestabstand von zwei Metern zu den Teilnehmern.

6. Am günstigsten ist das freie Stehen in der Nähe des Ausbildertischs. Sie erreichen damit, daß Sie von vielen Zuhörern vollständig gesehen werden. Erst jetzt können Sie die Körpersprache sinnvoll einsetzen.

7. Wenn Sie das Stehen nicht mehr aushalten, setzen Sie sich am besten vorne seitlich auf den Ausbildertisch, wobei Sie mit einem Fuß Bodenberührung halten sollten. Lassen Sie sich auf keinen Fall auf einem Teilnehmertisch nieder, oder stellen gar zusätzlich die Füße auf einen Stuhl. Dies ist unhygienisch und kein gutes Beispiel für die Zuhörer. Zudem knicken Sie vor den Zuhörern ein und können so nicht mehr in Ihrer ganzen Körperstatur gesehen werden.

8. Achten Sie darauf, daß Sie immer in Ihrer ganzen Körperbreite zu sehen sind, besonders dann, wenn Sie jemanden ansprechen. Der Blick über die womöglich noch hochgezogene Schulter bei gleichzeitig verschränkten Armen kann als Verdeckungsgeste wirken, die Unsicherheit verrät und eine direkte Kontaktaufnahme erschwert.

9. Eine Ausnahme bildet das fragenentwickelnde Verfahren, bei dem Sie die vom Kursteilnehmer erarbeiteten Beiträge an die Tafel schreiben. Hier zeigen Sie absichtlich die Seite, um die Aufmerksamkeit auf die Tafel zu lenken. Oft wird der Tafelanschrieb schlampig durchgeführt, weil befürchtet wird, durch ihn den Kontakt zu verlieren und daß Einzelne hinter dem Rücken zu stören beginnen. Lassen Sie sich dadurch nicht aus der Ruhe bringen. Sie können es doch nicht verhindern, daß hinter Ihrem Rücken Getuschel entsteht.

10. Vermeiden Sie, während des Sprechens gleichzeitig nach hinten in den Ausbildungsraum zu gehen. Damit erreichen Sie nur, daß sich die Zuhörer aus den vorderen Reihen umdrehen und abgelenkt werden.

Das territoriale Verhalten

Wollen Sie, daß sich Ihr Gesprächspartner im Umgang mit Ihnen wohlfühlt, ist es wichtig, auf die Distanzzonen zu achten. Jeder zusätzliche Gegenstand zwischen Ihnen und der Gruppe wirkt wie eine Verlängerung der Distanzzone.

Vortragsdistanz: 3 - 4 Meter: Diese haben wir bereits besprochen. Sie ist bei Vorträgen zu beachten. Nur wenn Sie genügend Abstand halten, können Sie alle Teilnehmer im Blickfeld haben und trotzdem positiv aufgenommen werden. Tische und Rednerpulte wirken Ansprachedistanzverlängernd.

Intimdistanz: 50 - 60 cm: Als Faustregel gilt: Wenn Sie den Arm ausstrecken, muß der Gesprächspartner mindestens bis zum Handgelenk entfernt stehen. Die Verletzung dieser Distanz wird als aufdringlich empfunden. Normalerweise wird sie durch das Zurückweichen oder den inneren Aufbau von Barrieren stets wieder hergestellt.

Persönliche Distanz: 0,60 - 1,50 m: In diese müssen Sie eindringen, wenn Sie einen persönlichen Kontakt zu Teilnehmern aufnehmen wollen, die Ihnen noch nicht bekannt sind. Diese Entfernung wirkt nicht aufdringlich, sondern ermöglicht eine Atmosphäre, in der sich der Gesprächspartner wohlfühlt (persönliche Kommunikation). Gegenstände wie z. B. eckige Tische, Aschenbecher, Blumen, Gläser, Kerzen etc. auf dem Tisch beeinflussen den Kommunikationsprozeß negativ.

- ➡ Sie sollten bei der Ausbildung grundsätzlich auf Einhaltung von Distanzzonen achten. Je unsicherer Sie persönlich oder die Teilnehmer sind, um so größer sollte der Abstand zunächst sein.

- ➡ Je näher Sie etwa an einen undisziplinierten Teilnehmer/Schüler herantreten, um so leichter wird er - in Verbindung mit durchgehaltenem Blickkontakt - unter Kontrolle zu bringen sein.

- ➡ Sie können je nach Fall durch die Annäherung an einzelne Kursteilnehmer diese aus der Anonymität des Kurses herausholen, indem Sie einen persönlichen Kontakt zu ihm herstellen. Dies gilt genauso für Teilnehmer, die im Schutz der Gruppe besonders vorlaut oder eher schüchtern veranlagt sind.

- ➡ Bei dieser Annäherung ist es ganz wichtig, daß Sie sich nicht in ganzer Körpergröße vor dem Zuhörer aufbauen. Dies wirkt auf den Teilnehmer unweigerlich als Bedrohung.

- ➡ Den persönlichen Kontakt zu solchen Teilnehmern können Sie am besten herstellen, wenn Sie sich unter Wahrung der persönlichen Distanz auf gleicher Blickhöhe zunächst neben und dann vor den betreffenden Teilnehmer setzen (in die Knie gehen, Niederbeugen). So werden Sie allmählich zu einem vertrauten Partner.

Die Körpersprache

Es ist wichtig zu wissen, daß etwa zwei Drittel unserer Kommunikation ohne Worte stattfindet. Die stummen Hinweise aus dem Körper erlauben es uns, nicht ausgesprochene Empfindungen wahrzunehmen. Sie wirken auf unser Unterbewußtsein nicht wahrnehmbar ein. Die nachfolgende Tabelle (aus: Heidemann 1983) soll einige Körpersignale und ihre Wirkungen stichwortartig aufführen.

Körpersignal:	Wirkung:
➡ die Stirn runzeln	Entrüstung
➡ Hand über die Stirn streichen	Verlegenheit, Wegwischen von Sorgen
➡ den Kopf einziehen	Unsicherheit, Schuldbewußtsein
➡ das Kinn streicheln	Nachdenklichkeit
➡ den Kopf mehrmals ruckartig zurückwerfen	Trotz
➡ den Kopf senken	Unsicherheit, Schuldbewußtsein, Ergebenheit, Demut
➡ häufig die Augenlider bewegen	Nervosität
➡ die Augenbrauen heben	Skepsis, Erstaunen, Arroganz
➡ die Augenbrauen senken bzw. zusammenziehen	Ärger, nachdenklich
➡ keinen Blickkontakt mehr halten	Unsicherheit, Konzentration, nachdenklich
➡ guten Blickkontakt halten	Arroganz, Selbstsicherheit
➡ sich kurz an die Nase greifen	Verlegenheit, sich ertappt fühlen
➡ sich die Nase reiben	nachdenklich
➡ mit dem Oberkörper beim Sitzen weit nach vorne kommen	Interesse, will unterbrechen, eingreifen, abbrechen, schaltet sich in das Gespräch ein
➡ den Oberkörper weit zurücklehnen	abwarten, Ablehnung
➡ die Beine übereinanderschlagen zum Gesprächspartner hin	Aufbau eines Sympathiefeldes

Körpersignal:	Wirkung:
➡ die Beine übereinanderschlagen vom Gesprächspartner weg	Abbau eines Sympathiefeldes
➡ die Füße um die Stuhlbeine legen	Unsicherheit, Halt suchen
➡ mit den Füßen wippen, im Stehen	einmal: Unsicherheit, häufiger: Arroganz
➡ die Füße verschränken	Selbstsicherheit, Arroganz
➡ die Brille hastig abnehmen	Verwirrung, Erregung, Zorn
➡ die Brille hochschieben	will Zeit gewinnen, Nachdenklichkeit
➡ das Gesicht verdecken	nachdenken, will entfliehen, abschalten
➡ das Jackett öffnen	Entspannung, Sicherheit
➡ die Hände um die Stuhllehne klammern	Verkrampfung, Unsicherheit

Körpersprachliche Merkregeln:

1. Vermeiden Sie zu häufiges Anlehnen des Körpers an die Rückwand (z. B. mit dem Rücken die Tafel abwischen).

2. Vermeiden Sie eine Körperhaltung, von der negative Signale ausgehen.

3. Verwenden Sie keine Überlegenheitssignale wie z. B. das Zurückwerfen des Kopfes während des Einwands eines Teilnehmers.

4. Bevorzugen Sie aufmunternde Bewegungen für den Teilnehmer. Schaffen Sie Blickkontakt in gleicher Augenhöhe im Bereich der persönlichen Distanz (nicht von oben auf den Teilnehmer herunterblicken).

5. Unterlassen Sie unbedingt:

   a) Spottsignale (z. B. Auslachen)

   b) Zurückweisungssignale (z. B. den Körper abwenden, beide Hände dem Teilnehmer entgegenstrecken)

c) Signale der Langeweile (z. B. glasiges In-die-Ferne-Starren, tiefes Seufzen, Gähnen, wiederholter Blick auf die Armbanduhr)

d) Signale der Ungeduld (z. B. Trommeln mit den Fingern, leichtes Klopfen mit dem Fuß, wiederholtes Schlagen der Hände gegen den eigenen Körper).

Dies sind alles Dominanzgebärden, die dazu geeignet sind, Unsicherheit und Ablehnung zu erzeugen.

6. Vermeiden Sie aber auch solche negativen Körpersignale, die die eigene Unsicherheit auf die Teilnehmer übertragen könnten (z. B. unruhiges Zappeln mit dem Körper, Einknicken des Oberkörpers nach vorn, rhythmisch wippende Bewegungen, Kreuzen der Beine vom Teilnehmer weg, Demutsgebärden usw.).

Die Gestik und Mimik

Sie als Ausbilder müssen auch diese beiden Ausdrucksformen in Ihre Lehrtätigkeit mit einbeziehen. Dies hat nichts mit Schauspielerei zu tun, sondern ist ein »Sichbewußt-Werden« bestimmter Wirkungen von Körpersignalen. Bedenken Sie, von Mimik und Gestik gehen Informationen aus, die uns unbemerkt entlarven können. So nimmt z. B. beim Lügen die Anzahl der mit den Händen gemachten Gesten ab. Außerdem erhöht sich die Häufigkeit der Selbstkontakte mit der Hand im Gesicht. Bei Täuschungsmanövern sind am häufigsten: das Kinnstreicheln, das Lippenzusammendrücken, das Mundbedecken, die Nasenberührung, das Wangenreiben, das Kratzen an den Augenbrauen, das Ziehen am Ohrläppchen und das Haare streichen. Beim Lügen zeigt sich ferner eine deutliche Zunahme der seitlichen Körperbewegungen (Fluchtreaktion). Aus diesen Beispielen wird deutlich, daß für den in Mimik und Gestik Geübten aufschlußreiche Signale erkennbar werden.

Die folgende Tabelle soll nun wieder stichwortartig die häufigsten Signale und ihre Wirkungen aufzeigen (Tabelle aus: R. Heidemann, Körpersprache vor der Klasse, a.a.O.).

Körpersignal:	**Wirkung:**
➡ den Mundwinkel heben	Zynismus, Arroganz, Überlegenheitsgefühl
➡ den Mund öffnen	Erstaunen, will unterbrechen
➡ die Lippen zusammenpressen	verhaltener Zorn, Starrsinn
➡ die Unterlippe hochziehen	Überlegung, Nachdenklichkeit
➡ die Arme vor der Brust verschränken	abwarten, Ablehnung, Suche nach Geborgenheit, sich unter Kontrolle halten

5

Körpersignal:	Wirkung:
➡ die Hände vor der Brust falten	Verkrampfung, Unsicherheit
➡ weite Armbewegungen	Sicherheit (des Teilnehmers), ist aber zu auffällig für die Unterrichtung
➡ kurze, enge, andeutende Hand- und Armbewegungen	Unsicherheit (des Teilnehmers), wirkt aber positiv bei der Unterrichtung
➡ mit den Händen ein Spitzdach formen in Richtung Partner und in Richtung oben	ich wehre mich gegen jeden Einwand, Nachdenklichkeit
➡ sich die Hände reiben	schnell: Schadenfreude, langsam: Zufriedenheit, Freude
➡ mit dem Bleistift, einer Heftklammer oder der Kreide spielen	Nervosität
➡ die Hand zur Faust verkrampfen	Zorn, verhaltener Zorn
➡ die Hand vor den Mund nehmen, während des Sprechens	Unsicherheit
➡ die Hand vor den Mund nehmen, nach dem Sprechen	will das Gesagte zurücknehmen
➡ die Hände in die Hüften stemmen	Imponiergehabe, Überlegenheitsgefühl, Entrüstung
➡ die Hände in die Hosentaschen stecken	Entspannung, Arroganz
➡ Arme und Hände unter dem Tisch halten	Unsicherheit
➡ die Hände vor die Brust legen	Beteuerungsgeste
➡ die Hände vor der Brust kreuzen	Ergebenheit, Demut

5

Körpersignal:	Wirkung:
➡ die Hände auf den Rücken legen	Befangenheit, Arroganz, Autoritätshaltung
➡ die Hände zusammen-krampfen	Nervosität, Aggression
➡ die Hände im Nacken verschränken	Wohlbehagen, Entspannung, wirkt auf Teilnehmer aber arrogant
➡ die Fingerkuppen einer Hand aneinanderpressen	Unterstreichen einer Aussage, über-zeugt sein
➡ mit dem Finger zeigen: »Sie sind ....«	Entrüstung, Aggression
➡ den Zeigefinger heben	Belehrung, Tadel
➡ die Finger zum Mund nehmen	kurz: Verlegenheit, lang: Nachdenklichkeit
➡ mit den Fingern trommeln	Ungeduld, Nervosität
➡ mit den Fingern schnipsen	einmal: plötzlicher Einfall, mehrmals: Lösung suchen
➡ mit dem Zeigefinger auf den Tisch pochen	auf etwas bestehen, von etwas besonders überzeugt sein, Nachdruck verleihen

Körpermotorische Merkregeln:

1. Grundsätzlich gilt, daß Hände unterhalb der Gürtellinie negativ, Hände zwischen Gürtellinie und Brusthöhe neutral und Hände in Brusthöhe positiv wirken.

2. Am günstigsten ist es, wenn Sie offene, ruhige Kontaktgesten in Richtung auf die Teilnehmer machen, wobei sich die Arme in Brusthöhe bewegen und die Handflächen nach oben zeigen.

3. Vermeiden Sie das Aufrufen von Teilnehmern mit dem falschen Arm (z. B. über Kreuz - rechts sitzender Teilnehmer nicht mit linkem Arm aufrufen). Der quer vor dem Körper befindliche Arm wirkt als Kontaktsperre.

4. Setzen Sie die Geste zusammen mit dem gesprochenen Wort ein. Vorzeitige oder verspätete Gesten verfehlen ihren Zweck.

5. Mit das größte Problem ist für den Anfänger, wo er während des Sprechens seine Hände lassen soll. In der Regel am besten scheinen in Brust- oder Bauchhöhe locker verbundene Hände, da sie Konzentration, Entspannung und Ruhe ausstrahlen. Aus dieser Position können Sie auch auf kürzestem Weg die Gestik einsetzen.

6. Unbedingt vermeiden müssen Sie das nervöse Bearbeiten der Kreide, des Kugelschreibers oder des Zeigestabes. Mit diesen Bewegungen lenken Sie den Teilnehmer mit Sicherheit ab.

7. Vor allem dürfen Sie nicht zu häufig die Arme vor der Brust verschränken.

8. Am günstigsten ist es, wenn Sie den Teilnehmern offen ins Gesicht sehen.

9. Vermeiden Sie häufiges Mundlecken, Nasenreiben, Lippenzusammendrücken, Stirnrunzeln, Wangenreiben und Hochziehen der Augenbrauen. Diese Verhaltensweisen lassen Sie als fahrig und emotional unkontrolliert erscheinen. Bei nervösen Menschen nimmt die Anzahl der eigenen Körperberührungen zu.

10. Positive Wirkung auf die Teilnehmer hat eine offene, natürliche Freundlichkeit, wozu auch ein herzliches Lachen gehört. Aber lachen Sie nicht, wenn Ihnen nicht danach zumute ist. Aufgesetztes Lachen wirkt künstlich und bewirkt genau das Gegenteil.

Mit diesen Tips und Anregungen wollen wir Ihnen Hilfen an die Hand geben, mit denen Sie Schritt für Schritt durch Einbeziehung in Ihre tägliche Ausbildertätigkeit den Weg zum Gipfel des erfolgreichen Ausbilders erklimmen.

Liebe Leserin und lieber Leser, auch Ihnen ist sicherlich bewußt, daß unser Denken in mannigfacher Art unser Leben beeinflussen kann. Die Gedanken sind ein Kraftpotential sondergleichen, das wir einzusetzen lernen sollten. Wie bei allem, was wir tun, müssen wir es sinnvoll und wohlüberlegt einsetzen, um einen wahren Nutzen daraus zu erhalten. So ist seit langem bekannt, daß die Kraft des Denkens einen intensiven kontinuierlichen Gedanken in die Tat umsetzen kann. Neuere Untersuchungsergebnisse lassen vermuten, daß jeder Gedanke im Gehirn ein spezifisches Eiweißmolekül erzeugt, welches wiederum positive oder negative Auswirkungen (je nach Grundwirkung dieses Gedankens) auf die weitere Einstellungskraft in uns hat. Bedenken Sie jedoch, daß nicht nur positive, sondern auch negative Gedanken realisiert werden. Bei den meisten Mitmenschen überwiegen leider die ängstlichen und pessimistischen Gedanken. Ist es da ein Wunder, daß nichts gelingen mag? Bevor wir in die Systematik der Denkkraft einsteigen wollen, sollte uns jetzt schon klar sein, daß wir jeden Tag mit positiven Gedanken beginnen und beenden sollten. Lenken Sie Ihr Denken immer in die positive Form. Dadurch wird auch Ihr Wesen ausgeglichener und zufriedener.

Ein gutes Beispiel für die Realisierung von Gedanken haben wir Ihnen bereits im Kapitel über das autogene Training aufgezeigt, wobei z. B. Gedanken zu körperlichen Reaktionen führen, wie der Gedanke »mein Arm ist ganz schwer«. Im folgenden wollen wir Ihnen an einem Beispiel einige Einblicke in die systematische Anwendung der Kraft des positiven Denkens geben.

Nehmen wir einmal an, Sie möchten ein erfolgreicher Ausbilder werden, dann müssen Sie folgendermaßen Ihre Gedankenkraft einsetzen:

- ➡ Fragen Sie sich, was Sie wirklich wollen!
- ➡ Erstellen Sie eine Liste!
- ➡ Formulieren Sie Ihre Wünsche genau!
- ➡ Gehen Sie Schritt für Schritt vor!
- ➡ Achten Sie darauf, daß Sie durch Ihre Wünsche Ihre Mitmenschen nicht kränken oder verletzen!
- ➡ Formulieren Sie Ihre Wünsche positiv!
- ➡ Ordnen Sie Ihre Liste entsprechend dem Schwierigkeitsgrad!
- ➡ Beginnen Sie mit dem Einfachsten!
- ➡ Das Selbstvertrauen wächst schon mit kleinen Erfolgen.
- ➡ Kontrolliertes, positives Denken wird Ihr Leben erfreulicher gestalten.
- ➡ Lesen Sie Ihren Wunschzettel dreimal täglich durch!
- ➡ Denken Sie darüber nach, wann immer Sie können!
- ➡ Haben Sie Spaß an Ihren Vorsätzen!
- ➡ Formen Sie Ihren Wunsch in Worte und in geistige Bilder!
- ➡ Freuen Sie sich auf Ihre Tätigkeit als Ausbilder! Endlich haben Sie die Gelegenheit, den anderen zu zeigen, was Sie können.

Ergebnis des positiven Denkens:

Alles ist erreichbar.

Lernen Sie, daß Unmögliche zu erwarten!

Prägen Sie sich Ihr Ziel immer wieder geistig ein!

So werden Sie bald bemerken, daß Sie alles mit der Kraft des positiven Denkens erreichen können.

Diese kurze Abhandlung sollte Ihnen nur einen Einblick in dieses Kraftdepot geben und Sie neugieriger machen, damit Sie sich näher damit beschäftigen, zum Wohle Ihrer persönlichen Entfaltung. Es ist uns auch klar, daß dieses kurze Anreißen des Themenkomplexes »Gedankenkraft« nicht ausreichen kann, um diese sofort in die Tat umzusetzen. Daher empfehlen wir Ihnen zur weiteren Information eines der im Literaturverzeichnis aufgeführten Bücher. Wir hoffen, daß diese Bücher Ihnen weitere, wichtige Anregungen geben können.

Wir wünschen Ihnen allzeit positive Gedanken.

Führen Sie ein persönliches Glücksbuch. In diesem schreiben Sie alle positiv erlebten Eindrücke sowohl im privaten als auch im beruflichen Umfeld auf. Wenn sich eine Stimmungskrise ansagt, dann blättern Sie einfach darin, damit Sie daran erinnert werden, welche schönen Erlebnisse Sie schon erfahren durften.

Ihre Zuhörer sind nicht Ihre Feinde! Schließen Sie einen Freundschaftsvertrag mit ihnen. Jede Aktivität der Zuhörer (Fragen stellen, Nachhaken, Körpersprache etc.) wird positiv interpretiert. Z. B. fragen die Zuhörer Sie nicht deshalb, um Sie bloßzustellen, sondern um zusätzlich etwas Interessantes vom Dozenten zu erfahren.

Verankern Sie positive Gefühle. Denken Sie an Ihren Lieblingsort oder an die glücklichste Zeit. Versuchen Sie, sie zu sehen, zu riechen, zu hören, zu berühren, zu schmekken. Schaffen Sie sie nochmals neu. Drücken Sie jetzt fest mit Ihren Händen auf eine Stelle Ihres Körpers, die Sie unauffällig berühren können (z. B. Fingerknöchel), wenn Sie unter Streß stehen. Dieser Punkt verankert Ihre positiven Gefühle. Stehen Sie nun irgendwann unter Streß, dann drücken Sie Ihren persönlichen Verankerungspunkt, um mit den wunderbaren Gefühlen Ihres Lieblingsortes oder Ihrer glücklichsten Zeit überflutet zu werden.

Setzen Sie sich persönliche Fixsterne für die Zukunft. Solche Fixsterne sollen es lohnenswert erscheinen lassen, jetzt und heute Dinge und Aktivitäten zu unternehmen, vielleicht verbunden mit Unannehmlichkeiten und zusätzlichem Arbeitsaufwand, um dadurch jedoch zur Erfüllung Ihres langfristigen Zieles beizutragen.

Denken Sie immer positiv. Nehmen Sie nicht das Schlechte als Erst-Vermutung an, sondern glauben Sie an die guten Einstellungen anderer Personen und zukünftigen wichtigen Bedeutungen der anzugehenden Dinge. Diese Einstellung wird Ihnen dann auch von anderen mit entgegengebracht. Plötzlich umgeben Sie sich nur noch mit freundlichen Menschen und interessanten Tätigkeiten.

Identifizieren Sie sich mit Ihrer Arbeit. Was Sie tun, muß für Sie und die Umwelt eine Bedeutung haben. Es gibt Menschen, die stehen um 7.00 Uhr auf und denken dabei: »Jetzt schon wieder zur Arbeit!« Dann arbeiten sie bis 16.00 Uhr und freuen sich danach auf die ersehnte Freizeit, in der sie dann allerlei (sinnvolle und weniger sinnvolle) Hobbies umsetzen. Diese Personen leben ca. 1/3 Ihres Lebens vergebens, und für die anderen 2/3 der Lebenszeit machen sie sich etwas vor.

Beginnen Sie jeden Tag positiv mit einem guten Start. Schon beim Aufwachen und Aufstehen soll man erfreuliche Gedanken haben (»Was ist das heute doch für ein schöner Tag«). Nehmen Sie sich jeden Morgen eine positive Einstellung vor, die über den Verlauf des Tages umgesetzt wird. Mit einem schönen und gemütlichen Frühstück bereitet man sich auf die kommenden Stunden streßfrei vor. Wohltuende Körperpflege erfrischt und schafft luftige, kreative Gedanken. Durch die gelassene, rechtzeitig begonnene Autofahrt zum Unternehmen kann dann gar nichts mehr passieren.

Nehmen Sie eine positive Grundhaltung zu sich selbst und zu Ihrer Umwelt ein. Durch unser eigenes Verhalten im kleinen läßt sich die Welt im großen verändern. Wenn viele kleine Menschen an vielen kleinen Orten viele kleine positive Dinge tun, dann wird sich das Gesicht der Welt verändern. Bereiten Sie deshalb auch anderen viel Freude. Ein liebes, aufmunterndes Wort zu anderen ist mehr Wert als 1 000 Tadel verteilt an die böse Umwelt.

Schaffen Sie sich immer einen Ausgleich zu Ihrer Arbeit. Dies dient zur körperlichen und geistigen Straffung Ihrer Lebensgeister und gibt Ihnen die Möglichkeit, einen aufregenden und erfüllten Tagesablauf zu erleben, und das jeden Tag.

Geben Sie jedem Abend einen positiven Höhepunkt. Damit schließen Sie Ihr persönliches Tagewerk zufrieden ab und freuen sich schon wieder auf den kommenden neuen Tag mit der nächsten positiven Einstellung.

Bei der Kommunikation mit anderen Menschen werden Informationen gegenseitig ausgetauscht, die eine wesentliche Grundlage erfolgreicher Gesprächsverläufe werden. Neben den verbalen Informationen wird der Kommunikationsprozeß erheblich von nonverbalen Signalen beeinflußt. Diese nehmen wir nicht bewußt wahr, sondern unser Unterbewußtsein wird nach der jeweiligen Stimmungslage, der vorhandenen Bedürfnissituation und allen erlebten positiven und negativen Erfahrungen eine individuelle, unbewußte »Entscheidung« für uns treffen. Wir sind in vielen Situationen nicht die Menschen, die objektiv und wertfrei sachlich logische Entscheidungen in der Lage sind zu treffen. Nein, ein Großteil unserer Entscheidungsfindung erfolgt über unser Unterbewußtsein, und wir sind dann im nachhinein nur noch damit beschäftigt, diese getroffene Entscheidung anscheinend sachlich logisch zu rechtfertigen bzw. zu begründen. Wir verhalten uns in der Kommunikation, im Konsum und bei vielen anderen Gelegenheiten wie ein Eisberg, der nur zu ca. 1/8 mit seiner gesamten Körperoberfläche aus der Wasseroberfläche herausragt. 7/8 unserer Entscheidungen werden aus dem psychologischen Unterbewußtsein getroffen und stehen keiner objektiven Nachprüfung stand. Damit gewinnt allerdings das Eisberg-Phänomen in der persönlichen Kommunikation eine herausragende Bedeutung. Viele Menschen glauben, wenn sie sich auf der logischen Verstandesebene mit anderen unterhalten, dann wird ein erfolgreicher Gesprächsverlauf stattfinden. Die Entscheidung, ob sich die Person »A« mit der Person »B« unterhalten möchte, wird allerdings viel früher getroffen, bevor überhaupt ein Wort von den Gesprächspartner ausgetauscht wurde. Sie wird dort im Unterbewußtsein beider Kommunikationspartner getroffen, also auf der unterbewußten Ebene, die nicht dem »Sprechverstand« des Menschen unterliegt. Über die eingesetzte Anspracheebene wird stark nonverbal interpretiert, Informationen aufgenommen bzw. Körpersignale ausgestrahlt. Will ich mich wirklich mit meinem Gesprächspartner unterhalten oder soll die Person auf mich zukommen, wenn sie die Unterhaltung wünscht? Unsere innere Einstellung zum Sprechen und Kommunizieren beeinflußt die Anspracheebene und steuert den Verlauf des Kommunikationsprozesses schon in den ersten Informationsaustauschansätzen.

Um von Ihren Mitmenschen besser als Gesprächspartner akzeptiert zu werden und den Kommunikationsablauf unsichtbar zu steuern, empfiehlt sich die Anwendung der nachfolgenden Regeln. Dadurch nutzt man das Eisberg-Phänomen auf der psychologischen Anspracheebene für sich aus.

Merkregeln zur Kommunikation:

1. Aktives Zuhören (nicken, bestätigen).

2. Den Gesprächspartner anblicken.

3. Freundliche Mimik einsetzen, um dadurch Aufgeschlossenheit und Interesse zu signalisieren.

4. Motivierende Fragen stellen.

5. Einen persönlichen Rat beim anderen einholen, ihn um seine Meinung fragen.

6. Das Gegenüber ausreden lassen und nicht unterbrechen, mögliche Einwände aufschieben.

7. Verständliche Ausdrucksart benutzen.

8. Weniger sprechen, mehr zeigen.

9. Keine Unsicherheitsformulierungen benutzen. Sprechen Sie in der Wirklichkeitsform.

10. »Schmeicheln« Sie Ihrem Gesprächspartner, wenn sich eine passende Gelegenheit dazu ergibt. Loben Sie ihn!

11. Setzen Sie eine positive Körpersprache ein.

12. Unterstützen Sie Ihre Worte durch maßvolle Gestik.

13. Lassen Sie das Gegenüber reden und hören Sie nur aktiv zu.

14. Beantworten Sie die Fragen des Gesprächspartners eindeutig.

15. Schaffen Sie zu Beginn des Gespräches eine angenehme und lockere Atmosphäre. Fragen Sie ihn nach seinem Befinden, nach der Familie, Hobbies etc. Fallen Sie nicht mit der Tür ins Haus!

Die Anspracheebene entscheidet über die unterschiedliche Intensität der Anwendung dieser Regeln.

5

• *Augenstellung zur Erkennung von Lernstilen und Lernstrategien*

Nachfolgend werden Sie mit einigen Denkansätzen bekannt gemacht, die vielversprechend neue Entwicklungen zu optimalen Lernstrategien aufzeigen.

Jeder Lernende benutzt individuelle Methoden der Informationsverarbeitung. Ein Teil der Menschen nimmt das gesprochene Wort sehr gut auf, andere müssen ein Bild oder eine Schautafel »sehen«, damit ihnen der Sinn verständlich wird. Wieder andere benötigen ein Modell, einen Gegenstand, den sie anfassen und »begreifen« müssen, um einen Vorgang oder Begriff speichern zu können.

Drei Wege der Informationsaufnahme sind:

Visuell	=	Sehen	=	Bilderspeicherung
Auditiv	=	Hören	=	Geräuschspeicherung
Kinästhetisch	=	Fühlen	=	Wahrnehmungsspeicherung

Sicher kennen Sie aus der eigenen Lehrtätigkeit Beispiele, bei denen Teilnehmer den vorgetragenen Sachverhalt nicht verstanden hatten. Trotz Ihres Versuches, wortgewandt mit allen Ihren rhetorischen Fähigkeiten den Sachverhalt zu erläutern, konnte Ihnen der Fragende nicht folgen. Durch Einsatz einer Tafel mit einfacher Schemazeichnung kam es plötzlich zum Aha-Erlebnis, noch bevor Sie Ihre Erklärung beendeten. Jetzt hatte Sie der Teilnehmer plötzlich verstanden.

Was war hier geschehen?

Der Teilnehmer ist ein »Visueller Speichertyp« (Sehen), daher konnte er die auditiven (hörbaren) Informationen nicht verarbeiten. Erst als er die Informationen bildhaft vor Augen hatte, konnte er sie verarbeiten.

Sie sehen an diesem einfachen Beispiel, wie wichtig es ist, die Lernstile der einzelnen Teilnehmer zu erfassen, um bei Lernschwierigkeiten gezielt Hilfestellung geben zu können.

Wußten Sie, daß die Stellung der Augen Aufschluß über die Lernstoffverarbeitung gibt? Ja, sie haben richtig gehört, daran, in welche Richtung der Teilnehmer **vor der Beantwortung einer Frage blickt**, lassen sich seine Arbeitschritte ablesen.

Durch gezielte Beobachtung läßt sich leicht die Lernstrategie einzelner Teilnehmer erfassen und für die Wissensverarbeitung nutzen.

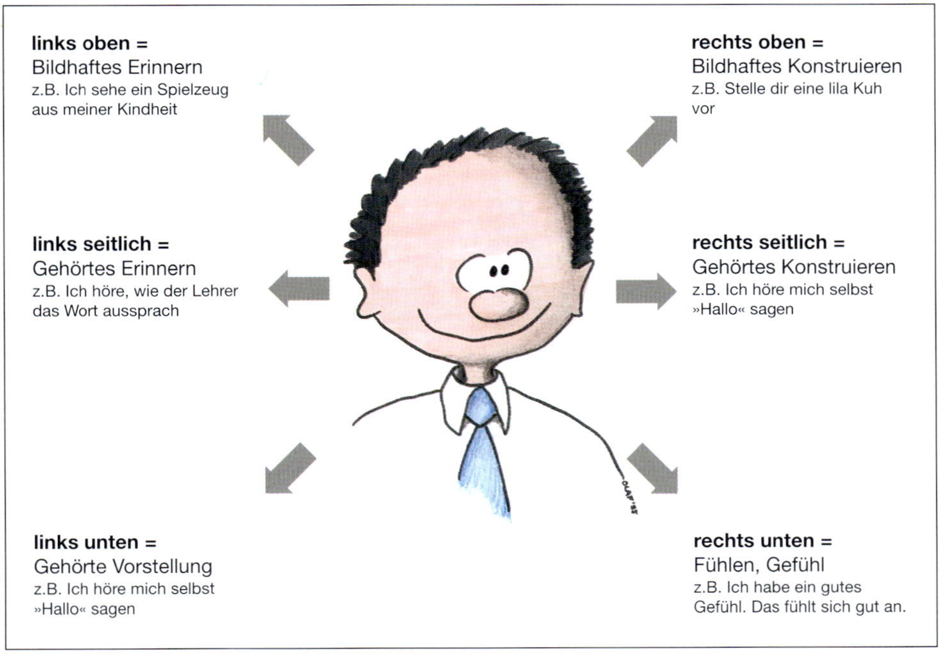

Hier nun ein Beispiel für eine gute Lernstrategie im Bereich Rechtschreibung während eines Diktats:

- Der Teilnehmer blickt nach links oben = Bildhaftes Erinnern der Wörter.
- Der Teilnehmer blickt nach rechts unten = Er überprüft, ob das Gefühl positiv ist.

Die oben angeführten Informationen werden in dem Bereich der Psychologie (NLP = Neurolinguistisches Programmieren) vielseitig eingesetzt. Weitere Informationen aus diesem Stoffgebiet finden Sie in dem Buch: »Mega Teaching« von C. van Nagel u. a. Zu beachten ist, daß NLP eigentlich nur über Fachexperten (Seminar) erlernt werden soll, da die große Anzahl an Kassetten und Büchern nicht immer die notwendige Qualität besitzen.

Weitere Ergebnisse aus dem Gebiet der Neurophysiologie haben ergeben, daß es besonders im Bereich des Lernens und der Lernstoffverarbeitung auf die koordinierte Zusammenarbeit beider Hirnhälften ankommt. Experimente, bei denen Gehirnhälften voneinander getrennt wurden, haben den Beweis für die funktionellen Eigenarten beider Gehirnhemisphären erbracht. Die Leistung der rechten Hemisphäre wird (bei Rechtshändern) traditionell als geringer erachtet als die der linken. Links nämlich wird verbalisiert, rational gedacht und geurteilt. Rechts ist der Sitz des »unbewußten Geistes« der sensorischen Bilder, der über das Bewußtsein, über Dynamik und Kontaktfähigkeit des Menschen entscheidet. Im Kapitel »Lernverhalten« wurde bereits ein schematisches Schaubild über die gehirngerechte Aufteilung des Lernvorganges gezeigt.

Dr. Levy, bekannter Gehirnforscher an der Universität Chicago, zeigte zur Funktion der rechten Gehirnhälfte auf, daß die Wahrnehmung dieser Gehirnhälfte ganzheitlich erfolgt. Es erfordert keine Zerlegung von Dingen in ihre Einzelteile. Ein Gesicht wird sofort erkannt, aber nur sehr wenige Leute sind in der Lage, verbal zu beschreiben, wie jemand aussieht. Daher haben z. B. Patienten mit geschädigten oder kurzgeschlossenen rechten Gehirnhälften große Schwierigkeiten, Gesichter zu erkennen, sogar selbst ihre eigenen, obwohl sie der Sprache mächtig sind.

Aufgrund dieser Erkenntnisse ist es einsichtig, daß zur optimalen Wissensvermittlung und Aufnahme ein geordnetes Zusammenspiel beider Hirnhälften entscheidend ist. Durch eine Vielzahl von Belastungen, z. B. Lärm, übermäßigen Fernsehkonsum etc., kommt es heute immer häufiger zu Störungen der Gehirnintegration. Wie kann diese wieder hergestellt werden?

Hier gilt besonders Dr. Dennison großes Lob, denn er hat in den letzten 15 Jahren, basierend auf der angewandten Kinesiologie und neuesten Gehirnforschung, ein System von Übungen zusammengestellt, das auch als Edu-Kinästhetik bezeichnet wird. Es besteht aus Körperübungen, zielt auf eine Integration der linken und rechten Gehirnhälfte ab und hat sich bei den unterschiedlichsten Lernvorgängen als überaus wirksam erwiesen. Ein zusätzlicher Effekt ist die Weiterentwicklung der emotionalen und physischen Ebenen. Hier wurde wieder ein neuer Trainingsansatz für den erfolgreichen Dozenten entwickelt, der sicherlich positive Auswirkungen auf die eigene persönliche Entwicklung haben wird.

• Beurteilungskriterien für Seminar- und Lehrveranstaltungen

In den letzten Jahren ist die Bedeutung der beruflichen und privaten Weiterbildung stärker in das Bewußtsein von Unternehmen und Arbeitnehmer gedrungen. Gaben die Unternehmen zu Beginn der 70er Jahre noch 2,1 Mrd. DM jährlich für die Fachqualifizierung ihrer Mitarbeiter aus, so haben sich diese Ausgaben mit 26 Mrd. DM mittlerweile mehr als verzehnfacht. Auch die Arbeitnehmer haben erkannt, daß in unserer heutigen hochtechnologisierten Arbeitswelt ein lebenslanger Lernprozeß notwendig ist. Das aktuell angeeignete Wissen ist oft kaum noch in 8 bis 10 Jahren gefragt, da neue wissenschaftliche Erkenntnisse, verbesserte Technologien und veränderte Erfahrungswerte das Wissen der Welt ständig verändern. Die staatliche Initiative zur Qualifizierungsoffensive rundet dieses Bild ab.

Als Folge dieser veränderten Anforderungen sind in den letzten Jahren verstärkt Aus- und Weiterbildungsinstitutionen wie Pilze aus dem Boden geschossen. Der Seminarerfahrene weiß um die Zustände dieser Branche. Die Schwierigkeit besteht nun z. B. für interessierte Dozenten darin, das ausbildungskundige und erfahrene Schulungscenter zu finden, in dem es Spaß macht, das eigene Wissen an Fremde weiterzugeben. Der interessierte Teilnehmer dagegen steht vor dem großen Problem, bei der Vielzahl von angebotenen Lehrgängen und Seminaren vieler Schulungsunternehmen das für ihn passende und adäquate Seminarangebot zu finden. Wie soll der Überblick bei einer derart großen regionalen, nationalen und internationalen Angebotsfülle gewahrt bleiben? Dieser Beitrag soll dem zukünftigen Seminarteilnehmer und dem suchenden Dozenten eine Entscheidungshilfe sein, Seminare und Lehrinstitutionen objektiv auf deren Qualität hin zu überprüfen und zu messen. Außerdem können diese Anforderungen als Zielsetzung für die zukünftige eigene pädagogische Ausrichtung betrachtet werden.

Der Bildungsträger

Es stehen eine Vielzahl von Bildungseinrichtungen zueinander in Konkurrenz. Auch die Bemühungen großer Unternehmen, eine eigene betriebliche Aus- und Weiterbildungsabteilung zu integrieren, wirkt sich wettbewerbsbeeinflussend auf den Bildungssektor aus. Quantitative Konkurrenz erzeugt Preisbewegungen. Nur Schulungsträger, die um jeden Preis jede Ausbildung durchführen müssen (Kapazitätsgesichtspunkte, Gewinnabschöpfung etc.), beteiligen sich am Preiswettbewerb. Die verminderten Erlöse werden kompensiert mit Kosteneinsparungen bei der Dozentenentschädigung (Qualitätsanspruch sinkt), Vergrößerung der Teilnehmerzahl (Quantität steigt) und Einschränkungen im Servicebereich (Verpflegung, Betreuung, Unterlagen etc.). Die auf den Seminarerfolg orientierten Unternehmen werden durch eine veränderte Zielgruppenansprache dem Preiswettbewerb ausweichen.

Auch die Orientierung auf neue Seminarmarktsegmente wird häufig als Strategie eingesetzt. Neu zu konzipierende Seminare erfordern jedoch viel Know How, Fachwissen (oder Einarbeitungszeit) und geeignetes Dozentenpotential. Mehrere auf einmal angebotene Neukonzepte überfordern jeden Bildungsträger und gehen immer zu Lasten der Seminarqualität. Auch ein Seminar unterliegt den Gesetzen des Produktlebenszyklus und zieht damit viel Planungs- und Vorbearbeitungszeit nach sich, bevor es erfolgreich am Markt angenommen wird.

Die Seminarwerbung

Häufig ist das werbende Schulungsunternehmen bestrebt, eine Vielzahl von potentiell Interessierten über schlagkräftige Formulierungen für den Lehrgang zu gewinnen. Meist wird aus werbepolitischen Gründen mehr versprochen, als tatsächlich gehalten werden kann. Veränderungen im eigenen Verhalten, der Denkrichtung oder dem Wissensstand eines Menschen herbeizuführen, kann nicht im Seminar verwirklicht werden. Es können stets nur Anregungen, Tips und praktikable Hilfestellungen gegeben werden, um den beschwerlichen Weg der Themenaufarbeitung nach Seminarende besser umzusetzen. Wer viel verspricht, kann wenig halten. Damit gewinnt auch die Seminarbeschreibung einen aussagekräftigen Stellenwert in der Gesamtbeurteilung. Sie soll eine Kurzbeschreibung des Seminars enthalten und die Inhalte in kurzen Worten sachlich wiedergeben. Das äußere Erscheinungsbild muß optisch ansprechend sein, darf aber nicht übertrieben und aufmacherisch wirken. Ein detailliertes Inhaltsverzeichnis wird mit der Anmeldebestätigung zugesandt. Eine Vorbereitung zum Seminar verbessert den zukünftigen Lernerfolg. Was nachlesbar ist (Grundlagen, allgemeine Tatsachen), soll in der Vorbereitungsphase durch Literaturempfehlung, Zusendung eines Manuskriptes oder ähnliches erarbeitet werden. Damit wird die meist knappe Zeit nicht mit Banalitäten und Grundsätzlichem verschwendet.

Die maximale Teilnehmerzahl

Die Teilnehmeranzahl ist abhängig von der Art der durchzuführenden Veranstaltung. Reine Vorträge ermöglichen einen Teilnehmerkreis von mehr als 50 Personen. Wird mit Medien gearbeitet, was eigentlich jeder Lehrkraft zu empfehlen ist, muß die Personenanzahl so begrenzt sein, daß es für jeden Zuhörer möglich ist, den Redner zu verstehen und den Inhalt der dargebotenen Medien optisch gut zu erkennen. Somit kann also schon die Redekraft zu Einschränkungen führen, wenn keine technischen Möglichkeiten zur Stimmverstärkung (Mikrophon) existieren. Der Einsatz eines Tageslichtprojektors oder Diagerätes verkleinert den Teilnehmerkreis automatisch auf weniger als 50 Personen, da auch noch der in der hintersten Reihe sitzende Zuschauer die projizierte Transparentfolie oder das Dia gut erkennen muß. Vom reinen Lernerfolg ausgehend ist jedoch kritisch zu überprüfen, ob ein Vortrag für einen persönlich sinnvoll ist oder man nicht doch lieber über Studium der Fachliteratur einen besseren Themeneinblick erhält.

Werden andere Unterrichtungsmethoden angewandt (Gruppenarbeit, Lehrgespräch, Stationsausbildung etc.) oder sollen die unterrichteten Themen durch Nacharbeitung der Teilnehmer vertieft und geübt werden, ist über eine Teilnehmerzahl von 15 Personen nicht hinauszugehen. Je mehr Teilnehmer, desto weniger besteht für den einzelnen die Möglichkeit, durch seinen eigenen Beitrag den aufgenommenen Lehrstoff zu verstärken. Praxisorientierte Veranstaltungen, die sehr übungsintensiv sind (z. B. Rhetorikkurse, Ausbilderschulungen, Autogenes Training etc.), sollen nicht mehr als 12 Personen umfassen. Solche Lehrgänge müssen sich am intensiven Üben der Fertig- und Fähigkeiten jedes Teilnehmers orientieren. Es ist eine Zumutung, eine große Personenzahl praktisch unterrichten zu wollen, ohne die reine Lehrzeit entsprechend zu verlängern. Durch derartige Massenveranstaltungen kann ein Rückschluß auf die Ausbildungsfähigkeit des Lehrinstitutes gezogen werden.

Die Dozentenbefähigung

Ein Seminar kann nur dann erfolgreich gestaltet und realisiert werden, wenn der Dozent neben der erforderlichen Fachautoriät über ausbildungstheoretische Kenntnisse verfügt. Häufig entscheidet der persönliche Eindruck des Redners und seine angewandte methodische Vorgehensweise über Erfolg oder Mißerfolg der Veranstaltung. Leider wird jedoch auf dem Schulungssektor immer noch zu stark die Fachkompetenz als einziger ausschlaggebender Erfolgsfaktor angesehen. Ausbildungsbezogene Bereiche wie Rhetorik, Methodik, Didaktik und Lernverhalten werden nicht oder nur oberflächlich eingesetzt. Diese Selbstüberschätzung ist häufig Ursache für anspruchslose oder unverstandene Informationsvermittlungen.

Die Praxis zeigt jedoch immer wieder, daß Dozenten mit (akademischem) Titel als Aushängeschild benutzt werden, um eine höhere Akzeptanz beim Interessierten zu erzielen. Wird aber von der Zielsetzung einer effektiven Wissensvermittlung ausgegangen, muß festgestellt werden, daß ein guter theoretischer Fachmann noch lange keinen guten praktischen Wissensvermittler darstellt. Der Name allein ergibt noch keinen garantierten Lernerfolg. Häufig ist der im Ausbildungsbereich geschulte und versierte Praktiker besser geeignet, die Stoffthematik interessant, informativ und motivierend zu vermitteln. Es gibt keinen schwierig zu vermittelnden Lernstoff in der fachlichen Unterrichtung, es gibt nur schwierige Dozenten, die fachliche Aussagen pädagogisch inkompetent weitergeben.

Das Seminaroutfit

Die Umgebungsatmosphäre im Schulungsbereich beeinflußt häufig den Seminarverlauf. Einen wichtigen Faktor stellt hier der Lehrsaal dar. Pädagogisch erfahrene Bildungsträger verfügen über einen modern eingerichteten Unterrichtsraum, der den Einsatz verschiedener Medien ermöglicht und durch ergonomisch bequeme Sitzmöglichkeiten, gute Lichtverhältnissen, durchdachte Medienanordnung und passend kombinierte Farbauswahl ein angenehmes Raumklima vermittelt. Dieses Umfeld muß gut vorgeplant werden und erfordert viel Erfahrung auf dem pädagogischen Sektor. Häufig mangelt es in vielen Weiterbildungsinstitutionen hieran. Bei fehlendem oder schlecht organisiertem Lehrsaal wird dann versucht, dieses Manko durch Anmieten geeigneter Räume in Hotels und Freizeitzentren zu überspielen. Reizvolle Landschaften und bekannte Ferienorte leisten dann ein übriges, den Seminarteilnehmern wohlwollend die Vorzüge anzupreisen. Nun steht aber nicht mehr die Schulung, sondern das Freizeitvergnügen im Vordergrund. Nicht umsonst haben die Finanzbehörden diesem Treiben Einhalt geboten. Häufig sind die anzumietenden Räumlichkeiten als multifunktionale Veranstaltungsräume konzipiert, die dann mit den üblichen Einzelschulungsgegenständen zum »Lehrsaal« hergerichtet werden. Der oft angepriesene Verpflegungs- und Übernachtungsservice wiegt diesen Nachteil selten auf. Daneben wirken Trubel und Hektik einer Hoteleinrichtung als weitere sichtbare oder latente Störfaktoren, die nicht dazu beitragen, vom Alltagsstreß abzuschalten und volle Aufmerksamkeit für die Problemstellung zu erzeugen. Auch bei Schulungen im eigenen Unternehmen überwiegen deren Nachteile gegenüber einer »Außer Haus«-Veranstaltung aufgrund der unmittelbaren Arbeitsplatznähe.

Der Seminarservice

Neben einer angenehmen Seminaratmosphäre sind auch die Nebenleistungen zur Beurteilung mit heranzuziehen. Diese umfassen ein ausführlich ausgearbeitetes, optisch gut gestaltetes und gebundenes Arbeitsmanuskript mit wichtigen Zusatzinformationen, Anregungen und Stoffzusammenfassungen. In den Pausen sollen Getränke (Kaffee, Tee, Sprudel, Säfte) und eine kleine mundgerechte Verpflegung für das leibliche Wohl der Teilnehmer sorgen. Ein Aufenthaltsraum ermöglicht eine bessere Trennung zwischen Seminarbetrieb und Pausen. Lese- und Entspannungsecken steigern die Möglichkeiten einer individuellen Pausennutzung.

Die Seminarorganisation

Hierzu zählen alle Dienstleistungen des Schulungscenters, die einen reibungslosen Verlauf des Seminars ermöglichen. Neben einer frühzeitigen Informationsaussendung gehören die Anmeldebestätigung, die Unterbringung in geeigneten Übernachtungshotels, die Menüorganisation und ein abwechslungsreiches, entspannendes Abendprogramm dazu. Ziel einer guten Seminarorganisation muß sein, den Teilnehmer nicht mit für ihn unnötigen organisatorischen Belangen zu konfrontieren. Dann kann er sich besser und mit höherer Aufmerksamkeit dem Seminarverlauf widmen. Er muß sich einfach wohlfühlen; während der Schulung und in der nachfolgenden Freizeit.

Das Preis-Leistungs-Verhältnis

Wie in vielen anderen Bereichen auch, muß die Lehrgangsgebühr mit dem angebotenen Gesamtpaket »Seminarleistung« verglichen werden. So schwanken die Tagessätze der Schulungsinstitutionen zwischen 50,– DM und mehreren tausend Mark. Derartige Schwankungsbreiten lassen sich aber nicht mehr mit der Dozentenqualität, Ortslage und dem Ruf des Bildungsinstituts rechtfertigen bzw. entschuldigen. Umfaßt das Gesamtpaket »Seminarleistung« die bisher genannten Anforderungen, sind Tagespreise zwischen 200,– DM und 350,– DM durchaus angezeigt. Häufig kann eine Kostenkalkulation (bei hohen Investitionssummen) nicht mit einer hundertprozentigen Lehrsaalauslastung angesetzt werden, sondern es muß zum Wohle eines ordnungsgemäßen, reibungslosen Seminarverlaufs die Gesamtauslastung zwischen 30 % bis 50 % realistisch kalkuliert werden. Der Trend im außerbetrieblichen Weiterbildungssektor geht aber dahin, Rückschlüsse vom Tagessatz auf die Seminarqualität zu ziehen. Hier gilt dann: »Je teurer, desto besser«. Dieser Trugschluß wird entweder am Ende einer Veranstaltung erkannt oder man rechtfertigt den gezahlten Preis für das eigene Gewissen mit dem »unschätzbaren« Lernerfolg während des Seminarverlaufs.

Das eigene Anforderungsprofil

Der interessierte Bildungswillige muß sich bewußt fragen, welche fachlichen Anforderungen er von einem Seminar erwartet und inwieweit die Seminarbeschreibung (und andere Informationsquellen) diese erfüllen. Bei stark theorieorientierten Veranstaltungen müssen andere Bildungsmöglichkeiten mit berücksichtigt werden. Es gilt, sich selbst zu fragen, ob vielleicht die eigenen Erwartungen zu hoch angesetzt sind? Inwieweit lassen sich diese Erwartungen überhaupt realisieren? Erst wenn man weiß, was man will und was man tatsächlich braucht, kann auf Seminarsuche gegangen werden.

Die eigene Gefühlslage

Häufig wird ein guter (oder schlechter) Ruf einer Bildungsinstitution durch zufriedene (oder unzufriedene) Teilnehmer über persönliche Mundwerbung im Bekannten-, Verwandten- und Unternehmenskreis weitergegeben. Dieser persönliche, subjektive Eindruck kann als Entscheidungskriterium mit Berücksichtigung finden, darf aber niemals den eigenen Eindruck verdrängten, da jeder einzelne Seminarteilnehmer über andere Erwartungen und Vorstellungen verfügt, die nie miteinander verglichen werden können. Was für den einen recht war, muß noch lange nicht dem nächsten zuträglich sein. Nach genauem Studium der möglichen Seminarangebote muß deshalb die eigene Gefühlslage bei der Endauswahl ermittelt werden. Folgende Fragen sind kritisch zu beantworten: Wie waren die bisherigen Erfahrungswerte? Wie stehen andere kompetente Personen dazu? Wird mein eigenes Anforderungsprofil erfüllt? Werde ich mich subjektiv im Seminar wohlfühlen?

Checkliste für Seminarauswahl

	2	1	0	Faktor	Summe
1. Bildungsträger					
2. Seminarwerbung					
3. Teilnehmerzahl					
4. Dozent					
5. Seminaroutfit					
6. Seminarservice					
7. Organisation					
8. Preis-/Leistungsverhältnis					
9. Eigenes Anforderungsprofil					
10. Eigene Gefühlslage					
	Summe				

2 = alle wichtigen Anforderungen werden weitgehend erfülllt
1 = ein Teil der Anforderungen wird erfüllt
0 = die Anforderungen werden kaum erfüllt

5

• Checkliste »Richtige Seminarwahl«

Die beigefügte Checkliste soll Ihnen nun eine Möglichkeit aufzeigen, anhand der bisher vorgestellten objektiven Kriterien die von Ihnen in die engere Auswahl gezogene Weiterbildung zu beurteilen. Legen Sie zu Beginn den Faktor jedes einzelnen Kriteriums nach Ihrer individuellen Gewichtung fest (0 bis 2, wobei 0 = keine Bedeutung, 1 = untergeordnete Bedeutung, 2 = große Bedeutung). Danach bewerten Sie die einzelnen Seminarunterpunkte mit den vorgegebenen Wahlmöglichkeiten 0 bis 2. Der angekreuzte Wert wird nun mit Ihrem individuellen Faktor multipliziert und in die Summenspalte übertragen. Mit der Endsumme können dann Schlußfolgerungen über das von Ihnen ins Auge gefaßte Seminar getroffen werden. Dabei können Sie entweder nur ein Seminar einstufen, oder mehrere im Vergleich zueinander beurteilen.

Bewertungsschlüssel:
Unter 50 % der Maximalpunktzahl → Seminar nicht geeignet
51 % bis 75 % der Maximalpunktzahl → Seminar geeignet
76 % bis 100 % der Maximalpunktzahl → Seminar gut geeignet

Lassen Sie uns diesen Zusatzbeitrag mit einer chinesischen Lebensweisheit beenden, die sehr prägnant und einleuchtend die Problematik auf dem Weiterbildungssektor verdeutlicht:

Es gibt Menschen, die Fische fangen,
und solche, die nur das Wasser trüben.

• Fragen zur praktischen Umsetzung einer erfolgreichen Ausbildungstätigkeit

1. Kenne ich meine persönliche Ausbilderfähigkeitsentwicklung (Selbsteinschätzung, Fremdeinschätzung, zukünftige Persönlichkeit)?

2. Nutze ich zur besseren Vorplanung und Umsetzung Checklisten (Seminarvorbereitung, Seminarauswahl, Positiv-/Negativredeliste)?

3. Unterziehe ich mich einer ständigen fachlichen Aus- und Weiterbildung?

4. Habe ich beim Durcharbeiten dieses Ausbilderhandbuches schon etwas in die Praxis umsetzen können?

5. Habe ich nach den Vorgaben dieses Buches nach maximal vier Wochen bereits meine wichtigsten Themen daran angepaßt?

6. Habe ich mich schon bewußt von anderen Dozenten beim eigenen Vortragen beobachten lassen? Erfolgte dabei ein Beurteilungsgespräch?

7. Liegt mein letztes besuchtes Rhetorikseminar weniger als ein Jahr zurück?

8. Beurteile ich andere Seminare, welche ich als Teilnehmer belege, nach pädagogischen Elementen? Nehme ich daraus sowohl positive als auch negative Anregungen für meine eigene Präsentationstechnik mit?

9. Verändere ich an jedem meiner Vorträge etwas besonders? Führe ich immer etwas Neues oder anderes in meine Seminare ein?

10. Gebe ich meine eigenen Erfahrungen und Erkenntnisse an Kollegen und sonstige Interessierte weiter?

Je mehr Ja-Antworten Sie geben, desto schneller werden Sie die Stufen zur erfolgreichen Ausbildungstätigkeit erklimmen. Viel Erfolg!

• Schlußwort

Während einer langen Ausbildungstätigkeit erhält man immer wieder neue Gedanken oder Verbesserungen zu kritischen Ausbildungssituationen. Diese schwanken individuell. Zwei Ausbilder können die selbe kritische Situation mit unterschiedlichen, aber gleichwertigen Reaktionen beherrschen. Deshalb würden wir uns freuen, wenn Sie uns die im Laufe Ihrer Ausbildungszeit gewonnenen eigenen Erkenntnisse mitteilen, damit auch wir und die zukünftigen Leser dieses Buches unseren Erfahrungsreichtum vergrößern können. Bitte senden Sie die Zuschriften an den Verlag, der sie dann an uns weiterleiten wird. Wir bedanken uns schon im voraus für Ihre freundliche Mühe.

Teil 6: Anhang »Themenausarbeitungen«

Die von uns entwickelten Themenausarbeitungen mit Medienwahl und Mediengestaltung stellen nur eine mögliche Form der Ausführung dar. Selbstverständlich sind auch noch andere Wege vorhanden, den Lehrstoff ansprechend und interessant dem Publikum zu präsentieren. Aus drucktechnischen Gründen konnten wir in der 5. Auflage jetzt auch in dieser Rubrik die Farbkomponente mit berücksichtigen. Die Aussagekraft erhöht sich so wesentlich und verbessert damit auch die Führungsfähigkeit des Dozenten durch die entwickelten Themenbegleiter.

1.	Thema: Blutung - Blutstillung	Themenbegleiter 1 - 3 Folien 1 + 2
2.	Thema: Schädel-Hirn-Verletzung	Themenbegleiter 1 + 2 Dia 1
3.	Gesundheitsschäden durch ein Übermaß an Streß	Themenbegleiter 1 - 3 Folie 1
4.	Übung englischer Präpositionen mit Satzbildung	Themenbegleiter 1 Folie 1
5.	Funktionsweise der EDV-Anlage	Themenbegleiter 1 + 2 Folie 1
6.	Möglichkeiten der Steuerung von Reisenden	Themenbegleiter 1 - 5 Dia 2

THEMA: ***Blutungen - Blutstillung 1***

Stoffbereich		Medien	Anmerkungen
1. Was ist eine Blutung?	Hautschichtverletzung mit Blutaustritt	**Lehrgespräch mit Arbeitsprojektor, Folie 1**	
2. Formen der Blutung			**MUSS-Lernziel**
a) Ort des Austritts			
- Äußere Blutung	sichtbar		
- Innere Blutung	Erkennung durch Schockzeichen	**Tafel**	Schockzeichen an die Tafel schreiben
b) Art des Gefäßes			**SOLL-Lernziel**
- Arterielle Blutung	pulssynchron spritzend, hellrot		
- Venöse Blutung	fließend, dunkelrot		
- Kapillare Blutung			Unterscheidung für die Praxis nicht notwendig, da meist Mischblutung vorhanden ist; Maßnahmen ändern sich nicht.
3. Durchzuführende Maßnahmen		**Arbeitsprojektor, Folie 2**	**MUSS-Lernziel**
a) Arm/Bein			
- Lagerung	liegend, bei Armblutung evtl. sitzend		
- Arm/Bein hochlagern	über Höhe des Herzens	**Vorzeigen am Teilnehmer**	
- Abdrücken	Oberarm, Leistengegend		zwischen Herz und Wunde
- Druckverband	steril, größer als die Wunde, Auflegen in Richtung der Wundränder		in Achtergängen anlegen, nur über dem Druckpolster Zug ausüben, Vorsicht: Stauung!

THEMA: ***Blutungen - Blutstillung 2***

Stoffbereich		Medien	Anmerkungen
- Abbinden	Nur in Ausnahmesituationen, wenn Druckverband erfolglos		90 % aller Blutungen sind durch einen Druckverband zum Stillstand zu bringen
b) am Kopf/Rumpf			
- Lagerung			
- Verbandmaterial aufpressen	Achtung: steriles Material		
- ggf. Druckverband			
c) Teilabriß Arm/Bein			
- Lagerung			
- Hochhalten	über Höhe des Herzens		
- Aufpressen	mit sterilem Material		
- Abdrücken	Oberarm, Leistengegend		
- Abbinden			Technik ansprechen, Abbindung darf nicht mehr gelöst werden (nur vom Arzt)
d) Fremdkörperverletzung			
	Fremdkörper bleiben in der Wunde, Abbindung notwendig		
e) offener Knochenbruch			
- Aufpressen, falls möglich	mit sterilem Material		
- Abbinden	über Höhe des Bruches		
- Wundabdeckung			
- Ruhigstellung			Die beiden benachbarten Gelenke des Bruches mit ruhigstellen

THEMA: ***Blutungen - Blutstillung 3***

Stoffbereich	Medien	Anmerkungen
f) großflächige Wunde - Abbinden		Großflächiges Druckpolster nicht erstellbar bzw. Technik nicht durchführbar
Was sollte der Ausbilder zusätzlich wissen ? ● Bestandteile und Funktionen des Blutes ● Ablauf der Blutgerinnung ● Anatomie und Physiologie Herz und Kreislauf		

THEMA: *Schädel-Hirn-Verletzung 1*

Stoffbereich	Medien	Anmerkungen
Gefahren: a) **Übersehen einer Hirnschädigung** Da die starke Blutung meistens sehr ins Auge fällt, kann die gleichzeitig bestehende Hirnschädigung leicht übersehen werden.	**Vortrag mit Diaprojektor, Dia 1, Tafel**	**Fachbegriff: Schädel-Hirn-Trauma** Zeichen für Hirnschädigung an die Tafel schreiben!
b) **Mitverletzung von Sinnesorganen** Häufig sind zusätzlich Augen, Ohren und Geruchsorgan verletzt.		
c) **Bewußtlosigkeit** — Stärkere Gewalteinwirkung führt neben der Weichteilverletzung des Gehirns (Gehirnerschütterung) auch zur kurz oder lang anhaltenden Bewußtlosigkeit.		Nach Erwachen aus der Bewußtlosigkeit erneute Bewußtseinsstörung möglich.
d) **Aspiration** — Eine Blutung in den Nasen-Rachen-Raum, z.B. bei Nasenbluten, Zungenbiß, Schädelbasisfraktur, führt insbesondere bei gestörten Schutzreflexen zur Aspiration von Blut und damit zum Ersticken.		Begriff Schutzreflex erklären, Beispiele nennen (Schlucken, Husten, Niesen)!
e) **Schock** — Bei starken Blutungen besteht außerdem die Gefahr eines Volumenmangelschocks. Durch Nervenschäden kann es zum neurogenen Schock kommen.		**Schockzeichen wiederholen!**

6

6

Blutungen - Theorie

Blutung ?

FORMEN :

1. Innere Blutung

2. Äußere Blutung

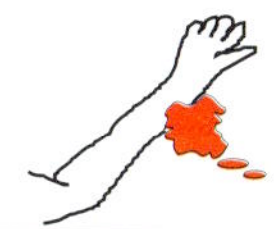

a) Arterielle Blutung

b) Venöse Blutung

c) Kapillare Blutung

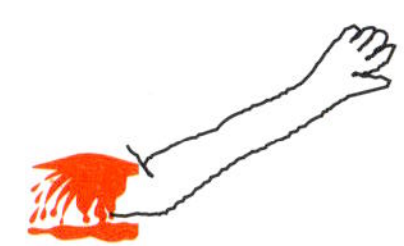

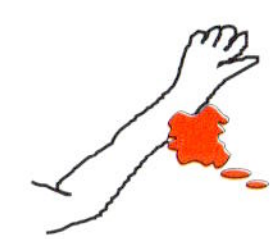

KENNZEICHEN :

Innere Blutung	Arterielle Blutung	Venöse Blutung
Schockzeichen	Pulssynchron spritzend, hellrot	Fliesend, dunkelrot

Maßnahmen bei lebensbedrohlichen Blutungen

Am Arm / Bein:

1.  *Lagerung*

2.  *Extremitäten hochhalten*

3. 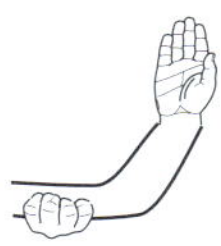 *Abdrücken*

4.  *Druckverband*

Ausnahmen:

 *Kopf / Rumpf*

 *Teilabriß Arm / Bein*

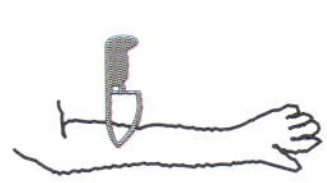 *Fremdkörperverletzung*

 *Offener Knochenbruch*

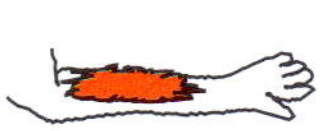 *Großflächige Wunde*

THEMA: **Schädel-Hirn-Verletzung 2**

Stoffbereich	Medien	Anmerkungen
Was sollte der Ausbilder zusätzlich wissen ? • Genaue Anatomie und Physiologie des knöchernen Schädels und des Gehirns • Krankheitsbilder und Verletzungsarten im Bereich des Schädels/Hirns • Allgemeine notfallmedizinische Kenntnisse **Merke:** Der Ausbildungsstand des Ausbilders muß deutlich über dem Niveau des Unterrichts liegen.		

THEMA: **Gesundheitsschäden durch ein Übermaß an Streß 1**

Stoffbereich		Medien	Anmerkungen
1. Was ist Streß?	Als Streß bezeichnet man die Anpassung des Körpers auf Belastungen. Nervensystem und endokrine Drüsen steuern gemeinsam die Körperaktionen und sorgen dafür, daß Energien freigesetzt und bereitgestellt werden.	**Lehrgespräch und Vortrag kombiniert, Arbeitsprojektoreinsatz**	Beispiele geben aus dem alltäglichen Lebensbereich, Beispiele durch Lehrgespräch erfragen. Ein Übermaß an Streß ist gesundheitsschädigend und führt im Organismus durch ein ständiges "auf Hochtouren laufen" zum Verschleiß.
2. Folgen von Streß? **a) Bluthochdruck**	Bei ständiger starker Beanspruchung und bei mangelndem Ausgleich in Entspannung.	**Folie**	Bei der Erklärung aller Gesundheitsschäden stets festen Blickkontakt halten!
b) Herzmuskelschwäche	Das Herz muß mehr arbeiten und wird überlastet.		
c) Blutfette	Fettreserven, die im Streß zum Verbrauch bereitgestellt werden, bleiben in der Blutbahn und begünstigen Ablagerungen in den Gefäßen. Dies kann zu Arterienverkalkung (Herzinfarkt, Hirnschlag) führen.		Voraussetzung: Fett wird nicht verbraucht! ⟶ **Arteriosklerose**
d) Thrombosegefahr	Die erhöhte Gerinnungsbereitschaft des Blutes war für den Steinzeitmenschen sinnvoll, denn sie sorgte dafür, daß sich die Wunden schneller schlossen. Heute bedeutet das für uns jedoch eine Erhöhung der Thrombosegefahr.		

Schädel - Hirn - Verletzung

Gefahren:

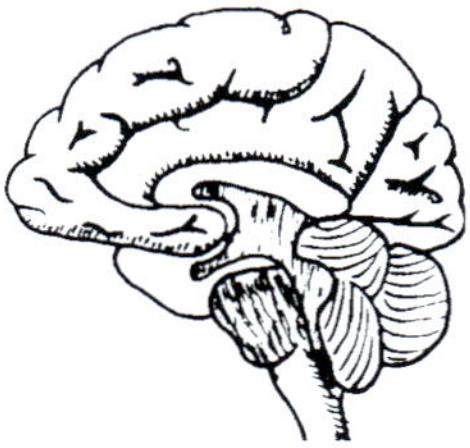

- Übersehen einer Hirnschädigung
- Mitverletzung von Sinnesorganen
- Bewußtlosigkeit
- Aspiration
- Schock

Dia 1

THEMA: **Gesundheitsschäden durch ein Übermaß an Streß 2**

Stoffbereich		Medien	Anmerkungen
e) Erschöpfung	Ständige Überforderung führt zur Erschöpfung		Anzeichen der Erschöpfung erfragen!
f) Immunschwäche	Im Streßzustand wird die Immunabwehr gedrosselt. Bei Dauerstreß kommt es somit zu einer vermehrten Infektanfälligkeit.		Auf Blickkontakt achten!
g) Magen-Darm-geschwüre	Die Magen- und Darmschleimhäute reagieren empfindlich auf Streß. Deshalb bekommen Menschen, die unter Streß stehen, leicht Magen- und Darmgeschwüre.		
h) Kreislaufschwäche, Schlaf- und Konzentrationsstörungen	Diese Störungen werden ebenfalls bei Menschen beobachtet, die unter Streßbelastung stehen		
i) Krebs	Es wird seit Jahren in einschlägigen Kreisen diskutiert, ob Streß, z.B. wegen der verminderten Immunabwehr, die Entstehung von Krebserkrankungen begünstigt.		Bei allen diesen genannten Erkrankungen gilt der Streß als auslösender Faktor.
3. Entspannungsmethoden	zur Streßverhinderung		Beispiele geben (autogenes Training, Yoga, Entspannungstraining) mit Anregungen zum Selbermachen.

THEMA: **Gesundheitsschäden durch ein Übermaß an Streß 3**

Stoffbereich	Medien	Anmerkungen
Was sollte der Ausbilder zusätzlich wissen? • Kenntnisse über die wichtigsten physiologischen Abläufe im Körper • Genauer Ablauf des Stresses im Körper		

6

STRESS macht krank

Folgende Gesundheitsschäden können durch ein Übermaß an Streß entstehen:

- Blutdruckerhöhung
- Herzmuskelschwäche
- Hohe Blutfettwerte → Arteriosklerose
  - → Herzinfarkt
  - → Schlaganfall
- Erhöhte Blutgerinnung
  - → Thrombosegefahr
- Infektanfälligkeit
- Magen- und Darmgeschwüre
- Nervöse Beschwerden
- Krebs

Entspannungsmethoden helfen, die Streßauswirkungen zu verhindern

Folie 1

THEMA: ***Übung englischer Präpositionen mit Satzbildung***

Stoffbereich	Medien	Anmerkungen
1. Grundlagen **a) Anwendung von Präpositionen** **b) Anwendung von Formulierungen einfacher, kurzer Sätze**	**Übung im Lehrgespräch mit Arbeits-projektor, Folie 1**	einfacher Schwierigkeitsgrad
2. Vertiefung **a) Anwendung von Präpositionen mit Sinnverbindungen** **b) Anwendung von Formulierungen einfacher, kurzer Sätze mit Sinnverbindungen**		gehobener Schwierigkeitsgrad, kreativen Ideen sind keine Grenzen gesetzt
Worüber sollte der Ausbilder zusätzlich verfügen? ● gute grammatikalische Kenntnisse der englischen Sprache ● einen umfassenden englischen Wortschatz ● gutes englisches Sprachgefühl		

THEMA: ***Funktionsweise der EDV-Anlage 1***

Stoffbereich		Medien	Anmerkungen
1. Eingabeinformationen	Programm und Daten.	**Lehrgespräch mit Arbeitspro-jektor, Folie 1**	Mit früheren menschlichen Arbeiten vergleichen!
2. Eingabegeräte	Lochkarte, Lochstreifen, Magnetkarte, Magnetband, Bildschirm, Diskette.		
3. Zentraleinheit	Hier erfolgt die Verarbeitung der Informationen.		Besteht aus Steuer-, Rechenwerk und Arbeitsspeicher.
4. Externer Speicher	Hier wird die Masse der Daten aufbewahrt und bei Bedarf darauf zurückgegriffen.		
5. Ausgabegeräte	Lochkarte, Lochstreifen, Magnetband, Magnetplatte, Bildschirm, Drucker, Diskette.		
6. Hardware	Gesamtheit der technischen Komponenten eines Rechner-systems.		Verschiedene Geräteeinheiten und geschichtlichen Entwicklungsverlauf kennen.
7. Software	Programmbibliothek zur Nutzung der Rechnerkapazität.	**Praktische Einführung mit Hilfe eines Personal-computers**	Unterschiedliche Programme selbst ausprobieren: *Textverarbeitung, z.B. MS Word* *Datenbankverwaltung, z.B. Dbase*

6

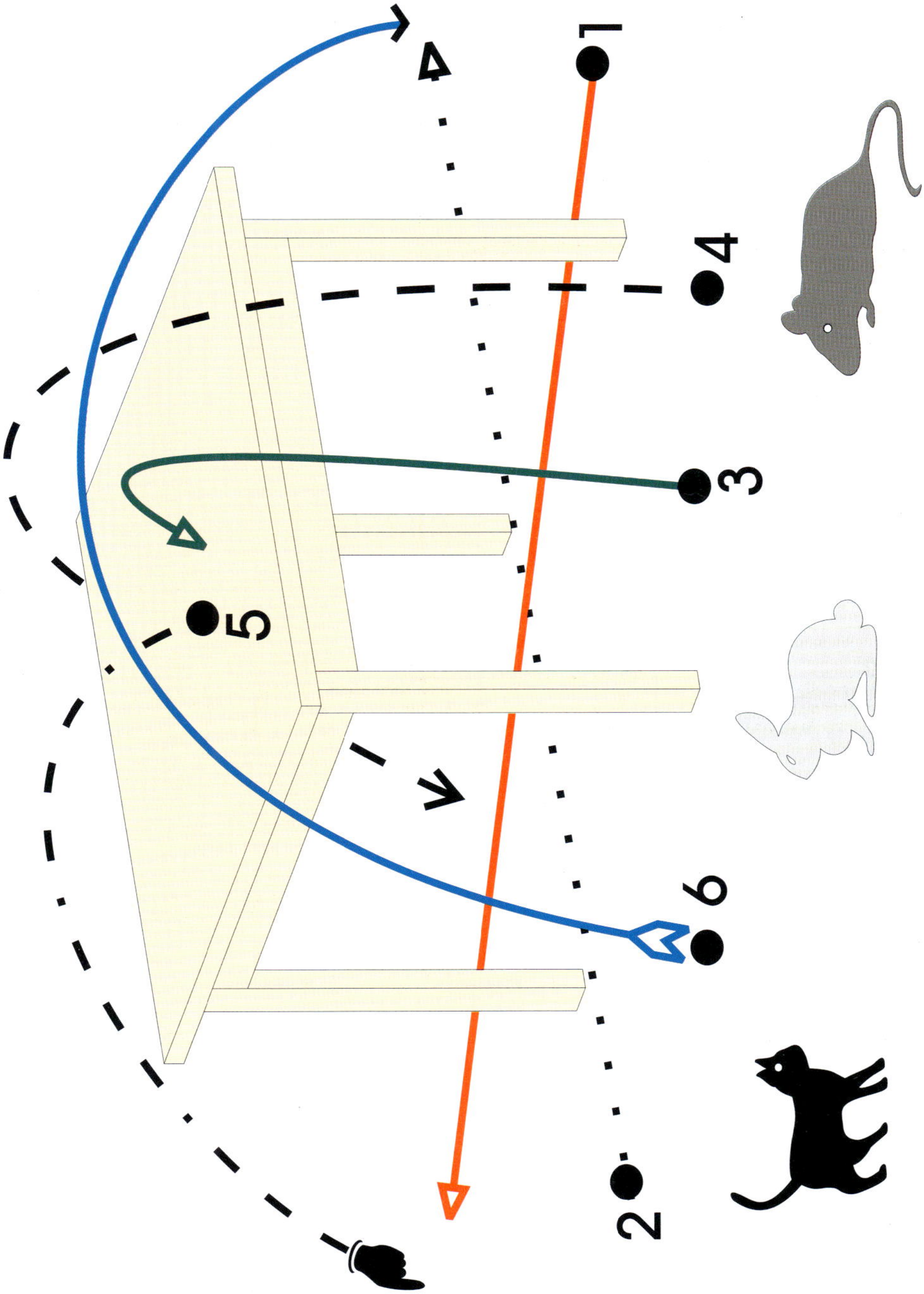

6

Folie 1

THEMA: *Funktionsweise der EDV-Anlage 2*

Stoffbereich	Medien	Anmerkungen
Was sollte der Ausbilder zusätzlich wissen? • Zusätzliche Kenntnisse im Bereich der einfachen Programmierung • Praktische Fertigkeiten und Erfahrungen im Umgang mit EDV-Anlagen (Personalcomputer)		

THEMA: *Möglichkeiten der Steuerung von Reisenden 1*

Stoffbereich		Medien	Anmerkungen
1. Direkte Einflußflußmöglichkeiten			
a) Tätigkeitsvorgaben	Nur, wenn Tätigkeit sich ständig wiederholt, wenn persönlicher Verkauf bei Auftragserteilung nur geringen Anteil hat oder wenn hauptsächlich nur Distributionsmaßnahmen durchzuführen sind.	**Diaprojektoreinsatz Dia 1, anschließend Ausarbeitung der 3 Bereiche durch Gruppenarbeit**	Über Dienst- und Weisungsrecht
- Tourenplan	Aufstellungen über die zu besuchenden Kunden, Zahl und Reihenfolge der Kundenbesuche werden vorgegeben.		Zeitliche und entfernungsmäßige Minimierung führt zur Erhöhung der effektiven Verkaufszeit.
- Besuchsrhythmus	Kundenstamm wird nach bestimmten Kriterien unterteilt. Je nach Wertigkeitsklasse erfolgt turnusmäßig unterschiedliche Besuchshäufigkeit.		Kriterien können sein: Bedarf, Bonität, Expansionserwartungen, Kosten etc. Meist erfolgt Unterteilung in Umsatzgruppen.
- Besuchsdauer	Maximale Zeit wird festgelegt, die ein Besuch dauern soll. Nach Wertigkeitsklasse verschieden.		Beispiel: 1 Std. oder 1/2 Std. pro Besuch.
- Besuchszahlen	Erfüllung eines bestimmten Arbeitspensums = Besuchszahl X Besuchsdauer + Reisezeit + Pausen.		Arbeitspensum pro Tag, Woche oder Monat.
- Allgemeine Richtlinien und Anweisungen	Allgemeine Verfahrensweisen werden schriftlich fixiert. Sie sind dann Grundlage der Tätigkeit des Außendienstes.		Beispiel: Preisliste, Rabattliste, Lieferungs-, Zahlungs- und Geschäftsbedingungen.

6

Bestandteile der EDV

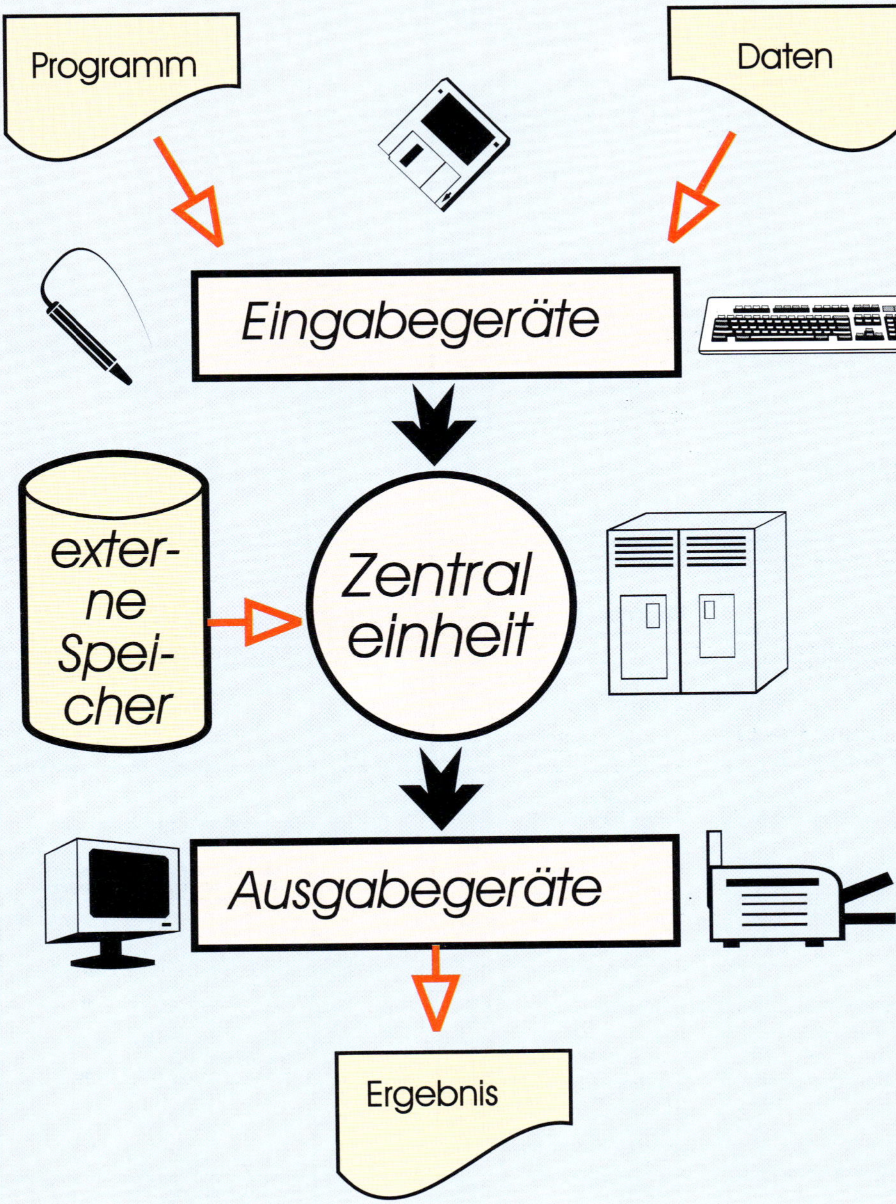

6

THEMA: **Möglichkeiten der Steuerung von Reisenden 2**

Stoffbereich		Medien	Anmerkungen
b) Ergebnisvorgaben	Vergrößerung des Handlungs- und Entfaltungsspielraums durch Ergebnissollvorgaben.		Aktive und gezielte Steuerung durch Anweisungen allein nicht möglich.
- Umsatz-/Deckungsbeitrags- und Absatzsollvorgabe	Erreichung durch Anreize belohnen. Bei Nichterreichung keine Belohnung oder gar Bestrafung durch Minderverdienste und Prestigeverluste.		Mögliche Anreize können sein: Incentive-Reisen in die Karibik, Club der Spitzenverkäufer, Sonderpämien usw.
- Geworbene Neukunden	Wichtig, da Expansionsstreben nur über Umsatzausweitung von alten oder Gewinnung von neuen Kunden möglich ist.		
- Anzahl der Distributionsstellen bei Neueinführungen	Besonders geeignet bei Einführung von Neuprodukten, da innerhalb kurzer Zeit das Produkt bestmöglichst plaziert wird und die Einführungsphase im Produktlebenszyklus schnell durchlaufen wird.		
2. Materielle Einflußmöglichkeiten			
a) Fixum / Festgehalt	Gehalt pro Monat unveränderlich und vom Verkaufserfolg unabhängig. Anwendung dort, wo Reisender durch seine Tätigkeit keinen direkten (oder nur geringen) Einfluß auf Verkaufserfolg hat.		Das in der Praxis wohl meistgenutzte Steuerungsinstrument. Fixe Kosten des Absatzes.
b) Provision	Gehalt bemißt sich an der Verkaufs-/Umsatztätigkeit. Anwendung nur dort, wo Verkaufserfolg von der Leistung abhängt.		Variable Kosten, unterliegen Schwankungen.

THEMA: **Möglichkeiten der Steuerung von Reisenden 3**

Stoffbereich		Medien	Anmerkungen
c) Prämie	Zum normalen Gehalt bei Erreichung von Einzelleistungen und Nebenzielen.		Sprungfixe Kosten.
d) Kombination			Einzelne Nachteile werden vermieden.
e) Sonstige Entlohung	Weihnachtsgratifikationen, Jahresabschlußzahlung, Urlaubsgeld.		Zu unterschiedlichen Zeitpunkten ausschütten. In der täglichen Praxis meistens Steuerung durch Tätigkeitsvorgaben und Anreizsysteme. Es ist jedoch eine große Anzahl von Steuerungssystemen anzustreben.
3. Immaterielle Einflußmöglichkeiten			
a) Motivation	Verstärkung des Beweggrundes zur Leistungsbereitschaft.		Maslow = 5 Schichten der Bedürfnishierarchie.
- Aufstiegsmöglichkeiten	Sind diese sichtbar, dann erfolgt vermehrter Einsatz der Verkäufertätigkeit zur Zielverwirklichung, um sich besonders hervorzuheben.		
- Tätigkeitsbezeichnung	Durch fein geplante Abstufungen.		Reisender, Fachreisender, Bezirksreisender, ZbV-Reisender, Repräsentant, Assistent des Gebietsverkaufsleiters, Gebietsverkaufsleiter
- Symbolische Anerkennung	Hebt bedeutende Stellung im Unternehmen hervor. Nicht nur berufliche, sondern auch private Hervorhebungen möglich.		Z.B. Hervorhebungen (verbal), Urkunden, Anerkennungsschreiben, Familienessen etc.

THEMA: ***Möglichkeiten der Steuerung von Reisenden 4***

Stoffbereich		Medien	Anmerkungen
- Betriebsklima	Empfinden und Einstellung wird verbessert. Bei nicht anspruchsvoller Tätigkeit keine Motivation vorhanden. Gute Kontakte zu Kollegen und Vorgesetzten erhöhen die Identifikation mit dem Betrieb und dem Produkt.		Zu erreichen durch kooperativen Führungsstil.
- Statussymbole	Bei Verkäufern Wunsch nach Statussymbolen sehr ausgeprägt da die erforderliche Wertschätzung in der Öffentlichkeit fehlt.		Verschiedene Autotypen und Autogrößen.
b) Personalauswahl	Beim Bewerbungsvorgang anhand von Zeugnissen und mündlichen Referenzauskünften Qualifikation überprüfen.		Mögliche datenschutzrechtliche Restriktionen beachten.
c) Personalschulung/ Verkaufstagung/ Vertreterkonferenz	Wichtige Daten und Zielvorgaben erläutern.		Angenehme Konferenzatmosphäre schaffen. Abgelegenen Tagungsort vorziehen.
d) Informations- und Berichtswesen	Informationen müssen von innen nach außen und umgekehrt fließen. Man erreicht damit eine qualitative Steigerung der Verkaufstätigkeit.		**Informationen von innen:** Kundenumsatz, Absatzmengen, Marktgegebenheiten. **Informationen von außen:** Kundenbesuchsberichte, Spesenabrechnungen, Fahrtenbuchführung etc.

THEMA: ***Möglichkeiten der Steuerung von Reisenden 5***

Stoffbereich		Medien	Anmerkungen
e) Verkaufswettbewerb	Hinweis auf aktuelle Probleme geben mit nachfolgender Zielrealisation. Prämiengewährung und Gewinnmöglichkeit zur Effektivitätserhöhung.		Incentives geben.
4. Zusammenfassung der einzelnen Gruppenarbeitsergebnisse in Form der Gruppenpräsentation		**Mit Arbeitsprojektor oder Tafel**	Eventuelle Korrekturen und Ergänzungen durchführen.
Was sollte der Ausbilder zusätzlich besitzen? ● Praktische Vertriebs- und Verkaufserfahrungen			

6

Möglichkeiten der Steuerung von Reisenden

1. Direkte Einflußmöglichkeit

2. Materielle Einflußmöglichkeit

3. Immaterielle Einflußmöglichkeit

6

Dia 1

Literaturquellen

Allport, G. W.: Die Natur des Vorurteils, 1971
Ammelburg, G.: sprechen - reden - überzeugen, 1970
Angermeier, W. F.: Praktische Lerntips für Studierende aller Fachrichtungen, 1976
Bergius, R.: Psychologie des Lernens, 1971
Beyer, G.: Schnell und erfolgreich lernen - Superlearning, 1985
Birkenbihl, V. F.: Kleine Sammlung interessanter Veröffentlichungen, 1992
Birkenbihl, V. F.: Stroh im Kopf?, 1983
Braem, H.: Die Macht der Farben, 1985
Brandenburg, A. G.: Der Lernerfolg im Erwachsenenalter, 1974
Bruker, M. O.: Unsere Nahrung - unser Schicksal, 1982
Brunnhuber, P.: Prinzipien effektiver Unterrichtsgestaltung, 1974
Ceh, J.: Optimales Lernen, 1985
Dennison, P. E.: Brain Gym,1991
Diamond, J.: Der Körper lügt nicht, 1983
Ebeling, P.: Das große Buch der Rhetorik, 1981
Echelmeyer, L./Zimmer, D.: Intensiv-Entspannungstraining (auf Jacobson-Basis), 1977
Elertsen, H./Hartig, W.: Moderne Rhetorik, 1979
Endres, H.: Das Beste aus dem Leben machen, 1983
Foppa, K.: Lernen, Gedächtnis, Verhalten, 1966
Frieling, H.: Mensch, Farbe, Raum, 1956
Frieling, H.: Farbe im Raum, 1974
Frommer, H.: Lernpsychologie für die Praxis der Erwachsenenbildung, 1978
Frommer, H. u. a.: Kleine Didaktik für die Praxis der Erwachsenenbildung, 1983
Gagne, R. M.: Die Bedingungen des menschlichen Lernens, 1975
Gross, H. M.: Biorhythmik, Das Auf und Ab unserer Lebenskraft, 1979
Halberstadt, G.: Das Freie Wort, 1974
Harris, T. A.: Ich bin o. k. - Du bist o. k., 1975
Hasselhorn, M. u. a.: Wirkungsvoller lernen und arbeiten, 1982
Hebb, D. O.: Einführung in die mod. Psychologie, 1975
Heidemann, R.: Körpersprache vor der Klasse, 1983
Heller, E.: Wie Farben wirken, 1989
Hilgard, E. R./Bower, G. H.: Theorien des Lernens I, 1975
Hilgard, E. R./Bower, G. H.: Theorien des Lernens II, 1973
Hiller, E.: Vortragstechnik, 1970
Hofmann, B.: Handbuch des Autogenen Trainings, 1995
Hohmann, H.: Sprechen und überzeugen, 1981
Hülshoff, F./Kaldewey, R.: Training - Rationeller lernen und arbeiten, 1985
Hull, R.: Alles ist erreichbar, 1975
Hutchison, M.: Megabrain, 1994
IVP-Institut: Gesund durch richtige Ernährung, 1988
IVP-Institut: Individuelle Ernährungsanalyse, 1988
Keller, G.: Lehrer helfen lernen, 1985
Kratschmer, T./Schmidt, A.: Komma-Lexikon, 1975
Krech, D./Crutchfield, R. S.: Grundlagen der Psychologie 1, 1974
Krech, D./Crutchfield, R. S.: Grundlagen der Psychologie 2, 1973
Kroeber-Riel, W.: Konsumentenverhalten, 1980
Kugemann, W. F.: Lerntechniken für Erwachsene, 1981
Lehr, S. u. a.: Gehirn-Jogging, 1984
Leitner, S.: So lernt man lernen, 1985
Lemmermann, H.: Lehrbuch der Rhetorik, 1979
Löwe, H.: Einführung in die Lernpsychologie des Erwachsenenalters, 1974
Mohler, A.: Die 100 Gesetze überzeugender Rhetorik, 1985
Molcho, S.: Körpersprache, 1983
Molcho, S.: Körpersprache als Dialog, 1988
Molcho, S.: Partnerschaft und Körpersprache, 1990
Murphy, J.: Die Macht Ihres Unterbewußtseins, 1962
Murphy, J.: Die unendliche Quelle ihrer Kraft, 1992
Naef, R. D.: Rationeller Lernen lernen, 1980
Nicklis, W. S.: Handwörterbuch der Schulpädagogik, 1973
Niggemeyer, W.: Ausbildungslehre, 1968
Niggemeyer, W.: Praxis der Erwachsenenbildung, 1977
Nieschlag, R./Dichtl, E./Hörschgen, H.: Marketing, 1986
Peale, N. V.: Die Kraft positiven Denkens, 1952
Remplein, H.: Psychologie der Persönlichkeit, 1967
Reutler, B. H.: Kommunikationstraining, 1989
Röhrs, H.: Didaktik, 1971
Roth, H.: Pädagogische Psychologie des Lehrens und Lernens, 1973
Rückle, H.: Körpersprache für Manager, 1982
Rückle, H.: Körpersprache verstehen und deuten, 1993
Scheerer, H.: Reden müßte man können, 1993
Schiegl, Heinz: Color-Therapie, 1985
Schiff, M.: Redetraining, 1984
Schuler, H.: Das Bild vom Mitarbeiter, 1980
Textor, A. M.: Sag es treffender, 1987
Ullmann, F.: 101 Tips für erfolgreiche Redner, 1985
Van Nagel, C.: Mega Teaching, 1989
Vester, F.: Unsere Welt - ein vernetztes System, 1983
Watzlawick, P.: Wie wirklich ist die Wirklichkeit?, 1976
Weller, M.: Ich bitte ums Wort, 1960
Weller, M.: Die schlagfertige Antwort, 1973
Witte, A.: Handbuch zur Arbeitsprojektion, 1973
Zimbardo, P. G.: Psychologie, 1983
o. V.: Anregungen und praktische Hinweise für die Arbeit mit dem Overhead-Projektor, 1980 (Arbeiter-Samariter-Bund, Bundesschule)
o. V.: Wörterbuch der Schulpädagogik, 1973 (Herderbücherei)
o. V.: Berufs- und Arbeitspädagogik, Ergänzungsband 5, 1983
o. V.: Bibliographie zur Overhead-Projektion/Arbeitsprojektion (Fa. Schwan-Stabilo)
o. V.: Medienzeitschrift der Fa. Schwan-Stabilo

■ Index

N

O

P

Q

R

S